U0846976

江苏省社会科学院专家文集

驽末偶拾

——晚年经济学观与感

沈立人 著

凤凰出版传媒集团 凤凰出版社

图书在版编目（C I P）数据

弩末偶拾 / 沈立人著. -- 南京 : 凤凰出版社, 2011.9
（江苏省社会科学院专家文集）
ISBN 978-7-5506-0860-3

Ⅰ. ①弩… Ⅱ. ①沈… Ⅲ. ①经济学－文集 Ⅳ. ①F0-53

中国版本图书馆CIP数据核字(2011)第200558号

书　　名	弩末偶拾
著　　者	沈立人
责任编辑	卞　岐
出版发行	凤凰出版传媒集团 凤凰出版社(原江苏古籍出版社) 南京市中央路165号　邮编 210009 发行部电话025—83223462
集团网址	凤凰出版传媒网　http://www.ppm.cn
照　　排	南京凯建图文制作有限公司
印　　刷	江苏凤凰通达印刷有限公司 南京市六合区冶山镇　邮编:211523
开　　本	880×1230毫米　1/32
印　　张	19.25
字　　数	536千字
版　　次	2011年9月第1版　2011年9月第1次印刷
标准书号	ISBN 978-7-5506-0860-3
定　　价	68.00元

(本书凡印装错误可向承印厂调换,电话:025-57572508)

江苏省社会科学院专家文集

编委会

主　任：宋林飞

副主任：张德华　陈　刚　周祥宝

委　员（以姓氏笔画为序）：

田伯平　包宗顺　孙克强
张　卫　杨颖奇　吴先满
陈　颐　陈爱蓓　胡发贵
胡传胜　姜　建　葛守昆
韩璞庚

江苏省社会科学院专家文集

总 序

2010年，我们迎来了江苏省社会科学院建院30周年！

30年来，在江苏省委、省政府的领导下，在社会各界的大力支持下，我们社科院各项事业不断发展，尤其是科研队伍不断壮大，科研成果不断增加、积累，学术影响和地位不断扩大、提升。据不完全统计，建院30年，我院研究人员牵头主持国家社会科学基金课题共63项，牵头主持江苏省社会科学基金课题共208项，共发表学术论文14100多篇，出版学术著作900多部，共有246项成果获得省部级哲学社会科学优秀成果奖和国家、江苏省精神文明建设“五个一工程”奖。这些成果来之不易，是全院广大科研人员勤劳智慧之结晶。

30年不断发展创新的科研过程，形成了我院一大批学者、专家和学科带头人，特别是那些荣获国家“有突出贡献的中青年专家”、国务院“政府特殊津贴”享受者和江苏省“有突出贡献的中青年专家”称号的教授、研究员，他们为我院科研事业发展做出了突出贡献。因此，在庆祝建院30周年之际，我们决定为我院享有以上三类专家称号的教授、研究员出版个人文集，作为江苏省社会科学院专家文集隆重推出，委托凤凰出版社出版，每位专家1本，每本40万字左右，主要汇集已公开发表的学术论文。以后，我们还将为我院上述三类专家称号的新获得者(已出专家文集者不重复出)和学科带头人出版专家文集。

首次列入出版专家文集的这21位专家，涵盖了我院经济学、社会学、马克思主义研究与政治学、文学、历史学、哲学等多种学科，他们在各自的工作岗位辛勤耕耘，在各自的学科领域长期探索，形成了丰富的成果，积累了宝贵的经验，创新了研究方法，走出了一条各具特色的成功的科学研究之路，在全国和江苏省享有较高的知名度，受到社会的广泛称赞和好评。这是我院事业兴旺发达、科研持续发展的一笔宝贵的精神财富，值得全院同志特别是青年科研人员学习借鉴。如今，这些专家，他们中有些年事已高，却依然忙于笔耕；更有不少年富力强者，他们任务重，压力大，积极作为，发挥着学术带头人的作用。

江泽民同志强调社会科学的认识世界、传承文明、创新理论、咨政育人、服务社会等功能作用，强调以科学的理论武装人。胡锦涛为总书记的党中央倡行科学发展观，强调党和国家的各项工作都要以人为本。我们社会科学工作者要深入学习领会中央领导同志的这些重大战略思想，努力把这些重大战略思想贯彻落实到自己的科研实践中去。在我院事业发展的最近十多年的时间里，我们继承发扬我院已有的解放思想、实事求是、重视实际调查和科研团队协作等优良传统与作风，与时俱进，进行一系列新的开拓创新。最近十多年来，我们坚持理论研究和应用研究相结合，贴近现实，贴近决策，努力创建一流的地方社会科学院。我们陆续推出了江苏经济形势分析会、重点课题研究、江苏经济社会形势分析与预测蓝皮书、《咨询要报》、江苏研究报告、江苏研究丛书、院学术文库和青年学者文库、比较优势学科基地建设、研究员论坛、《江苏通史》、《历代江苏名人辞典》、《江苏历代名人传记丛书》等重大科研工程项目与活动，有效调动了全院科研人员的积极性和创造性，科研成果增长加快，成果质量不断提高，社会影响不断扩大，使我们的科研工作让领导满意、学界认同、社会欢迎。这些重要的开拓创新与努力及其形成的成果为我院事业以后的发展打下了深厚扎实的基础。

当前，我国正处在深化改革开放与发展的关键时期，江苏也正处于建设更高水平的全面小康社会进而率先基本实现现代化的关键时期，有大量的理论与实践问题亟待我们社科工作者去研究探索。我们社科院的同志要戒骄戒躁，踏实前进，不断创新，多出成果，多出精品力作，通过多出成果，多出精品力作，而多出人才，多出专家、名家甚至大家。不仅深入研究江苏，而且要重视研究全国性、普遍性的问题，还要有世界眼光，博采众长，兼收并蓄，加强学理性，突出重点，搞好协作攻关，努力提升工作水平，进一步彰显我院的特长与优势，为国家和江苏省的社会主义现代化建设做出更大的贡献。

今天正是30年前江苏省政府批复江苏省哲学社会科学研究所扩建为江苏省社会科学院的日子，仅以上述所言为专家文集总序。

江苏省社会科学院院长、党委书记、教授

宋林飞

2010年6月3日

作者小传

沈立人，男，1927年生，江苏苏州吴江人。1948年卒业于苏州东吴大学（因参加学生运动被“劝令退学”）。曾被捕判刑，后得释放，参加组织地下新民主主义青年团。新中国成立后，在苏州市税务局、苏南财委和江苏省计委工作。1980年考入中国社会科学院，在经济所任副研究员、研究员兼研究室副主任。1986年到江苏省社科院，曾任经济所所长，兼职有省社科联副主席等。后评为国家级有突出贡献专家和省优秀知识分子，享受政府特殊津贴。

研究方向是经济发展战略和改革开放，并及部门经济和区域经济。前后有专著和合著20多本、主编和合编20多本，发表长短文章1000多篇（其中1986—1993年见院成果目录），共计字数超过1000万。获得省部级以上奖10多项和二、三级奖20多项。1992年离休以后，出版《中国弱势群体》、《中国农民工》和《中国失业者》，有一定的社会影响。

目　录

第二编　近篇(2000—2010)

第三编　外篇(跳出经济学)

序

在省社科院 30 年院庆之际，为我们编印文集，实现了一个夙愿。20 世纪 90 年代以来，中国社会科学出版社和山西经济出版社先后组织经济学者的文集和选集，同我有所联系。当时，我已办了离休，但笔耕不辍，感觉嫌早。现在已是耄耋老翁，生命之旅即将到站，有此想法，终于付兑。

几天来着手整理，不无困惑。我以爬格子为乐，始自 60 多年前。抗战胜利，解放战争时期，以笔为匕首和投枪，写了 1400 多则，主要是杂文和诗，还有散文、短篇小说和短论以及书评。新中国成立后，选 80 则，自印《人生最忆是青春》。建国之初，继续为《展望》、《经济周报》写稿，并为《苏南日报》、《新华日报》写通讯报道，随即中止。20 世纪 60 年代初，再度为《新建设》、《经济研究》和《光明日报》等撰文。"文革"后中国社科院招考，拼拼凑凑了 100 篇，才被录取。这些，俱往矣！

正儿八经地写些东西，有点思考，当在改革开放之后，从北京到南京。至 20 世纪末，连同一批编著，约有一两千万字；新世纪末，每年还能发表几十万字。1998 年，编印了《我的改革开放和发展观》，约 30 万字。眼下，面对一堆报刊，怎样选择，煞费斟酌。再三考虑，采取以下办法。

一是前和后即新和旧，决定弃远就近。20 世纪末的 20 年，收获较丰，多数属于"论文"，主题围绕发展战略和改革开放。看来，多数已是共识，有的则是明日黄花。所以，还是少取为佳，便于藏拙。作为前篇(1978—1999)，重点在与人合写的几则，列为"同舟共识"，内有万字以上，都予浓缩；其次是略有个人见解，或显思想火花，精选若干；再则是几篇"小块文章"，保留当时的足迹。这样，把主要篇幅用于新世纪，作为近篇，超过全书一半以上。

二是长和短即论文和小品，决定舍大取小。研究经济理论和经济实际，系统的成果在一本本书，无法摘引。尤其近来，年龄越大，文章越短，新世纪前几年，写作和发表都在百则左右。短平快的好处是贴近实际，简捷明亮。于是在选择中，有所偏好，虽然浅显，却见思绪亮点。作为文选，此非下策，而求从小见大，有其特色。

三是面和点即宏和微，决定突出重点。我的学习和研究，杂而不精，涉猎较广，出于一种求智欲。一本文选，不可能包罗万象，把话说尽说透，只能抓几个自己比较关注的热点。有些问题，如乡镇企业、苏南模式和区域发展，议论热烈，我也置身漩涡，现在回眸，已属滥觞，多数不录。从本书看，向几个方面倾斜，特别是关注弱势和民生以及坚持城镇化和"三农"问题，包括公平分配，反映了自己的心灵轨迹。

四是理和实即概念和问题，决定务实为尚。本来，搞经济研究，向来以理论引导实践。但是发现，大家的理论兴趣日趋淡薄，而对现实却关怀备注。本书也按此趋向，多讲实际，少及理念，后者仅点缀而已。这样，或许有利于缩短与读者和同行的距离，增加某些亲和度。

五是经济和非经济即本行和外行，决定有所兼顾。我的专业是经济学，内含也广，不无周至。近几年来，深知经济与社会、文化、政治的关系密切，渗透互动，不能分割。思考和写作也跳出了经济的框架，对社会多投目，对文化亦涉及，并有其他方面。于是在本书，专设外篇，叙述若干。遗憾的是特别重视政治改革，而本书不能不回避，未能抒我志、表我思。

编集之余，了我一件心事，有解脱感。但是一息尚存，以刘国光、周有光和费孝通为榜样，不能轻易划个句号；除非渐趋痴呆，思维冻结，才放下笔。这几年，半数文章不能发表，与几位老干部和老知识者一样，只能从互联网取得表达权。除本集外，争取过两年，自己编印集外集，与同志们交流，向当权者建议。

2010年9月24日

第一编

前篇（1978—1999）

同舟共识

实现国民经济的良性循环

党的十一届三中全会以来，我国社会主义建设开始进入一个伟大的转折阶段。“调整、改革、整顿、提高”的方针，不仅是为了纠正国民经济比例关系的严重失调，并且要走出一条适合我国国情的经济发展的新路子，逐步实现社会主义现代化的战略目标。当前，在第六个五年计划时期，全党和全国人民正在为争取财政经济的根本好转而奋斗，为以后的大发展做好准备。这就要求我们努力使国民经济从长期存在的不良循环中摆脱出来，尽快地转向良性循环。

所谓国民经济循环，简单说来，就是社会再生产不断进行和周而复始的过程。这个过程，包括生产、分配、交换、消费四个环节。生产是起点，生产出来的产品经过分配、交换即流通，最后用于消费。消费是一次循环的终点，又是下一次循环的起点，它对生产提出了新的需要。这种循环，分为实物形态和价值形态，形成矛盾的统一。在整个国民经济的大循环中，还有许多局部的循环，可分为实物形态和价值形态，形成矛盾的统一。在整个国民经济的大循环中，还有许多局部的循环，包括部门间、部门内的循环；社会生产的各个要素(如劳动力、固定资产等)，也有它自己的循环。局部的循环从属于整个国民经济的循环，又对后者起着制约作用。这些循环，表现为极其复杂的投入、产出、再投入、再产出的关系。循环不是简单的重复，而是螺旋型的运动，一般是在简单生产基础上的扩大再生产。

各种经济制度都有自己的经济循环规律。资本主义经济存在着生产的社会化和生资料的私人占有的矛盾，生产的目的是为了攫取剩余价值，整个社会生产过程处于无政府状态，周期性地发生经济危机。这是资本主义经济循环的基本特征。社会主义实现了生产资料公有制，生产的目的是为了满足人民不断增长的消费需要，计划调节起着主导作用，有可能促进国民经济各个环节相互衔接、相互协调地发展，从而保证经济循环顺畅。但是，把可能变为现实，取决于各种主客观条件。如果指导思想脱离实际，战略目标选错，管理体制不完备，就会造成不同程度的不良循环。因此，在社会主义制度下，既有可能实现良性循环，但也有可能出现不良循环，甚至导致某种“经济危机”。当然，社会主义经济中可能出现的不良循环和“经济危机”同资本主义的周期性经济危机在性质上是不同的。

社会主义经济的良性循环，从社会再生产过程看，就是生产、分配、交换、消费诸环节能够协调地、有效地进行，相互促进而不是相互脱节，从而使社会生产不断扩大，人民生活不断提高；就是国民经济在合理的比例和良好的效果的基础上，取得符合社会主义生产目的的持续稳定的发展速度。社会主义经济的良性循环，反映了社会主义基本经济规律、国民经济有计划发展规律和时间节约规律的要求。在良性循环的情况下，各个环节衔接较好，生产上做到产品适销对路，物美价廉；分配上做到国家、企业和集体、个人三者利益统筹兼顾，积累和消费份额恰当；交换或流通上做到渠道多、环节少、周转快，供求基本平衡；消费上做到有购买力的需求能够得到充分的满足。

看来，区别良性循环和不良循环的主要标志，可以概括为以下三点：一是比例关系上，能否使社会生产的两大部类之间、国民经济各部门之间和各部门内部协调地、按比例地发展，保证扩大再生产顺利实现；二是在经济效果上，能否使整个经济的运行做到以较少的劳动消耗和资金占用获得较大的经济效果；三是作为其结果，能否有持续稳定的发展速度，并使人民的物质文化生活不断得到改善。

新中国成立以来，我国经济发展经过曲折道路，有过良性循环，也有过不良循环。良性循环如第一个五年计划时期,比例关系比较协调,经济效果比较好,因而生产稳定增长,人民生活逐年改善。这个时期每年平均的增长率,工业是18%,农业是4.5%,国民收入是9.8%,城乡人民生活水平每年递增4.3%。不良循环如"大跃进"时期,国民经济比例严重失调,经济效果大降低,发展速度急上急下,人民生活受到损害。1961年到1965年是由不良循环转化为良性循环。这几年比例、效果好转,速度逐步回升,人民生活也得到改善。"文化大革命"十年,再次出现了不良循环,其影响一直延续到粉碎"四人帮"后最初几年。

1958年以来反复出现的不良循环,共同特征表现为"两高(高指标、高积累)"和"两低(低效果、低消费)"。它的产生过程是:首先,在左的思想指导下,不顾我国的国情和国力,片面追求高速度,定出难以达到的高指标;其次,为了实现高指标,盲目扩大基本建设,形成高积累;同时,由于积累过高,严重破坏各方面的比例关系,使投资不能发挥作用,加上经营管理差,损失浪费大,经济效率和经济效果很低;最后,高积累挤了消费基金,低效率虚耗了社会财富,消费水平也就不可能提高。

产生不良循环有多方面的原因,总根子是急于求成,片面追求高速度的指导思想。在此指导思想下,不讲比例关系,不讲经济效果,成为经济工作中的两大积弊。片面追求高指标带来的比例失调、效果不好,其结果只能是欲速不达。于是,不良循环进一步表现为高速度——低速度的循环,即大起大落的循环,以及高投入——低产出的循环。一时的大起,往往以加倍的大落为代价。在这方面,第二个五年计划时期的"大跃进"接着带来"大跃退",具有典型的意义。1958年国民收入的增长速度一下子从1957年的4.5%提高到22%;但是,与我们欲快的愿望相反,从1959年起增长速度就开始急剧下降,"二五"时期国民收入平均每年下降3.1%。总之,不良循环大多以片面追求高速度开始,以比例失调、效果不好而变低速度甚至负速度告终。

(此系摘要,原载《经济研究》1981年第11期,与刘国光合写)

深圳特区经济模式初探

1979 年，中央决定对广东、福建两省采取特殊政策和灵活措施，并试办了深圳、珠海、汕头、厦门四个经济特区。经济特区，是特殊政策和灵活措施的一个重要组成部分。深圳是四个经济特区中最大的一个。两年来，这个特区经济的迅速发展引起了经济实际工作者和理论工作者的注意。

在深圳特区，不仅是着眼于发展这个地区本身的经济，而且有更广泛的作用；也不仅是求得某些经济利益，而且有更多样的目标。短短两年，已能看到的直接效果是：

1. 引进侨资、外资、港澳资金和先进设备、先进技术，迅速发展生产，以优质、价廉、花色新颖的商品出口换汇，也有一部分供应国内市场。

2. 扩大对外贸易，供应香港市场和转口需要农副产品和越来越多的工业品以及其他商品，获得不断增长的外汇收入，并换取国内需要的生产资料和消费品。

3. 在生产和经营中学习先进的科学技术和合乎科学的管理方法，开始培养各种人才，今后还可为国内的经济建设输送这方面的经验和一些干部。

4. 通过参与国际市场的竞争和合资企业、合作生产等，学会组织国内建设和对外经济活动的两套本领，并作为改革经济管理体制的参考。

5. 在发展生产、流通、服务的同时，有计划地扩大就业，并带动周围农村经济的繁荣。

这些效果，也是办经济特区的具体任务。它的特点是对外开放，采取不同于内地的政策和措施，放开手脚地、大规模地利用国外的资金和技术，并通过进出口和其他经济交流形式以加快发展社会化的大生产，提高技术水平和管理水平，尽早实现社会主义现代化。

深圳与香港毗邻，经济联系极其密切。办经济特区，不能不对香港产生深远影响。这种影响，是相互竞争还是相互促进？引起了各种议论。看来，虽有竞争一面，例如两地可能举办同类行业和同类产品，投入同类的国内外市场；但是主要一面则是互利，因为它将为香港提供较宽的地皮、较廉的土地使用费和较廉的劳动力。互利，应当是双方共同注意的一个原则。如果违反这个原则，一方有利而别一方无利，或者一方好处很大另一方好处很小，都有可能影响特区经济的顺利发展。海外有识之士预料，随着深圳特区的经济增长，深圳和香港必将互相促进，共趋繁荣。

深圳特区的经济性质

深圳特区，在经济上，属于什么性质，决定于它的经济成份。深圳与全国一样，存在多种形式的生产资料所有制，但是又有其特殊性。从目前和今后看，大致是以下五种：

1. 国营经济：主要是现有的工业、交通企业、建筑业、批发和部分零售业、银行等金融企业以及部分旅游业、房地产业等。其中，少数是国家经营，多数是地方经营（地方国营），还有一部分是外地经营和几个地方联合经营。

2. 集体经济：除了农村人民公社外，主要是部分工业、手工业和零售商业、服务业以及建筑业、运输业等，规模一般比国营小。

3. 个体经济：主要是近年来恢复和发展的，集中于流通和消费领域，如零售商业、摊贩、食品、服务业等。

4. 中外合营经济：主要是建立特区以后逐步萌生的，包括合资办企业、合作生产、合作经营等，后者又包括来料加工、来料装配、来料种植和养殖以及补偿贸易等。

5. 外资独营经济：即港资、侨资或外资单独办的工、商各种企业，我方没有参加投资。

针对上述五种经济成份，有人认为，特区经济不是完整的社会主义经济，而是"新民主主义经济"；或者称为社会主义和资本主义的混合经济；或者按其中占最大比重的，称为国家资本主义经济。我们的看法，深圳特区的经济性质不同于内地，但是与内地也有很多共同之处，根据是：

首先，深圳特区是中华人民共和国的领土，我国政府在特区行使主权。它是社会主义祖国不可分割的一部分，执行代表劳动者利益的人民政府所颁布的各项政策、法令。

其次，深圳特区存在着与资本主义经济在性质上完全不同的社会成份，即国营经济和集体经济。

再次，深圳特区的个体经济，虽然与非社会主义的经济成份联系较多，受其影响较大，但是从基本方面看，仍旧是社会主义经济的必要补充。在特区具体条件下，社会主义公有经济可以对个体经济的发展加以指导和限制，对其发展的数量、经营的范围加以规定和管理，从而发挥个体经济作为公有经济的助手作用。

至于深圳特区经济特殊性，集中表现在中外合营经济和外资独营经济，需要具体分析。

深圳特区的经济调节机制

特区经济的特殊性和多样性，带来了特区经济在运行中的调节机制也有特殊性和多样性。当然，特殊中有一般，多样中有同样。一般地说，特区经济是在计划指导下发挥市场调节的作用；具体地说，特区经济将更多地靠市场调节，也就是说，以市场调节为主。特区经济的运行有一定计划性。深圳特区的计划经济，具体表现在：

1. 规划:深圳特区已经根据国家和省的指示精神,制订了经济和社会发展规划。这个规划不仅为整个特区的未来描绘蓝图,而且规定了有关经济、社会发展的方向、内容、规模、水平、速度、比例和布局等纲要性的目标。

2. 立法:深圳特区的一切经济活动都在我国法律所允许的范围之内进行。虽然深圳根据特区的具体情况制订可变通的执行某些法令,以利于特区经济的发展,但它仍然受国家宪法的约束。特区经济法律,有全国性的,也有地方性的;有由全国立法机关通过的,也有由省、特区单独制定的。目前深圳特区在逐步制定一批单行法规及其实施细则,已经公布的有《企业登记管理暂行规定》、《企业工资管理暂行规定》、《土地管理暂行规定》等。有了经济,以法律形式明确各项政策,使各种经济活动有章可循,并由有关部门(工商行政局、劳动局等)予以贯彻和监督。还有一些规定,例如蛇口工业区《投资简介》中规定不接受陈旧设备、严重污染和侵占配额的投资,也具有类似的效力。

3. 合同:深圳特区引进外资和技术,要以合同或协议为依据。这些合同是逐个签订的,都要经过可行性研究,由双方充分协商,具体地规定了双方的权力、责任和利益。按合同办事,使中外合营经济和外商独资经济都纳入计划网络,从而保证了整个特区经济运行的计划化。

规划、立法和合同,在资本主义制度下也有。所不同者,在深圳特区,这些都在社会主义国家和代表国家的特区政府领导、管理、监督下进行。从根本上来说,服从的是社会主义经济目标。通过这些,指导着外来投资和市场活动纳入我国计划经济允许的范围。

从市场调节机制发生的作用范围来看,在深圳特区比其他地方大得多和宽得多,原因有二:

一是在特区经济成份中,除国营经济、集体经济和个体经济外,还有中外合营经济和外资独营经济。对外资独营经济,我们不可能以国家统一计划的形式直接规定它生产什么、生产多少和怎样供销。对中外合营经济,我们也只有部分权力,要通过协商,才可能决定它的经营方针。

二是特区经济实行对外开放比非特区更宽，与国际市场特别是香港市场连成一片，息息相关。整个特区经济是开放型的，很多原材料来自国外，很多产品销往国外。外资独营经济固然如此，中外合营经济和集体经济、国营经济也在不同程度上要正视国际市场，受到无计划的国际市场的影响，带来种种不稳定性。

这些特殊性，反映在整个特区，除了一部分生产、建设和供应、收购计划由国家或省下达指标外，不少方面也是根据市场情况，自己确定计划。国家和省明确对特区实行财政包干和外汇分成的制度，在全国和全省综合平衡的前提下给特区以相对独立的权和责，计划安排以市场为主，按照实际情况定指标，有的只要上报备案。这赋予特区以主动性，当然又有困难。去年全特区基本建设共需水泥40万吨，只有国家投资部分配8000吨，其他都靠自己组织。商品供应也是如此，上面分配的货源跟不上购买力的迅速增长，很多靠集体商业、个体商业和农村集市贸易来弥补其缺额。落到各个企业，过去向上伸手要生产任务和供应物资、包购产品一套做法行不通了，必须自己努力了解经济信息、掌握市场动态，并寻找客户、参与投资，做到价格合理、交货及时，才能扩大经营、扩大生产。

（原载香港《经济导报》1982年第22期，与梁文森等合写）

“诸侯经济”与区域割据、结构趋同

“诸侯经济”的形成，除了进一步导致增长过热外，另一后果是带来区域割据和结构趋同，即使在大一统的旧体制下，客观上也存在着局部和整体的矛盾。那时，传统体制既是中央集权，上述矛盾的主要方面一般表现为对地方利益考虑不够，不能充分调动地方的积极性。经过改革，转向地方分权，矛盾的主要方面也就转而表现为容易强调地方利益，不能更好地服从和服务于整体利益。所谓“诸侯经济”，或被理解为地方主义、分散主义、本位主义，都是这个意思。这也是客观存在，只是在地方包干后，就从可能变为现实了。其轨迹是：

1. “短平快”。地方经济要加速发展，投资搞什么？首先想到的是那些花钱少、周期短、见效快的项目。这也符合一般规律。过去所谓资本主义的工业化道路，先搞轻工业，直至形成对生产资料的巨大需求，才来搞重工业，似乎顺理成章。地方政府的经济目标，优先考虑局部利益和眼前利益，同样有其理由。然而，在价格倒挂、效益倾斜的情况下，大量发展加工业并不可能通过市场调节及时推动上游工业的相应发展，而是持续地搞加工业的重复建设，过度竞争。针对这种失衡现象，人们讳于承认是加工业发展过快，有盲目性，却非理性地埋怨或谴责能源、原材料等基础工业发展得太慢，听任缺口越来越大，直至濒于断裂。另一方面，由于搞“短平快”，还导致企业的规模小型化和技术低级化，经济效益始终不高。地方工业的畸型发展，形成庞大的加工能力和对能源、原材料的庞大需求（这是投资膨胀带来的第二次需求），又不能相应地同步增加有效供给，正是诱发通货膨胀的重要因素。

2. 自成体系。搞"短平快"还不能包括地方经济发展的整个内容，另一倾向是自成体系，从省到市到县，层层追求"大而全"、"小而全"。这不仅来自非社会化观念，并且由于在市场发育不充分的情况下，求人确实不易，不得不搞自给自足。请看各省、市、区的长远规划，除有少量特色外，多数是设想周到、门类齐全、样样都搞。例如资源地区要求就地加工，加工地区努力开发本地资源。从电视机、电风扇、电冰箱到服装、啤酒等，不仅每省都有不止一个厂，甚至一市、一县都有一个厂或更多。这样，大家不能取得规模效益，不少是因陋就简、工艺落后和消耗大、成本高、质量差。其结果，更是地区之间的结构趋同，特色淡化。分析几个中等城市，主要行业无非是机械、电子、纺织、食品、建材之类，各占比重相差不大。长江三角洲的苏州、无锡、常州和杭州、湖州、嘉兴，几乎是两对"三胞胎"，大同小异。结构趋同不符合区域分工的原则，使每个地方都失去比较效益，是整个国民经济结构畸形化的又一突出表现。

3. 相互封锁。对内的开放性与对外的排它性相结合，地方经济成为一个松散的经济单元，依靠行政权力，相互之间既有贸易封锁，又有资源争夺。这种封锁和争夺出于对地方工业的保护，表现为：一方面禁止本地资源的外流；另一方面禁止外地商品的"侵入"。前者，又转化为资源的争夺，激化后成为争夺原材料的"蚕茧大战"、"茶叶大战"、"羊毛大战"等。有的省缺粮食，用大量外汇从国外进口，而有些省则粮食库存积压，也属于这类。此外，在资源地区向加工地区切断资源供应的另一极，加工地区也向资源地区切断资金、技术的自然流动。产生这些情况与其说是由于市场发育不够，毋宁说是由于行政权力对市场的干预和分割。省际如此，市、县之际也是如此。显然，这对市场发育是严重障碍，不利于形成统一市场，也不利于区域市场的规范化。同时，也不利于地方工业的技术进步和管理进步，并以社会资源的浪费和交易成本的增加为代价。在这方面，地方主义实实在在地束缚了生产力的发展。

4. "随机干预"。这是指地方政府在执行区域经济内的宏观调节时，往往表现为不同级政府行为的随意多变和相互之间的欠协调，缺乏政策的一致性和连续性。这是由于较多地考虑了地方利益和眼前利益，较少地考虑全社会利益和长远利益。例如在当前治理整顿中，紧缩财政支出和通货发行，地方政府往往搞“一刀切”，或者背离国家的产业政策，尽量照顾那些近期效益好而眼前困难较多的地方企业，充分显示了“慈父般的爱”，而对未来能增加有效供给的产业却缺乏青睐。特别是对银行贷款，地方政府不顾信贷政策而着眼于“救火”，导致信贷膨胀和亏损长存，更是屡见不鲜。这实际上是“逆调节”，其方式不是制度化和市场化的，而是一种主观主义和行政手段，甚至表现为市长的瞬时命令。

（此系摘要，原载《经济研究》1990 年第 3 期，与戴园晨合写）

建立社会主义商品经济新秩序

我国的经济体制改革经过10年的试验性实践终于有了比较清楚的眉目。提出建立社会主义商品经济新秩序，即是改革进入到现阶段的实际需要，又是坚持把改革推向前进的重要步骤。建立社会主义商品经济新秩序就是实现社会主义商品经济的有规则地运行，以替代非商品化的传统体制模式。这是一项宏大的系统再造工程，有着极其丰富含义，要作分层次的解析。

1."新秩序"，是针对产品经济其名、自然经济其实的计划经济旧秩序和双重体制并存的无序或反序状态而言的。10年改革，步履艰难，客观上是由于传统理论和传统体制的根深蒂固，主观上是由于政治体制改革和社会、文化改革的滞后。但是，改革毕竟冲破了传统体制的森严壁垒，有其不可磨灭的划时代意义。至今还有为数不多的同志，目睹当前的某些混乱现象，自觉或不自觉地涌起一丝怀旧情绪，对传统的经济秩序的被瓦解不无惋惜。殊不知这是一种指令性计划经济的旧秩序，它本质上否定和排斥商品关系，因而它不能促进而是阻挡商品经济的发展。这种习惯已久的经济秩序实际上即是无序或反序，不仅已经多次导致国民经济的大震荡，并且是近几年经济不稳定的主因之一。当前整顿经济秩序，必须十分警惕向旧体制即旧秩序的复归或变相复归，那会距新秩序越来越远。

当前处于双重体制并存的所谓双轨制阶段。从我国的国情出发，既不能采取一揽子的改革实现一步到位，也就不可避免分步走而经过双轨制。这与一统天下的旧体制、旧秩序相对照，无疑是一个跨越。当然，一部分按照商品经济的“市场轨”运行，另一部分按照计划经济的“指令轨”运行，必然会有摩擦。这表明双轨制同样是一种无序或反序状态。至于这比原来预期的更复杂、更尖锐，能否认为，并不完全来自双轨制或双重价格本身，更是由于超计划的通货膨胀和超法纪的不正之风，才使双重价格的差距越来越大，为利用差价进行以权力为依托的倒买倒卖提供了越来越广阔的空间。人们迫切地期待着走出双轨制，是容易理解的。这正是建立社会主义商品经济新秩序，尽快从无序、反序走向有序，让新体制逐渐占主导地位，把改革继续推向前进的具体要求。

2. “商品经济新秩序”，是针对非商品经济旧秩序和双轨制的经济本质和经济特征而言的。与旧体制相对立的商品经济新秩序是一个系统概念，含有不同层次和范围的内容。

首先，商品经济新秩序是指以保证市场的平等竞争为核心的主要规则。这是比较狭义的内涵，但是表述了商品经济体制的本质和改革的目标模式。我们选择体制模式，在计划经济与商品经济的关系上大体经历了“主辅”、“板块”和“渗透”、“融合”等过程。直至近年，才越来越向商品经济倾斜，越来越注视和强调市场的调节作用。不少同志认为，从运行方式看，商品经济就是市场经济；我国改革的目标模式，以运行机制为主轴，也就是确立社会主义的市场经济。商品经济的特征，是在社会分工的基础上，以市场为导向，通过市场实现等价交换，通过市场竞争来达到有效的资源配置，并促进经济增长和技术进步。离开商品经营者之间的竞争，市场运行失去灵魂，发展商品经济定是一句空话。建立商品经济新秩序，必须动用经济的、法律的并辅以行政的手段，为市场运行和市场竞争提供规范化的行为准则，包括商品经营者进入和退出市场的规则、商品生产和商品交换的规则、价格决定和价格浮动的规则、讲信誉和守合同的规则、反垄断和反割据的规则、保护消费者利益的规则等等。只有这样，扫除种种无序和反序的体制障碍，商品经济才能顺利发展。

其次，商品经济新秩序是指国家、市场、企业三位一体的经济运行机制的基本规则。这是比较广义的内涵不局限于市场，更把微观经济活动的主体即企业和宏观经济管理的主体即国家也联结起来，形成体制模式的总框架。拟定“国家调控市场，市场引导企业”的格局，切断了国家对企业的直接控制，使国家从调控企业转向调控市场，使企业从依附于国家转向自立于市场，并把市场作为联结宏观经济管理和微观经济活动的中介和枢纽，使之符合商品经济运行的要求。在这个模式里，计划进一步隐性化，市场进一步显性化，这反映了商品经济运行的一般特征。现在的问题是要从原则到具体，拟定企业、市场、国家三者各自的运行规则和相互之间的运行规则。除了市场运行规则略如上述外，企业行为的规则，包括多种所有制各得其所的规则、企业产权界定和产权转移的规则、企业经营自主决策的规则、企业自负盈亏和自谋发展的规则、短期投入产出和长期投入产出的规则、企业内部管理的规则、企业破产和兼并的规则等等；国家行为的规则，包括在政企职责分开的前提下实施其经济职能的规则、决策民主化和科学化的规则、对宏观经济进行调控的规则、运用计划指导以及财税和金融等经济手段的规则、制订产业政策以及投资政策和分配政策的规则，对区域经济进行分级调控的规则、公务员保持廉洁的规则等等。与此同时，对处理国家与市场、市场与企业以及国家与企业、企业与企业、企业与职工之间的权责和利益关系，也必须明确一些基本规则，这样，以市场为核心的商品经济才能有序地运行。

再次，商品经济新秩序还是指为市场经济运行提供必要条件的其他有关规则。这是更加广泛的内含，大多属于上层建筑，有的是实行新体制下不可缺少的外部环境。旧体制不是孤立的，与它相互依托的有一整套的政治体制、法令章程、理论观点、思想意识和社会习惯。除旧布新，不仅触动经济基础，并且触动整个社会，同样要有相应的配套改革，成为商品经济新秩序的有机组成部分。其中，政治体制改革有着特别重要的意义，因为经济的商品化，市场与政治的民主化、公开化相辅相成。人们把官僚主义视为发展商品经济的障碍，把腐败现象视为影响平等竞争的大敌，把权大于法视为对各项规则的嘲弄，决非言过其实。传统的理论、意识和道德、习惯，作为另一些超经济因素，也在很大程度上制约着商品经济新秩序的确立。必须加快和深入地改革政治体制，并在理论工作和思想工作上建立新规则，便于解放思想、创新理论、转变观念和重振道德、调整习惯、健全法制，为有序地发展商品经济服务。

3. “社会主义商品经济新秩序”，是针对一般的商品经济并突出有中国特色的新秩序而言的。当前研讨社会主义商品经济新秩序与资本主义的区别，有一种观点，仅归之于有计划或无计划，未必是完整的。党的十三大报告指出，两者的“本质区别，在于所有制基础不同”。也就是说，在运行机制上，两者之间并没有根本的差别。不能认为，商品经济的市场运行规则与私有制相合，而与公有制相悖；否则，从根本上否定了社会主义的商品经济属性，只能倒退回去，就没有出路了。还有一种观点，认为公有制有“大锅饭”好吃，缺乏竞争意识，国家既是管理者，又是所有者，宏观控制容易得多。其实，这些正是改革的对象，如果保留下来，那是保留着阻挡商品经济发展的暗礁。当前，要紧的是，应当在借鉴市场经济中更多地总结自己的经验，探索自己的途径，战胜旧体制的弊端，在改革中确立以公有制为主体的商品经济新秩序，最终把社会主义的优越性充分地而不是有限地挖掘出来。

另一方面，由于处在商品经济发展的不同阶段，社会主义商品经济的新秩序也不同于发达的资本主义国家。我们的基本国情有两种历史背景：一种属于封建主义和殖民主义的残余，是导致社会主义异化的恶势力；一种属于原始商品经济的痕迹，使社会主义商品经济具有不发达、不成熟的特征。因此，在当前商品经济“补课”的条件下，认为只要放开价格就能迅速到位，出现理想的市场环境，就未免天真。这又表明，确立社会主义的市场运行规则，必须顺应商品经济的发展阶段，稳步前进，不能一蹴而成。社会主义商品经济新秩序作为一个目标模式有它的渐进性。严格而论，经过5年左右时间所建立的这个新秩序仍是初级的，不会是完善的，更不是终极的。这种初级的社会主义商品经济新秩序当然不同于发达的资本主义市场运行规则。于此可见，确立社会主义商品经济新秩序，既是从双轨制一段一段地推向目标模式，又是改革自身由浅层次一步一步地向深层次的转换。如何掌握分寸则是旧体制平滑地过渡到新体制所必须慎重处理的难题。

（原载《经济研究》1988 年第 11 期，与洪银兴、李炳炎合写）

农村经济发达地区的几个问题及其对策

一、关于农村劳动力的流动问题

农村的劳动力能否流动,这是新中国成立以来的一个悬案。传统的做法,实际上是不允许或至少是不提倡流动的。农民一生下来,作为农村户口,除了参军、上大学和异地婚姻外,一般是长于斯、老于斯。“农之子恒为农”,属于封建社会的稳定因素,在商品经济冲击下暴露了是一种竞争机会的不均,受到农民阶层的埋怨。这10年来,不仅农村剩余劳动力大批向非农产业转移,并且出现了向集镇、城市的纵向流动以及不同地区之间的横向流动,甚至还有所谓“盲流”。离土又离乡,进厂又进城,虽然相对比重还不太大,但是绝对数量已很可观。这种劳动力市场,对搞活经济无疑是有益的,同时也带来一些矛盾。

从长远看,无论是就地转移或在城乡、地区之间流动,将是势不可挡。由于存在工农、城乡和穷富地区的差别,流动的需求往往超过吸纳的可能,人口大国总是劳动力的买方市场。对此,要有适当的疏导,不能听其自流。值得研究的问题:(1) 农业向非农产业的转移,取决于农村工业和其他行业的发展,应当是稳定增长的。但是,不排斥在经济增长波动和产业结构变化的过程中,会发生倒流现象,少数劳动力要重返农业。(2) 农村向市(城)镇的转移,取决于城市的发展即城市化进程。这也应当是稳定的,但不排斥在某种情况下的逆转。(3) 地区之间的流动可能是双向的:粗壮劳动力由欠发达地区向发达地区流动;有文化或技术的劳动力由发达地区向欠发达地区流动。(4) 在此流动过程中,除了要解决自筹口粮问题外,还有可能出现部分失业问题,也就是从农村、农业流动出来而流不回去的问题。对这些人,必须参照市(城)镇对待业、失业人员的办法逐步建立社会保障体系。农村劳动力的流动问题,关系到产业结构、就业结构和区域结构的优化以及全民族素质的提高,不能因为它会带来一些矛盾而重新回到老路上去。

二、关于农村土地制度的改革问题

在农村和农业中,土地是基本生产资料,如何与劳动力结合得好,至关紧要。农村实行经济体制改革后,土地所有权为公有制,而使用权则按区域单位平均分配到户,这几年发展的结果是出现了土地越来越分散的趋势,影响了它的使用效益。但是广大农民还未彻底摆脱对土地的依靠,即使在农村经济发达的地区,多数农民还是愿意保留一部分土地,特别是口粮田。同时,也出现了土地渐次减少的农户,愿意和希望转向与土地无关的营生。这就要求改革农村土地制度,使能适应商品经济发展的趋势,有利于与劳动力结合得更好。这就涉及到一个关于土地制度改革的问题。

关于农村土地制度,应当根据社会主义原则,坚持公有,但不排斥在实行联产承包后,承包者拥有的使用权、经营权可以实行有计划的、有偿的转让。与其他生产要素一样,土地赋有这种特性,才能节约使用、合理经营以适应农村经济发展的需要,改变长期来土地的平均分散、效益低下、滥用浪费的倾向。值得研究的问题:(1) 当前划分口粮田和责任田的办法,还要保持相当长的时期。但是,在人口膨胀的冲击下,不宜于再扩大口粮田,有必要在掌握从紧的原则下(例如每人平均不超过 4 分),实行增人不增田,减人要收田的规定,增加人口主要靠提高单产满足需要的增长。对责任田,承包合同定购任务要恰当,使有产可超,以利于在粮价“双轨制”的情况下,允许土地经营者的自我调节。(2) 对这些土地,首先是责任田,在所有权和使用权、经营权分开后,应当允许并提倡自愿的转让，以便逐步集中于种田能手，实现规模经营。根据苏南的实际情况，把责任田集中到约10%的农户来经营，即比现在每户的经营规模扩大10倍，应当是可行的、有效的。(3) 进一步的做法，随着“农转非”的进程，口粮田也可以集中经营。与此相应要建立稳定的粮食调剂市场。

三、关于城镇布局的调整问题

在工业化逐步前进的过程中，必然伴随着城市化。近年来有两种主张：一种主张大城市化，理由是争取最佳的集聚效应；一种主张小城镇化，理由是防止患上“大城市病”。似乎各有利弊，其实却是两难：城市过大确实导致了住宅、交通和公用设施的紧张，城镇过散也确实发生了多占耕地和扩散污染等后果。能否有个两全之策？

实践给我们的启示是：工业化要求居民相对集中；但是如何集中，则有各种选择。从城乡关系看，集镇多了就要有小城市，小城市多了就要有中等城市，中等城市多了就要有大城市；否则，都是小城镇甚至集镇化，那是平面铺开，形成不了城市功能。仅从经济发达的农村看，在大规模的产业结构调整过程中，工业的发展是以行政单位为基础进行的。这对发展经济有其积极意义，但带来的问题也越来越明显，不仅同类企业重复建设，不少产品一哄而上，而且导致社社、乡乡都要进行相应的设施建设，甚至一些工业比较发达的村也是如此，各自形成一套小而全的设施体系，增加了投入，影响了设施功能的发挥。分析这种状况，值得研讨的问题：(1) 经济发达地区的县，工业已成为经济的主体，工业生产要相对集中，有利于发挥各种的功能。因而小城镇建设，工业的布局，行政单位之间的协调，就成为一个应该认真研究的问题。这在农村经济发达的县，应当是一个相应迫切的问题。(2) 确立小城镇建设以县为“头”的梯度结构。在百万左右人口的县，基于经济发展的需要，县集中20～30万人。这样，逐步使60%以上的人口都集中在城镇。城镇以下的乡，主要是搞农副业生产，除必要的社会建设外，有些设施将由城镇统一承担。(3)建立一种工业生产的发展和协调机制，使工业生产相对集中的要求，与小城镇建设的梯度结构相协调。有些县、镇搞的开发区，是一种很好的形式。这样，有利于农村经济逐步向专业化、社会化、商品化方向发展；有利于节省大量生活设施的投入和节约大量土地资源；有利于以大中城市为依托，以县城为枢纽，与大小集镇相联系，组成现代化的城镇网络，使城镇和农村都有较好的物质生活和文化生活环境，城乡差别也将不断缩小。

最后，关于农村经济现代化的投资来源问题，值得认真研究。初步计算，达到一定标准，每亩投资约在千元以上。除原来的投入和劳动积累外，每亩还需投入500～600元。这些投入，有些可以争取国家和省、市、县财政的投入，有相当部分要靠乡、村两级的集体经济。另外，务农者的投入，也将是重要部分。根据已有典型，在规模经营的条件下，每亩粮田每年积累50元左右是可以的，从事渔牧业者，积累条件还要好一点。

(原载《江海学刊》1990年第2期，与蒋继奋合写)

扬州的工业规模经济是怎样形成的?

扬州工业规模经济的形成,主要是靠市场引导和行政推动。

从企业行为看,大致有以下几方面:

1. 选准产品。在市场导向下,选准产品,企业才有生命力。扬州企业的选择标准是市场有广阔前景,即需求量大、饱和度低、正处于成长期。春兰空调原来是制冷设备制造厂,主要为仪器仪表工业服务,市场容量不大;后来认识到随着人民生活的改善,发展空调有市场,但是别地已在生产,他们就提出“让开大道,占领两厢”,着重发展大功率柜式空调和小型家用空调,生产很快上去了。从空调、旅游车到玩具、化妆品、亲亲八宝粥等,不少属于“小康生活用品”,符合当前消费新热点;其他生产资料如集装箱、搅拌机、电焊条等,也多处于生产建设的旺盛需求期,所以容易发展。至于原来的基础,有固然好;即使差一点,经过努力,也不难提高和壮大。

2. 科技开发。选准产品后,要保证质量,必须依托高新技术,才能有竞争力。正是经过技术开发,这些产品有了优势,博得消费者的青睐,占领市场的制高点。靖江葡萄糖厂生产维生素C,采用国际上先进的“二步发酵法”,质量可靠,成本更低。

3. 集中投入。从全国和全省看,扬州不是投资重点,财政拨款和银行贷款都有限。但是,要搞工业规模经济,不能没有大量投入。据统计,扬州这三年累计投资超过90亿元(前两年40多亿元,1993年50多亿元),在全省仅次于苏锡宁。难能可贵的是:他们强调自我积累,自我发展,并且坚持集中投入:一是70%用于重点项目,二是70%用于技术改造。在保证财政上缴任务的前提下,对这些企业实行投入产出总承包(类似于"首钢"办法)外,银行信贷他们坚持"四投",即:注意投向,加大投量,加快投速,提高投效。

4. 组成"舰队"。在这方面,他们的做法叫做"聚合"、"裂变"。"聚合",就是以单体强壮的大中型企业为核心,通过重新组合,形成更加强大的新群体,产生"放大效应"。1993 年,全市已有企业集团 24 家,其中达到省级规模的 17 家,共有核心层企业 49 家,紧密层企业 132 家,半紧密层企业 101 家,松散型企业 360 家。全市还有 76 家优势企业兼并 88 家弱势企业。"裂变",就是在原有企业组织结构的分解中,组成富有生机的新单体,释放出更大的能量。通运集装箱有限公司以原来江阳汽车厂为基础,过去生产过机床、内燃机、拖拉机、中型货车等,十易厂牌,未脱困境;后来以该厂部分厂房和场地"嫁接"外资,生产标准集装箱,总产值和综合效益居全国同行业第二位,还连续派生出一批集装箱配件、半挂车、锻造等企业。

5. 外引内联。组成大企业、企业集团和形成规模经济,除在本地投入资金和"聚合"、"裂变"外,引进外资、联合内资也是非常有效的。扬州灯泡厂本是一家街道办的福利工厂,生产用于各种电气设备的氖灯;后来引进外资,先后办起 5 家合资企业,不仅设备先进、保证质量,并且年产 1.5 亿只,在世界同行业中规模最大。

6. 搞好营销。实行规模经济,在组建大型生产力的基础上,拳头产品打入国内外市场,还有赖于搞好营销,尤其是一些竞争激烈的产品,胜败关键在于营销竞争。春兰空调在一个县级市,走向市场靠营销开路,虽然每年花去上千万元广告费,从营销回报率看是值得的。

政府为扶植规模经济,坚持与企业同唱一台戏,具体做法主要有以下几点。

1. 制定规划。企业本身的发展往往只了解本行业、本地区情况,不能从更大的视野来认识形势,有一定局限性。政府的职能在于总览全局,统筹兼顾,制定规模经济的发展战略及其具体规划。扬州市近几年来都对全市工业企业进行摸底,搞清哪家企业发展快,能上规模;哪个行业有优势，能成支柱；哪个产品有潜力，能占市场，然后排出一批名单，列出必保项目，发给“绿卡”，促其竣工。

2. 优惠政策。扬州市近几年来先后制定了《关于支持市区重点企业发展的政策意见》、《关于进一步搞好大中型重点骨干企业的意见》、《关于加快我市技术改造工作的意见（试行）》等文件，以建立规模经济为目标，并辅以各种优惠政策。这些政策，包括兼并、免税、免费、财政补贴、优先技改、给流动资金和人员分流、立功重奖等，其作用是不言而喻的。他们说在某种意义上，规模经济是“保”出来的。

3. 协调服务。为了解决企业、市场不能解决的问题，政府有其不可推诿的职责。为此，不仅要落实企业自主权，还要为企业排难解忧，在技术改造、劳动用工、进出口等的审批上提高办事效率；特别是对跨部门、跨地区、跨所有制的资产关系、债务纠纷、人员流动等障碍，要组织一条龙服务。

4. 输送能人。规模经济有待于生产要素集中，能人也是其内容之一，在这方面，扬州体会很深。他们不拘一格选人才，以“三个有利”为标准，打破学历、资历、年龄和所有制限制。最近荣获全国十大职工荣誉称号之一的陶建幸原来是一位副科长，到厂后拿出多个方案，很快实施，办成了春兰集团。

除上述几点外，应当为工业规模经济创造宏观环境，包括办好农业，办好基础设施，办好第三产业等。还应当看到，工业规模经济是改革开放的产物，处于当前转轨阶段，新旧交替，计划经济和习惯势力仍有一定影响，有待于逐步排除。

（此系摘要，原载《中国工业经济研究》1994年第10期，与薛家骥合写）

培育和建设与全国统一市场相联结的区域市场

与不同地区社会分工、商品生产发达程度不同的情况相联系，市场的区域化发展是个客观趋势。从现行体制的现实出发，由地方来办市场以催化区域市场的发育，是顺理成章的。但是，地方办市场一定要办成与全国统一市场相贯通的区域市场，而不能办成块块结构的地方市场。区域市场，不是局限在区域内组织商品交换，而必须是凭借商品自身内在的渗透力，通过发展区域内外市场的双向贯串和交错网络，全方位地扩展商品交换。马克思说过："商品交换是在共同体的尽头，在它们与别的共同体或其成员接触的地方开始的。但是一旦对外成为商品，由于反作用，它们在共同体内部也成为商品"①。有发展了同区域外市场的商品交换，才能使之反作用于区域内的市场，促进区域市场的发育。从这个意义上说，没有和全国统一市场的贯串和网络，就不会有真正的区域市场，而只能是立足于自我交换的小商品经济的初级市场。

江苏在组织跨地区横向经济技术协作同时，各地普遍兴办各类专业市场，使有形的交易市场与远距离购销的无形市场相互依托，使区域性市场和市场体系共同地逐步发育，这个路子是走得对的。但是，从现状看，江苏的区域市场，即使在苏南，也还是内含不丰富、竞争不充分、体系不健全，秩序不规范的市场，这固然同社会分工和商品生产的发达程度以及资源的紧缺有关，但更主要的是受体制因素的制约。现行的财政包干、外贸承包等体制强化了同区域市场发育逆向而行的分割格

① 马克思《资本论》第1卷，第106页。

局。从全省来看,由于阻碍了区域市场的发育,因而阻碍了和市场发育相连的企业制度、宏观调控机制的配套改革,也就阻碍了省区经济的最优化发展。

因此,无论从深化改革还是从经济发展看,都需要在建设区域市场上有突破。对省区决策部门和调控主体来说,现行体制对市场的封锁力越强,就越需要有突破这种封锁力、建设同统一市场相贯通的区域市场的主动性和能动性。这种主动性和能动性就表现在能够跳出块块体制的束缚,坚决为按照社会化大生产的要求和商品的自然流向组织流通开路。

首先,需要依托大中城市,办好若干层次较高的商品批发市场和各种要素市场。现代城市是在发展社会化大生产和商品经济基础上形成的多功能的区域经济中心,就其性质来说,首先是商品流通中心;多功能,就是围绕发挥商品流通功能而把交通运输、邮电通讯、金融信贷、科学教育、信息情报、经济管理等功能组合起来的综合功能。依托这样的中心城市办市场,才能通过城市功能配套的组织系统,发展面向区域的横向经济联系,全方位地开拓流通渠道,提高市场吞吐能力。依托这样的中心城市办市场,才能利用城市多功能的现代基础,建立与面向区域相适应的交易市场的多功能服务体系,增强其对区内外供销企业的吸引力。依托这样的城市办市场,才能借助城市在内外开放中的优势,扩大其区内外、国内外的覆盖面,成为层次较高、有知名度的现代市场。更重要的,以中心城市为依托,有利于和城市第三产业的发展相互推动,以消费品市场、生产资料市场的发展,带动金融、科技、信息、运输等市场的发育,并使之相互催化,促使市场体系走向完善。一句话,依托中心城市建设层次较高、功能较全的区域市场,有利于以其在横向经济联系中较强的吸力和辐射力,突破条块体制上的封锁力。

其次,需要在全省范围内,分区域规划、建设城乡一体化的市场网络。即:以依托于大中城市建设起来的层次较高、功能较强的大型市场为枢纽,在一定的纵向协调下,按照商品流转方向,横向联结一定区域内的层次不等的中小城市市场,形成区域性的市场网络体系。随着县区经济的崛起，江苏许多县级城镇近几年办中心、建商场，纷纷发展各种专业市场，从各个地方来说，这是反映了商品发展的需要。但从全局看，缺乏在一定范围内依据城市规模、性质和功能的不同，多层次、分区域的市场布局，在现体制下就很难避免不办成行政色彩浓的块块市场。因此，只有以层次高、功能全的大型市场为枢纽，把这些市场纵横联结、交叉网络起来，才能突破体制上的障碍，变各地的市场分割为贯通，变渠道不畅为畅通。

再次，需要把培育、建设区域市场同建立新的宏观调控机制结合起来，相互推动。建设区域市场，不只是个别市场自身的事情，而是一个涉及宏观调控的问题。强调建设区域市场必须与统一市场相衔接，强调区域市场必须以大中城市为依托，从宏观的角度看，这是促使各类市场能组合成为为国家调控下的市场体系的需要。在一个省来说，应当由省级调控部门按照加强调控地区经济的要求，来规划、指导和推动这方面的工作。例如，根据经济发展的内在联系，组织多层次、分区域的市场网络体制，这项工作本来就属于规划、建设省内经济区的工作范围。大家知道，全国许多省区前几年为建设各种经济区曾热火了一阵子；但由于体制上的障碍，都是"步履维艰"，江苏的几个省内经济区也不例外。其实，推进经济区的工作，就应当从规划、建设区域性的市场网络以催化市场体系的发育入手。形不成纵横贯通、运用自如的市场网络体系，经济区的建设不会有任何实际成效。此外，健全市场的监督管理系统，治理混乱，整顿秩序，加强市场法制建设，保护公平竞争，也应当列为建立新的宏调控机制的重要内容，组织有关职能部门切实搞好。

（原载《城乡经济》1990 年第 4 期，与顾松年合写）

劳动力的商品化问题

随着我国经济体制改革的逐步深化，劳动力的商品化，作为一个理论问题和实际问题，摆在我们的面前，亟待有所阐述、有所对策。如果说，关于生产资料、资金、技术、信息和房地产的商品化和市场化问题基本上得到了确认；那么，同样是生产要素之一的劳动力，无论在政府文件和实际工作或学术讨论中，至今显得很不相称，成为一个缺项。这是由于对此问题，传统观念的束缚较久，现行政策的限制较严。正是这样，迫使我们进一步思考，并试行给予回答。

以生产资料公有制为基础，特别是在全民所有制企业中，劳动力是不是商品？大致有三种见解：是；不是；既是又不是(叫做“准商品”、“部分商品”、“商品外形”等)。第三种见解其实是认定了劳动力具有不同程度的商品属性，只是没有商品化或完全商品化，与资本主义的劳动力商品化，有它的非典型性特色。否定劳动力是商品或非商品化的代表性观点，不外这么几条：(1) 社会主义劳动者共同占有生产资料和产品，是社会和生产的主人，不是受剥削的雇佣劳动者，因而他们的劳动力不是商品。(2) 既然劳动力基本上是公有的，那么劳动者个人就无权将其出卖，劳动力也就不成其为商品。(3) 使劳动力成为商品的根本条件，是劳动者同劳动的客观条件相分离，而不是所谓“劳动力个人所有制”。(4) 劳动是个人谋生手段这点，只同按劳分配有关，而与劳动力成为商品无关。

劳动力的商品化，本来是一个历史范畴，是商品经济发展的产物。判断劳动力是不是商品，必须联系这个时空条件。马克思指出，商品经济发展的两个条件是劳动社会化大生产和社会分工的存在，生产资料和劳动产品属于不同的所有者；劳动力成为商品的两个条件是力归劳动者所有，劳动者对生产资料一无所有，两者是不可分割的。他揭露在资本主义条件下，资本家占有生产资料，一无所有的劳动者只能把自己的劳动力作为商品出卖给资本家，实现了以雇佣劳动为基础的剩余价值剥削制度。但是，他没有认定社会主义经济也是商品经济，没有看到社会主义条件下劳动力与生产资料结合的实际情况，不可能加大劳动力还是不是商品的问题。长期以来，传统的观点否认社会主义经济也是商品经济，其依据是在认定商品经济发展条件之一的社会化大生产和社会分工的前提下，否认另一条件即生产资料和劳动产品属于不同的所有者。斯大林看到了社会主义的两种公有制，把商品生产和商品交换局限于两种所有制之间，否认全民所有制内部的商品关系。基于同样的思维逻辑，他说："现在，在我国制度下，说劳动力是商品，说工人被'雇佣'，这真是十分荒谬的：仿佛占有生产资料的工人阶级自己被自己雇佣，把自己的劳动力卖给自己。"[①]两种观点，如出一辙。我们处在社会主义初级阶段，社会主义经济还是商品经济。在公有制的基础上，即使是全民所有制企业，除了共同的经济利益外，还有个别的、独立的经济利益；于是，全民所有制内部的生产和交换也有它的商品属性，因为其生产资料和劳动产品也属于个别的、独立的所有者，也不是没有改变产品的所有权。这个道理，同样适用于劳动力。也就是说，在社会主义商品经济的条件下，按照劳动力与生产资料结合的具体形式，继续赋予了而不是褪脱了劳动力的商品属性。

首先，在社会主义条件下，劳动者并没有个人地、直接地占有生产资料，在实际意义上，他们仍旧是"一无所有"的无产阶级。生产资料公有制，是就整体而言，意味着全体劳动人民对生产资料的共同占有，但不等于个人占有：体现在占有关系上是一种间接占有，而不是直接占有（也有人认为，其实只是一种虚拟占有，并不是实际占有）。我们不否认

---

① 《苏联社会主义经济问题》第 13 页。

公有制的优越性,它使劳动者能以生产资料所有者的身份实现与个人劳动力的结合,进行劳动,领取报酬,不受生产资料私有制的剥削。但是,劳动者个人并不能自由支配包括出卖、转让这些共同占有的生产资料中自己的份额,也不能占有或处理有自己的劳动物化在内的属于共同占有的产品。这对当前的集体所有制企业,基本上也适用。从这个角度看,社会主义条件下的劳动者个人仍旧是"没有别的商品可以出卖,自由得一无所有,没有任何实现自己的劳动力所必需的任何东西"。[①] 即使实行改革,例如采取股份制,使财产关系明确化,持股的工人成为"有产者",但与企业的这种共同占有、间接占有的关系不会有根本的变化。

其次,在社会主义条件下,劳动力仍旧归劳动者个人所有,为了谋生,还不得不把自己的劳动力当作自己的商品来出卖。过去流行一种观点,认为社会主义不仅实行生产资料的公有制,同时实行劳动力的公有制,"大家都是公家人"。这是采取"铁饭碗"即对劳动力实行包下来和统分统配的理论依据。实践证明,这种做法无视个人劳动还不是直接的社会劳动的现实,并与"自由人"的要求相悖,无助于调动劳动者的积极性和提高企业、社会的劳动效率。应当认定,在现实条件下,劳动还是谋生的手段,劳动力仍旧属于私有,劳动者应有选择职业的自主权。这也表现在劳动力(主要指熟练的和有学识的劳动力)的再生产费用,虽然社会负担了一部分,但是大部分还由劳动者个人及其家庭支付。恩格斯所说,"在按社会主义原则组织起来的社会里,这种费用是由社会来负担的,所以复杂劳动所创造的成果,即比较大的价值也归社会所有"[②],实际上指的是共产主义制度。混淆了这个界限,成为过去实行平均主义、否认按劳分配的又一理论依据。按劳分配也是一种等价交换,与劳动力的商品化是互为因果的;否定劳动力是商品,按劳分配的价格形成就失去了基础。

---

① 马克思《资本论》第1卷,第192页。

② 《马克思恩格斯全集》第3卷,第241页。

再者，在社会主义条件下，劳动力作为商品进行交换，并不是自己卖给自己，而是其所有权从个体向集体的定期转移。所有权是一个法学概念，指所有者对客体的占有、使用、收益和处分的权力。这里，重要的是必须防止模糊整体和个体之间的界限。社会主义的劳动者作为生产资料的所有者，是就整体而言；至于作为个体，实际上并不具有这个权力，而只是有对自己劳动力的所有权。同样，生产资料所有者整体也并不自然地具有对劳动力的这个权力，除非建立雇佣关系，即对劳动力的购买。这就是说，只有通过生产资料所有者整体购买劳动力，劳动力所有者个体出卖其劳动力所有权，才能实现生产资料与劳动力的结合，并使个人劳动转化为社会劳动。劳动者整体是由劳动者个体集合而成的，但这种集合不是简单的汇聚、相加，而是以一定的经济利益、组织形式为基础的；作为共同占有生产资料的劳动者整体与作为共同占有生产资料的劳动者个体，不仅在量上不一样，并且在质上也不相同。劳动者在一定期限内把自己劳动力的占有、使用、收益和处分等权力让渡给生产资料所有者整体。显然，这是劳动力所有权在个体和整体之间的定期转移，而不是劳动者把自己的劳动力卖给自己。所谓定期转移，意味着有一定期限，并有可能多次转移，而不是一下子全部卖光、卖死。舍去这个特点，劳动力的买卖与一般商品并无不同。

总之，在社会主义初级阶段的经济条件下，生产要素赋有商品属性，劳动力也不例外。这个商品经济的一般规律，对社会主义的商品经济也不例外。如果说有差异，主要在于所有制。但是，我们不要把生产资料公有制扩大为劳动力公有制，不要只认定公有制的统一利益而否认其个别利益。这样，就能懂得社会主义经济为什么还是商品经济，也能懂得社会主义条件下的劳动力为什么仍旧是商品，仍旧要实行商品化。

（此系摘要，原载《财经问题研究》1989年第3期，与徐惠蓉合写）

个人烛见

积极发展社队工业

公社工业化，毛主席在 1959 年即我国刚刚实现人民公社化的初期，就高瞻远瞩地提出来的一个目标。我国到 1980 年要基本上实现农业机械化，到本世纪末要实现四个现代化。高速度地发展农业和实现农业机械化、国家工业化的进程不能不同我国广大农村人民公社的工业化密切联系在一起。

建设社会主义现代化大农业的必由之路

毛主席亲自主持制定的《关于人民公社若干问题的决议》中明确地指出："人民公社大办工业"；"人民公社的工业生产，必须同农业生产密切结合，首先为发展农业和实现农业机械化、电气化服务"。近 20 年来，很多地方的实践证明：要高速度地发展农业，固然首先应当在农业本身采取措施，但是同时，还必须充分发挥工业的主导作用。特别是实现农业机械化，建设社会主义现代化大农业，更有赖于自己办工业也是一个重要的方面。

谈到农业机械化，有人曾说："没有机器想机器，有了机器买不起，买了机器愁修理。"说这种话往往是在没有办社队工业的时候。等到大办社队工业之后，就听不到这种议论了。河北省遵化县大办县社工业，是从发展三级农机修造网开始的。现在，全县 1790 台拖拉机以及其他农机具，已经做到了小修不出队、中修不出社、大修不出县。河南省巩县回郭镇公社的中小型农业机械绝大部分由本公社自己制造，大型农业机械大部分由本公社自己购买。现在，全公社共有大小拖拉机 209 台、汽车 16 部、各种动力机械 1992 台，合计 24000 多马力，耕作、排灌、场上作业、农副产品加工等基本上实现了机械化，并达到大中修不出社、小修不出队。于此可见，贯彻执行农机制造以地方为主、农业机器以中小型为主、农机购买以社队为主的方针，不可缺少的一着在于大办社队工业。

建设社会主义现代化大农业不限于机械化一项，其他各项同样可以靠大办社队工业来提供设备、材料、技术和资金。山西省昔阳县社社有农机修配厂，不少公社有还有磷肥厂、腐肥厂、小电站、煤矿等，从各方面武装农业，使农业生产的物质基础大为加强。

公社工业化的意义，不仅表现在社队办了多少工厂，有了多少产值，更重要的，在于它是否促进农业和多种经营的发展，达到高产稳产。我们看到，只要社队工业坚持社会主义方向，围绕农业办工业，正确处理工农业在占用劳动力等方面的矛盾，就能在改变农业生产条件、改进生产工具、提高生产效率、抓住生产季节，以推动向生产的深度和广度进军方面发挥重要作用。湖南省桃源县的社队既办工业，又办种植、养殖业，几年来因地制宜地营造了用材林 70 万亩和经济林 50 万亩，建立了林场 500 多个、茶场 280 个和园艺场 120 个，还办了大批水电站和农副产品加工厂。那种把发展社队工业同发展农业截然对立起来的观点，是完全错误的。

公社工业化是建设社会主义现代化大农业的必由之路，也是人民公社制度本身发展的必然结果。毛主席教导我们，人民公社好，它的好处是可以把工、农、商、学、兵合在一起，便于领导。人民公社如果只办农业，搞单一经营，发展到一定程度，就会遇到困难，不容易再向前进了。随着农业的发展和农业劳动生产率的提高，大办社队工业不仅有需要，而且有条件。这里，体现了农业和工业相互依存、相互促进的关系。所以，真的想高速度发展农业，实现农业机械化，建设社会主义现代化大农业，就应该积极发展社队工业，实现公社工业化。

实现国家工业化的组成部分

社队工业必须首先为农业服务，要坚持就地取材，就地加工，就地销售，同时，千万不要同农业争劳力、物资和资金，也不要同大工业争原料、燃料、动力。但是，这决不意味着社队只能办直接为农业服务的工业，不能办或者不能多办其他工业了。不然就会限制集体经济的壮大，而且会延缓公社工业化的进度。在社队工业发达的地方，为大工业服务的比重逐步提高，是非常自然的。这反映了社队工业兼有双重任务，除了为建设社会主义现代化大农业出力外，也在为实国家工业化作贡献。毛主席谈到公社工业化时，都和国家工业化并提，决非偶然。毛主席还说："农村副业，就全国说来，一个很大的部分是为农村服务的，但是必须有一个不小的部分为城市服务和为出口服务，将来这部分可能扩大起来。"[①]在农村副业基础上成长起来的社队工业也是如此。社队工业同农业有着各种内在联系，比起一般城市工业来，显示了它独有的优越性。北京市海淀区玉渊潭公社的社办企业，几年来向国家提供了1亿元以上的产品，其中有供应大工业的，有供应市场的，也有供应出口的。这些企业，如果全部由国家来办，就要支出2000多万元基本建设投资和流动资金，修建6万多平方米厂房，招收4000多名职工。人们观察了很多社队工业的特点，归纳为十大好处：一是不要国家投资；二是不添职工指标；三是不增加工资总额；四是不增加统销粮；五是不占城郊良田；六是不建或少建宿舍、办公室；七是就地取材，充分利用零星资源；八是接近消费地区，缩短运输距离；九是布局分散，适应备战需要；十是便于处理"三废"，保护环境。

凡是社队能办的工业，就要鼓励社队办，以便国家集中力量办好大工业。有些国家已办的工厂，也可以有计划地"脱壳"给社队。北京市

---

① 《毛泽东选集》第5卷，第254页。

的标准件厂把螺钉生产下放给玉渊潭公社,并转移成套专用设备,既发展了社队工业,又使自己很快能上新产品,同时得到了发展。不少经验说明,充分利用社队的人力、物力、财力办工业,花钱少,见效收益大,是多快好省的办法。

过去,有的同志认为,社队工业是国营业的助手,其任务只是补国营工业的不足。现在看来,这还不够。毛主席为我们制定了发展工业一整套两条腿走路的方针、政策,包括中央和地方并举、大中小并举、土洋并举等等。社队工业都在地方,一般是小型为主,土法上马。由于它面广量大,以多取胜,在某种程度上承担了国家工业化的一条腿的作用。对公社工业化,应当提到走我国自己工业化道路的高度,才能有较深刻的理解。

还要看到,社队工业的小和土,只是当前相对而言的,并不是一成不变的。有些基础较好的地方,已在逐步地由小变大,由土变洋。例如,江苏省无锡县的社队工业,大搞技术革新和技术革命,先后试制和生产了多种农业机械和其他产品,有些是较高级的产品,堪与大工业比美。

毛主席说:“中国的主要人口是农民,革命靠了农民的援助才取得了胜利,国家工业化又要靠农民的援助才能成功。”①社队办工业,实质是动员和组织 7 亿农民办工业。恩格斯研究了古代马尔克制度的崩溃,最后断言:“为经营大农业和采用农业机器,换句话说,就是使目前在耕种自己土地的大部分小农的农业劳动变为多余。要使这些被排挤出农业的人不致没有工作,或不会被迫集结城市,必须使他们就在农村中从事工业劳动,……”②实现公社工业化,正好容纳因实现农业机械化而节省下来的劳动力。所以,农业机械化和公社工业化又是二位一体、相辅相成的。随着农业机械化的进展,社社队队都越来越有条件办工业。这是调动一切积极因素,挖掘一切潜力,高速度地实现我国工业

① 《毛泽东选集》第 5 卷,第 26 页。

② 《马克思恩格斯全集》第 19 卷,第 39 页。

化的重要一环。1975 年,全国已有百分之九十的公社、百分之六十以上的大队办了 80 多万个企业。这仅仅是个开始。今后,随着农业机械化的发展,改变七亿农民搞饭吃的局面,将有越来越多的社员投入办工业。公社工业化是国家工业化的组成部分,社队工业的发展必将大大地加快国家工业化的步伐。

向着伟大的、光明灿烂的希望前进

在一些社队工业发展较快的地方,我们已经可以看到发生的重要变化:

首先,在农副业全面发展的基础上,社队工业总产值越来越多,在工农业总产值中所占的比重越来越大。公社不办工业,只是经营农业,反映公社生产成果的是农副业总产值和总收入;办了工业,公社的生产领域和经济构成就不同了。河南省巩县回镇公社 1973 年社办工业总产值 544 万元,大队工业副业总产值 300 万元,合起来占工农业总产值的百分之五十一点六;到了 1975 年,社队企业的总产值更占全公社工农业总产值的百分之六十一点六。北京市海淀区玉渊潭公社 1975 年工业总收入达到 2075 万元,占全公社总收入的百分之八十;农业在不断增产的前提下,总收入也有增加,但只占全公社总收入的百分之二十。这样的公社,工业总产值和总收入已经超过了农业的总产值和总收入。

其次,在集体经济不断壮大的基础上,公社、大队两级经济在三级经济中所占的比重越来越大。当前,人民公社实行"三级所有,队为基础"的体制,农副业主要在生产队,因此,光搞农业,往往是"三级所有,两级没有"。办了工业,集体经济不断壮大,三级经济的比重也不同了。湖南省 1976 年公社、大队企业收入占公社三级总收入的百分之二十,有 20 个县、市占百分之三十以上,最高的湘潭市郊占百分之六十以上。湖北省浠水县,公社、大队两级经济的收入占三级总收入的比重,1974 年是百分之十八点三,1976 年上升到百分之二十八。

公社办工业是促进人民公社制度进一步发展的必要物质保证。

再次，在保证农业生产第一线有足够劳动力的前提下，社员务工的越来越多，亦农亦工人员所占的比重越来越大，社员收入中来自工业的比重也越来越大。公社办工业前，社员单纯务农；办了工业，就有部分社员除务农外还务工，部分社员更转向以工为主、兼搞农业。玉渊潭公社从事工业劳动的社员 4300 多人，占全公社总劳动力的百分之四十一；每个社员平均每年分配 220 元，接近城市普通工人的收入。江苏省无锡县一九七六年社队工业的转队工资达 2800 多万元，每个农业人口平均 32 元，占分配总数的百分之三十。这些地方，从社员担任的劳动和收入的来源看，已不再是单纯的农民了。不少社队还在此基础上，逐步扩大集体福利。这都有利于用共产主义思想教育农民，使他们成为亦农亦工的一代新人。

最后，农村的社会面貌也随着公社工业化的进程而发生越来越大的变化。在这些地方，人们看到，不仅公社所在地烟囱林立，机器轰鸣，成了一个个小小的工业镇，就是在各大队所在地及其周围，也有几个小工厂。加上奔走在田野里的拖拉机、架设在田野上的输电线路，再也不是农村旧模样了。有些社队还在开始建设社会主义新农村，并有越来越多的科学、文化、教育、卫生等设施。这些，都使广大社员进一步看到人民公社的优越性和社会主义新农村的远大前景，进一步打破小生产的狭隘眼界，更好地为实现公社工业化和农业现代化而奋斗。

恩格斯在《共产主义原理》中说："公民公社将从事工业生产和农业生产，将结合城市和乡村生活方式的优点而避免二者的偏颇和缺点。"[①]又说："城市和乡村之间的对立也将消失。从事农业和工业劳动的将是同样的一些人，而不再是两个不同的阶级。单从物质方面的原因来看，这已经是共产主义联合体的必要条件了。"[②]公社工业化是改造农业、改造农民和改造农村的重要途径；同时，公社工业化的发展，也

① 《马克思恩格斯全集》第 4 卷，第 368 页。

② 同上，第 371 页。

有利于改造城市，防止城市像资本主义社会那样畸形发展。我们看到，大庆办了工业，又搞农副业，实现了工农结合、城乡结合。公社办了农业，又搞工业，同样是走毛主席指示的五·七道路。人类历史上，农业和工业的分工促进了生产力的发展，也导致了工农两大阶级的分化；如今，公社办工业，实现公社工业化，将进一步促进生产力的发展，并逐步缩小以至消灭三大差别，为过渡到共产主义创造条件。毛主席指出的"我们伟大的、光明灿烂的希望也就在这里"，一定会变成现实。

（原载《光明日报》1978年2月13日）

防止重复建设

重复建设是当前经济调整中必须治理和今后经济发展中必须防止的一个突出问题。

重复建设的具体形式是多样的。例如：老厂（大厂或小厂）吃不饱，又建新厂；一地（加工基地或原料基地、城市或县镇）的工厂没有充分利用，又在另一地新建扩建；同一时候，在不同地区甚至在同一地区，新建扩建一个以上生产能力超过供销可能的工厂；同一地区，甚至针对同一矿产资源，同时或先后建了一个以上的同类矿山及其加工厂；同一地区或邻近地区的同类厂矿，同时或先后建了利用率不高的同类车间或工段。诸如此类。都是重复建设。

重复建设，浪费了大量的人力物力财力，降低了社会的经济效益，并且会引起生产、建设和经营管理上的一系列混乱。基本建设战线长，在某种程度上，就是长在重复建设。生产不正常，相互争原料、争动力、争市场，以及某些不正之风，根子也在重复建设。很多企业产供销不平衡，领导和干部疲于奔命，精力无法集中于改进经营管理，同样是重复建设导致祸害。

重复建设是整个国民经济比例失调的一个侧面。这种现象由来已久。它反映了我们经济工作中的一些根本性的问题，如急于求成，一哄而起，缺乏通盘打算和综合平衡。又如官商不分，政企合一，形成“部门所有制”和“地方所有制”。各个部门、各个地方都要搞“万事不求人”的体系；各个企业也都以“大而全”、“小而全”为努力目标。再如经济杠杆不灵活，价格、税收、利率等基本上是几十年一贯制，造成行业、产品和企业之间长期的苦乐不均，诱发大利大干、小利不干，使长线越来越长，短线越来越短。当前，在化纤纺织的产值、利润几倍于棉纺织的情况下，制止大小化纤厂的重复建设和重复生产，实在是一件不容易的事。此外，重复建设与干部缺乏经济知识也有关系。很多干部热衷办厂，但是不知道怎样办，只是看到别人办什么就跟着办什么；至于经济预测、可行性研究、投资效益比较等，他们是不管也不懂的。重复建设的一再出现，这类做法占不小比重。防止之道，在于坚持计划经济为主、市场调节为辅的原则，从各方面采取综合措施。

一、确立一个防止重复建设的指导思想。一味走外延的扩大再生产道路已经过时了。应当坚决转到以内含为主的扩大再生产的新路子，依靠现有企业及其技术改造来发展生产，适应需要。铺新摊子和“厂内外延”，都要格外慎重。要使各级有关人员真正理解，重复建设不仅对国家不利，而且对本地本企业也不利，从而提高不搞重复建设的自觉性。

二、制订一个防止重复建设的长远规划。重复建设，与心中无数有关。要在搞好经济信息和经济预测的基础上，加强综合平衡，制订各行各业的各地区的长远规划，据以贯彻执行。各行各业对各主要产品要进行认真的调查统计，摸清现有生产能力和供需情况，切实估量其变化趋势，订出今后挖潜、改造和生产、建设的具体打算。各地区也要这样做，通过条块结合，把规划落实下来。在规划中，一定要明确各种产品是长线还是短线及其长短的程度。对长线，要坚决煞车；对短线，要有计划地增长，避免盲目发展。

三、改出一个防止重复建设的管理体制。改革经济管理体制，调整国家、地方、企业之间的权责利，要做到政企分家，破除“部门所有制”、“地方所有制”和“大而全”、“小而全”的体系，促进生产的社会化和专业化、联合化。在处理宏观和微观、集中和分散的关系时，对固定资产投资，包括各种自筹资金和银行贷款，要有统一管理，特别是对新建扩建要有严格控制。

四、规定一个防止重复建设的经济政策。如取消基本建设的供给制，把无偿投资改为有偿投资，或者采取贷款方式，或者对企业占有的固定资按其价值收费、征税，以有利于防止重复建设。对新建扩建项目，分别不同行业和不同产品，征收建设税和或工程税，也是可以考虑的。经验证明，过去对某些新办企业给以一定时期的免税减税，助长了重复建设。银行发放固定资产贷款，要分别新建和改建规定不同的利率。当然，这不排斥对必要的新建尤其是开发后进地区的资源，给以减税免税和降低利率等照顾。总之，运用经济杠杆要有较大的灵活性和适应性，该促则促，该控则控。

重复建设很多已是既成事实，亟待在调整中治理。具体办法，无非是关停并转。这项工作各地都在进行，但是见效大小不等。在实施中，有几个问题值得研究。

对于重复建设因而重复生产的长线产品，择优定点，其余关停（尤其是耗能多、质量差的），似有必要。少数产品如电度表，已经这样做了。但是也带来若干问题，不仅企业关停过多，而且形成垄断以后定点企业又在扩建。能否考虑，在加强产品检验的前提下，适当多留一部分产品合格的企业，开展有限度的竞争，在一定程度上改变长期存在的卖方市场。

在关停中，留大去小，留老去新，一般是合理的。但不能绝对化。实际上，大有大的优势，小有小的长处；老有老的基础，新有新的特色。还是该大则大，该小则小，有的要大小兼顾，新老并存。

加工基地和原料基地的矛盾闹了多年。现在强调首先利用原有的加工基地，同时采取返还利润、实行联合等办法，以调动原料基地的增产积极性，是可行的。但是从长远看，不能只有这一种办法。特别是某些原料增产很快，已经超过了加工基地的现有能力，除了适当挖潜外，继续在沿海地区的大中城市扩建，就会发生加工过于集中、货物相向运输和厂房场地狭窄等困难。因此，必须分别情况，在保证加工基地充分发挥其有利条件的同时，有的要把甲地对乙地的原料支援与乙地对甲地的技术和资金支援结合起来，有计划地调整生产力布局。

（原载《人民日报》1982 年 7 月 12 日）

计划体制改革的基本格局探索

在经济改革中，继国务院发布进一步扩大国营工业企业自主权的十项规定之后，利改税第二步也将付诸实施。小的放开了，大的怎么管？以宏观平衡为任务的计划体制改革，会出现什么样的基本格局，本文拟作一些初步探索。

由集中决策改革为分层决策。我国原来的计划体制，虽然也存在着该集中的没有集中的问题，但主要弊病还是集中过多，管得过死，剥夺了企业应有的自主权，使整个经济运行缺乏活力。改革的方向，应当是在保留必要的、有效的和有限的集中决策的前提下，实行简政放权，把相当部分的决策权放给行业、企业，做到计划决策的分层化即分散化。这符合我国是一个泱泱大国和经济落后、发展不平衡以及中小企业居多、交通不便、信息不灵等特点，把集中统一和灵活多样结合起来，有利于搞活企业和搞活整个经济。

由数量目标改革为效益目标。计划决策是战略决策，要有一个明确的经济发展战略目标。长期以来，我们注意的主要是数量目标，包括工农业总产值在内，往往片面追求高速度，忽视经济效益，以致欲速不达、名高实(惠)低。计划体制改革应当正确处理速度和效益的关系，从数量目标为主转到效益目标为主。这不仅是计划指标体系的重新设计，而且是整个计划管理的转轨和转向，涉及到计划工作的各个方面都要有一个突破性的改革。

由实物平衡改革为价值平衡。按照既定的经济发展战略目标进行综合平衡是计划工作的基本任务。过去，与数量目标联系，我们重视实物平衡，主要靠实物的分配来安排生产、流通和消费。实践证明，这只是局部平衡，不是全面平衡。改革计划体制，就要加强价值平衡，主要抓国民收入的生产、分配和使用，才能安排好两大部类和消费和积累之间的比例关系，实现社会总供给和总需求的平衡，为各方面的协调发展搭下大的框架。这个问题不解决，计划管理就没有管到点子上，会影响甚至否定整个计划工作的应有功能。

由刚性控制改革为弹性控制。与实物平衡相联系，进行实物分配，即所谓"切块"，是旧计划体制的主要控制办法。这是一种刚性控制，从表面看，上下一般粗，是宏观管住了微观，而其结果，却不免把微观管死，不能适应经济情况的千姿百态和经济发展的千变万化。今后，要改革为弹性控制，或者叫做比例控制、参数控制。例如对工农业生产，由于各种主客观因素，产量可能高于计划或低于计划，刚性控制常会捉襟见肘，弹性控制就能同呼吸、共浮沉。甚至对投资和工资的计划控制也不该是完全刚性的，要有不同程度的弹性，才有利于合理地挖掘潜力和发展生产、改善生活。

由纵向联系改革为横向联系。实物分配也好，资金分配也好，采取简单的"切块"办法，只能自上而下，基本上是纵向联系，横向联系受到限制甚至被割断。这不符合经济运行中产供销、农工商和生产、流通、消费等都不能离开横向联系的客观规律。改革之道，除了保留合理的纵向联系外，必须大力沟通横向联系，发展行业之间、城市之间和企业之间的直接往来，以促进信息传递、产销对口、商品流通、技术交流。与此同时，要允许并提倡企业之间签订长期合同，固定相互关系，逐步代替由上级分别下达计划而屡有脱节的旧体制和旧办法。

由指令形式改革为指导形式。随着上述改革，计划的指令性将逐步淡化，而指导性将逐步强化。今后，我们还有必要对少数计划指标（例如基本建设投资、重点建设项目和稀缺资源生产、分配）强调其指令性，而对绝大多数计划指标（包括价格、工资等）则该赋予更多的指导性，使能愈加切合实际。把指令性计划看作是国营经济的内在性格，把指令性计划和指导性计划并存看作是一块计划、一块市场，都是不对的。学会善于运用指导性计划是提高计划质量、完善计划管理的一个生长点。

由静态调节改革为动态调节。目前,多数同志赞成逐步减少指令性计划,但是也有人担忧,这会不会导致宏观失控,削弱、动摇甚至否定计划经济或社会主义经济的计划性。其实,这是两种相辅相成的计划调节形式。相对而言,指令性计划是一种静态调节,既定之后,不能轻易变动,以保持经济运行的稳定性;而指导性计划则是一种动态调节,按照信息反馈,及时作出反映,在运动中保证经济发展的协调。所谓计划性,无非是指“经常的、自觉的保持平衡”。以指导性计划为代表的一整套计划管理办法,能够更有效地实现这个目的。

由近期计划改革为远期计划。新中国成立以来,我们除了一、两次认真编制五年计划据以执行、取得较好成果外,更多时期只有年度计划。严格而论,这不是合格的计划经济,因为它不能充分显示社会主义计划经济的优越性。今后,要逐步转向以中长期计划首先是五年计划为主,达到高瞻远瞩、统筹安排。在计划工作不断完善之后,年度计划只是一种具体执行的计划,可以主要由企业编制,自下而上,逐级进行协调,就能起到计划指导的作用。

由行政手段改革为经济手段。在强调指令性计划的情况下,计划调节靠的主要是行政手段,计划管理也成为一种行政管理。今后改革,要把计划管理变为经济管理,即靠经济手段,运用市场机制,制定经济政策,引导企业主动地按照国家计划要求来调节它的运行,把宏观管住和微观搞活结合起来。因此,计划体制的改革必须与其他经济体制的改革特别是财政和信贷、价格和工资等经济杠杆的改革相配合,力争大体同步,防止相互抵触。在某种意义上,计划管理不仅要以计划规律为基础,同时要以价值规律为基础,才能充分有效地调节经济。

由传统方法改革为现代方法。过去,我们的计划工作水平不高,计划方法也十分粗糙。例如,仅靠百分比和平均数,反映不了各种经济范畴之间的复杂关系。今后改革,要运用数学模型,运用计算机技术,努力由传统方法向现代方法飞跃。做到这点,既实现了计划的工作的现代化，又实现了计划体制的现代化，是使计划工作从经验升华为科学的必由之路。

计划体制是宏经济管理体制的核心，其改革的难度，甚于一般微观经济管理体制。前述种种，属于目标格局，并非一蹴即成。但是搞改革，一定要有一个大体上的目标，才能少走弯路。

（原载《光明日报》1984 年 9 月 2 日）

开辟更加广泛的市场新领域

《中共中央关于经济体制改革的决定》明确肯定，社会主义经济是在公有制基础上的有计划的商品经济。这是社会主义政治经济学的新突破。

理论上的突破，相应地伴随着实践上的创新。这几年，人们看到，国民经济的各方面确实存在着广泛的商品关系，或者说，商品关系广泛地渗透到了国民经济的各个角落，这是不以人们的主观意志为转移的。现实呼唤着人们要承认它，并能动地去促进它。发展社会主义商品经济，就要开辟更加广泛的市场新领域，以适应商品关系日益深化的趋势。传统观念中被排斥在商品范畴之外的某些经济活动，重现了不同程度的商品属性，或者披上了不同色彩的商品外衣，要求给予施展身手的各种新的市场。审时度势，已经基本上成熟的，至少有以下几个领域：

一、要开辟一个社会主义的生产资料市场。在社会主义经济制度下，消费资料是商品，生产资料也是商品。今后，应当在计划指导下进一步开辟生产资料市场，有利流通，有利生产。同时，计划调拨的部分不仅也是有价的买卖，未能免商品之俗；并且有必要逐步实行在生产者和使用者之间自找对象、互订合同的办法，以更好地保证适销对路、货畅其流。生产资料应当成为整个商品市场的"半边天"。

二、要开辟一个社会主义的资金市场。商品与货币、实物与资金，如形和影，不能分离。这几年，资金运动有很大变化，除了财政、信贷仍作为分配、再分配的主渠道外，先后出现了多样化的资金流通形式。在财政收入占国民收入的比重相对下降的同时，地方预算外资金、企业自有资金和社会资金不断增多。在这种情况下，开辟一个资金市场或金融市场，对于促进各种资金的高效积聚、迅速周转和合理使用，是大有好处的。此外，利用外资的逐步增长，以及考虑允许外资银行开展某些业务，也是开辟资金市场的又一途径。

三、要开辟一个社会主义的职业市场。在社会主义经济制度下，劳动力不再是商品，但并不意味着不能有一个适当规模的职业市场，尤其是人才市场。这几年，逐步推广了合同工制，开展了人才的定向流动，不少单位试行了聘请制、招募制、考试制，还有的地区、单位之间进行人才协作等。看来，开辟一个有计划的职业市场，势在必行。其原则主要是：个人有择业自由，分配工作首先要尊重本人志愿；企业有用人自主权，择优录取，择劣淘汰，上级机关和劳动部门不能硬性分配；随着情况变化，允许人才在地区、单位之间合理交流；废除终身制，打破“铁饭碗”，但对待业、转业、停业人员要有妥善安排。与此相应，实行按劳取酬、多劳多得，也就是人才有价、优质优价。这对培养人才，促进人才的成长，调动人才的积极性，防止人才的埋没和浪费，都会带来前所未有的影响。

四、要开辟一个社会主义的技术市场。这几年，由于认识了技术重要性，感到了技术进步的迫切性，技术由无价变为有价，越来越值钱了。不少单位增加技术投资。重金购买先进技术，开展技术协作，进而出现技术商店、技术中心、技术交流会、技术咨询机构等。后来，《专利法》也制定了。科研单位实行有偿合同制等，则是又一种有关的方式。这就是正在形成的技术市场，有必要更自觉地发展它、完善它。有了这个市场，将会促进智力的开发，促进科学研究成果的付诸应用，促进企业的技术改造和技术革新，导致全社会和各部门的技术进步。

五、要开辟一个社会主义的信息市场。在商品经济的条件下，信息，作为一种资源、一种财富，也及时地被认识了。最先是个别地、分散地捕捉信息；其次是有目标地购买信息、征求信息；终于出现了以搜集、整理、分析、传递、提供信息为业的专门组织。广告的盛行，信息报刊的纷起,直至信息公司、信息中心、信息咨询机构的建立,反映了信息市场也在逐步形成。这是前程远大的事业,将随着信息时代的迅速到来而日益显示其独特的价值。

六、要开辟一个社会主义的房地产市场。住宅问题的严重性,与住宅建设和分配中的"供给制"分不开。这几年,议论和试行住宅商品化,有的地方逐步扩大商品住宅的数量,或者按照建筑成本和折旧计算房租,使房产市场初见端倪。即使人们还有什么疑虑,但目前没有找到别的更好出路。至于土地,由于城市属于国有、农村属于集体所有,不能自由买卖,不是典型的商品。但是,那也不排斥在特定情况下,对土地的征用、使用,经营权、使用权的转移,必须赋予价值形式,考虑级差地租,实行有偿原则。这样做,有利于节约土地,纠正滥占滥用;有利于合理使用土地,达到地尽其力;也有利于对土地进行投资,实现土地的内涵扩大再生产。在这个意义上,要有一个特定的地产市场。

开辟这些市场新领域,目的在于把整个经济搞活。当然,这些都是社会主义性质的市场,与资本主义的市场不同。它以公有制为基础,在正确处理三者利益的前提下,充分调动企业和职工的积极性;它是有计划的,自觉运用价值规律,而不是听任价值规律自发地起作用。但是,它也具有市场一般的规律,例如,它的主要运动形式是交换和流通,不是什么统一调拨和统一分配;它的运动又是在宏观控制下分散地、灵活地进行的,很大程度上靠企业和劳动者的自动调节;它要通过价格、成本、利润、报酬等经济杠杆起作用,求得节约劳动消耗,提高经济效益。开辟这些市场,归根到底,则是为了实现各种生产要素和生产条件的最优结合和最优利用,发展商品经济,推进社会主义现代化建设。我们可以预料,开辟这样一些市场新领域,与没有或不承认这些市场比,整个经济将具有更大的活力,对促进社会主义商品经济的发展起重要作用。

(原载《光明日报》1984 年 12 月 16 日)

三论指导性计划

——一种有效的间接控制形式

指导性计划不仅是一种新的、灵活的计划管理形式,有可能成为计划管理的主要形式,从而出现一种不同于传统模式的计划体制;并且是一种有效的间接控制形式,有可能成为间接控制的主要形式,从而为整个经济体制模式的转换找到枢轴。这是因为社会主义经济是有计划的商品经济,社会主义的经济体制也必然是有计划的商品经济体制即在计划指导下与市场机制相结合的体制,或者概括为"计划经济与市场经济有机结合"的体制。这种经济体制的基本点是既要把微观经济放开、搞活,又要把宏观经济管住、管好,使企业内在的强大活力与国经济的综合平衡统一起来。从指令性计划为主转向指导性计划为主,在宏观管理上从国家对企业的直接控制为主转向间接控制为主,才能同时获得这两方面的协调效应。

当前讨论宏观管理的间接控制问题,大家强调了必须综合运用财政、信贷手段和其他经济杠杆,制订财政、货币政策和其他经济政策,这是对的。但不能忽视计划形式手段,自觉或不自觉地把整个计划机制都搁在一边。人们还表示惶惑:这与西方市场经济也有一定的国家干预和宏观控制,有什么实质性的差异?实践表明,西方市场经济虽然建立了一套堪称完善的市场体系,国家并掌握着左右一切经济的财政、货币杠杆,但是并未有效地克服它的基本矛盾。市场机制的自发调节或自动调节,始终没有解决各企业行为的合理化与整体经济运行的协调化之间的矛盾。我们的宏观经济调节体系有自己的社会主义特征,集中表现为有计划——指导性计划,这是社会主义经济能够克服危机的优越性所在。

在社会主义的宏观控制体制中，计划处于什么地位？“七五”计划草案的报告中指出：“国家计划是从宏观上引导和控制国家经济在正确发展的主要依据。”宏观控制，基本上沿袭过去“国民经济综合平衡”的观念，决不是为平衡而平衡，应当在平衡中实现经济发展的战略、目标和大环境。宏观控制的依据，是通过计划来规定的。

其次，计划是宏观控制的目标依据。战略安排有很多内容，以战略目标为中心，包括战略重点、战略部署、战略对策等。计划就是战略目标及其有关措施的具体化。这个目标不仅是一项抽象任务，并且具体化为一系列的指标。资本主义国家对经济发展也有它的目标，通常是有限的几项，其他都隐去了。我们的目标则是显性的。例如社会总产值和净产值的增长、积累基金和消费基金的总额和份额、人民物质和文化生活水平等。宏观控制必须以计划规定的目标为依据，离开它的导向，会有或大或小的随意性。

再者，计划是宏观控制的大环境依据。计划规定的战略目标，最后要以创造一个大的经论环境为它的完成条件。这就是社会需求和社会供给在总量上和结构上的相对平衡，成为计划本身的主要内容。资本主义国家或有“计划”、或无计划，其实同样有个大环境的设想，成为它进行宏观控制的出发点和归宿。我们有一个大体完整但不是巨细无遗的中长期计划，成为宏观控制的依据，并使计划平衡与宏观控制耦合为一体。

宏观控制需要以计划为依据。但是，不同的计划形式对应于不同的宏观控制原则。过去我们仿别人模式，以指令性计划为主，不仅是对宏观经济也趋于僵化，导致经济效率和经济效益的低下以及大环境的失衡。改革之道，在于逐步淡化计划的指令性，加强计划的指导性；主要控制宏观经济运行，逐步放开微观经济活动；不再是单一的计划调节，更与市场调节结合起来。由此可见，把计划作为宏观控制的依据，应当是指导性计划，不能再是以微观控制为己任的指令性计划。这才是真正的间接控制。

（原载《当代经济》1986 年第 5 期）

海南模式:社会主义的市场经济

“海南模式”的客观依据

海南的开发存在着起点低、目标高的尖锐矛盾。为了实现超常规的经济增长,除了给予更加开放、更加特殊、更加优惠的政策外,主要靠重新构造一套既不同于传统模式又不同于其他地区的全新的经济体制。

海南的旧体制,属于一种基本上排斥商品关系和市场机制的僵化模式。现在实行彻底开放,就要求彻底改革:(1) 开放的含义是国民经济的国际化,即逐步参与国际市场的分工、竞争和循环,这就要求采取国际市场的通行规则。(2) 开发海南将以利用外资为主,要求创造良好的投资环境。经济体制正是评价投资环境不可或缺的软件,在很大程度上标志着对外资、外技的吸引力。(3) 大规模地利用外资、引进技术,将建成有外资参加的一批较先进的企业,按照现代化的方式进行管理。这都要求有完善的市场体系和健全的市场机制。

采取“社会主义的市场经济”模式,一方面坚持社会主义,反映了海南与全国的共同性;另一方面标出市场经济,反映了海南区别于内地的某些特殊性。海南是规模最小的省,又是孤悬海外的岛,大胆改革,风险有限。

“社会主义的市场经济”的基本框架

1. 多元化的微观基础。海南的所有制结构,随着开放,将出现下述趋势:一是外资企业广泛存在;二是个体经济和私营经济比重高于内地;三是全民所有制在有的部门中不占主要地位;四是各种混合所有制日益多样化。因此,虽是多种经济成分并存,但不再强调以公有制为主体,适应了当地生产力发展的不平衡和多层次状态。

2. 股份化的企业组织。国营企业中大部分的小型企业和小部分的大中型企业,通过包、租、卖等办法,所有权和经营权将有一番改组,但在整个经济体系中所占比重不大。比重大的新、扩建企业,大部分属于中外合资或合作经营、省内外合资或合作经营,一般采取股份制的形式。投资来源多样化和各种所有制相互渗透形成了各种股份企业、企业群体或企业集团。随着各种企业的增多,全民所有制企业会以外资企业为主,推行当代习惯的各种组织形式,做到自主经营、自负盈亏和自我积累、自我发展,成为独立的商品生产经营者。

3. 全面化的市场体系。随着外引内联企业不断增多,资金、技术和人才不断流入,有力地促进着市场发育。这种市场体系必须与国际市场相沟通、相连结:国际上有什么市场,海南也要有什么市场;国际上市场如何运行,海南的相应市场也要如何运行。可以预见,不仅消费品市场将完全放开,并将最终形成全面的生产资料、金融、外汇、技术、信息、人才、劳动力、房地产等生产要素市场。

4. 开放化的价格形态。为了完善市场体系、健全市场机制,必须逐步放开价格。要在调整物价中保持相对稳定,其关键在于通过配套改革,在促进经济适度增长过程中提高经济效益,在提高劳动生产率和降低成本的基础上同步增加财政、企业和职工的收入,增强政府、企业和个人的承受力。攻克了物价关,其他改革就容易出台了。

5. 间接化的宏观控制。即通过调节市场来引导企业,力争微观行为与宏观意图一致起来。这种宏观控制,主要靠下述经济手段:一是择定经济发展战略后,拟订指导性的中长期计划和行业规划、区域规划;二是运用财政和税收政策,对国民收入进行分配和再分配,并引导投资方向、调整产业结构;三是通过信贷和货币发行,实行社会需求和供给在总量和构成上的大体平衡。同时,还要重视法律手段和必要的行政手段。

6. 多样化的分配方式。在贯彻按劳分配原则的同时，允许存在其他各种分配方式，特别是按照生产要素的占有状况和经营状况给以相应的报酬。这有利于吸引资金、设备、技术和智力的投入，并充分发挥其作用。除国家机关和事业单位外，不必规定统一的工资标准。当然也要通过税收等政策，给以适当的调节。

模式比较的理论思考

“社会主义市场经济”与社会主义的商品经济是什么关系？作为一种经济形态，市场经济与商品经济基本上是同义词；不同的是，市场经济的着重点在于它的运行机制和运行方式。在认定社会主义经济是有计划的商品经济的前提下，把其运行机制和运行方式表述为“社会主义的市场经济”，正是社会主义商品经济在体制模式上的反映。

“社会主义的市场经济”与资本主义的市场经济有什么区别？区别在于微观基础不同：前者是公有制，并在全国范围内是主体；后者是私有制。在社会主义初级阶段，所有制结构在不同部门、不同地区很不一样，而且随着生产力的发展，会越来越多样化。在运行机制和经营机制上，都是社会化大生产，都是市场经济，社会主义与资本主义在这方面是没有本质区别的。

“社会主义市场经济”把计划置于何地？社会主义经济首是商品经济，然后才是有计划的商品经济。在“计划与市场”的关系上，排除了“板块论”后，应进一步明确市场主体论，即作为运行机制，主体是市场机制，不是计划机制。因此，“社会主义市场经济”也可以表述为“在宏观控制或计划指导下运用市场机制进行协调”的一种经济体制模式。

（原载中国社会科学院《要报》1988 年第 38 期）

市场取向改革的归宿必然是市场经济

对社会主义市场经济的认定，有人认为无非是借鉴发达国家的经验，接受了人类社会创造的这个文明成果。这并不错，但是只说到了一方面：另一方面，还凝聚了我国的经验和苏东的教训。也就是说，我们又是从自己的实践中得到省悟的。

在党的十一届三中全会后，拨乱反正，开始使计划经济与商品经济、市场经济有所沟通。从大处看，主要跨越了三个台阶：

第一个台阶是从只承认消费资料是商品扩大到承认生产资料也是商品，从承认商品生产和商品交换，进而认定社会主义经济就是公有制基础上"有计划的商品经济"。

第二个台阶是从"计划经济为主、市场调节为辅"进展到"计划经济与市场调节相结合"。主辅论也是进展，给市场调节以合法地位和适当空间。

第三个台阶是在少数地区，最早是深圳在1985年。后来是广东等省，直至江苏省在今年，先后提出"计划指导下以市场调节为主"或直截了当的"以市场调节为主"。这是又一次突破，或明或暗地使计划和市场的主次易位，超越了其他的另一些提法（例如强调大市场、大流通、大贸易等），明显地向市场倾斜，有利于较充分地发挥市场机制的调节作用。

其实，早在1979年11月，邓小平同志会见美国《不列颠百科全书》副总编时就说过：说市场经济只限于资本主义社会、资本主义的市场经济，这肯定是不正确的。社会主义为什么不可以搞市场经济？今年南巡，又说：市场经济不等于资本主义。至此，对市场的理论才突破最后一道障碍，得到了科学的认定。

本来，商品和市场、商品化和市场化、商品经济和市场经济都是相互联系的。商品与市场不可分开，有商品就有市场，不能只有商品而没有市场或只有市场而没有商品。商品化与市场化也是平行的，不能只有其一而无其二。至于商品经济与市场经济的关系，作为学术研讨，不妨有不同理解：有人认为是同义词；有人认为商品经济发展到一定程度才是市场经济（有人认为时至今日，商品经济都已发展到市场经济）：有人认为前者着重的是本体论，后者着重的是运行机制论。

从传统的计划经济，经过计划经济与商品经济并提，发展到认定市场经济，是我国经济体制模式的重新选择，也是经济体制改革的一大飞跃。回过头来看，既然商品经济是社会主义经济发展一个不可逾越的阶段，那么在此阶段建立和完善社会主义市场经济就是理所当然的了。与此相对照，传统的计划经济体制以排斥商品市场关系为特征，对其扬弃同样是必要的了（至于未来的计划经济是什么，现在可以暂存勿论）。按照这样认定，从传统的计划经济转向市场经济，将为改革开创一个新局。能否认为，这象征着改革从必然王国开始进入了自由王国。

（原载《改革》1992 年第 6 期）

社会主义为什么不可以搞市场经济？

为了使深化改革有一个明确无误的目标模式，必须对经济运行机制的表述用语认真研究。最近，流行几种说法：一种是表述为“计划与市场相结合”，略去“经济”、“调节”等字样；一种是表述为“计划调节与市场调节相结合”或“计划经济与市场经济相结合”，把计划与市场的含义置于相对应的层次。可以认为，这比“计划经济与市场调节相结合”是前进了，比较科学，也容易为大家所接受。然而，进一步推敲，不免带有二元论的色彩，可能会削弱和淡化商品经济或市场的经济的时代特色，并对改革实践起着掣肘作用。有人还认为，“有计划的商品经济新体制”与“计划经济与市场调节相结合的运行机制”，位序和落脚点不尽一致，存在微妙的差异。所以，能否采取另一种表述用语，也不是不该探索的。

我认为，明确以“社会主义的市场经济”的提法介入这场探索，有其积极意义。这种提法并非自今日始。早在1979年11月26日，邓小平同志会见美国《不列颠百科全书》副总编吉布尼时就说过：说市场经济只限于资本主义社会、资本主义的市场经济，这不正确的。社会主义为什么不可以搞市场经济？市场经济，在封建社会时期就有萌芽。社会主义也可以搞市场经济。

在改革实践中，海南岛在建省之初，也曾经把经济体制考虑为“社会主义的市场经济”。海南的特色与其说是“以市场调节为主”，倒不如说是“市场经济”；但是不同于资本主义的市场经济，所以不妨概括为“社会主义的市场经济”。

我赞成“社会主义的市场经济”的用语，其理由是：

这样表述，首先，打通了商品经济和市场经济之间的阻隔。本来，商品和市场、商品化和市场化、商品经济和市场经济都是相互联系的，因为有商品就有市场，商品化和市场化并行不悖。至于商品经济和市场经济有无异同，说法不一。有人认为，两者基本上是同义词：商品经济发展到一定阶段，才是市场经济。还有人认为，西方国家只认定市场经济，商品经济则是社会主义国家的认定（这为互译造成一些麻烦）。从我们的理解和应用，能否认为，一定要有区别的话，商品经济侧重的是指一种经济形态，而市场经济侧重的是指一种运行机制。可以说，为了建立有计划的商品经济新体制，必须培育相应的市场经济运行机制。

其次，反映了不同阶段、不同地区和不同经济成分之间发展不均衡的经验。经济发展在改革 10 多年所取得的成就大大超过以往 30 年。其间的经验，主要是通过改革，对基本上排斥商品市场关系的旧体制引入了市场机制，唤醒了我国经济单元的活力。这在经济特区表现得尤为充分。同时，乡镇企业和“三资”企业发展和提高更快，与基本上还未走出旧体制的国营企业形成明显的对照，除了其他因素，也主要是其经营机制更符合于商品和市场经济的运行要求。

再次，符合了对外开放、逐步与国际市场相对接的要求。随着开放度的不断提高，人们感到，要在国际市场上有真正的竞争力，还必须把改革与开放联系起来，形成相称的国内市场。这在沿海地区和经济发达地区，显得更加紧迫。

第四，体现了改革的市场取向目标。这与有的地区提出的“以市场调节为主”，有其一致性。提出“社会主义的市场经济”，使改革的目标更加明确，有利于排除干扰，扫清各种不利于商品经济发展的旧体制残余，并保证各项改革的同步配套。至于在此目标下，置计划或计划调节于何地？能否认为，计划还是要有的，但是远非原来的传统计划体制，而转换到建立在价值规律的基础上，其基本形式是指导性计划；也只有经过这样改革的计划，才能与市场实行有效的结合，并不背弃计划与市场结合和取两者之长、补两者之短的初衷。

什么是社会主义的市场经济?简单地说,就是充分利用市场手段来组织经济运行。这与当前的改革决策,并不矛盾。其具体内容,主要是:(1) 企业改革,着重把企业推向市场,成为市场主体即自主经营、自负盈亏的商品生产者和经营者;并在市场竞争中优胜劣汰,实现结构的调整和优化,促进协调发展,防止"比例失调"。(2) 市场改革,着重于培育商品市场和各种生产要素市场,完善市场体系;并健全市场机制,包括基本上放开价格,靠价格、工资和利率、税率、汇率等参数来引导投资、生产流通和消费。(3) 宏观管理改革,着重于从直接控制为主转向间接控制为主;并实行政企分开,转换政府职能,做到"小政府、大市场"。能否认为,"国家调控市场、市场引导企业"或"政府培育市场、市场引导生产"的表述,明确"政府——市场——企业"三位一体的运行格局,不该完全否定。

对"社会主义的市场经济",有人怀疑,亟待澄清:(1) 资本主义也提市场经济,我们是不是与其趋同?市场经济是中性词,是生产社会化的产物,属于经济一般,本身并不姓"资"姓"社";我们认定"社会主义的市场经济",以生产资料公有制为主体,这就与"资本主义的市场经济"划清了界限。(2) 市场经济会不会导致私有化?把市场经济与私有制联系起来是资本主义的模式,有人认为赞成市场经济就是主张私有化至少是一种误解。当前国营经济活力不足证明改革还尚未到位,我们实行"社会主义的市场经济",不仅坚持以公有制为主体,并据以改革国营企业,唤醒其活力,结果是有利于壮大公有制,与私有化根本是两回事。(3) 市场经济即自由经济,会不会导致盲目竞争和无政府状态?其实到今天,完全自由的市场经济已经基本上不存在(除非如香港),凯恩斯革命后的国家干预不断加强,包括也有一定的计划或计划经济;我们更不会自由放任,而要运用各种宏观管理来调节,非但不认为"市场万能",还要在"市场失灵"的时候和领域采取包括指导性计划和某些行政措施在内的其他对策。(4) 某些国家也打算改革为市场经济,但是没有成功,我们如何免蹈覆辙?那些国家的问题很多,原因也很多,推行市场经济的办法和步骤与我们不同;实践证明,我们的改革是成功的,走向市场经济将是改革的一条有中国特色的新路,完全可能和过去10年一样地取得胜利。

(原载《西南物资商业报》1992年6月18日)

级差地租的增值如何分配

1992 年以来,在我国出现的“房地产热”,说到底是“地产热”,“炒地皮”成风。捷足先登者往往一夜暴富。这是一笔巨大的物质财富,从全国看,可能以万亿元计。

根据《宪法》规定,我国的土地,城市属于国家所有,农村属于集体所有。按此规定,绝对的和相对的级差地租原则上都应属于国家和集体。可是,级差地租虽然是客观存在,但要从潜在到实现,一般需要通过使用才能表现和兑现。所以,级差地租的收入,不可能完全归于所有者,往往有一部分不得不转让给使用者即开发者。否则,对土地使用的投资就不会有吸引力。

现在的问题,主要是随着经济发展,已经开发和正在开发的土地,其级差地租逐步增值,如何做到合理分配?级差地租的增值来自两个方面:一是增加投入,二是条件变化。前者,对土地的农业使用来说,应当归给投入者;对土地半商业利用,如搞几通一平,也应当归给投入者。后者,不仅在城市,还包括城郊和集镇,特别是办开发区,情况复杂得多,增值也较大、较快。在当前国家掌握一级市场的体制下,如何建立土地使用权价格的市场形成机制,还有待探索。由于专业评价机构的缺乏和幼稚以及竞争的不充分,地价确定有相当的随意性和人为性,有时偏低,有时偏高。无论偏低或偏高,级差地租的增值部分基本上都是归开发者或经营者所有。

这种做法是极不合理的。因为地价的增值,来自条件的变化,与经营者即使用者大多无关或少关。所以,把增值收益完全让使用者占有,必将诱发对土地使用的投机,并与一级市场相联系,滋长种种“寻租”行为。这是当前土地经营中不正之风的风源之一。

纠正之道,可考虑:(1) 在土地使用的一级市场上,推拍卖方式,把初始的级差地租收归所有者。与此相应,城乡土地供给要有计划控制,防止过度的卖方竞争。(2) 完善土地使用税(地价税)的课征,按照土地使用价值,拉开税率档次,实现地尽其用、地尽其利。(3) 开征土地增值税和土地交易税。对此选择,现有争议。从征收技术看,土地税易行,但是公平程度不足;从征收效益看,土地增值税合理,但有待创造条件。(4) 正确处理好土地和房屋的关系,逐步实行地价和房价分别计算和稽核的办法。

(原载《经济日报》1994 年 1 月 20 日)

劳动者不应永远是“无产者”

《中共中央关于建立社会主义市场经济体制若干问题的决定》不仅为我们构筑了改革目标的基本框架，并在不少方面有新的突破。其中提到：“鼓励城乡居民储蓄和投资”，还说：“允许属于个人的资本等生产要素参与收益分配。”鼓励储蓄，早有明文；鼓励投资，实属创举。既投了资，就要允许参与收益分配。这在理论上和政策上颇具新意。

有人认为，在现阶段，我们容许部分的按资分配；然而，如果越来越多的工人、农民和知识分子以及公务员等都有了个人的资产并转化为不同形式的资本，岂非“人民资本主义”，或“社会资本主义”？这是当前发展民营经济和人民走向富裕的一个理论障碍。

人民富裕了，享受了温饱和小康生活，不该是吃光用光，还有剩余，以储蓄或其他投资形式成为其金融资产，乃是事物发展的必然结果。如果拘泥于传统的理论和观念，认为劳动者不能直接拥有生产资料、资产或资本，只能永远是“无产者”，这未免有教条主义之嫌。

城乡居民在走向富裕的过程中，或者消费后略有节余，或者省吃俭用，把收入的一部分存入银行或购买债券、股票，从中获得追加收入，进一步改善生活、增加积累，这不仅利在自己，并且功在社会和国家。从宏观看，这是消费基金转化为积累基金，对于保持适度消费、防止消费膨胀和消费早熟以及解决发展中国家最稀缺的资源——资金，都大有好处。

早在1940年，凯恩斯作为资本主义的经济革命家，就主张削减劳动者对消费品的需求，增加储蓄和投资以刺激劳工阶层财富积累的不断扩大，在一定程度上挽救了资本主义。后来，“资本民主化”应运而生，直至近几年出现的“分享经济”，都促进了资本主义的相对稳定和继续发展。我们当然与他们有本质上的区别，但是让劳动者在不断改善生活的基础上，把剩余部分转化为资产，以增加社会积累，进一步扩大再生产，则有相通之理。总之，不要害怕和限制个人合法、合理地富起来，在他们富起来后进行适当调节是并不十分困难的。因噎废食，将使富民政策成为空话。

（原载《社会科学报》1994 年 2 月 17 日）

小块文章

试论社会主义的买方市场

买方市场方兴未艾，不少同志感到惶惑。商品多了，反而发愁。这是因为，我们沿袭的一套工作大多是在卖方市场的条件下应运而生的，与新形势很不相称。如不改弦易辙，就会格格不入，阻碍着买方市场的长成及其积极作用的发挥。我们的很多工作，不限于商业战线，都要适应市场情况的演变，闯出新路子，开创新局面。下面所举是最需优先解决的几个问题：

一、在搞好市场预测的基础上加强综合平衡。资本主义的买方市场和商品过剩是无计划的，即使搞了预测，最多等于发布气象预报，可以引起各单位的分散反应，但是难以采取有效的宏观控制对策。社会主义的买方市场是以公有制为基础和以计划经济为主的统一市场，本质上排除自发的盲目性。过去，在商品不足的情况下，尽量生产，都有销路，预测似乎多此一举，平衡总是剩有缺口。现在情况不同，不搞预测，不作平衡，就会迷失方向，无所措其手足。因此，必须重视市场预测和综合平稳，使统一市场和统一计划结合起来。尤其在经济体制没有改好之前，对市场进行计划指导，更加重要。这个预测和平衡，主要是宏观的，不仅是商品购买力和商品供应量之间的平稳，还是整个国民经济包括两大部类、积累和消费及其构成之间的平衡。这个社会生产和社会需要（大部分反映为市场需要）的基本平衡，决定着生产、流通、消费之间与供应总量和需求总量之间的基本平衡。当然，事先的预测和平衡多是近似的，目前也不容易抓得很准，所以又要及时调整对策，使能紧跟形势。今天多了就收缩，动动刀子，明年少了就放开，挥挥鞭子，只要留有适当余地，都是必要的、切实的灵活调度。不要以计划的严肃性为藉口，以不变应万变，鼓瑟胶柱，反而陷于被动。这样，关系到社会再生产的大平衡落实了，并按照市场的千变万化来有计划地指导生产建设和人民生活，真正把经济搞活，商品供求大体上按比例才有保证，社会主义的买方市场也有条件逐步形成。

二、认真研究消费规律，积极发展商品品种。在宏观平衡的前提下，还要搞好微观的即各种商品的具体平衡。过去，商品总量供不应求，具体品种的平衡不得不是抱残守缺，拆东墙补西墙。现在情况不同，一定要深入了解商品总需求的结构动态以及各主要商品的需求变化，才能有的放矢地安排好买方市场。因为，今天的商品供求运动，矛盾已从数量不足转为质量尤其是品种、花色、规格、型号等的填平补齐和适销对路等方面。所以，仅是按照统计实绩的水平、比例等来套，往往牛头不对马嘴。卖方市场的有什么卖什么，已经为买方市场的要什么买什么所替代。不再是生产决定购销和消费即以产定销(消)，而是消费需要的演变来积极发展商品的品种并提高其质量，从开发新产品来开发潜在市场，以生产的多变来适应市场的多变，成为计划商品生产和商品流通的第一位工作。例如长期以来按照吃、穿、用、住等次序来分重轻急缓，随着市场的演变，先后被打乱了，有待另行安排。不少农村储币待购的对象集中于建筑材料和农业生产资料。城市居民在基本消费品得到基本满意之后，把购买力逐步投向享受性和发展性的消费。这都要求有关部门认真进行调查研究，做出尽可能接按实际的消费倾向分析，并据以调整消费品结构的生产建设。我们要防止一哄而起，不搞盲目的生产建设；也要反对不急群众之所急，容忍卖方市场继续拖下去。前几年，有关部门制定的耐用消费品发展规划，一再被冲破，就是由于没有充分估计到我们这样一个落后了几十年而又在急起直追的大国的市场发展有着自己的特殊性。这个问题处理好了，社会主义的买方市场就能顺利成长。

三、改革商业体制，疏通购销渠道，实现货畅其流。卖力市场的存在，在某种程度上，是生产力落后的商品经济不发达的象征。我们要大力发展商品生产和商品交换，也就是说要发展商品经济[①]，流通问题显得越来越重要。一面供过于求、商品过剩，一面持币待购、储蓄剧增，除了部分商品不适销对路外，更反映了渠道阻塞，未能实现货畅其流。工业品下不了乡，已是有目共睹；农副产品进不了城，也是呼声愈急。大豆堆于仓库，城市吃不到豆腐，就是一个多见少怪的例子。在这种情况下，不可能形成名副其实的买方市场。解决的办法，只有进一步解放思想，进一步放宽，进一步改革体制，而其关键则在充分调动各单位和广大群众发展商品经济的积极性。当然，我们提倡和鼓励的积极性，是在国家计划允许的范围内，以国营商业为主导，而不是盲目的、不择手段的、违法乱纪的积极性。这里，确实有个"笼和鸟"的问题。但是，至今没有解决好的，首先是鸟儿（包括国营商业）还没有真正飞得起来。下决心打破大锅饭和铁饭碗，多辟购销渠道，推广以税代利和集体或个人的经营承包责任制，改变农村供销合作社的官办性质，允许生产单位在完成国家计划和任务后自营销售，并支持个体商业，保护长途贩运，都是当务之急。应当看到，在这方面障碍还多、阻力还大，必须群策群力，坚持不懈。把这些工作做好了，社会主义的买方市场将进一步繁荣起来。

（原载《中国经济问题》1983 年第 5 期）

---

① 商品经济是不是社会主义经济的基本特征？既是存在着商品生产和商品交换，就不能认为社会主义经济不含有商品经济的某些属性。恩格斯说："生产和交换，可以叫做经济曲线的横座标和纵座标。"（《马克思恩格斯选集》第 3 卷，第 186 页）承认存在着商品生产和商品交换而讳言商品经济，在理论上很难讲通。

树立一个新经济增长速度观

在社会主义时期，树立一个正确的经济增长速度观，对于指导我国的社会主义经济建设具有十分重要的意义。

长期以来，盲目攀比和追求产值产量的增长速度问题老是解决不了，原因是多方面的，其中一个重要原因就是受旧的或传统的经济增长速度观念的束缚与影响。这种观念有不少具体表现，例如：把速度问题上升为政治问题，用政治动员来搞高速度；把速度问题等同于社会主义优越性，速度越高才是优越性越大；把速度问题当作是经济建设的最终目的，有了速度就有了一切；等等。在这种思想影响下，就认为速度越快越好，从而不加控制，不顾其他，结果总是欲速不达，事与愿违；或者即使取得了暂时的超高速度，却要付出很大代价，难以实现国民经济持续、稳定、协调的发展。因此，完整地认识经济增长速度问题，是摆在我们经济工作者面前的一个重要任务。在新形势下，有必要也有可能树立一个新的经济增长速度观。

首先，经济发展或经济增长是一个完整的概念，不仅是速度问题。国民经济是一个多层次、多要素的大系统，其发展或增长，既有数量的扩大，又有效益的提高和质态的完善。这些方面相互制约、相互促进，是不可分割的。速度，只是经济增长的一个侧面，不是它的全部内容。因此，我们说经济增长或经济发展，除了看到速度外，还必须与比例、结构、布局、效益等联系起来，才有一个完整的认识。尤其是工农业总产值这个指标，过去拿来衡量经济增长的速度，虽然反映了工业、农业这两个主要物质生产部门的规模、水平和比例，而且简明易行、习以为常了。但是它有缺陷，并不包括交通、运输、商业等物质生产部门、流通部门以及为生产、生活服务的其他部门，也不反映任何经济效益。有的同志已经提出，即使工农业总产值翻了两番，如果经济效益没有提高，经济质态没有完善，还不能认为是实现了既定的奋斗目标。

其次，经济增长的速度决不是越快越好，而有它的适度要求。"二五"计划期间，由于缺乏经验，提出"大跃进"的口号，片面追求高速度和更高速度，使经济发展遭受严重挫折。接受那次教训，使我们懂得，适当的速度必须是持续的，不是暂时的；是稳定的，不是大起大伏的；是协调的，不是破坏平衡的。我们在拟订计划时，对经济增长速度必须经过精心计算、综合平衡，不能靠拍脑袋；而在执行计划时，也必须认真对待，结合各部门、各地区和各企业的实际情况，不能一刀切。形成了攀比速度之风，不免脱离各自的具体条件。看来，对待既定计划，有的固然要争取提前和超额完成，有的则不一定。否则，就会一哄而上，不分长线、短线，把经过平衡的计划打乱，使经济建设实际上陷于无计划状态。

再次，经济增长的速度取决于很多基本因素，要做扎扎实实的工作。出于搞四化的热情，我们希望经济增长的速度快一些，这种想法并不坏。但是，速度到底如何，不取决于我们的主观愿望，也不完全取决于我们的积极性；速度的问题，有它的客观规律，取决于很多基本因素。这些基本因素，主要是：人财物力（国力）的承受程度，各种资源的利用效率，经济结构的综合水平，经济体制的运行功能。在当前情况下，国力有限，资源利用效率不高，结构还不合理，体制有待改革，经济增长速度受到种种制约，不可能也不应当是很快的。我们希望快一些，唯一的办法是在这些方面花力气，扎扎实实地做好结构调整、体制改革等工作，而不是丢掉这些去蛮干。不考虑这些基本因素，劲头越大，速度越快，基础不扎实，副作用也大。看到一时上去了，就认为我国经济已经"起飞"或即将"起飞"，那是错觉。相反，在一定情况下，对于越过了就会有危险的经济增长速度的"警戒线"，倒是值得注意研究的。

经济增长速度归根到底是一个经济发展战略问题，现在是从"数量型”转向“质量型”或“效益型”的时候了。发展中国家的经济发展，传统战略属于数量增长型，其特点是以产值的增长为目标，以积累的投入为手段，以外延的扩大生产为主要方式。实行这种战略，在开始阶段是难免的，也会取得相当成就；但是到一定时期，必须改弦易辙，不然会阻碍进一步发展，或者走入歧途。我们过去比较强调速度，有自己的历史背景，无可厚非。而今，经济发展在数量上有了一定规模，同样有必要采取新的战略，从着重追求数量增长转向着重提高效益、提高质量，走内涵为主的扩大再生产的新路子。所谓新的经济增长速度观，一句话，就是这样一种新的经济发展战略。

充分认识保持一个适当速度的重要作用。“七五”计划对经济增长速度有所控制，比“六五”时期的实绩放慢一些，体现了新的经济发展战略。

在今后五年里，保持一个适当速度，有着极其重要的作用。

——有利于经济体制的改革。“七五”的任务，改革居首位。改革，必须有一个良好的经济环境。这几年，经济生活比较紧张，市场繁荣而不够稳定，国家的财力、物力不够充裕，这对开展改革，调整各方面的经济利益关系，增添了难度，也使某些改革措施不能收到预期的效果。控制经济增长速度，形成一个比较宽松的经济环境，既有利于把微观放活，逐步完善市场体系；又有利于加强宏观的间接控制，发挥各种经济杠杆的调节作用。

——有利于经济结构的调整。这几年积累和消费、农轻重等比例关系得到了调整，渐趋于协调。但是，产业结构和行业结构、产品结构等的合理化问题还没有解决。速度过快，需求失控，经济结构难以按照正常的社会需求和市场需求进行有效的调整。尤其是根据现代化的结构要求，仅是考虑农轻重等比例关系，把视野局限于两大部类是不够了。应当进一步着眼于加强基础设施和发展第三产业，才有一个充分协调的结构体系。控制经济增长速度，就能逐步改变现状，促进结构调整有条不紊地开展，使能源、交通缓和下来，第三产业和新兴产业脱颖而出。

——有利于经济效益的提高。这几年,虽然一再强调提高经济效益,但是由于侧重搞速度,并由于需求膨胀而形成卖方市场,大家往往把效益放在次要位置。因此,与速度、数量相联系的某些宏观经济效益(如产值劳动生产率等)是上去了,而不少微观经济效益(如产品质量、成本等)却有倒退。控制经济增长速度,制止盲目攀比,才能把主要精力转向抓效益,可望取得较快进步。这样,即使速度放慢一些,整个的效益和质态状况则会更好。

(原载《群众》1986 年第 1 期)

富民三议

民富——人民群众的共同富裕，是一篇大文章。这里，大题小做，就几个方面发表一些不成熟的议论。

什么是社会主义？归根到底，最终达到共同富裕。邓小平同志的精辟判断，是对马克思主义的又一贡献。这样概括，排除了长期以来的种种困惑。

共同富裕，取决于两个基本条件：一是生产力的高度发达，创造丰富的物质财富；二是分配的公平合理，包括消灭剥削，消除两极分化。

现在需要探讨的，首先是“富”的标准，其数量界限何在？拿小康来说，先后有过两根尺子：一是人均国民生产总值相当于 800～1000 美元/年（所以要按美元折算，是为了进行国际比较）；二是人均收入或生活费支出，初步定为城市居民 2400 元/年，农民 1200 元/年。至于第三步战略目标，达到中等发达国家水平，大体上还要翻几番。这都讲的社会主义。共产主义的物质极大丰富和按需分配，不妨到时再议，暂勿空谈。

值得思考的是小康的两根尺子之间是什么关系？显然，人均国民生产总值集中地反映经济实力和劳动生产率，是大前提；人均收入反映在上述经济实力基础上用于消费的份额，是其结果。于是带出一个问题：后者占前者的比重以多少为宜？查查历史资料，这个比重在不断下降。到 2000 年，按购买力平价计算，1 美元折合 1.25 元人民币，全部用于分配消费还不够，是脱离实际的；按现行汇率计算，1 美元折合 5.7 或 8.5 元人民币，比较符合实际，人均收入约占人均国民生产总值的

1/3～1/4(城乡加权)。从统计资料还可看出，如按购买力平价计算，现在已经达到人均国民生产总值800美元以上；而都按人民币计算，目前人均收入占人均国民生产总值的比重也在1/3左右。

1/3～1/4，能否认为，这个比重不高，或嫌偏低。对此，有关部门没有作出解释，或者是故意避而不谈。从理论上剖析，存在2/3～3/4的差额，可能有四种情况：① 人均收入是实在的，国民生产总值则有"水份"；② 国民生产总值是实在的，但其中一大块差额被浪费了；③ 这一大块差额主要用于积累即投资(但从其他资料对照，积累不可能超过消费的2～3倍)；④ 这一大块差额中相当部分用于公共消费，是对个人分配和消费的附加。上述四种情况，可能同时存在，有的也分不清，例如每年公费吃喝的1000亿元，究竟算是公共消费还是浪费？

继而思考的问题是从好处着想，即使以上述第四种情况为主流，则在每年的国民生产总值中，以1/3用于积累，1/3用于公共消费，1/3用于个人消费，也大体上符合当前积累率约占1/3，消费率约占2/3的实情。但是，带出了另一个问题：对人民群众来说，收入即消费，吃光用光，有没有结余呢？这个提法似乎不妥，但有理论根据。按照传统理论，在社会主义制度下，劳动人民可以得到越来越多的收入，然而只该是消费基金或消费资料，不该拥有生产资料或积累基金，否则就不是劳动人民了(作为全民占有生产资料是另一回事)。

这个传统理论，已经受到现实的挑战。劳动人民在解决温饱之后，不仅消费结构多样化，摆脱了全部收入都用于生活必需品的传统生活方式，并且开始有结余，表现为银行储蓄的不断增长。对此现象，一度不为大家所理解，还是按惯例地把银行储蓄和手存现金看作是"未实现的结存购买力"甚至是"笼中虎"。后来，才懂得这不是即期消费，也不全是预期消费，并有一部分被承认是个人的金融资产。接着，金融资产也走向多样化，不仅可以存入银行取息，并且可以购买债券，股票和外汇甚至房地产。当然，某些议论由此而起，除了过去争论存入银行取息是否不劳而获外，还提到分红是否剥削，或其占收入比重过大后是否会形成"食利阶层"，等等。也有人认为，当前分配方式多样，以按劳分配为主，还允许包括按资分配在内的其他方式；但是言下之意，这多少含有权宜之计，似乎限于社会主义初级阶段。这又表明，传统理论的幽灵犹在。

联系此一问题，回到上面所述，对共同富裕的标准如何划道杠杠？城市居民收入和消费2400元，农民收入和消费1200元，就算是富裕了吗？此外，还能有多少个人的金融资产？其实，按当前全国城乡居民储蓄累计1.2亿万元计算，人均不过千元；其离散度不很大，虽然相当部分为个体户等所有，有达10万元或100万元的，属于经营资产(资本)，也不算多。所谓一部分人先富起来，首先主要这些人。而与外国比，与资本主义比，还说不上是贫富两极分化。

最后思考的问题是如何让人民群众走向共同富裕？在上述议论中，隐藏着一种观念，就是：劳动致富光荣，其他致富不光荣。在意识形态上，可以讲得过去；但为发展经济着想，未必恰当。有人放宽一步，认为经营致富也可以。个别的认为，剥削有功。看来，有必要理出一个头绪来。

于是想到，民富与民营之间有一定关系。能否考虑，在人民群众收入增加、消费有余之后，逐步形成个人的金融资产，可以存入银行取息，也可以购买债券、股票和房地产以及外汇、黄金等，求得保值和增值。这是变消费基金为积累基金，利在个人，功在国家。这样，个人有消费资料，也有生产资料；有按劳分配收入，也有非按劳分配收入。由于突破了劳动者只能有消费资料的理论禁区，个人致富的门路拓宽了，导致富裕程度的差别。那么，怎样实现共同富裕？这要靠经济的整体发展；同时，怎样富得起来？应当运用个人所得税等经济手段加以必要和适度的调节，力求效率与公平的高度统一。致富有先后，富裕程度有高低，但是都奔向共同富裕的目标。要补充的一句是：共同富裕同样不等于平均主义，因为“平均主义不是社会主义”。你说对吗？

（原载《南京社会科学》1994年第1期）

利用外资不要追求数量而要提高质量

我省实施外向型发展战略已有多年，取得了很大成绩，进而转向实施经济国际化战略，大方向是正确的。但也存在一些问题，主要是片面追求数量，忽视提高质量。这首先在认识上必须明确几点：一是利用外资有两重性，一方面是引进外资，发展生产；另一方面是让外资进来，让出了利益。因此要讲互利，不能只讲引进而不作比较分析。二是利用外资并非越多越好，而有一个警戒线，超过了就会转向反面，这在发展中国家，教训很多。有的负债过多，每年还本付息占了国民生产总值的很大份额，限制了国内经济的健康发展。三是在引进外资有所控制的前提下，工作重点在于提高利用外资的质量，取得最佳的效益。这就是说，应当有自己的产业政策，明确要办什么，不要办什么。为此建议。

1. 在政策宣传上，不宜于仅仅强调进一步扩大开放和“三外齐上”，而要同时强调利用外资的质量和效益；

2. 在实际工作中要认真审批，有所筛选和取舍，不能再搞照单全收和多多益善。

3. 对外经贸工作者要树立整体观念，把国家利益放在首位；还要防止有人以权谋私，让外商得大头，个人得小头，而使国家蒙受损失(包括搞“假合资”)。

(原载《专家建议》1996 年第 10 期)

对外开放要有适当保护

在全球一体化、贸易自由化的大趋势下，国内外市场逐步融合为一。总体地看，这为我国经济发展提供了良好的机遇。对外开放使经济外向化上升为经济国际化，其积极功能越来越显著，但是笔者认为，对外开放应有一定的企业保护。

反思我国改革开放以来的实际情况，一方面，通过进出口和招商引资，为我国经济发展增添了重要力量，其中有直接的商品和资本、技术进入，也有间接的推动，如在竞争中学习和移植；另一方面，洋货充斥市场，既有暂时难以替代的高新技术产品，也有质量差距不大的一般产品，如照相机、自行车、食品、饮料和服装。实际上这些一般产品排斥了我们的民族工业。在外商投资热中，值得注意的是他们的先进技术往往坚持独资，并封闭运行。对他们来说，这种保护意识是十分强的。

展望21世纪，我们将进一步扩大开放，如允许外商投资于服务领域，从金融、保险到零售商业和饮食、旅游等，这有促进和示范功能。一方面，开放的结果是GDP会增长，市场会繁荣，一部分人会先富起来；另一方面，如没有适当保护，外资企业振兴了，民族产业则会相对衰落，处于次要甚至附庸地位。这是“对外开放的陷阱”。

当然，保护不是消极的，而是要赶超，要消化吸收，要在竞争中不断提高。除此之外，所谓适当保护，也要有多种符合国际惯例的对策，如逐步降低关税而不是一下子就降到发达国家水平，对少数国内已经供过于求的传统商品要限制进口，利用外资分别要有鼓励、允许和限制、禁止的产业政策，以及某些时候还要运用非关税壁垒，必要时也可以实行反倾销措施，等等。这些政策不是永远不变的，随着产业成长应有变化；也不是权宜之计，有的要坚持一段相当长的时间。总的来说，竞争为主，保护为辅。当然，保护也有负面效应，搞得不好会保护落后，并有损消费者的利益。

对外开放的根本任务是要拉动经济增长和促进产业升级，不只是为了追求进出口和引资的数字和政绩。因此，有必要重新检验一下开放政策，力争从扩大开放程度为主转换到提高开放水平为主。

（原载《社会科学报》1999 年 8 月 5 日）

GNP 三解

台湾学者高希均先生在参加大陆学术讨论会时，谈到对 GNP 的一些看法，特别是有另一类 GNP，是发人深思和值得探讨的。

GNP 的本来含义是“国内生产总值”(Gross National Product)，这是一个代表综合经济实力的指标，其增长率反映一个国家或地区的经济发展速度。我们讲发展，追求国内生产总值的快速增长，并以人均占有额来衡量发展水平，原是无可非议的。但是在实践中终于发现，在此过程中，一定要密切关注人口、资源和环境的变化。搞得不好，即使国内生产总值增长很快，如果人口增长也快、资源消耗过多、环境逐步恶化，就不可能实现可持续发展，并影响到经济发展对人们给与的实惠。特别是环境污染，还严重地损害人的物质生活和精神生活的质量。所以，提出 GNP 的另一解释是“垃圾、噪音和污染”(Garbage, Noise, Pollution)。于是有一种议论，经济发展的目标应当是追求“人间净土”(Great Neat Place)，其缩写也是 GNP。

这种议论，对我们有启发。我们在追求经济快速增长、国内生产总值不断扩大的同时，能否同程度地正视和重视人口、资源、环境问题，是关系到经济可持续发展和经济与社会协调以及人民生活质量真正改善的关键。这就有必要研究：(1) 经济增长与人口增长的关系。只有前者高于后者，人均国内生产总值才能稳步提高，人民生活的逐步改善才有保证。在我们这样一个人口众多的大国，强化人均意识或许比仅是总量意识更有战略意义。(2) 经济增长与资源消耗的关系。这是长期以来没有引起注意的，以致只问产出，不计投入，使我国的物耗、能耗成倍于发达国家。显然,在人均资源(从土地到矿产甚至水)偏紧的我国,这个问题不处理好,经济发展终将碰到难以克服的困难。(3)经济增长与环境质量的关系。经济增长,如果环境恶化,就潜藏着风险甚至可以说是危机。只有经济增长与环境优化同步,经济增长才有实际价值。因此,对垃圾、噪音的监控,一定要与对经济增长的热衷相称。换句话说,必须在保持环境优化的前提下实现经济增长,而不是只顾经济增长,听任环境恶化,那将是又一种“得不偿失”。

对 GNP 的三种含义要有全面理解,并且以实现“人间净土”为最终目标,这是社会主义现代化建设的一项原则,在经济发展中遵循此一原则,国内生产总值的持续增长就能给人们带来逐步现代化的福利。

(原载《经济学消息报》1997 年 9 月 19 日)

乡镇企业改革的如是我闻

编者按：江苏省社科院研究员，著名经济学家沈立人同志，本着一位理论工作者对事业的赤诚，给本报寄来了这篇专稿。沈立人同志的文章在肯定乡镇企业产权制度改革的同时，尖锐地指出了某些地方在这一改革的操作过程中出现的问题。希望能以此引起大家思考，欢迎大家发表不同看法。

一年前，有位长期干乡镇企业工作的老同志说过，现在是乡镇企业最发达的时候，也是最困难的时候(大意)。出路何在？唯有改革。对此，实际工作者和理论工作者获得了空前一致的共识。

怎样改革？却有不同主张。但是一年多来，仅从公开报导观察，改革在顺利地展开，有的市县已经宣告了基本上大功完成。与国有企业改革的步履艰难相对照，乡镇企业改革好像非常顺利，出乎不少人的预料。

事实真的如此美妙？似不尽然。稍加了解，听到某些不协调的反映。除正面报导外，也有另一种声音。例如6月7日的《杂文报》，就有署名“江苏·徐卫”的一篇题为《查一查这类“买主”》的文章，值得重视(附后)。

这是个别人的看法吗？否。仅我闻说，反差很大：

一位镇委书记认为，这样改革的好处：政府放下了包袱，企业获得了生机，经济保持了发展；不然的话，到本世纪末，乡镇企业将与部分国有企业“同归于尽”。所以，抓大放小，把小的放掉，绝对正确！

一位乡镇企业的厂长说,过去我们只是经营者,现在变成了所有者,将进一步发挥积极性,一定会把企业搞得更好。也有人说,看来,只有培养"红色资本家",乡镇企业才能第二次创业、腾飞!

一位长期搞农村工作的同志认为:乡镇企业也存在资产模糊和资产流失的问题,但是怎样做到保值增值,并非一卖了事。本来说要把住三关,而事实上:资产评估普遍偏低,如一辆进口林肯牌汽车,只算5万元;二是买者多数未缴足钱,有的挂帐,有的贷款;三是卖来的钱并未真正用于再投入(或"资本经营"),相当部分用于公共消费甚至发了工资、奖励或付了保险。

几位老干部谈谈就流泪了,说辛辛苦苦发展起来的乡镇企业,最后给了少数人和他们的亲属。

几位职工则说,现在是老板(多数还是共产党员)一把抓,收入分配差距越来越大,谁提意见谁倒霉。

几个月前,在北京开一个座谈会,出席者有龚育之、邢贲思、汝信、刘国光、张卓元等著名学者。我省苏北的一位著名企业家在席上说:你们知道不知道,春节期间,有的乡镇主要负责人接收礼金在10万元以上?

诸如此类,议论分歧,为17年来所罕见。既有不同看法,郑重建议各级主要领导作些调查,不要仅听汇报,防止一种倾向掩盖了另一种倾向。

附:《查一查这类"买主"》

某县一家濒临倒闭的皮鞋厂以100多万元的价格卖给了私人,是两个人合伙买的,这二人原先分别是这个厂的厂长和供销科长。每人要拿50多万,钱从哪里来,没人过问,反正人家拿钱来买,企业的主管就往外卖。

目前,像这类的"买主"可不少。一些职工也议论纷纷。这些买主大都是原企业的厂长、经理,他们在位时,企业负债累累,朝不保夕,越来越穷,职工收入越来越低,而他们作为企业的负责人,却没有少赚。

他们掏空了企业，留给职工的是一个空壳子——“主人”的名义和低微的收入。现在再用窃取的国家钱财和职工的血汗买企业，由“国有老板”一变成为“私营老板”。

笔者认为，在目前推进产权制度改革过程中，我们有关部门不能只是单纯地将企业一“卖”了之，完成改制任务的同时，一定要查一查这类买企业当老板的买主的钱的来源，对那些吞没国家资产和职工血汗的“暴富者”，要追究责任。这样，才能调动职工参与改制的积极性，使他们成为真正的主人，达到企业改制的目的。

（原载《沿海经济信息报》1996 年 7 月 26 日）

卖风之源

十五大后，企业改革加快了步伐。抓大还在试点和扩大试点，放小则是行动迅速，成效初现。同时，刮起了一股卖风。本来，无论是国有企业或乡镇企业，单一的公有制确有不少为难之处，特别是面广量大，行业齐全，正如所谓"十个手指按不住一百个跳蚤"。所以为了调整布局，缩短战线，集中主力，卖掉一批亏损、微利和其他不该管也管不好的企业，以利于调整和完善所有制结构，适应市场经济的运行要求，符合十五大的精神，是无可厚非的。但是在有的地方，卖得太多，甚至基本上卖光，指导思想上"立足于卖"，具体做法上"先售后股"，引起了不同看法。后来，有关部门还发了文，反对"一卖了之"、"一卖就灵"，并不是"泼冷水"或"开倒车"。最近，笔者作了一些调查，听听主张多卖或都卖的理由，感到卖风有其理论根源和实际根源，大体上是：

有人认为，十五大精神是又一次解放思想，不问姓"公"姓"私"，虽然仍旧坚持公有制为主体，那是就全国而言，在某些部门和地区，实际上可以搞私有化。不少人从当前不同所有制的增长差距看，预测不用几年，个体、私营经济所占比重即将达到"三分天下有其一"；再下去，占尽"半壁江山"或超过公有制也有可能。总之，现在卖掉小型和部分中型公有制企业，理论上有依据，行动上顺潮流。

也有人认为，公有制企业经营困难，总搞不好，与其让它资产不断流失，不如及早甩掉包袱，还多少能够捞点现的。这在城市的国有企业有，在农村的乡镇企业更多。有人认为，资不抵债的企业实行"零置换"，算是送掉，也不再背包袱；"靓女先嫁"，更是抓住有利时机，不要到人老珠黄，无法处理；甚至对“穷庙富方丈”，追究责任是蠢事，逼他拿些钱出来就不错。一些乡镇和村把全部或大部分企业卖掉后，回收几百万元到几千万元，既能还集资款，又有了一笔“基金”，今后仅拿利息，干部工资、补贴和修桥铺路也有了着落。特别是听说温州等地没有职工下岗问题，有人顿然省悟了，认为再不卖掉，更待何时？

当然，也有人倾向于卖，有自己的思考。最流行的说法，认为办好一个企业，主要靠企业家，现在不论采取承包制或年薪制，对企业家的激励都不够，以致人才流失比资产流失更多。怎么办？他们的结论是：只有让经营者变为所有者，才能职、权、利相统一，激励机制和约束机制都得到加强。具体做法，除卖掉企业外，更普遍的是以股份合作制或股份制为名，让经营者持大股实际上即控股，一般占30%以上，多的达到50%以上；小企业好办，中型以上企业，股权以千万元计，经营者拿不出或不愿露富，则采取先定比重，其余待企业获利后补缴。后一种做法，职工们反映，不是“卖”而是“送”；理论界有人指出，西方和苏东搞私有化，也没有这样办。总之，这样做了，经营者成了所有者，干群关系成了劳资关系，按劳分配与按资分配并存。

在出售企业中容易产生“寻租”行为，在某些地方是又一种卖风之源。这是因为卖企业，从资产评估到选择买方，一般不够规范，不少徒具形式，难免是走过场。当前，真正的企业家是稀缺资源，没有形成一支合格的企业家队伍，缺乏一个公开竞争的企业家市场。企业卖给谁？即使采取公开拍卖方式，绝大多数仍旧落到原来的经营者手里，其中有的是创业者，有的确有能力和贡献，也有的并不胜任，有的把企业搞坏了，都是最有力或唯一的竞争者。少数则不离开原来的经营层，因为只有他们最熟悉企业，并掌握主要的营销渠道。于是，即使有谈判，还是一对一，成为垄断性的买方市场。问题在于决定卖给谁，权在有关主管者，即使不以权谋私，获利人也要表示一些“意思”。已经发现了几个大案，人们不禁揣测，这仅是冰山的一角。

对此卖风，评价不一。赞成者肯定，“放小”就是“放掉”，卖是必由之路；改制后的效应，如节省非生产性开支，是十分明显的。怀疑者提出若干问题，从原则上的是否搞私有化，到方法上的是否因厂制宜，都感到不放心。看来，卖掉的就卖掉了，形成新的利益格局，颇有刚性，无法扭转。但是，适当地回头看，总结经验，有无教训，是值得思考的；在此基础上，认真地向前看，特别是对中型企业甚至大型企业的改革，也有人要买、有人要卖，只是感到有一定难度，能否更慎重地决策呢？为此，认真学习邓小平理论和十五大精神，具体了解现代企业制度及其产权组织形式和经营管理方式，或许是极其重要的。企业改革是大事，关系到社会主义现代化的命运，一定要经得起实践和历史的检验。

（原载《亚太经济时报》1999年2月2日）

“经济学家是干什么的?”

在学者群中,经济学者或经济学家似乎是个宠儿。这是因为:一方面,党和国家的工作重点转向以经济建设为中心,经济学应运而成为显学;另一方面,经济发展与亿万群众的生活、利益息息相关,人们往往把经济建设和经济发展与经济学家的职业直接或间接地联系起来。

于是经常会出现下述情况:在经济发展中发生这样那样矛盾时,人们往往对经济学家发出这样的疑问:“你们是干什么的?”“为什么不出点好主意?”那种含有责备的声调,学者不免有委曲感。

经济学家是一个群体,肩负多样任务,从经济研究、经济教学到经济宣传;经济研究有不同层面,从基础理论到应用;经济学又是大学科,从宏观微观到不同部门。总体上讲,理论为实践服务,最终有利于解放和发展生产力;具体地讲,学者群体内有细密分工,职责大不一样。

经济学家能不能发挥应有的作用,关键还在于国家和政府究竟怎样看待他们,把他们放在什么位置?应当承认,从总体上讲,对经济学家的重视程度,随着经济发展及其复杂化,可以认为是与日俱增,方式和渠道有多种,从参与权力结构到智囊团以及制造舆论,但是具体地讲,各人的遭遇不尽一致,客观要求与主观意愿常有脱节。

这里所谓客观要求与主观意愿的脱节,决不是个别的特殊现象。某些领导往往自觉或不自觉地倾向于要求学者对既定政策作理性论证,对已有成绩作理性评价。而在学者来说,却习惯地认为,前者有人说了就行,毋须喋喋不休;后者属于新闻媒体正面宣传的事,学人不必凑热闹。学者的不二天职是冷静观察,科学分析,及时预警,以匡不逮。

并不罕见的是另一种情况,他所肯定的恰恰是你所否定的,搞得不好,就是"薄言往诉,逢彼之怒",认为学者性喜挑剔,不见主流见支流,不见九指见一指。更多的是又一种情况,他要的是可操作性,你所长的是抽象概括,其中本有桥梁可通,但是需费周折。于是被认为是不切实际的高论,甚至是"空谈误国"。

经济学家也应当有自知之明。现代化建设是一项大工程,在我们这样一个处于社会主义初级阶段的发展中国家,对其疑难性不可低估。因此,不接触实际,光靠书本,包括从境外搬来什么理论框架,即使别人用了有效,也不容易立即解决我们的实际问题。与自然科学对照,科学实验必须经过多次失败才有最后成功,经济学是社会科学,变数或许多于理工,判断失误是必有的。所以,与其慎言,不如敢言,通过百家争鸣,才能逐步接近经受反复检验的真理。

经济学家是干什么的?说到底,有其社会需要和时代需要,不能妄自菲薄。社会主义现代化建设的积极参与,包括出智和出力。经济学家不自外于现代化建设群体,就能找到自己的位置,履行自己的职责,发挥自己的才干,作出自己的贡献。

(原载《社会科学报》1997年8月14日)

实践呼唤“地方经济学”

区域经济学不能解决地方经济问题，因为：(1) 经济发展有其空间范畴，经济区是客观存在，大国更是如此；同时，国家治理经济，重视经济区的运行，但是在治理机构上只能设置为行政区，古今中外都一个样。(2) 经济区与行政区的关系，尽管有其相互置换性(行政区的设置要照顾甚至顺应经济区的客观存在，行政区的运行又为经济区的成长提供了某种框架)，但是两者不可能完全吻合，分歧也是始终存在的。(3) 传统的区域经济学研究的主要对象是区域经济即经济区，与行政区有或多或少的交错，削弱了操作性和应用效率，有时不免是隔靴搔痒或隔岸观火。(4) 以区域经济学为基础，引入或分出一门以研究行政区为主要对象的学科，命名为“地方经济学”，或许与当前经济建设和经济工作的实践更加贴近一些。

经济发展和改革的实践呼唤着地方经济学的诞生。经济区与行政区的分歧，根本原因在于政企不分及其导致的条块分割。组建各种经济(协作)区之所以垂败于成，主要是在计划体制还未基本下台、市场体制还未基本到位的情况下，经济运行还未彻底摆脱垂直的行政系统制约，市场运行还未彻底冲破行政区的壁垒。在某种意义上，经济区只是隐性的，并没有实际形成，为市场经济提供有层次的地理空间。只有随着改革的深化，企业成为市场主体，市场体系渐趋完善，政企职责明确分开，才有可能促使经济区的成长，实现经济运行的市场化，在统一、开放、有序的市场环境中组织资源的合理配置，优化生产力布局，发展包括区域经济和地方经济的发展。在此过程中，逐步转变政府职能包括各级地方政府的职能，一方面按照行政区治理经济，另一方面按照经济区组织经济运行，不排斥建立某种协作组织形式，都有可能经过行政区与经济区的磨合，终于达到两者的一致，把其矛盾和分歧减少到最低程度。

据此，构思地方经济学的要点是：(1) 地方经济学的研究对象，主要是在行政区设置的前提下，地方经济如何运行和发展的客观规律。(2) 地方经济学的研究内容的主要有：地方经济的定义；地方经济与区域经济的联系和差别；行政区与经济区的关系；地方政府的职能及其经济行为；地方经济体制的改革；市场体制下地方经济的运行；国家对地方经济的宏观调控和政策引导；地方经济的发展战略和增长方式；地方经济的中国特色和社会主义特征。(3) 地方经济学的研究任务，主要有行政区与经济区的矛盾，实现两者之间的基本一致；因地制宜，扬长避(补)短，促进生产力的发展和合理布局；地方范围内的产业选择、产业升级和产业结构的优化；在国家统一领导下正确发挥各级地方政府的积极性，实现国民经济的持续发展；地方之间的经济协作和经济联合及其分工和竞争；正确对待地方经济发展的区位差，逐步缩小差距，力争共同发展。(4) 地方经济学的研究方法，主要借鉴区域经济学和城市经济学的理论成果(例如区位理论、增长极理论)，着重于实证研究，从现状描绘入手，结合宏观分析和中观分析，落实到对策建议，逐步探索观点、概念和术语的创新。(5) 地方经济学的学科定位，首先成为区域经济学的旁支，逐步形成相对独立的部门学科。

建立这门新学科，既有现实性和迫切性，又有难度。这与改革开放的进程一样，不能期望速成。改革呼唤改革经济学，开放呼唤开放经济学，地方经济学将随着这些领先学科的逐步建立一起前进。不排斥在当前条件下，通过调查、研究区域经济和地方经济发展中的若干热点问题，为制订相应的政策提出建议，为社会主义现代化建设做出应有的点滴贡献，在伟大的实践中有所探讨、有所积累。不言而喻，进行这项工程，完成这项课题，实现这项愿望，期待着有更多的志同道合者的参与和帮助。

(原载《经济学动态》1996 年第 7 期)

《开放导报》创刊词

在邓小平同志南巡谈话和党的十四大精神的鼓舞下，神州大地涌现了加快改革开放和现代化建设的新潮。乘着这片热气腾腾的大好形势，如沐春风，如淋夏雨，《开放导报》终于问世了。

《开放导报》是综合开发研究院（中国·深圳）公开出版的院刊。我们办这份刊物的宗旨是，以邓小平建设有中国特色社会主义的理论为指南，坚持改革开放，向世界展示中国，向中国介绍世界。

向世界展示中国，是因为中国正在大踏步地走向世界，需要为世界所熟悉。40多年来，特别是改革开放以来，我国与世界各国和地区的交往越来越广泛，在世界上的影响越来越大，各国人民都迫切要求了解中国。因此，我们应当向世界进一步展示自己，不仅展示已有成就，而且展示未来前景；不仅展示基本国情，而且展示基本国策；不仅展示相互合作的良好意愿，而且展示相互合作的有利条件。可以预期，在世界加深了解中国之后，我国与各国的经济技术合作事业就能不断开创新的局面。

向中国介绍世界，是因为中国正在大踏步地走向现代化，需要学习当代世界的一切先进文明成果。对外开放，除了充分利用国际资源和国际市场外，还要充分吸收和利用世界各国包括资本主义发达国家的成功经验。这是所有发展中国家走向经济振兴、社会进步和文化繁荣的必由之路。过去由于种种原因，在这方面做得不够，现在必须迎头赶上。当然，这又不是照搬外国模式，而是结合实际，洋为中用。作为媒介工具，我们应当努力地、尽可能地发挥桥梁功能。

本刊立足深圳，面向全国，走向世界。立足深圳，因为这里是我国开放最早、改革较快的排头兵和试验场，有区位之优，得风气之先；面向全国，因为目前已经形成全方位的对外开放，从沿海到沿边、沿江以及内地，处处搞开放，人人谈开放；走向世界，因为这是开放的必然结果，开了大门就要走出去，把国际化列入现代化的组成内容。

我们的办刊原则是理论联系实际并侧重于应用。大家可能感到，与呼啸前进的改革理论相比，在某种程度上，开放理论显得相对落后。因此，我们必须进一步解放思想，一方面借鉴和消化当代世界的前沿学说，另一方面从自己的大量实践中概括出新的观点和理论。但是理论，归根到底是为实践服务的。所以，我们必须强调应用，切忌空谈。随着对外开放的进一步扩大，经验将越积越多，碰到的问题也将越来越复杂。我们愿意与从事理论研究工作的同行们一起，在实践、认识、再实践、再认的长河中总结经验、探索理论，进而提出建议，供决策层参考。

《开放导报》要以“开放”为本。这不仅是指围绕开放大做文章，更要体现开放精神，力戒封闭。既要贯彻“双百”方针，提倡独立思考，大胆争鸣；又要贯彻群众路线，为广大读者和作者包括海外朋友及国外留学生提供各抒己见的园地。开放是一件新事，如果多设禁区，只能使自己闭目塞听。综合开发研究院是民间性的学术研究机构，《开放导报》是公开出版发行的院刊，我们有志于办出自己的特色来。

出于上述考虑，我们在办刊风格上有一些追求。我们需要阳春白雪，也需要下里巴人；需要名人的大手笔，也需要中青年的新见解；需要视野广阔的宏观鸟瞰，也需要深入细致的微观剖析。本刊的读者和作者决不限于少数，而是着眼于大众。否则，就不可能冲出象牙塔，走向社会，走向基层，走向市场。

在本刊筹备过程中，得到中央和省、市各级领导与有关部门以及社会各界人士的关怀和帮助，在此表示衷心感谢。办好本刊，有赖于大家的继续支持。我们相信，依靠大家，初生的《开放导报》一定会逐步成长，无愧于我们这个蓬勃兴旺的社会和新时代。

（原载《开放导报》1993 年第 1 期）

第二编

近篇(2000—2010)

江苏的新世纪:挑战、机遇和战略对策

面对世纪之交,我们在肯定成就、总结经验和检点得失的同时,应当站高一步,把眼光投向未来的 10 年、20 年和 50 年,正视挑战,寻找机遇,从而选择自己的战略对策。

挑战严峻、机遇良多

回眸 20 世纪,我们是在克服重重挑战,抓住几次机遇,才走过这段辉煌历史的。挑战无法躲避,机遇不该错过,这个体会非常深刻,在跨入新世纪门槛时,应及早做好思想准备和工作准备,力争主观能动权。

21 世纪将以根本不同于 20 世纪初、也在质的程度上不同于 20 世纪末的全新姿态向我们急剧地、猛烈地迎撞过来,虽然在 20 世纪尾端,我们已经渐次听到了它响亮的呼啸和履声。或明或暗地感到的,归纳为一句话:科技创新和全球化,进而可以演绎为下述四个方面:

科技创新。这是 20 世纪的变化超越于过去 19 个世纪之和的关键和秘密所在,给人类带来史无前例的福幸,但也有祸害,更有不平等。下一个世纪,不管我们承认与否,或早或迟势必进入知识时代——知识经济和知识社会,其核心是科技创新,尤其是科技信息化,所以原来曾经表述为信息时代。这将空前地进一步改变人类的生产方式、生活方式和思维方式,不仅是经济的,还有社会的、文化的,甚至政治的。又不得不承认，这不是上帝的赐予，优惠于每一个子民，而是靠自己去争取，通过省悟，通过竞斗。得之则昌，失之则亡，成败在于如何在挑战中抓机遇，如火中拾栗、海里捞针，决非轻而易举。全球化内含两极化：不在先进一极，就有可能落在后进一极，处于中间也是相对落后。

全球一体。地球是个渺若尘埃的星体，在信息化时代变得越来越小，60 亿居民紧挨着，封闭是自绝于世。外向化、国际化，都是对全球一体化的理性响应。同样严峻的是：一体化不等于只是互助互补，更多的是竞争，说穿了还有掠夺和反掠夺的斗争。参加 WTO，要有艰苦卓绝的谈判达 13 年之久，发达国家自己的保护主义也在抬头，说明“保护民族经济过时论”至少是过早了，即使最后，科技创新会导致谁也保护不了谁。全球化给各国以自由竞争的同等待遇，但不能保证也给以同等的发达程度。在各种生产要素包括应用性技术终将在全球范围内自由流动的前提下，开发性的尖端技术则越来越被垄断、独占和无泄漏。引进技术使我们似乎步步向上，而仅靠引进却不能缩小甚至会继续扩大与输出技术国的差距。所谓国际打工格局——我得必要劳动，人得剩余价值，不是危言耸听。因此，在地球村占有一席不败之地，归根结蒂要靠自我的科技开发和科技创新。其中，能否构建人才高地、培育创业人才，尤有决胜意义。

体制竞赛。一体化与多样化并存，资本主义与社会主义之分，或许还有帝国主义和封建主义之称，只是政治教科书的用语。在经济教科书上，议论经济制度的优劣，不靠规范逻辑，唯见统计数据。发展中国家与发达国家，起跑线差一大段，能否后来居上，与其说以基本经济制度来衡量，不如说由体制竞赛来裁判。再具体一些，干脆说机制，不姓“社”和“资”，才有真正的可比性和可比度。社会主义市场经济与市场经济一般，当前也有发展中与发达的差距，如不能有效地缩小差距，人们就不能理直气壮地赞扬社会主义。这不仅表现在速度上，今后更重要的在质量和效率、效益。在全球一体化推动下，经济体制和机制走向共性，仍将保持个性。由此可见，与开放一样，改革作为发展动力，跨世纪的任务始终是艰巨的、长期的。

永续发展。人口、资源和生态、环境,作为问题,列入议程,在20世纪姗姗来迟,到21世纪愈感紧迫。发展中国家,欠债累累;其中发达地区,负担尤重。人口问题,或许不在数量,而在素质;数量也仍严峻,反映为就业和失业的消长。这于科技创新,促进与制约,暂时说不清。资源问题不看数量,要看人均,我们是不能乐观的。土地和耕地是如此,甚至如合格的水,在日见匮乏。资源转化为生产要素,显得捉襟见肘,正是就业不足特别是农村剩余劳动力存量不断增多的根源。是否已越过了临界点,值得警惕,至少要有预警。也是这些矛盾,导致生态和环境的恶劣化。姑且不论每年发生的生态赤字,计算一下,要使每年国民生产总值的增长率下降几个百分点。为保护生态和环境付出的代价,同样是对GDP增长的折扣。这些都是挑战,战胜了,才能转化为机遇,实现不仅是经济更是社会、文化和政治的可持续发展。这在新世纪,随着年代的递进,不到中叶就会进一步凸现。

挑战与机遇的转换,或者是挑战在前,机遇在后;也许可以这样说,初期是挑战为主,经过努力,才能变为机遇。参加WTO,即其一例,遑论改革、开放,并落脚在可持续发展上。

发展战略也要发展

发展战略有承继性和持续性,又要因势利导地不断开拓、不断创新。从“十五”到“二十五”,一成不变,就是墨守陈规了。在既定战略框架内,有必要充实内容,变换重点,增加一系列符合形势的新对策。

科教兴省,既是全国的又是地区的主体战略。这贯穿于其他亚层次战略的始终。经济国际化和区域共同发展,靠科教支撑;可持续发展,离开科教就持续不下去。同样,这些战略还要服从和服务于科教,才能真正达到兴省的期望目标。反顾20世纪,科教兴省提得较早,实施力度逐步加强,成绩也不断积累。从另一方面看,似乎主体地位还不突出,兴农、兴工、兴商、兴企不够平衡;反映在转变经济增长方式上,粗放型、低效甚至无效型增长仍有泛滥。展望前景,这是决胜之本,应当加大力度。知识经济在20世纪开始形成，我国也已初见端倪，作为发展领先省区，在这方面必须有一定领先度，必须及时体现在科教兴省战略的演进上，及早制定一套对策。例如培育高新技术产业，以信息产业为主导，江苏有相当条件和基础，可谓责无旁贷、义不容辞。这又不仅是科学、教育和信息产业部门的事，要纳入改革、开放的整个部署，并动员一切行业来参与信息产业包括信息服务业的开发和应用，并在全民中普及信息知识，其任务繁重，非同凡响。

经济国际化，原来局限于扩大出口和引进外资，捎带劳务出口，都要持续下去，又不能满足于此，仅是数量的增长。也有一个从粗放到集约的转变，就要靠科教支撑，并走创新之路。国际化在外向化基础上的发展，一是从单向转化为双向，二是在内容和结构上不断深化。总是要参加 WTO，就该未雨绸缪，特别是有进有退、有所为有所不为，逐步深化国际和国内的区域性分工和合作。国际贸易从商品为主扩大到其他要素，今后应当是商品和服务并重，其中技术贸易越来越居主导；引进也是一样，从资本为主扩大到与技术并重，今后应当不断向后者倾斜。长期的商品出大于进，资本进大于出，今后也可能要缩小顺逆差。与此有关，出口导向和进口替代、技术引进和管理引进、引资和引知以及体制改革和机制转换、政策激励和法制规范，都有一系列课题亟待研究解决。

区域经济共同发展，一直是期望值高、实现值低。说根本变化，是苏中、苏北农业发展先后赶上苏南，并取代苏南成为农副产品供应的主要基地。但是，我们的目标不是“工业苏南、农业苏北”。因此，今后的重点还是更加切实有效地发展苏北的工商业和服务业，并以交通为基础设施的逐步完善为前提条件。如何推进苏北的工业化和市场化、外向化，要走有区域特色的新路，近几年来创造了不少经验，也有待进一步探索。如农业产业化、种养加和农工商，重点在“加”和“商”；大中小和公合私，重点在“小”和“私”。以农业产业化为基础，发展二、三产业会出现新气象。发展工业，并非从零开始，但是搞什么和怎样搞，确实有待创新，特别是搞“小”如何与“大”、“中”相联系，搞“私”如何不与

"公"、"合"(混合经济)相脱节,并且坚持差别和细分,不再跌入重复建设的陷阱,是一篇大文章。这不排斥全省和苏南的大力支持和要素流动、产业转换,在政府推动下更着重于市场机制的发挥作用。此外,还有一个城镇化问题,包括培育若干大城市作为区域经济的中心,建设一批中心集镇作为城乡经济的纽带,都要分别沿海、沿线(陇海)和沿(运)河地进行统筹规划和有序实施。

三大战略,加上可持续发展,集中到一点,落脚在哪里?我们认为,新世纪的呼唤,最强音是两个字:富民。社会主义的根本任务是解放和发展生产力,而最本质的终极目标是共同富裕。现代化的分三步走战略部署,解决温饱和实现小康,都意味着由贫到富的历史轨迹。在此过程中,要让一部分人和一部分地区先富起来,但不能说是一个独立阶段。相反,按照邓小平的原来设想,在实现小康后,就要注意帮助另一部分人和另一部分地区也逐步富起来,并在此进程中防止贫富的两极分化。什么是社会主义市场经济?有人解释为市场经济加公平,是有道理的。有人提出,当前要把失业作为头等课题,并在效率和公正的关系上重视后者,也是一个意思。强调富民,有相当针对性,如城乡居民收入增长滞后于整个经济增长,造成内需不足;分配不公,基尼系数大于发达国家,造成社会消费率进一步降低,都有待研究和有所对策。这又不仅是经济问题,也是社会问题和政治问题。实施富民战略和富民政策,首先表现在使居民收入和消费增长与整个经济增长同步,扭转人均收入增长相对于人均 GDP 增长的持续滞后趋势,并缩小与其他领先发展地区(上海和广东、浙江等)的生活水平差距。实现基本现代化,三个目标是富强、民主、文明。政治目标和文化目标,一个地区难以领先,能够领先的是经济目标。有人把富强解释为"国富民强",是颠倒了;应当是"民富国强",——民富而后国强,因为民不富是国也强不起来的!

(原载《南京经济学院学报》2000 年第 1 期)

“十一五”规划要有十一项转变

“十一五”规划是在实行了十个五年计划的历史基础上制定和将付之实施的。顾往观今，积累了丰富经验，也不乏艰巨教训。中央提出科学发展观，以其统率“十一五”规划，旨在开创经济发展、社会进步和文化振兴的新局面，基本要求是全面、协调和可持续发展。这与我省突出“两个率先”，理该一致，决无分歧。因为离开了科学发展，小康既不能全面，现代化更会跛行。“十一五”的新局面，我表述为下列十一项：

一、从更快到更好。打造GDP，我省和各地已有一套成熟可行的办法。展望今后，年增长两位数，满有把握。GDP是伟大指标，但不能替代一切，过分诉求，容易忽视成本、效益和结构。所以在保持平稳较快增长的前提下，着力于提高增长的质效，纠正速度与质效的反差，解决多年来一直未解决的难题，似应作为“十一五”的指导思路。

二、从投资拉动到消费拉动。“十五”以来，消费拉动一度低速，采取积极的赤字财政政策，无可厚非，但非长远之计。江苏的投资率特高，除有外资因素外，也对消费有一定挤压。从长远看，投资拉动和外贸顺差拉动都要最终靠消费来兑现。所以在“十一五”，必须力争改变“投资增长率＞经济增长率＞消费增长率”的传统模式，逐步走向三者同步，以保持消费率与积累的相对稳定，从根本上促进经济发展的大均衡。

三、从粗放到集约。这是指经济增长方式的转换，号召多年，有所行动，而实际效应尚不明显，表现为：要素生产率的提高不多，特别是能源生产率始终不高，成为持续发展的瓶颈。这要靠科技进步，也要靠科学管理,贯穿于各级政府和各个部门、各个行业。当然,不排斥要适当保留劳动密集型产业以维护就业,并提高其技术改造力度,但不是以技术、资本取代劳动,是在增加品种、提高质量。最好,在"十一五"规划中有这方面的专业规划至少有专题研讨。

四、从"二三一"到"三二一"。这是指调整经济结构首先是优化产业结构,促进产业升级。当前,多数地区已是"二三一",还有少数地区是"一二三",最终目标是"三二一",有望在2010年后尽快实现。提出大力发展服务业包括新型服务业或现代服务业,是及时的,或者说是迟了而不是早了。关键不在说,而在行动,既要发展生产服务业,又要发展生活服务业,包括教育、卫生和文化产业。物流、咨询、市场中介连同行业协会,我省落后于周边省市,值得反思和急起直追。

五、从重化工到轻型制造。这是指工业,颇有争议。全国也有讨论,多数不赞成再强调重化工,理由之一是我们原来就是"优先发展重工业",不同于西方,现状已是重化工占相对优势。结合我省实际,基于资源、区位和贸易特点,似以着重发展轻型制造业为宜,与内地有分工、有配合。这也不是传统的工业化,而是与新型工业化相对接,以信息化来带动工业化。对照发达国家,有的已经排斥重化工,纷纷外移,不要看作是我们的机遇,而要有所警惕。

六、从"三农"到"四农"。"三农"一直是重中之重,也是难中之难,虽然没有少说,但是贵在行动,各地很不平衡。关键在增加农民收入,除了推广农业科技、调整农业结构、提高农产质效以推进农业产业化外,还要积极转移农村富余劳动力,从减少农民来致富农民。"农民工"成为"三农"之后的"四农"问题,使其顺利转化为市民,十分重要,十分困难。实践证明,决不像有人所说,只要把农民赶进城(镇)就是城市化。这里有一系列问题,首先是就业,有一个相对稳定的岗位;其次是生活落实,包括居住非贫民窟和子女就读等。这在"十五"时期有开花,"十一五"应当结果了。

七、城市化的规范。且不论城市化与城镇化之争,对当前城市化的评价,也有不同声音。批评者有三说:一是"假城市化";二是"过度城市化”；三是“浪费城市化”，听听不无好处。老百姓反映不尽相同，有一说：最称赞的摄影家，最埋怨的是拆迁户和失地农民，一般市民开始知道“大城市病”。看来，持续的城市化要从不断扩容转向充实、提高，从标榜花园城市转向宜居城市。至于城乡协调，使城乡居民共享城市化成果，最终走向城乡一体化，更有一段漫长的路，但在“十一五”期间要有所逼近。

八、从扩大开放程度到提高开放水平。这个要求，提出也有多年，有所进展，还待进一步努力，在“十一五”要有更大收获。入世以来，一度崇拜贸易自由，近年才知道发达国家有双重标准，外贸摩擦不断锐化。引进外资也一样，先进的应用技术有所泄漏，核心技术仍是严密封锁，来了“研发中心”还不济事。不讲所有、只讲“所在”是不够的，再讲“所得”，就哑然了。今后怎么办？要有新战略、新对策。特别在后开放地区，也要认真执行“招商选资”和“招商引技”，并立足于自主开发，防止“拉美化”，仅是为老外打工而已。

九、从效率到公平。这是在经济发展到一定程度，在转轨期，社会矛盾逐步凸现，不能光讲经济学，还要讲社会学。当前城乡差距、贫富差距越来越大，基尼系数突破警戒线，我省也不例外。城乡差距，仅论收入，我国已居世界第一，我省似乎较好，但是竖比，同样在十年以上。特别是人均收入占人均 GDP 的比重（口径不同），以及人均储蓄、人均财产，我省差距更大于别的省区。于是按发展成果的分享，我省也是少数人得益太多，多数人有所得益，部分人得益有限，还有少数人未得益并受损。后者属于弱势群体，大部分是原来的基本群众，当前仅予低保，那只是底线。“十一五”对这部分人，必须大力救助，使其比重下降、人数减少，体现社会主义的公平宗旨，并关系到“两个率先”的公众认同。构建和谐社会，关键在此！

十、从市场到政府。这是今后深化改革的重点，在推进市场化进程中，切实转变政府职能，是一篇大文章。暂不细论，仅说财政，怎样从吃饭财政、建设财政到公共服务财政，就有丰富内容。看来，除适当搞基础设施建设（也可引进民间资本）外，应当更多地转向对后发展地区的转移支付并不断提高用于科技研发、教育、卫生、文化和社会保障的比重,争取达到发展中国家的平均比重。

十一、环境保护。实现人与自然的和谐,已是国策,并未到位。年年讲成绩,只在防和治做了多少事、花了多少钱,却不检测其社会后果。不妨简单化,以癌症的发病率为标准,我省长期居全国第一,并且不断上升。"十一五"期间,如不降下来,表明在恶化,一切环保措施都放了空炮。

(原载《太湖论丛》2005 年第 4 期)

应对经济危机有十项注意

这次经济危机，百年一遇，来势凶猛，情况复杂。对中国说，既有外部因素，又有内部矛盾；既是突发，又是长期潜积。现在匆促应对，虽似措手忙乱，还能沉着从容，是非常不容易的。应有共识：不仅是权宜之计，更应着眼于久恒之策；不仅要治标，还必须治本。我们的标靶也不限于渡过一劫，而该着力于转型，打造新的发展方式，不容许克服一次危机，却留隐患，为下一次危机埋下定时炸弹。这次应对，力度之烈、范围之广，都属空前。目前开局尚佳，但是变数犹多。从战略策划到战术操作，在落实进程中要走一步、看一步。领导有信心，群众有暖心，专业者不无担心。大声呼唤后，不能没有小心细语，殷切期望注意如下十个方面，且需慎行。

一是保增长的速度和质效。危机之现，始于经济增长幅度之滑落。我国未见负幅，表明基本面未变；但是也感疲软，为多年来罕见。扩大内需，力保增长，宏观调整转一个身，是及时的。现在预期，境外估测有7.5%或更低，国内预评在8%～9%之间，各省市区争取再加两三个百分点，即使有难，可望臻达。关键不在数量，如能无水分地实现，是大好事。然而，只此一点，不宜视为全盘已胜。尤其重要的，则在增长的质量和效益是否理想。所以，一定要破除传统的GDP情结，防止片面求快，走不出“一俊遮百丑”的陷阱。这是一个前提和归宿，保证“好”字优先的增长，才是克服危机的实在。

二是投资的结构和实益。应对之策，聚焦于4万亿元的投资，赫然空前，可谓大手笔，施展了浑身之力。人们关注的，这大笔钱从哪里来，到哪里去,能否真的用在刃口,堪奏其功。占其大份的基本建设,一是基础设施,二是增加和改进生产力。前者不仅是花掉就可保增长,其中三成上下或转化为工资,更在建成的大小工程,一定要真正起到基础作用,决不能建而无效,如水利建设无水可运,高速公路无车可跑。后者也不仅是增加产能,决不能重复低挡;而要补短升级,适销对路,富有科技含量。所以,投资规模不是越大越好、越能保增长,而是必须优化结构,才能获得实益。为此,每个项目,从立题到设计、施工,都要周密计算、科学评审。至于加强监管,杜绝丝毫猫腻,力戒因而导致过热和浪费,是不言而喻的。

三是转变发展方式。这是早已提出而久未兑现的一个难题。过去造成不少深层次的矛盾,根子在兹,这次"危"中有"机",就要抓住关键,求得长治久安。30 年来,发展多赖投资和出口顺差,消费作为主要引擎的动力不足,消费率不断下降。这次应对,必须力挽狂澜,转向消费为主动力。得失成败,这是枢纽。应变有多元对策,都要围绕扩大消费的核心转,消费兴则百事兴,消费呆则百事滞。在理念上,回到"生产目的在于消费"基本原则,要有成系统的消费政策,使城乡居民能消费、敢消费、会消费。这个引擎有了活力,发展方式有新局面,经济危机就不治而愈。否则难免歪打,治不到点子上,增长失去后劲。

四是优化产业结构。这与投资和转变发展方式息息相关。迷失这点,投资的方向模糊,发展方式也会原地踏步不前。有人片面保增长,不择手段,如想把前几年关掉的化工厂都再开动,或者在招商引资上重蹈"来者不拒"、"多多益善"的覆辙,必将欲速不达、事与愿违。国务院制定十大产业的振兴发展规划,有鼓励也有禁止,并指明路径,一定要切实贯彻执行。各地情况不同,可以从实际出发,在落实中有所创新,但是仍要防止样样都搞,千地一面。这里值得提醒的是,农业始终是基础,不能因其产值所占比重不大并且增长很难而置之度外。沿海发达地区本是农业首善之区,这几年发生农田非农化、农业非粮化的倾向,必须制止和回头。

五是千方百计保持和扩大就业。就业是民生之本。这次经济危机。首当其冲的看来是企业,实际上最终受害的是就业者。与保增长直接有关的,首要保就业。我国人口多,底子薄,就业是难中之难。经验数据,经济增长保持9%,或能增加就业1000万个岗位,仅与每年新增劳动力大体相当;还有农村富裕劳动力的流转每年要增几百万,连同大学毕业生每年又有几百万,缺口越来越大。经济危机再使大量职工下岗,仅农民工少算已有一两千万,形势严峻,莫此为剧。因此,一定要有特殊政策,不能只靠老办法。在同样经济增长率的情况下,怎样提高就业弹性系数,包括保持硬软并举的产业结构和用人制度,都待研讨和求索。努力使"零就业"家庭成为"零失业"户,也是一条社会安定的必由之路。

六是加快全覆盖的社会保障。这项工作,起步迟了,进度慢了,碰经济危机,更是巨大压力,必须全力应对。不仅是改善民生的底线,还使居民免除后顾之忧,有利于促进消费。无论是低保、失业保、养老保和医保,当前需求极大,应当尽快增加供给,在大盘子里切下一大块。看来,从财政增收和赤字扩大,增列这块支付,势在必行。参照发达国家和发展中国家的财政预算结构,我们更有相当空间,足以在走向城乡一体化和公共服务均等化的进程中逐步达标。广义的社保,还必须与医保一起,教育和住房有此实质,危机时不能更危,而要努力使其转危为安。

七是积极增加城乡居民收入。经济危机之发作,按照马克思的说法,起自生产社会化与生产资料私有化的矛盾,导致贫富两极分化和有效购买力不足。自由资本制度这次露了馅。我国何尝不是这样,多年来居民收入的增长一直落后于整个经济的增长,潜在矛盾越积越深。应对之道,保增长必须与保民生、保收入相伴;否则,消费不长,增长也失去支撑和任何意义。但是,危机一来,急于应对,大家讳言增加收入,乃是舍本逐末。现需明确和强调,只有构造保收入、促消费与扩内需、保增长的良性循环,并培植长效机制,才能走出危机,不再危机,亟待有实际对策并认真实施,如落实十七大的"三个提高"(提高分配在国民收入中的比重,提高劳动报酬在要素分配中的比重,提高低收入者的收入），使居民收入增长与经济增幅一致，才能开创增长与民生的新局面。其中，增加农民收入特别紧迫，提高农产品尤其是粮价更是不可缺少的一环。

八是保护生态环境和节约资源。这是30年来发展实践的负面，为争取高速增长而付出的昂贵代价，也为下代留下了教训和话柄。这几年开始有所省悟，但是修补仍旧未及应有力度。当前扩内需保增长，又可能急于求成，止痛忘痛。这在发达地区，北京奥运会后的反复，沿海如江苏的不仅是太湖，都待赶上；在欠发达地区，“先发展，后治理”的传统恶习可能回潮。资源的严重浪费怎样治理，更可能推迟到克服经济危机之后，同样是“机”中之“危”，要大声疾呼，在应急中千万不能丢掉这个急事，而该在议事日程中列为警钟长鸣。

九是扩大内需与提高开放水平。这次危机，内外交织，应对重点在扩大内需，不等于外需无望，同样要有应对，在外贸负增长的趋势下防止跌幅过大，争取也有回暖。应当看到，扩大开放到今天，外向依存度够大了，今后主攻不在进一步扩大，而在提高开放水平。此事提出不晚，但是步伐太缓，识者认为不能再靠低价劳动力来搞薄利或无利多销，把中国经济挂在洋人的战车上。采取提高退税率只是权宜的无奈之策，根本出路在优化出口商品的结构，同样要有系统的振兴产业政策。不妨估计，外需的回暖或许在后期——取决于全球渡冬；但是应当早作筹划，准备给外人以新面貌，不再是吴下阿蒙的可怜相。

十是从经验摸索到实现理论创新。应对这次危机，史无前例，只能摸着石头过河，要有两手考虑，或者如愿，或者还可能有曲折。重要的是在敢于实践中善于审视动态，总结经验，避免失手。不同于过去，这次面临理论空白，新自由主义破产，凯恩斯革命不再成功，格林斯潘的两手绝活也见乏力。我们自己，一度满足于运用“看不见的手”，现在不得不伸出“看得见的手”，同样是老干部遇到了新问题。这是挑战，又是机遇，亟待理论创新，包括马克思经济学的中国化。观点或许多样，百家可以争鸣。等到危机消退，经济科学也获新生。对此，该有信心，不容自卑自艾。

应对危机是一次世界大战，中国备受瞩目，沿海发达地区更是亮点。这与深入贯彻落实科学发展观是一致的，并将一步一步使科学发展观得到检验和充实。注意内涵，上述 10 项只是其概，还有城乡、地区与经济社会关系的统筹协调，无不在视野内。可以坚信，打好这个大仗，将为推进中国特色社会主义的现代化开拓更加光明的道路和前景。

（原载《中国改革报》2009 年 4 月 27 日）

应对经济危机的理论和实践思考

2009年是极不平凡的一年。由金融海啸引起的经济危机，遍及全世界包括中国也不排斥江苏。似乎出于意料，对其动因，考验着传统的经济理论。大家奋起应对，开创了一系列的新经验。已经开始转暖，而彻底战胜危机，尚需持续努力。检点过去的历程，适当进行理论和实践思考，是必要和有益的。

一、经济危机对传统理论的挑战

这次经济危机，来得有些突然，在实际工作和理论研究上，都未及有充分的预料。祸起国外，迅即冲击中国，先发达地区如江苏也不幸免。究其原因，同样是彼此相仿，虽有某种差异，我们不能完全地辞其咎。这有各种说法，但对所有传统的经济学说和概念、观点，都有不同程度的挑战和修正甚至否定。略加梳理，有利于顾后瞻前，力争可持续增长和科学发展。

危机骤至，在惊呼中，异口同声地认为，长期流行的自由主义和新自由主义学说不够用了。西方经济崇尚市场经济，并已为中国所接纳，这并不错；但是，有人肯定其万能，可以自主调节，有备无患，则与一批跨国公司的破产一起呜呼哀哉。完整地认识市场化也有失灵，该无异议。

于是有人重提凯恩斯主义，进而重温《资本论》，不无启发。这在美国，从次贷危机发轫，归之于消费过度，过分仰赖于信用消费，而实际购买力相对不足，马克思早已认定是资本主义导致贫富不均的痼疾。中国稍有不同，明显的是消费薄弱，落后于经济增长过快及其带来的产能过剩。这在发达地区包括江苏，或许更加突出。但是，实际情况更加复杂，上述原理是粗线条，进一步阐述又被拦住。

西方学者谈到金融失控，对资本市场监管不严，陷入金融衍生的过度泛滥，是上一个世纪20年代所未有。这找到了新的祸根。金融在发达资本主义体系中处于主导地位，又是两面刃，过度了走向负面。这对中国，不无共性，虽然还在成长过程，而监管不到位，同样会诸弊丛生。马克思和凯恩斯的过去一两百年，皆未及见临这个新课题。

进一步追索，有人提出，危机来自虚拟经济过度膨胀，超越了实体经济的功能。虚拟经济，以股市和房市为代表，不免炒作，就有泡沫；泡沫过大，顿生危机。中国包括江苏，或先或后、或多或少沾染此疾。股市的大牛大熊，影响不小；房市的居高不下，令人生畏。这次经济危机，与两者互为因果，不难理解。

中国和江苏，另一来由在于外向度过高。从出口导向来拉动增长，亚洲“四小龙”靠它发家；中国尾随，也获成功。但是外向度高，依存度也高，如江苏全省约占70%，苏南更逾100%（进出口是全值/GDP是净值，口径不同），就不无风险。世界性危机伴生中国危机和江苏危机，这是一个重大缘故，大家不是不知道，只是平时不觉察、少警惕了。

归纳到一点，社会主义市场经济以宏观调控为前提。这有明文，不乏重申，但在实践中不易落实。各级地方政府曾经扬言宏观调控是中央的事，与地方无关；甚至主张别人在下，我正好上。这在江苏，同样有过这种看法、想法和做法，为危机的酝酿加了温，防治添了阻。这不仅是理念的错失，却是应用和实践的偏差。应当明确，宏观调控要分层实施，稳住和理顺大局，小局才有活力和生机。

二、应对经济危机开创了新的经验

经济危机如骤风暴雨，我们的应对是及时的、有力的、见效的。中央很快由适度从紧转向两松，定向于扩内需，立即有 4 万亿元的应急措施。江苏紧紧跟上，结合省情，运用省力，挽狂澜于既倒。护内需是为了保增长、保民生、保稳定，并有保发展、保转型的内涵，进而提出创新型经济和沿海发展规划，在面对经济危机中开创了新的道路，积累了新的经验。

首先，在扩内需的同时，力争保外需。这与江苏的经济特征有关。过去，在经济增长中，外需的贡献率偏高。危机冲击，最早表现在出口猛降，抑制增长，所以不能放弃外贸。经过一系列努力，如优化出口商品结构，实行退税和减免税政策，扩大外包服务，积极招商引资等，使出口降幅逐步缩小，招商引资、引技、引才有所回升，江苏的形势比全国平均要好，使外向拉动对保增长仍有较大的贡献。

其次，在扩内需中，更加重视扩消费，又不忽视扩投资。内需分为投资（积累）和消费两块，过去自觉、不自觉地偏重投资，使其增幅高于消费过多。2009 年把重点向消费倾斜，通过各种鼓励消费的对策，如组织家电下乡、以旧换新特别是增加城乡居民分配收入和扩大社会保障等，使社会商品零售额达到较快增长，汽车销售有较好势头，旅游和餐饮、服务业增长较快。与此同时，基本建设规模仍然较大，重点在基础设施建设和企业的技术改造。两者结合，经济保增长，消费与积累的比例有所调整。

再次，由保增长促发展，经济发展方式有所转变，经济结构有所调整和优化。主要表现在制定创新型发展战略，在引进和消化、吸收的进程中更加强调自主创新，如对研发支出，在财政和民间都有较大增长；对科技成果的转化为生产力，也给以更大支持；对人力资源的开发和利用，给以更多关注。从全年看，高新技术产业进一步壮大，在产业体系中所占比重继续提高；传统产业得到改造，落后设备逐步淘汰。不仅苏南和南京成效显著，苏中和苏北也在赶上。

复次，最终落实于改善民生。扩大内需尤其重点在消费，归根结底要靠改善民生，这也是发展生产力的出发点和归宿。2009 年，江苏的就业计划得以实现，登记失业率仍在低位，大学生就业和农民工就业以及下岗职工再就业获得更多关注。职工工资和城乡居民收入增长保持两位数。社会保障的面进一步扩大,水平也有所提高,尤其是在农村得到较大推广。教育、卫生、文化事业继续发展,在全国保持领先。这些,在应对危机中取得成就,是很不容易的。

此外,在保护生态环境和防治污染、节能减排方面,也有收获。不少城镇建设了处理污水和垃圾的机构,不少企业增加了处理污染的设备,使湖河治理有所进展,人居条件有所改善。另如发展风力、太阳能等新能源,江苏在全国也居前列。

三、走出经济危机的持续努力

对当前经济形势的评估,似该有双重:一方面,已经回暖,最困难的日子过去了;另一方面,还没有达到整体复苏。后一结论,不仅是指全世界和全国尚有若干根本性矛盾并未完全解除,江苏也不可能独善其身;更重要的,应对危机决非权宜之计,而必须是长远之策,治标更要治本,求得长治久安,推向全面小康和基本现代化。可以注视,眼下存在若干薄弱环节,亟待从长计议和持续努力,不能满足于GDP的增长率是否恢复到两位数,而要在增长的质量和效益上攀高,真正体现“好”字优先。这不是简单事。亟待在经济发展方式上有根本转变,经济结构上有实质性的优化。

——扩大消费、改善民生,只是初步好转,后续任务仍旧繁重。江苏的人均收入占人均GDP的比重特低,除了上缴财政负担很重外,外资企业拿走的剩余价值也很多。在此条件下,通过增加居民收入来扩大消费,必须在分配格局和分配方式上积极调整,不断提高低收入者主要是工农基本群众的收入。读书难和看病难,同样需要较大幅度地扩大财政的公共支出,并配合其他政策,作为先发达地区是责无旁贷的。

——深化改革,重点在健全市场机制,特别是改革金融,促进股市和房市的规范运作和有序发展。这不是一个地区所能做到,但是作为发达地区,拥有相对的主观能动性。股市中,苏股不断增加;房市中,苏房不断扩容。建好和管好这两块虚拟经济，适当压缩泡沫（表现在股票市盈率过高，房价超过建筑造价也过高），保护中小投资者的基本权益，逐步实现居者有其屋，是可以作为的。

——在保持适当开放规模的基础上，进一步提高开放水平，也有相当空间。处于沿海地区，区位优势始终占先；经过30年开放，基础夯实，机制先进，完全能够在开放上创造新局面，又是一种知难而上。

再者，贯彻落实科学发展观，江苏在统筹协调城乡关系、区域关系以至人与自然的关系上，还是任重道远。通过应对经济危机，思路开拓，经验丰富，上升到理性感悟，武装头脑，执政能力就会很大提高。从历史和世界看，每一次经济危机都会带来新的理论、新的政策和新的成就。江苏这一年迎风而上，与困难搏斗取得胜利，在总结前30年和60年后，又迎来新机遇，值得高兴，尤该持续努力，真正走向创新型经济！

（原载江苏信息中心《2010：江苏经济展望》，2009年12月）

统筹协调以扩大内需为中心的十大关系

由美国次贷危机和引发的世界性金融风暴是百年一遇的，连同我国国内经济运行中的种种矛盾，使改革开放30年来面临着一个极其复杂的新困局。仅靠传统的理念和惯用的对策，已经无济于事。与境外各国先后采取的应变办法一样，我们采取以扩大内需为中心的成套措施，在广度、深度和力度、细度上也超越前例，富有创新和探索意味。这是一项多层次、多侧面和多内含、多外延的系统工程，在操作上必须统筹协调，成为进一步贯彻落实科学发展观的盛举。在此进程中，有很多方面的重要关系值得关注和正确处理：

一是国内和国外。这次碰到的问题，可谓内外交织、内外交困，必须统揽内外两个大局，不能仅顾一面，于事无补。内部问题出现在稍前，由于全球化联系和外向度偏高，外部变化增加了不确定性和不可测性。只能两手抓：一手应对外患，直接的如外贸回落、外资减少，要从提高开放水平和调整退税政策等给以挽助；一手应对内忧，各项措施都要有利于提高国际竞争力，并在金融工具上有所呼应。内因是基础，外因是条件。扩大内需刺激经济增长，对世界经济灾难是一种支持和贡献，也有利于提升民族经济在国际的地位和话语权。所以扩大内需，决非关起门来不过问外事；相反，不能排斥在维护外需上也该有所作为，力争内外互动、内外共赢。

二是投资和消费。经济增长的动力，在外需可能有所削弱后，着眼于扩大投资和扩大消费，必须选择一个恰当的比重。两者统一，又有矛盾，此消彼长。从花钱的需求看，投资是大量的。所以，无论是全国的

4万亿或各地可能增补、配合的千百亿，其中至少2/3用于基础设施建设和新增、改造生产能力建设，完全必要。但是，这些投资是否有效、建设是否成功，归根结蒂要靠消费来消化。增加生产能力要适销对路，自不待言。基础设施建设也一样，必须正确预测其消费能力；否则，增加了高速公路而未增加相应的运量，就是无效投资，白白浪费了资金和物资。有人担心，这样的大量投资，搞得不好，可能导致低效的经济过热，确非杞人忧天。至于有人警示，大量工程要防止腐败，也是箴言，值得充分关注并严加监察。总之，投资与消费一定要紧密衔接，每个项目都要认真审核，才是把这许多钱用在刀刃上，不是只要把钱花掉，就能拉动增长。

三是速度和质效。这次世界性经济危机，主要标志在增长呆滞，有的国家预测可能出现零增长或负增长。我国的程度不同，预测2008年会回进一位数，下一年或许更低一些。看来，这不是什么坏事，既纠正了偏快，又保持了平稳快速，只要不低于8%，在世界还是一枝独秀。各级地方政府，认为跌落两三个百分点就是"滑坡"，那是GDP情结未得解脱。当然，他们希望有较高的增长速度，不仅是政绩攀比，而是从实际出发，考虑到就业的扩大和财政的增收，完全有理。但要指出，就业不仅取决于增长，更要有积极的就业政策；财税也不完全靠增长速度，更要靠增长的质量和效益。所以，通过扩大投资特别是扩大消费来拉动增长，也不仅看速度，更要看质效。扩大内需以保证增长，离开这个标志就有滑向另一边的危险，与扩大内需的初衷背道而驰。

四是增长和转轨。较长时期以来，转变经济增长方式有所启动，进度不快；党的十七大指出，转变经济发展方式，要求更高。这次扩大内需，不能再循旧轨，而要抓住新的机遇，在转变经济发展方式上用足功夫。除了扩大内需注意向扩大消费逐步倾斜外，扩大投资必须服从和服务于调整经济结构，实现产业升级，重点在支持高新技术产业和现代服务业，防止继续扩大产能过剩的传统工商业。为此，要进一步修订和完善原来的产业政策，进一步明确鼓励、允许、限制、禁止的界线，尽量避免重复建设。还要与区域政策相结合，处理好东西、南北的关系，在一些制造业转移过程中，结合技术改造，促进其信息化，焕发出新面貌。

五是企业和职工。这次危机，已经受到很大冲击的是企业。先是中小企业，接着是大企业；先是非公有企业，接着是公有企业。先是订单顿减，随之而来是开工不足，半停产和停产，关闭、破产和一串连锁反应，在广东、浙江升起了红灯。影响所及，从农民工到老职工，不断下岗。因此，扩大内需，保增长、保企业和保职工是一件事。不能讳言，每次经济风浪，最后受害的，不限于企业，更落到职工身上，是无法避免而应得救助的。对保企业，有的要注入资金，在输血中造血；对保职工，仅靠银行贷款发工资不是长远之计。在此形势下，有人认为，"只有为企业说话，才是为职工办事"不无理由。但是，强调这一面，有其片面性。还是应当统筹协调，在维持和发展生产中做到公私兼顾、劳资两利。全面安排国家、企业（集体）和个人的关系，不能只知其一、不知其二或顾此失彼。现在为企业说话的声音较响，也要为职工说话，听起来才顺耳、和谐。

六是城市和农村。扩大内需，下几着棋，似乎多在城市和工业。较少在农村、农业和农民；或者口喊"三农"是重中之重，而做起来不尽然，就失之偏颇了。应当看到，当前还是农业不强、农村未兴、农民犹穷。扩大内需，离开"三农"，终将事与愿违。在整个救危方案里，"三农"也是重中之重，更是难中之难。仅从 GDP 看，农字比重不大，但始终有其基础性作用。农业不强和农村不兴，使农民不富，内需尤其是农民购买力没有一个大幅增长，很难实现持续的平稳快速增长。换句话说，我国经济的长远发展，最大潜力在国内市场即农村市场。这次扩大内需，能否实现长期以来未能实现的这个预期，是攸关大局的关键要着。

七是财政和金融。遇到问题，采取对策，加强和改善宏观调控，重要手段是财政税收政策和货币金融政策。这次不同，仅靠财政搞公共工程，所谓凯恩斯学说，或仅靠调低准备金率和利息率，所谓格林斯潘法，已是力不从心。在一批企业和银行破产的同时，新旧自由主义也破产了。当前各国采取的对策，大大超越了那些经验，多管齐下，一着不让，令前辈失色叹止。我国也不例外，七手八脚，使人眼目迷乱。面对这些措施，必须在热浪中保持冷静。积极的财政政策，即大打赤字，究竟大到什么规模，为今后背起多大包袱，何时才能卸肩，该有周密计划。适当宽松的货币政策，究竟松到什么程度，贷出去容易，收回来很难，会不会变成不良资产，也该有细致思考。从定性到定量，从撒网到收网，大有学问，要讲科学，并有规有矩。这些事，很不简单，起步匆促，亟待在实践中逐步做好。

八是物价和利率。2007 年前，开始出现通货膨胀，成为宏观调控要解决的最大的主题之一。从"双防"到"一保一控"，遏制通胀仍未逸出眼界。后来形势遽变，转向扩大内需，物价问题不治而愈，似乎不在话下了。眼下的走势，农产品价格稳住，石油价格下降到新低，使人心安；而另一方面，基本建设纷纷上马，钢铁、建材等价格显俏，前景如何，还不确定。看来，仍得持续关注。与此相关，在物价指数高于存款利率的情况下，形成负利率，通货膨胀无异是一种人头税，对储蓄是掠夺，造成财富缩水和购买力下降，与扩大内需是对冲的。其中如农产品价格，很多建议是提高收购价，扭转"剪刀差"；但是能否和怎样实施又不影响消费者利益，也待有关对策的配合。至于股市和房市，问题很多，如何理顺，尚在摸索中。

九是国计和民生。以上诸点，大多属于国计；而其归宿，必须有利于改善民生。科学发展，以人为本，这是硬道理。扩大内需，从根本看，两者是一致的。从具体看，涉及就业、分配、社会保障和教育、卫生、住房等方方面面，难点不少，还要细致安排。其中一个焦点是贫富差距越拉越大，在这次扩大内需的进程中，能否有所好转，万民在望。从美国次贷危机到我国市场低迷，追其原因，不得不听马克思的话，最根本的症结都在贫富分配不均，穷人太多，才使购买力萎缩，带来需求不足，才有此周期。总之，衡量扩大内需的得失成败，最高标准不仅在保持平稳较快发展，还在发展成果是否惠及黎庶，为全民公平共享。

十是实践和理论。这次应急，确有火烧眉目的模样，像是救灾。但是有些对策，决非立竿见影，还待不断努力。所以，决策不能限于短暂，而要近远兼顾，并落脚于长远，才是上策。这是为了获得可持续发展，不至于不久又有反复。人们希望，理论与实践互动，从世界到我国，都要认真地总结经验教训，为今后的经济工作和有关方面得出一些新智。可以设想，通过这次应对，传统的和现实的经济科学将有更新和创新。开花结果在西方或东方，都待大家去争取。不到100年内，世界出现了两次经济大危机，今后是否会卷土重来，考验着这一代人类及其精英。

（原载《市场周刊·理论研究》2009年第1期）

努力构造扩内需、保增长与改善民生的良性循环

“两会”胜利闭幕，全国有信心，全民有暖心，方向明确，部署妥帖，当前贵在贯彻落实。在不同地区特别是东南沿海省市，责任更重，任务更艰，要有进一步的具体研讨，以发扬优势，争取率先走出困境，迈向新程。努力构造扩内需、保增长与改善民生的良性循环，或许是一重要环节，含有治标和治本结合的紧迫意义和长远效应。

一、从金融海啸到这一次经济危机的起因及其影响

全面的经济危机，近百年又一遇，前兆隐约，来势凶猛，不无意外，却有必然。一度引起纷纷议论，使不少政要和大师语塞，掌门者也束手。终于省悟，美国次贷衍生的症结来自有效需求的实际上滞后于供给的表象过剩，马克思早已点出这是资本主义的根本矛盾，关键在占多数的雇佣者的相对贫困。最近，境外理论界也有不少承认这个道理。

中国既有全球化外因，也不乏本土内因。较长时间以来，保持了持续快速增长，但其动力始终仰赖投资膨胀和外贸顺差，而消费相对疲弱，比率不断降落。居民收入递增一直低于 GDP 上升，并且贫富差距扩大不止，留有大量低收入群体。后发展地区固然如此，先发展省市也不例外，城乡差别有长未缩，还导致产能过剩、竞争过剧，企业经营日渐辛劳。

内外交织，2008 年开始，增长偏快迅即遭受寒流，转向增幅下滑，首当其冲的是境外订单剧减，使中外制造业销售和开工不足，变盈为

亏,先后有一批闭歇和破产。影响所及,最终落在较多蓝领和少量白领的下岗和欠薪,多少反映为市场的有所低迷。这在先发展地区,从珠三角到长三角,更加敏感。

当前感受,共识中略有参差。官方审慎乐观,学者未失担忧;上层相对稳定,基层已经徨恐;数据变化有序,个别则露破绽(如工业用电量)。尤其是虚拟经济,从股市、房市甚至半实体经济如车市,泡沫始裂,动荡不止。读书、看病和住房,难题难解。所谓"今年是最困难的一年","经济危机还在深化","不确定变数仍多",这些判断是实事求是的,有备才无患。相反,认为已经挽回颓势,初见转暖,可能言之过早。

二、扩内需、保增长与改善民生的互动

应对当前经济危机,上下合力,同舟共济,已经行动起来,开局令人鼓舞。各地从实际出发,迭出新招,值得相互借鉴。做法也不尽雷同,值得注意比较的,如有的把民生列为优先,有的在强调保发展前提下兼及民生,轻重先后稍有出入。

年初读到很多文章中的一篇,指出要防止一种沿着传统思路而拿出的对策,主要表现有 4 点:首先是"不重视已经贫富分化了的国内现实,不重视发展不均衡的严峻事实,不重视改善民生的问题,继续依靠投资拉动经济,追求 GDP 增长速度。这样既存在投资浪费的问题,又会对社会稳定造成威胁。"其他 3 点是:调控手段落后,重视投资,不重视消费拉动经济;继续提高出口退税,廉价补贴国外消费者,将中国经济仍然吊在外向出口的战车上;继续倾向于将人民币贬值(保出口),使中国的国民财富不值钱。

这次的应对,是一项庞大的系统工程,内含丰富,安排全面。个人理解,主线在于扩内需、保增长与改善民生的互动,成败取决于能否努力构造两者之间的良性循环,形成一种长效机制。其原理也普通,但有针对性,从根本上修补原来的薄弱环节。不妨重述一些老话:一是发展生产力,在某种意义上只是手段,目的在改善民生,保证经济发展的成

果为全民所共享。二是经济增长的三大动力，归根结蒂在消费。扩大出口的内在效果是增加就业，给打工者付打工钱，用于消费；扩大投资，无论是基础设施建设或增加、提高生产力，都要靠消费给以消化。三是只有改善民生，增加城乡居民收入，提高有效购买力，才能保证企业产销和市场繁荣，这是实现平稳快增长的唯一充分条件。四是中国应对危机的有利因素，主要在有13亿人口的国内大市场和几亿城乡劳动力资源，这要靠改善民生来进一步调动其积极性和挖掘其潜力。五是改善民生又是社会和谐的前提，保增长、保发展与保民生、保稳定是完全统一和相辅相成的。

理论研讨与舆论报道，总的是异口同声，但也有轻重不一。有人认为，扩内需不放弃外需；但是不能否认，必须从过分依靠外需逐步转向更加依靠内需。有人提出，扩内需要投资与消费并重，也无不当；但是应该强调，要进一步把重点移向消费，更有利于持续增长。还有人讲到，只需保企业，就能保职工，同样言之有理；但是不能以保企业取代保职工，还是要双管齐下，劳资两利。从根本看，民生改善是源，广大人民收入增加，消费提高，才能走出危机，避免多少年再来一次需求不振的周期性恶性循环和经济危机。

三、发挥区域优势，力争率先回暖

以江苏为代表的沿海地区，在这次经济危机中，由于外向依存度很高，首先受到的冲击也很大。媒体报道珠三角如东莞，经济萧条突出，其实也不同程度地出现在苏南，并传递到苏中、苏北。另一方面，这些地区又有优势，主要是基础雄厚，实力强盛，科技领先，人才荟萃，回旋空间宏大，有可能应对自由，率先克服时艰，化“危”为“机”，尽快转暖，保持平稳较快增长，并且相应地实现经济转型。

1. 增长速度，全国预期在8%左右，经过努力，可望达标。江苏或能超过两三个百分比增幅，有利于扩大就业，而怎样提高就业弹性，还有转变增长方式的大文章都亟待做好。

2. 在经济增长同时，财政收支仍会有相当增幅。要不要和怎样发行地方债，可以从长计议。增收以后，在节约行政开支，连同放松银根，放大投资规模或许能创历史新高。这就要优化其结构，提高其效益，在基础设施建设、开发创新科技和加强公共服务上统筹协调、合理安排，把改善民生和公共服务的均等化放在重要位置，防止过热、低效的重复建设。

3. 就业是难中之难，重中之重。新增劳动力、转移农民工和大学毕业生连同裁员下岗，都有大数，合起来又是新高。不可能悉数解决，也要统筹，分清缓急，有一系列新招，特别要消除“零就业”家庭，争取“零失业”户。大力开发农村就业，把部分人才引向苏中、苏北，有利于区域发展的布局平衡。

4. 创业还有余地，特别是为生产、为生活服务的三产，更不放弃高新产业。要大力救助和扶持中小企业，并为创业提供资金、培训、科技成果和经营环境。农民工的“凤还巢”，要有更新更好的政策引导和支撑。已出对策，重在落实。

5. 用合理的分配政策促进经济回升，是一个新课题。这是经济工作，也是社会工作，政府要起积极作用。市场转暖，最终要靠购买力增加即居民收入的增加，否则一切努力都是空话。诺奖新得主克鲁格曼认为，社会公平不会导致经济增长动力的衰竭。减薪和减税不一定是好办法。只有2009年城乡人均收入增幅能够高于至少不低于上年，经济复苏才有希望和把握。否则，增长缺乏后劲。

6. 社会保障不能放慢，更不能倒退。只有解除所有人的后顾之忧，鼓励消费才能见效。储蓄率降低，消费率升高，应当想办法力促其成。这是科学消费和合理享受，不是提倡奢侈和浪费。信贷消费仍要适当提倡，不因美国次贷危机而被吓住。

7. 读书、看病和住房三难，在应对危机中要力争有所解决，不该迎难而踌躇。财政增收部分的使用，这是重点。大学生中来自农村的比重下降，有人提出，导致大学智商的弱势化，一定要扭转，增加对贫困生的资助（包括个人和家庭生活）。房价明显偏高（月工资买不到一平方)，稍降有利于促销。

8. 调整产业结构和转变发展方式，都与应对经济危机和改善人民生计有关。例如对农业，要切实纠正农田非农化和农业非粮化的偏差(生态园建设太滥，高速公路两侧绿化带过宽，都属世界罕见)。培植高新技术产业，不排斥适当保留和改进传统的劳动密集型行业。延伸产业链，有的可以长入家庭手工业。

9. 保护生态环境和节能减排，还得加码再加码。严重污染不仅是太湖，淮河和别的湖泊同样有大问题。推广节能灯和限塑、禁烟，大大落后于有些省市。推广太阳能，有条件在全国领前。这些都是非不能也，乃不为也。

10. 其他办法，各地有试验和创新，要密切留意，积极借鉴，并自找新招。如各种消费券，也不妨把梨子拿来尝一下。家电等下乡，能否还有别的商品。

四、亟待经济学理论的新开拓

这次世界性的金融和经济危机，如一阵龙卷风，使各国都感到措手不及。回归理性，怎样解释和应对，政府在筹划，学者在思索。在我国，随着海归增多，西方经济学派已占上风，信奉新自由主义和肯定市场万能的越来越多。危机发生后，费里德曼和格林斯潘哑口。人们认为，在若干垄断大集团破产的同时，新自由主义和货币主义也破产了。有人重新想到凯恩斯学说，原来只是拾马克思主义的牙慧，仍破解不了比前次危机更加深刻、复杂的新灾难。有人还是从马克思主义的基本原理找到脉络(当然，形势已是今非昔比，要有进一步的诠注)。总之，自由资本主义制度及其金融工具决非尽善尽美和有其普世价值、永恒价值，市场经济机制并无充分自主调节的最终功能。宏观的凯恩斯教条有其局限，微观的科斯教条也救不了私有化企业。GDP只承认社会新创造的V+M，把C置之度外，同样有误识和误导。

美国人民选择了奥巴马，不是历史的偶然。不同于布什，他批评特殊利益集团先把财富集中在自己手里，再承诺会公平分配给大众，认为这不是正义的经济政策；在他看来，唯有建立正义的经济，才能够得到最有利于人民的资源和财富配置，一些困扰人们的经济和社会问题才能得到最佳的解决。与奥巴马相似，有的经济学家也主张，必须缩小贫富差距，再次把美国变成一个以中产阶级为主体的社会，不仅是可行的，而且必须从现在开始起步。这些片言只语，还不成体统，但对我们的政界、学界和商界，却可从中吸取到若干启示：应当更加关注民生，与经济增长形成良性循环。

每次经济风波，对传统和现行的经济理念和经济科学都是一次冲击和颠覆，进而有所创新，有所前行。这次危机不限于经济，还广泛地涉及社会、政治和文化以及意识形态等所有领域。对我们的政府职责，也提出了深化改革的要求。可以预期，在走出寒冬后，将迎来温暖和煦的春天。改革开放 30 年了，到了新的转折关头，做好应对危机的多项工作，在渡过眼下的困难后，构建新的长效机制，将真正开创一个经济发展、社会进步和政治清明，人民安居乐业与国家长治久安的新局面。

五、经济回暖的检测指标

最后，应当和可能对这次经济危机适时地进行一些预期和检测。最近共识，应对已见初步成效，依据是增长降幅开始回升。但是，看得远些，判断不一。多数估计，全球走出危机或许要两三年；中国大概会率先回暖，2009 年增幅，在 7.5%到 8%～9%之间。问题是仅看 GDP，很不全面。治标还需治本，该有系列多指标，否则仍有隐患。

1. 经济增长的正常化，必须达到没有水分的 8%～9%左右。并且不仅看数量，更重要在质量和效应，如工业产品是否升级适销，企业利税是否同步提高。与此相应，财政收支和外贸进出口都有好转。

2. 转变经济发展方式和调整优化经济结构是根本之计和长远之计。关键要看增长的主要动力是否从投资依赖和出口依赖移向消费支撑，高新产业和现代服务业所占比重以及信息化程度是否明显上升。

城乡差距和地区差距也该在关注之列。

3. 民生改善，不仅是衡量发展是否成效，也是应对危机的最终目标及其走向新生的唯一途径。这要从创业、就业着眼，核心在增加城乡居民收入，并把扩大社会保障纳入视野。联系教育、卫生和住房，群众高兴和满意了，危机才是真的过去了。

4. 财政、金融和物价，都是危机的冲击对象及其应对手段，也是检测的重要标志。积极的财政不是赤字越大越好，临近警戒线就要煞车；适度宽松的货币政策难在这个"度"上，通货膨胀不是好东西，物价涨跌都不能越警戒线。

"危"中有"机"，首先是"危"，从中转"机"，决非轻而易举。这对我们全面建设小康社会的进程不无干扰。应对得好，才能大体上保持原定的部署。发达地区如江苏的争取"率先"回暖，与原来的两个"率先"是一致的，不会打乱我们坚定的步伐，而是进一步解放思想，掌握主动，完善措施，鼓舞信心！

（原载《现代经济探讨》2009 年第 5 期）

宏观调控

关于完善宏观调控体系、提高宏观调控水平的几点思考

一、经济运行的宏观回瞥

改革开放以来，中国经济迅速发展，其运行轨迹明朗耀目。从宏观层面给以回眸，一瞥之间，与市场经济那只看不见的手并行不悖的是宏观调控那只看得见的手。原来，以有计划的商品经济为拐点，在选定发挥市场经济的基础性作用时，同时择定以宏观调控为前提。

近 30 年来，中国经济的发展及其运行市场化正是循着此一途径前进，取得了赫赫战绩。对照在传统的计划经济体制下，不论是事前的综合平衡或事后的大力调整，由于难以抵御扩张冲动的干扰，也都难以防治屡戒不止的大起大落和短缺恶果。但是，并不意味着市场化就能避免周期性的起伏波动。仅从上世纪 90 年代后，也有经济过热和偏冷的交替，要求加强宏观调控，给以必要扭转。大体上有三次：一次是 1995 年后的明显过热，二次是世纪之交的几年有所呆滞，还有一次是这几年的偏快。这三次的大体症状，一次是公认的通货膨胀，物价指数上扬超过 20%；一次是在亚洲金融危机影响下，采取从紧对策带来一度的通货紧缩；一次是绵延迄今的物价渐升直逼和突破警戒线，从轻度通胀到结构性通胀，距全面通胀仅一箭之遥。

这三次的对策，不同于 1988—1991 年的“紧刹车”，1993—1996 年

实行“软着陆”大大减少了治理通胀的代价;但未做到较长时期的安定,类似于1985—1988年,“软着陆”不久又来“硬起飞”。不同于过去,还表现在首回采取向市场经济过渡后的宏观调控,而非完全依赖行政办法,与当代国际通行的方式越来越靠拢,主要杠杆在财政政策和货币政策的宽严相济。大体上可分四段:1993—1997年是财政和货币政策的适度双紧;1997—1999年是积极的财政政策与稳健的货币政策相伴和互动;随即是两个政策的双稳健,走向中性;2006年后则是货币政策从紧而财政政策趋稳。

回瞥之余,深获感受,经济运行的市场化,程度不等,都无法杜绝或热或冷的震荡,使宏观调控必要而不能或缺。冷热的标志,除增长率外,最显著的是物价,几个百分点的上下大不一样;调控的手段是经济政策,权在国家,着力于财政税收和货币金融,并在不同时空有不同侧重;调控的步骤或徐或疾,主观意愿与客观演进常有参差,绝非心想事成。当今世界走向全球化,经济运行联系国际互动,导致相互博弈,变化更加多端,如一国物价不是孤立的,石油价格的权数越来越大,流动性过剩遍及全球,次贷危机到处见其阴影,大国小国都不能掌握主动。因此,各国的宏观调控有其特色,如一个国家在降息,一个国家在升息,两者有不同策划是可能和合理的。归纳到一点:宏观调控非同小可,对经济运行举足轻重,乃是一项国策,不宜等闲视之;特别是我们这样的大国处于转轨阶段,从理念到应用,不少方面亟待探索,远未臻抵随心所欲的自由王国。

二、评估调控的实际效应及其不足

对这几年的经济发展怎样评估和解析,涉及对宏观调控质量与效果的评估,朝野各界的尺寸大同小异。总体地说,基本上是肯定并赋以赞扬的。这表现在国民经济的又快又好增长。10多年来,一直保持平稳的加速度,GDP增长率从上世纪末叶的年均9%左右逐步攀高到本世纪的两位数,近几年来更是每年提高0.1个以上的百分点。这不仅在发展中国家尤其大国中创造了新纪录，并对世界经济的持续增长也产生越来越不能藐视的影响。

肯定这段成就，不言而喻，不能不归功于此一时期的宏观调控。不难设想，假若没有持之已久的这样那样的宏观调控，经济运行必然会出现另一种怪态，或者是通货膨胀愈演愈烈，甚至不堪收拾；或者是大起之后急剧大落，付出极大的治理成本。还要看到，没有这样的积极发展，改革开放也失去有利环境，国计民生都可能是另一种局面。这与改革开放前几十年对照，显然优劣悬殊。因此，总结“十五”经验，不能不记下宏观调控这一笔账。

同时也不能回避和讳言，较长时期的经济运行，在获得上述实效的进程中，还有某些不足，与比较理想的发展模式和几度设想的增长预期不无出入，有的更是大相径庭。除了反思前进中的问题、矛盾和困难属于理性检测，不能诬认是反对、否定改革外，与宏观调控的不够完善和水平不高有直接、间接的关系。不少专家学者和有关部门也曾指出，成就主要在数量增长很快，不足主要在质效提高相对较差。研讨这几年经济运行和宏观调控的得失，聚焦于三四个偏快、偏大和偏高。

一是经济增长偏快。过去几十年的实践并参阅他国经济史，告诉我们，GDP 的增长率保持在 8%～9%之间是恰当和合理的，可以实现稳定、健康和持续发展，取得相对宽松和渐进的活力。相反，如果低于或高于这个额度，往往会导致经济运行的疲软或紧张，常见的是后者，带来供需失调等失常现象。正是这样，从原定:“十五”规划和各个年度计划看，主观上期望和预测在此适度空间；而执行结果却是一超再超，几年来达到两位数，并在渐次攀升，绝非吉兆，倒是警钟长鸣。寻找理念误区，则是曲解“发展是硬道理”，从“能快则快”滑向“越快越好”。

二是投资规模偏大。“投资饥饿症”是一种痼疾，长期以来一直发作，想尽办法都无法治愈。上述增长偏快，GDP 挂帅，冲动源力在此，并引发多种症状。本来从量化看，投资增长和消费增长最好与经济增长大体同步，才能相互协调，相互促进，各得其所。这几年来，投资增长率多在消费增长率的一倍左右，居高不下，习以为常。这固然可能加快了经济增长,然而也挤占了国民所得,压缩了消费份额,以至积累率越来越高,消费率越来越低,从过去认定合理的上限三七开逆转为倒六四开,在世界是特例,既不利于改善民生,又不利于经济运行的平稳和协调。这与过去整个分配有些重国计、轻民生和重资本、轻劳动的缺乏警觉有关。

三是物价指数偏高。如果认为,按照经验数据,由于成本驱动等因素,物价水平长期渐升是必然的或难免的,在某种意义上有益无害或利大于弊;那么,应当同时守住警戒线,轻易跨过了会走向另一面。近几年的中长期规划和年度计划,对此清醒地定在 3%～4%之间,该有其制约性和可行性。然而执行结果,也是屡被突破,2007 年更从 4%～5%升到 6%以上,全年平均也从温和的通胀上升到所谓结构性通胀,虽其原因多样,不尽是供求失衡,根子可能是货币信贷的流动性过大,但是总超过了社会承受能力,从低收入者到部分中等收入者先后感到压力,理该充分惕视。

再者,还不妨顾及的是对外贸易和招商引资是否也增长过快、规模偏大。这似乎是好事,为经济发展添注活力,成为出口大国和制造大国,外汇储备也是大国。但是,由此带来几个问题,如外向依存度高于某些外贸大国,以至风险也高;外汇储存过大,以至货币发行过多,并引起对人民币汇率升值的压力也越来越重。同时,这也是造成流动性过大的外部因素。

宏观调控,通常是指四个方面,除经济增长、物价指数和国际收支已如上述外,还有失业就业问题,相互联动,应当求得一个最佳平衡。这几年经济增长偏快,扩大了就业规模,但是不尽适应,使失业、待业形势未有根本好转。虽然城镇失业登记率稍有下降,而对照新增劳动力和农村转移劳动力,实际失业、待业人数和隐性失业率仍居高不下。这有客观因素,也不能认为没有主观的疏忽,如一度强调"减员增效"和大量拆迁、大量征地,或许在宏观调控中是一个盲点。从根本看,就业增长与经济增长不对称,涉及产业结构、企业结构和技术结构的呵护不够。此外,大家开始觉察与国际化可能过热外,工业化和城市化也可能过热，造成产能过度和竞争过度，农田缩减过多，以及与此相关的资源和能源开发利用过多与生态环境保护不够，都与前几个偏失有内在联系，并反映为宏观调控的不全和不力。

三、追究得失原因以利再战

关于当前经济运行，针对前进中的问题，从宏观调控的角度给以审视，寻究原因何在，是完善宏观调控体系、提高宏观调控水平的必要一着。只是众家说法不尽一致，值得比较和取舍。

早在多年以前，有人讲到，世界各国都不断发生经济波动的症状，中国也是难免，有其客观根源，同时也有中国特色。上世纪 90 年代以来，突出表现在需求变化剧烈，尤其是消费需求疲软、投资需求旺盛，与有效供给在结构上不对称，并由此带来就业、物价和国际收支的不平衡。作为一个发展中的大国，处于转轨期，由于体制缺陷，处理和解决这些复杂情况，绝非轻而易举。这不能责备执政能力的滞后，也不能责备智库的浅薄。但是，总结实践经验，应当找出一些道理头绪来。

流行一种观点，认为出现这些宏观问题，始终未能调控的顺利到位，按住葫芦浮起瓢，是由于市场化程度不够，只能静俟其成。这有一定根据，但是完全委诸客观，显得无能为力，并且相信只要随着市场化的成熟，就能迎刃而解，也非明智之识。停留于这点，将会导致宏观调控的卸责，甚至承认市场经济的万能，排斥宏观调控的必要。从经济学史看，本来分为两大派：古典和新自由主义主张完全市场化，凯恩斯主义及其新一代主张要有国家干预，即宏观调控。从各国的实践看，虽然有的标榜自由化和全球化，而具体做法，都未完全放弃国家干预和宏观调控。中国的择定社会主义市场经济，从理念到应用，从未放弃宏观调控，并有相当的侧重。我们必须在这个框架内进行探讨和摸索，如果否定宏观调控，一味信赖单纯的市场经济，那是空想，既悖于理，又害于行。

我们认为，中国经济发展和经济运行之所以一直发生较大或很大的不平衡，特别是常见的所谓过热，根子在于经济发展战略上一直存在着片面追求过快速度倾向，即通称的GDP情结或增长冲动。“发展是硬道理”，邓小平当年强调时，明确以效益为前提，最早择定翻两番目标，同样有此前提。速度与效益是辩证的统一，偏于一端，就生抵触。后来在理解上，往往自觉和不自觉地忽视或丢掉了这个前提。发展经济学告诉人们，从最早和传统的经济发展观到后来和现代的经济发展观，就是从片面、过度地追求发展速度转换到适当的快速，其实质和重点不仅在数量增长，更在质效提高，才有其实际价值。大家懂得，GDP作为综合指标，无可替代，但是有其局限，不能全面反映发展的质量、效率和效益，成本和结构等多种内涵。追求过快的速度，不择手段，不计其他，必然会以损害和牺牲其他方面为代价，是得不偿失和违反初衷并难以持久永续的。“大跃进”提“多快好省”，原意完整，无可厚非，而在实践中只求多快、不顾好省，卒至酿成人祸，教训极其惨痛。至今待询，其遗毒彻底肃清了吗？

其次，对片面追求过高速度，大家不是没有认识其危害，从党和政府的重要文献看，表述昭昭，确已拨正，越来越明朗。但是在实践中，为什么依旧昏昏，会一犯再犯，长期有此幽灵在流荡呢？有人先后揭示，关键在整个体制没有转变，有关机制不尽耦合。特别是各级地方政府的经济职责未得端正，直接表现在政绩考核和人事考核，有形无形地还是GDP为纲，导致相互攀比，个个争先，深恐落伍。从多个省市区看，不高于全国平均水平，似乎就失职了。出现过高增长，无不沾沾自喜，不以为险，只以为喜。与此相应，在财政体制上，财权与事权下放后缺乏制约，使地方政府热衷于土地兴财和项目兴财，导致上述几个“化”的过热。于是对待宏观调控，不少或明或暗地声称：“这是国家和中央的事，地方不用管也管不上”，“全国要下，别人在下，正是本地大干快上的好时机”，“即使我们冒了也无妨，否则老实人吃亏”。经过上下博弈，一个国家发改委面对多路诸侯，胜算是渺茫的。宏观调控之难，难在这种利益基础上的思想障碍和制度障碍。所以，很多宏观调控措施，经济的、行政的、法制的和思想教育的，都不可能原汁原味地得以兑现。更多的是稍有收敛，没有到位，又蹦起来，不停顿地进入新一轮周期，成为经济运行的非经济规律。十七大文件对科学发展观增加了统筹中央和地方的关系等论证，良有以也，但也难哉！

再者，在上述经济运行态势下，“一俊遮百丑”，“万事快为首”，使全部或至少是大部分力量耗在追求速度上，对整体工作是很强冲击，撞出了一串薄弱环节甚至断层。GDP是产出，不计投入，以至造成数量优先，质效让路，能源和资源的浪费以及生态和环境的恶化都不在话下，城市经营和负债经营列为绝招，可持续发展逸出了眼界。倾全力于经济增长，难免放松社会进步、文化繁荣和民生改善，只顾近期，不顾长远，使某些问题迟迟不能处理得当，直至积重难返。由此而导致经济发展方式的转变和经济结构的调整也步履蹒跚，以至如贫富差距的两极化和读书难、看病难、住房难崛起为新的三座大山，无不直接、间接地来自顾此失彼和轻重倒置。诸如此类，责之宏观调控，顿生“非不能也，乃不为也”之叹。很多事情，不到问题成堆，矛盾尖锐化，不能获得警觉，被迫而仓促应付，而是GDP挂帅，抓了一点丢了九点。宏观调控，贵在事前预见，而大多变为事后救急，难度倍增，代价也倍增了。

这都说明，宏观调控也是必不可省的硬任务，应当包含在“发展是硬道理”的范畴。转向市场经济，就不能没有重建、加强和改进新的宏观调控体系。这是一套机制、体制和制度，是改革开放的重要内容，与其他机制相配套。二三十年过去了，体系还未完善，水平还不够高，是可以理解的，但不能再放松了。这又不限于改革开放，还牵连到发展的战略和方向道路，应当统筹协调，一着不让、一环不漏才行。

四、当前宏观调控的形势和对策

完善宏观调控体系、提高宏观调控水平要经过相当长期的持续努力，又要抓住当前，有一个早起步和高起点。判测当前形势，不能不感到有其复杂性和不确定性。一方面，连续多年在高位运行，物价指数也居高不下，各方面的弦绷得很紧；另一方面，近期发生的严重低温雨雪冰冻灾害造成了相当损失，尤其在农林渔业上，而全球经济在美国的次贷危机带动下也显得低迷，出现内外夹攻的趋向。正是由于安中有危，宏观调控承担着繁重和迫切的新任务，呼唤着新对策。从今年“两会”和《政府工作报告》看，宏观调控在现实的议事日程上，位置非常突出。2008 年的主要任务，深入贯彻落实科学发展观，六个“更加重视”，首先就是“更加重视加强和改善宏观调控”；在提出今年国民经济和社会发展的预期目标后，需要把握的原则，几个“坚持”也首先是强调稳中求进、促进经济平稳较快发展和好字优先、加快转变经济发展方式。可见，宏观调控在整个经济运行和政府经济职责中是一条主脉络、一个主旋律。

今年的经济工作和宏观调控，继去年决策，总的还是“两防”：防止经济增长由偏快转为过热，防止价格由结构性上涨转为明显的通货膨胀。但是，情况有所变化，在宏观调控的节奏、重点和力度上要灵活掌握。“两会”前后，出现各种议论，值得注意的。有人认为，从紧的货币政策要适度放松，理由是经济增长可能减缓，存在担心。这种论调，值得商榷。正如温总理在答中外记者时说：“我们必须在经济发展和抑制通货膨胀之间找出一个平衡点。”对既定的“两防”，其实有不同理解。应当认为，偏快必然会过热，防止过热就要从制止偏快着手；通胀都从结构性涨价开始，结构性涨价必然引起全面通胀。今年的内外形势，可能导致增长减速，那是好事，不是坏事；与此同时，物价在年初又创新高，趋势严峻。对两者平衡的掌握，强调保速度，某种程度上是沿袭传统观念，以地方政府居多；强调控制物价，以多数群众为主，反映了弱势者的呼声。看来，前者本来不难，而在 GDP 情结下，却不容易；后者本来不易，而在习惯做法下，更是艰辛。两者相权，似该以后者尤重，也不会出现滞胀困局。“两会”期间有不尽相同的主张，代表了不同阶层的利益和要求。至于有人认为，增速减缓会不会影响就业，那要具体分析：增长率和就业率呈正相关，只是总体而言；具体剖开，更在产业结构的选择，如能保证中小企业和某些劳动密集型企业的存在和发展，才有利于积极就业。

归纳到现行对策，既定的从紧的货币政策和稳健的财政政策是正确的和必要、可行的。对照形势变化，不妨再加些思考：稳健的财政政策，在减少预算赤字的前提下，如何调整收支结构，还有一定空间。连年来财政收入增长超过经济增长，财政收入占国民收入的比重不断提高，是否已经恢复到合理适度，到达一个新的拐点？如是，那么可以斟酌：能否及时地从量出为入转换为量入为出，进一步改革税制，如逐步提高个人所得税的起征点，有利于中等收入者的成长；并把增收的大部分向社会保障和科技、教育、卫生等支出倾斜，建设部分也向农业和节能减排以及中西部倾斜。

从紧的货币政策，已经先后连续出台了一些措施，只是见效有限，物价还在向上浮动，从农产品到能源、生产资料并波及其他大众消费品。运用货币政策，过去主要在总量，现在还要有结构和价格，包括利率和汇率。物价有其刚性，尤其是成本驱动。所以，稳定物价不可能是回落而只是居高了不下也不再上就行，除同比外，还要看环比。这种情况，对高收入者可以承受，对中低收入者都有影响，应当从调节收入分配、扩大和提高社会保障来给以补偿。与此攸关的问题是利息率，现在低于通胀率，虽未引起抢购，却已制约消费，并进一步扩大贫富差别。似乎还是可以适度提高，即使有人(企业)反对，要有全面安排；即使与美国降息有冲突，如果引入了流通，还无碍于大局。

宏观调控的手段，如十七大报告提到，还有规划、计划和产业政策。这对社会主义市场经济来说，绝非多余。今年的预期目标，列出 GDP 增长 8%，虽是老一套，能实现是真好；价格涨幅为 4.8%左右，尚未突破温和通胀的警戒线，连同岁末岁初的翘尾巴因素，难度很大。另有节能减排等指标也硬，其实有约束性，期在必达。如何执行，从最近制定的国务院工作要点看，应有一系列对策的实施，才能保持审慎的乐观和信念。寥寥几个指标非同小可，若能实现而不被冲决，应当肯定：宏观调控体系初步完善了，宏观调控水平有所提高了，全国人民不胜翘首盼望之至！

（原载《经济学动态》2008 年第 6 期）

宏观调控与地方政府的博弈

一、消除顾虑，统一认识

充分发挥市场机制在资源配置中的基础性作用，并以宏观调控为前提，这在理论上和实践上本来已有共识。在不同情况下，或张或弛，或松或紧，要因时度势，有相当的坚持和灵活，掌握一定的力度。但是，根据多年来的应用和体会，地方政府首先在省市级中，常有不尽一致的看法、想法和做法。

有些领导和部门认为，宏观调控是消极的，不利于经济的高速发展。固然，宏观调控在我国，较多次数是为了防治经济增长的过热或偏快，旨在使太快的增速有所回落，即所谓"软着陆"。这是由于，过高的增速导致种种矛盾，难以为继；适当降温，才能回归到平稳较快和持续发展。从当前和长远看，不仅必要和必然，更是积极可靠。

有人认为，宏观调控是全国的事、中央政府的事，与地方政府无关，地方政府也无能为力。这是误识。整体与局部，向来是有机的统一，不能分开。科学发展观告诉我们，一定要处理好这个关系，求得协调，才能共进。如果只有全局部署，缺乏条条块块的响应和配合，把宏观调控架空，无论对全国和地方，都不能达到皆赢的初衷。

还有人甚至认为，在全国提出和强调宏观调控时，正是地方经济大干快上的大好机遇。此举，过去确曾作为经验，肯定和宣扬过。事实证明，有的地方逆势而上，不仅为国家增加困难，也不利于地方的稳定，大干快上同样会有不少麻烦，留下后遗症。同心协力，求得渐入佳境，不失是上策。

中共十七大和2008年“两会”，把宏观调控放在重要位置，阐述有新意，部署很具体。认真学习，深刻领悟，消除顾虑，统一认识，把中央的意图和对策落实到底，我们就能克服困难，争取经济形势的越来越好！

二、针对矛盾，力争平衡

宏观调控的对象和目标，理论上主要有四：经济增长、物价稳定、就业充分和国际收支平衡。四者之间，相生相克，要求得最佳的平衡点。我国当前着力于保持经济平稳增长与遏止通货膨胀，抓了要害；预期2008年GDP增长8%左右，CPI在4.8%左右，也是恰当和相称的。

当前在理解和执行中，出现一种议论：首先保经济增长还是保物价？这是一个伪命题。因为宏观调控在争取两者之间的平衡，切不可只求其一、不求其二，把两者对立或割裂开来。假使经济增长达标了，物价指数也可能达标；相反，万一前者突破，后者就难免守不住。必须正确掌握这个两全度，实现两者的兼顾，防止顾此失彼，偏离过大。

所以出现“这个重要还是那个重要”的不同情绪，在某种程度上，反映了不同的着眼点甚至利益差距。某些地方政府把经济增长放在前位，生怕增长率低于上年或减缓过大，其心理状态可以解释。但是，如果认为只要保住较快增长就是克尽厥责，那么仍是GDP情绪作祟和一种“考绩驱动”，可能会碍大事。部分企业家也附和此说，则有其利益关系。应当认清，只有保持经济增长与控制通货膨胀并重和相互协调，国计稳定，民生稳定，才是经济健康持续发展并转变发展方式和优化结构的必由之路。否则，大环境恶化，增长也受阻，欲速不达，事与愿违，过去不乏此类教训。

看来，保持经济平稳较快发展，可能做到，希望很大。相对而言，控制物价，在2007年翘尾巴因素和2008年一季度又突破警戒线后，有所回落，却有不小的难度。这次通货膨胀，自农产品开始，能源和生产资料跟上，从结构性涉及全面，既有国内底子，加上国际根源，并未离开供不应求的常规，是很典型的周期。其影响很广，对居民收入、储蓄财富和生活消费损害明显，对企业生产和经营管理以及盈利积累也不乏降失。在防治通货膨胀上应当下定决心，施展全力，用足功夫，争取挽狂澜于将倒。

国内外专家和科研单位有所预测，2008 年国内经济增长或许在 9%～10%之间甚至更多些，CPI 则将达到或超过 5%。这不是好兆，但是能实现，就不错了。这又告诉我们，宏观调控非权宜之计，应当坚持不懈，方能成功。

三、积极落实，共襄斯举

宏观调控是全国的战略大事，要求上下同心，全力以赴，扭转局面，回归良好。如果说有博弈，或者套用“上有政策、下有对策”的陈言，那么不该逆向思维和逆势而上，却要顺应情势，因地制宜，发挥地方的积极性、主动性和创新性，把中央的宏观调控部署落到实处。这在地方，决非不能作为，正是大有作为：

首先仍是发展生产，增加供给，填补需求。所不同于以往，不是片面追求产值和数量，应当严格按照供需情况及其变化把农业作为重中之重，千方百计保证粮油和副食品的增产，并在能源和工农业生产资料上做到合理开发、节约利用，同时搞好流通。在逐步转变发展方式和优化经济结构的过程中，可以在制止偏快、适当降速的基础上，达到提高质效和平稳较快发展。

其次是适当压缩投资规模，优化投资结构，提高投资效益。经济增长偏快和过热，来自久治未愈的“投资饥饿症”，把发展理解为靠扩大投资，走粗放型之路。其实，压缩规模后，关键在防止或减少重复、无效和低效投资，促进又好又快的发展。

复次是贯彻从紧的货币政策和稳健的财政政策。有人认为这是中央的事，地方无能为力，是放弃了自己的职责。除中央所属银行有其地方分支机构外，这几年各种地方金融组织应运而生，成长较快；如何在适当压缩贷款规模后，优化贷款结构，特别是支持农业和中小企业、非公有经济，是一篇大文章。地方财政也一样，预算规模日益扩大，如何收好用好，本着稳健原则，逐步走向公共服务，空间越来越大。

更次是理好、管好物价。物价涨跌有其市场规律，但也不是只能听任自由浮动，而是可以有所引导和监督。这在中央只是遥控，近距离在地方，大有讲究。禁止乱涨价，不许哄抬和搭车涨价，对生产经营者和消费者都有利，也有利于整个经济运行。做好这些工作，防止通胀预期，更是稳定物价的要着。

再者，在物价上涨中，对低收入者要有一定救助，对一般城乡居民要结合分配收入制度的改革有所扶持，连同社会保障制度的建设和完善，地方政府有权有责有力，都要与宏观调控联系结合，顺理成章。

四、构建宏观调控的长效机制

国家的宏观调控，遭到地方政府的博弈，有其主客观原因。中国是一个区域经济发展很不平衡的大国，市场经济的发育还不完善，条块分割的传统体制还未消除，宏观调控难免有种种阻力。出路还在深化改革。在完善宏观调控体系、提高宏观调控水平上，看来有必要也有可能构建分层调控或中观调控的长效机制，落实科学发展观要求的统筹全局与局部的关系以及地区之间的关系，力争协调和谐共赢。

构建这个机制，仅靠市场机制和货币财政政策是不够的。大家已经注意到，中共十七大文件中提到要运用规划、计划和产业政策来充实宏观调控。这有中国特色，并在其他国家也非一概排斥。这不是什么倒退到传统的计划经济，正如邓小平说过，计划与市场都是经济手段，不姓“社”或“资”。在宏观调控下充分发挥市场机制的作用，适当运用规划、计划机制，同样是积极的。当然，这不是再回到计划的指令性，而是与宏观调控相配合，着重于指导性。但是，在少数关键指标上，给以一定的约束性，也有好处并可行。近几年来，除继续制定中长期规划外，在部门和地方的年度计划里，对节能减排指标有约束要求，是成功的。

对经济增长和物价，定下目标，作为制约，把部门、地方计划与国家计划衔接起来，而不是相互分割甚至抵触、冲突，宏观调控就有了基础和保证，具备了长效机制，是实现经济平稳较快增长和物价平稳有序的重要一着！

（原载《现代经济探讨》2008 年第 8 期）

谈进一步发挥货币政策的作用

市场经济需要宏观调控，宏观调控需要货币政策。随着经济增长形态的演变和经济体制改革的深化，货币政策的功能也在放大。最近召开的中央经济工作会议提出“要进一步发挥货币政策的作用”，引起人们多层次的思考，值得展开多角度的漫谈。

从通货紧缩谈起

前些时候，对是否发生和存在通货紧缩的问题，激发了一场有益的争论。肯定者以物价的持续负增长为依据，否定者以货币发行量和流通量的不断扩张为理由，都有一定道理。在通常情况下，世界各国是在多发钞票的基础上导致物价上涨，所以通货的胀缩与物价的升降几乎同义，前者并以后者为标志。但在我国当前，显得有所不同。一方面，物价确实疲软，在加强宏观调控、实现“软着陆”后，物价一蹶不振；另一方面，虽然采取了若干措施，预期物价适度回升，却是始终事与愿违。这种与众有异的经济现象给人们以困惑，也是对传统经济理念的挑战。

为什么会有这种难以解释的“现象”？大体的答案是：当前物价下跌，仍是取决于供求总量的消长，在长期来严重的重复建设造成严重的生产能力过剩后，短缺经济跃过宽松经济而表现为其实有限、又很严重的剩余经济，物价不断下跌是其必然结果；与此同时，市场化带来货币化和信用化，货币流速减慢，加上传递机制不畅、不敏，增加货币流通不可能即时扭转物价动向。然而，这也并非坏事。物价下跌对消费者似是福音，对生产者是利弊相当（成本下降），对投资者也是制止盲目的一贴清醒剂。何况，物价下浮的幅度不大，属于适度反弹，远远低于前几年的上浮幅度，可以认为是一种合理的摇摆。与物价上涨过快引起企业成本上升和消费者购买力受损比，如果说有什么负面影响，也不是无法担承的。

货币政策往何处去？

针对现实，认定属于通货紧缩，是否应当反映在货币政策上必须有所对策，似乎可以有不同选择。

回顾改革以来，原有共识的是：作为宏观调控的主要杠杆，财政政策和货币政策原则上都应当适度从紧（双紧），并且注意及时微调。这对制止通货膨胀完全有必要并已见效。在物价涨幅从两位数落入一位数后，微调力度有所扩大，银根适度放松。在物价开始下跌，市场感到需求不旺后，“双紧”原则不再坚持。于是先后有过两种对策：先是继续放松银根，但是效应不够明显，一度表现为银行信贷有所收敛，因为信贷需求也不旺，而信贷风险则上扬；后是转向增加财政支出，直至扩大国债规模，主要投向基础设施建设，从扩大投资来拉动经济增长。具体提法是积极的财政政策即赤字财政与稳健的货币政策相配合。所以强调货币政策的稳健，除了抵御世界金融危机的威胁外，还是由于国内金融也不同程度地患有感冒迹象。实践证明，采取这种权宜之计是恰当无误的。

1998年以来，推行上述方针，有所见效，但与预期尚有差距。需求还是不旺，不仅表现为政府投资对社会投资带动不够，更表现在刺激消费似乎束手无策（扩大投资也有部分转化为带动消费）。现在提出进一步发挥货币政策的作用，虽然并不意味着转向采取“积极”的货币政策，可是与“稳健”的货币政策相比，无疑是在悄悄地有所变化，公开地说，就是“适度增加货币供应，加大金融对经济增长的支持力度”。货币政策与财政政策是一对双杠，最多是差距不大的高低杠。要紧都紧，要松都松，如果实行“一紧一松”，往往会相互抵消。所以，进一步发挥货币政策的作用，也就是为了更好地与积极的财政政策相配合，形成一股合力，共同拉动经济增长。适度增加货币供应，投向何方？包括支持基础设施建设和技术改造，保障有市场、有效益企业生产流动资金的需要，以及对符合条件的大型国有企业实行债转股，制定促进不同所有制中小企业加快发展的信贷政策，这些都是直接推进生产建设；也有直接推动城乡消费，例如实行和扩大信用消费，包括住房、教育和某些耐用消费品。货币政策和财政政策双管齐下，扩大内需，正是当前和今后宏观调控的基本点和基本面。

不提积极的货币政策，并非有难言之隐，而只是由于当前金融秩序还不规范，金融危机还未解警，特别是货币金融不同于财政收支，始终存在着风险，必须保持经常的高度警惕，货币、信贷管理在任何时候都不能有丝毫的放松。财政收入和财政支出都是一次性的、无偿的，而货币投放、信贷收支则是连续的、有偿的。财政性投资，或许有失误，那是个别的、局部的，而货币投入、信贷发放则会积淀下来，形成整体。还要看到，如发放国债，相当部分由银行认购，实际上是把财政风险转让给银行，可以认为是银行之责，重于财政。可见，进一步发挥货币政策的作用，并未完全离开或抛弃稳健的要求，以确保经济发展中的金融安全。

出路在于发展金融市场

金融是整个经济的灵魂，内含甚广，不限于货币活动。因此在正确发挥货币政策的作用外，还应当扩大视野，全方位地考虑和制定金融政策，当前特别要重视金融体制改革，除了构建金融机构，更在建设、规范和发展金融市场。

市场经济需要有完善的市场体系，其中生产要素市场以金融市场为枢纽，对整个市场经济的运行有相当的激励功能和制约效益。金融市场的发育程度，是衡量市场经济成熟与否的标尺。对市场经济实行宏观调控，财政政策和货币政策固然是主要手段，由政府直接掌握和驾驭;但是其实施成果如何,很大程度上又是通过金融市场才能兑现的。近年来采取的若干有力措施,所以显得还不够有力,归故于金融传递机制不够灵敏,其根源正在于金融市场的发育程度不够,金融机制不够健全。几度降低银行存款利息率,未能引导资金和资本的流动,原因在此;财政拨款大量地投向基础设施建设,生产经营和投资环境逐步改善,也未能引导社会投资,除了其他原因,另一重要原因是缺乏一个生气勃勃的投资市场;在证券市场上利多消息和利多政策相继出台,而人气仍不够旺,同样是这个原因。对金融市场,政府可以政策引导,培育其成长,但是不能直接操纵,是区别于货币领域和财政领域的另一个空间。

发展金融市场,重点在于搞好资本市场,启动社会投资和直接投资。长期以来,投资从财政拨款为主转向"拨改贷",间接投资一直是主角。这是计划经济的基本投资方式,成为政府行为的一种习惯。好处似乎是可以集中力量办成几件大事,坏处则是往往犯主观随意性和条块分割性的错误,导致无效建设和结构恶化,甚至连公共性的非盈利领域投资也难免。转向市场经济,政府投资亟待校正,银行贷款讲究效益,不良资产还要清理,通过资本市场来提高直接投资比重成为当务之急。这除了逐步扩大证券市场使上市公司得以直接筹资外,还有必要增加更多品种的融资工具,开辟更多、更畅的融资渠道。投资基金和风险基金、创业基金的建立,正在列入现实的议事日程,仅是其中一例。做好这方面的工作,增强民间的投资意识,使过量的储蓄转化为直接投资,不仅有利于拉动投资增长和经济增长,并且有利于调整投资结构和经济结构。与此相应,国有商业银行、其他商业银行和证券公司、保险公司等金融机构和整个金融业都进入了重组时期,国家的货币政策、金融政策也要积极调整,金融体制改革更要加快步伐。

国有企业改革的金融课题

进一步发挥货币政策的作用,牵动着整个金融政策和金融体制改革,这与国有企业的改革和发展,也是息息相关。国有企业改革是整个经济改革的中心环节，要求各项改革与其配套，构建一个良好的、外部的宏观经济生态环境，其中金融政策和金融改革是十分重要的方面。

国有企业有相当数量陷于困境，来自传统体制弊端，也来自承担了过多的改革成本。例如“拨改贷”，包括流动资金主要由银行贷给，应当认为是后来企业债务负担过重、资产负债率过高的缘故，不尽是经营管理不善所致。因此，对部分企业实行债转股，不是一种救济，而是一种投资回归。但是，又不能普遍化，要讲条件，否则的话，既不能获得解困结果，还可能导致信用危机的加重，甚至是一种破产转移，对整个金融体系是冲击，不能不有所防备。

国有经济要进行战略性的布局调整，范围很广，单位不少，要稳步推开。这涉及到资产重组，与银行会有直接、间接的联动，并有赖于若干金融支持。广而言之，所有制结构调整与产业结构调整不可分割，对传统产业要进行技术改造，对新兴产业和高科技产业要大力扶植，对过剩能力和弱势企业要坚决压缩和淘汰，这都关系到金融结构和金融政策的调整和完善，并对银行的金融资产也有影响，最终会形成不同于过去的金融新格局。对此，要未雨绸缪，不待临渴掘井。

经过企业的战略性改组和所有制结构的变迁，连同社会投资和直接投资的启动，加上其他情况，如对中小型企业主要是非公有制经济的支持，整个经济格局也将不同于过去。有人认为，除在重要行业和关键领域国有经济增强控制力外，在一般行业和竞争性领域，非国有化或民营化倾向势不可挡。再看远一点，或早或迟参加世贸组织后，外资进入量增、进入界宽，包括金融业，都将出现新局面。这对金融政策、货币政策直至利率政策和汇率政策，都提出了一系列的新课题，有待实际工作者和理论工作者去认真探索、积极寻觅和开拓创新。

（原载《金融纵横》2000 年第 1 期）

提高经济工作的领导水平

改革开放以来的20年，是经济建设走上正轨的20年，也是经济工作逐步成熟的20年。前者为后者创造了实践机遇，一批经济工作干部经受了锻炼，得以顺利成长；后者为前者提供了主观条件，否则也不可能实现经济的空前发展。面临新旧世纪之交，承前启后，既要继续发扬既有经验，又要开拓创新，不满足于已有的巨大成就。因此，如何在原来的基础上进一步提高经济工作的领导水平，以适应新时期客观需要，是值得认真探讨的。回顾20年来，在大步前进中并非一帆风顺，而是有过风险、有过困惑、有过曲折，这都符合事物演变的规律。实践是检验真理的唯一标准，也是发展真理的唯一源泉。在实践中发现和正视自己的不足，正是据以提高认识和提高经济工作领导水平的必由之路。领导工作是一门科学又是一门艺术，需要实事求是的态度，还需要解放思想的胆略。瞻前顾后，把以下几点作为努力方向，或许不是无益的。

增强历史、现实的洞察力

历史是一条绵延不绝的长河，可以分段，不能割绝。所以搞经济建设，决不是一切从零开始，在白纸上随意作画，而是必须以历史为依托，认清自己的立足点，继往才能开来。大而掌握国情，小而从一个部门、一个地区的实际出发，都不外乎这个意思。认清历史，大体上包括两个方面：一是熟悉历史情况，摸清今日的渊溯，其中有成就，是有利因素，也有困难，是不利因素，应当全面评价，防止只知其一，不知其二；二是总结历史经验，明辨历史是非，其中有成功处，有待坚持和弘张，也有不成功处，有待克服和改正，应当全面体会，防止只肯定一端，却否定另一端。姑且不讲前30年，就是这20年，同样是正负并存，当然不是等量齐观，但是往往容易忽视缺陷部分。

掌握历史，更要掌握现实。历史只是背景，现实更呈动态。各项工作都该针对现实，才是有的放矢。因此，必须随时随地分析现实的经济形势，然后据以决策，获得主观能动权。此项工作，本有传统，20年来不断重视，完全必要。但是也要看到，真正摸准现状，不容易。一则，客观情况十分复杂，全面观察，抓住主流，要经一番去芜寻真、由表及里；二则，主观判断有种种局限，例如排除人为的统计干扰，就不是简单的事。历史经验告诉我们，对现实的失察和偏颇，必然导致对策的失误和无序。至于认识滞后于现实，以致不能及时抓住机遇，及时调整部署，及时扭转偏差，是屡见不鲜的常事。今后增强对历史特别是对现实的洞察力，应当从多方面努力，如树立尊重现实的理念，梳顺信息搜集的体制，改进解剖形势的方法，排除作伪造假的迷乱等，从而为提高领导水平争取有一个好的起点。

增强未来走向的预测力

回顾只是起点，落脚在于未来。对未来走向如何预测，提高其准确度，是衡量领导水平的重要标尺。争取主动，摆脱被动，关键也在这里。马克思主义者不是算命先生，算命先生的预言总是投其所好，我们更要引以为戒。我们的各项工作都要建立在合理预期的基础上。预期正以预测为前提。所谓审时度势，就是这个要求，是指导工作、研究对策的依据。分析形势，不仅是面对现状，更在预测其走向，才能巩固成绩，解决矛盾，保持良好势头，博得新的胜利。很多胜利，或大或小，要靠有先见之明。相反，走一步看一步，必然陷于盲目性，决不可能开创新局面。

站得高，看得远，对领导者来说，是一种重要的素质。鼠目寸光，则从负面描绘了领导的无能。

预测未来是一项专门业务，并形成预测学、未来学，是构成领导水平的组成部分。预测要全面，既看到有利又看到不利，既看到优势又看到弱势，既看到成功又看到困难。随着经济总量的增长和结构的多元，预测要综览各种因素，相互依存，不是轻而易举的事。特别是还含有不确定因素和不可测因素，预测结论也不该是单一的。于是恰当的预测也不是直线的，或许是几种可能都存在的，表明把各种因素都纳入了视野。计划，在某种意义上，就是对未来的预测。计划经济把计划异化为指令，实际上是一种主观意志或愿望，由于信息不对称，终会与未来走向相悖，落得个事与愿违。转向市场经济，可以继续运用计划手段，只是性质不同，必须改为一种预测方式，目的是据以实行宏观调控，对经济建设和经济工作有指导性。不言而喻，指导性计划以预测为靠山，增强预测力是增强指导性的根本。

增强民主、科学的决策力

领导经济建设，贵在决策。领导者的职责，在于正确决策，达到"运筹帷幄之中，决胜千里之外"，打仗和建设有此共同点。所谓决策的失误是最大的失误，从反面论证了决策的重要性和领导的重要性。决策失误了，全盘俱输，无法挽回，除非是重新决策。这在历史上，前 30 年固然不胜例举，后 20 年也非没有例外，如重复建设就来自不仅是个别决策的不当，导致当前的部分企业陷于困境和部分职工被迫下岗，殷鉴不远。传统的说法，领导工作就是出主意、定政策，都意味着要求决策正确，防止失误。随着经济发展，市场机制发挥基础性作用，并不意味着政府决策就可有可无了。即使不说是政府主导型的市场经济，就是任何标榜自由主义的国家，政府干预始终存在，政府决策始终重要。

当前的经济情况越来越复杂，如何保证决策无误或少误，不但要有一个天才的、全能的领导人，更要有一套科学的领导方法和决策方法。

过去讲群众路线，现在讲民主化，目的都在提高决策水平。民主的好处，归根结底是集思广益，从促进正确决策来实现符合多数人的利益。因此，司令要有参谋部，政府要有智囊团。这在信息经济社会和知识经济社会到来之际，更有其划时代的崭新意义。反映在决策程序和领导方法上，或许有两种：一种是决策法制化，重大决策要经立法过程；一种是领导决策，特别是一些经常的非程序性工作。无论哪种，从大事、中事到小事，各级领导都是不同程度、不同范围的决策者，不能随着民主化而抹煞领导者的使命；尤其表现在民主、科学决策上，不该是一种方案供审批，而往往是多种方案供选择。领导的决策力，在决策过程中有相当的决定性，也是要求他们增强决策力的客观呼唤，新时期到来后其要求也越来越高。

增强实施决策的组织力

强调领导的决策重要性，不意味着领导主要职责仅在决策，拍板后就与领导无关了。决策是为了实施，不是表面文章，说在嘴上、挂在墙上就完事了。实际情况也是这样，就是近20年来，正确决策是大多数，但是并非100％的都实施了、实现了。不乏其例的是不少决策本身是正确的或基本正确的，而实施起来都不无困难，有的甚至是困难重重，迟迟未能到位。这有很多原因，除了决策本身或许不尽完善，例如客观条件不尽成熟外，有的则是实施不力，表现为领导工作的组织力差，使某些决策在实施中走样。官场流行的话，如“说得容易做起来难”；或者在说到和做到之间有距离，都表明组织决策的实施是提高领导水平的一个重点或难点。古有知难行易之谚，是在经济工作还较简单之日；时至今天，可能是知难、行亦不易。否则，实施与决策脱节，任何正确决策都失去其初衷。

组织决策实施是一门大学问。有人引入“博弈论”，所谓“上有政策，下有对策”，不是全无道理。又有两种解释：一是赞同的，认为上面决策是就一般而言，实施到一地一时，都必须因地因时制宜，生搬硬套不是好办法;一是反对,认为下有对策,往往出于部门利益和地区利益,似乎实施了,其实歪曲了,往往违背了总体利益,不足为训。无论是哪种解释,告诉我们,决策后付诸实施,仍需大力组织,不是水到渠成。这对各种领导都是新的考验,应当在组织实施上花大力气、用苦功夫,使每项决策都能落到实处,达到既定目标。做到了这点,显示了领导水平也上了一个档次,整个经济工作会出现新面貌。回顾过去,总结经验,常有这样那样的遗憾,症结往往在实施效应上;提高了领导水平,不是决而不行,而是言必行、行必果,经济发展就会攻无不胜、战无不克。

增强遭遇逆转的应变力

从洞察现状、预测未来到正确决策、组织实施,还不是整个经济工作的全过程。“天有不测风云,人有旦夕祸福”,这在从必然王国向自由王国的演变进程中是常有的。发生和遭遇这种逆转时,检点原来预测是否有失、决策是否有误,也有必要;而更重要的在于面对现实,积极应变,重新部署,化被动为主动。这在近20年,已是不止一次,如曾发生经济过热和通货膨胀,又曾出现金融危机和需求不足。这有种种原因,有的来自外界,如传统产品的生产能力过剩和金融危机都是世界现象,环球同受凉热。我们是过来了,总体地说是成功的,并创造和积累了新经验,只是如何总结体会,在今后增强应变能力,还留下一定的空间。

体会之一是“不如意事常八九”。事物的发展有其轨迹,不能尽如人意。这几年先后遭遇意外,也不仅是我国;今后能否防止和避免,从目前看,尚无把握。因此,怎样增强应变能力,该是提高领导水平的一个新课题。除全国大事外,各部门、各地区小的突变,或许更多、更经常,如洪涝灾害,属于自然情况,我们是有办法了。能否参照地思考,尤如经济过热和过冷、通货膨胀和紧缩、就业增加和减少、科技突破和停滞、出口增长快和慢、外商投资增和减等,在经济领导里,在经济工作上,都是随时随地可能发生逆转的。所以,既不可料,又能够有准备、有应对。提高了应变力,领导经济工作增强了主动权,就能遇变不惊,并尽快地有对策，不因情况逆转而过多地影响经济发展，我们的经济工作就能争取更大的成就。

总之，转向经济建设为党和国家的工作重点和中心后，领导水平不断提高，基本上是胜任和卓见成效的。但是不能停留于现阶段，而要看到还有不足，无论是在决策前、中、后，某些环节显得薄弱。今后提高水平，要靠理论与实践的结合和并举。中央强调讲学习，以邓小平理论为指南，并贯彻到经济工作的各方面；同时要在实践中提高，特别是中青年干部上来了，学历多高，知识面广，而相对地说，实际经验还待积累。当前大家重视人才成风，除技术人才和企业家外，各级领导干部包括专业经济干部，都有一个持续培养和锻炼的新任务。提高经济工作的领导水平，既是当务之急，又是长远之计。抓住这个契机，锲而不舍，开拓创新，广大领导干部提高水平之日，也是经济建设进一步腾飞之时。群众有此愿望，也有此信念，因为改革开放和现代化建设都有赖于领导的高水平和经济工作的高质量，舍此别无其他途径！

（原载《领导理论与实践》2000 年第 1 期）

政府应扮好六大角色

政治体制改革的紧迫性与日俱增。就是经济体制改革，政府职能的转换也显得越来越有关键意义。从整体看，政府、社会、市场和企业、个人（家庭），其行为的互动，经过 20 多年来的改革，屡有演变，迄未规范和到位。曾经有人引用西方理论提倡“小政府、大社会”，但现实还是大政府、强政府，在经济和社会运行中占领主体地位，发挥主导作用。面对既有定式，政府扮演什么角色，亟待进一步界划。人们的期待是，各级政府能否扮好下列六大角色。

一是服务角色，即形成服务型政府。在政府的众多职能中，除了国际、外交也是广义的为人民服务外，其它方面，更直接的诠释是一切为人民服务。人民需要政府，不是要有一个统治人民的主人，而是希望有一个服务人民的公仆。这是一个原则性的前提，政府应当以提供公共服务为天职。公共服务，包括公共产品，是指人民大众的一种公共需要，非个人所能解决和满足，有赖于政府供给。通过公共交通，可以认知其本质，公共教育和公共卫生，同样有其普遍性。公共服务必须秉承公平理念，属于每一个公民的天赋人权，从生存到发展，必须得到充分尊重和与经济社会发展水平相称的适度满足。“以人为本”，体现在此。使发展成果为全民共享，政府提供的公共服务是其核心标志。

二是调控角色，即成为调控型政府。当前发生的争论，如果焦点不是要不要调控，仅在怎样调控上，是有待展开和深入的。进入以经济建设为中心的时代，经济发展属于全民任务，要靠市场机制在资源配置中发挥基础性作用，决非排斥和否定政府的调控之责。所谓政府调控市场，有其战略性、宏观性和预期性、制约性，乃是一切经济工作的同性所在。政府应当有所不为，如干预企业经营；但是不能不有所为，以补市场所不及和失灵。这在全世界，即使标榜自由主义的经济体，倡导所谓全球自由化，也始终没有放弃必要的、不同形式的调控杠杆。调控的内涵，通称增长、就业、物价和国际收支四项，实际上还延伸到其他领域，如科学发展观的五个方面，属于广义调控，旨在协调和可持续。调控方式也不限于货币和财政，所有经济政策以及社会政策，连同某些法律手段、行政手段和思想教育、舆论指导都可归纳到此一旗下。

三是节约角色，即成为节约型政府。这是十分重要的，由于资源的稀缺性，特别还处于欠发达阶段，如何以有限的资源，提供尽可能充分的公共服务，是衡量政府行为是否得当及其效率高下的尺度。首先表现在财政收支上。取之于民，用之于民，不能停留于抽象口号，更要看实际成果和效益。应当承认，既是大政府，难免要有大支出。但是，大支出不等于一定要有大排场，大手笔；相反，更要精打细算，防止挥霍浪费。当前受到谴责的，如公费吃喝、公费旅游甚至公车消费都以每年几千亿元计，还有一个穷县造豪华办公楼、办豪华庆典也以若干亿元计，都违反节约原则，在荣辱观中应知其耻。究其根源，则在纳税人无权，而用钱人又不对纳税人负责。长此以往，公共服务势必受损，社会风气势必恶化，政群矛盾势必突出，可不戒哉！

四是监管角色，即成为监管型政府。有人欣赏无为而治，但是至少要保留守望，使政府处于观察员身份，也就是至少要有所监管。这有两种说法：一是把人都看作是“经济人”，各自追求个人的物质利益，以致守法吃亏、违法便宜。维护正义要有监管；二是同样适用于市场，即使订有游戏规则，在运动员角逐中，不能没有裁判员，也就要政府守望。当前的现实演变，表明此一任务越来越艰巨，从商品的假冒伪劣到矿难、车祸的创新高，都反映了这方面的努力远远落后于形势的严酷。至于在政府内部，甚至教育、卫生部门也有违廉造腐，愈演愈烈，同样要求加强监管，以保证其它职能的兑现，以慰亿万人民的嘱托。当然，如有识之士所说，防腐反腐，仅靠执政者自纠自查是不行的，还必须靠外部力量，给人民以监管权力。

五是和解角色，即成为和解型政府。和解有两层意思：一是和谐，二是调解。构建和谐社会是千百年来的理想，目标高远，决非一蹴即达，而要有持之以恒的奋斗。当前存在很多不和谐现象，应对之道，除了推动经济发展、社会进步和伦理回归外，要靠调解，就是正确处理好人民内部矛盾，包括党群、官民关系，城乡关系，贫富关系，劳资关系等。和谐社会有若干层次，从和谐家庭、和谐社区、和谐城乡到和谐国家、和谐世界，要靠和谐理念、和谐宣教、和谐政策和和谐法制，每一环节上都要调解矛盾，在依靠社会力量外，政府更是责无旁贷、义不容辞。做好信访工作只是一个窗口，了解冲突后，如何调解矛盾、达到和谐是所有部门的共同任务。

六是创新角色，即形成创新型政府。当代科技突飞猛进，其实人文思想也在日新月异。不能认为，固守传统才是正道，而一切时尚都将是过眼云烟。相反，每一代人都在创新，新思想在构建新社会、新世界，并呈加速势态。实现创新，基础在群众，而容许、支持和实现，政府要有作为，不能满足于坐而论道。为此，要仔细倾听民声，认真体察民情，坚决顺随民意，才能在不断创新中获得民心。也为此，要鼓励创议、尊重新人，有重点地组织各项试验，不仅在自然科技上允许失败，在社会实践上也要有风险投入，一项成功可以补偿多项错误。遵循此道，政府自身的创新将为整体的创新制造不可或缺的氛围和条件。在环球创新中，中华创新争在前列，民族复兴才有希望。

扮好六大角色，要有唱功，还要有做功。角色有分工，更要配合。中央政府是原动力，而全力发挥在地方。各个角色互动互补，如真的做到以艰苦朴素为荣，就能腾出更多财力、物力来充实和提升公共服务，使更多人民尤其是弱者得益。如调控和监管到位见效，同样会促进和解，日臻和谐。政治体制改革，灵魂在民主和法制。扮好这些角色，未尝不是一种进步，将与目标越趋越近。否则，这些角色没有扮好，推进政改也将南辕北辙、事与愿违！

（原载《中国改革报》2007 年 8 月 23 日）

怎样理解“以民为本”

共产党的宗旨，就是为人民服务，为人民谋利益。近年来，“以民为本”的口号，逐步地脍炙于党政干部之口，唤起人民以回忆和憧憬。怎样理解？似可从以下八个层面理解：

关心民生。这是基本点和出发点。狭义地说，关心人民生活，就是要从不断提高和改善城乡人民的生活水平和生活质量出发；广义地说，人民生活既以物质生活和经济生活为基础，又包括或扩大到精神生活即政治生活和文化生活。关心者，时时刻刻都放在心上，须臾不忘也。有此存心和无此存心，大不一样。民生常与国计并提，其实两者是沟通、耦合的，离开民生，哪有国计？国家的大计，何止万机，又无不以人民生活为本。

熟悉民情。这是做好一切工作的前提。了解和掌握人民群众的基本情况，才能制定为人民服务的战略和方针、政策以及工作计划、工作部署。所谓国情，核心也是民情。中国的国情和民情，过去说是“一穷二白”。经过半个世纪的革命和建设尤其是近20年来的改革和开放，怎样评估得准确和恰如其分，并不容易。当然要充分肯定成绩、进步和幸福一面，但是也要正视前进中的不足、矛盾和问题。后者常被掩饰和讳忌，自觉或不自觉地报喜不报忧，见喜而忘忧。所以，还应当强调民生中有疾苦，有不平，才能真的掌握民情，据以策划就符合实际了。

倾听民声。这是了解和掌握民情的直接之路和贴近之方，并从一般到具体，从表面到深层。有人认为，中国老百姓是内向的，不好说话。错了，这是自己闭目塞听，或者只听到赞扬，听不进呐喊和批评。民声如万籁,无处不去,无处不有,只要想听,就能听到。问题是民声往往不悦耳,忠言常逆耳,关键在愿意不愿意听。这里有个立场和态度,所谓倾听,就是放下架子,不耻下问,就能听到真情实意,听到金玉良言,听到真知灼见。具体到调查研究,仅听干部汇报和再听群众反映,每有很大出入,端在善于选择和求证了。

顺从民意。这也是不容易做到的。官与民、领导和群众,对形势的判断、对策的筹划,有时一致,有时不一致。如不一致,谁服从谁,大有讲究。有句老话:领导不能做群众的尾巴;反过来说,群众应当做领导的尾巴,唯上是从,看来也不对。民意是指人民的意图、意愿和意见,反映人民的要求,代表人民的利益,应当顺从,不该违背。如把民意上升为人民的意志,更具刚性,顺之则昌,逆之则亡。不言而喻,体会民意要有分析,尤其是众说纷纭,要有比较和综合,就能抓住主流,代表多数。讲民主,以民意为依归,道理是简单明了的。

开发民智。前四点是务虚,后四点要务实。首先是开发民智,就是千方百计地搞好教育,不断提高人的素质。这是经济发展和社会进步的动力源。面对知识经济和知识社会,悠悠万事,以此为最。不要埋怨人民知识贫乏,素质落后,那有客观的、历史的背景,也有主观的、战略的失误,如大革文化命、大学关了门等。亡羊补牢,只能从今天抓紧,急起直追。有一种观点,似乎愚民政策有利于社会稳定,“知识越多越反动”,现在大家都懂得有悖真理,必须反其道而行之,大力推进智民政策。人民有了智慧,国家焉得不兴。

培育民德。智是指才、能、艺,必须与德相结合,做到既红又专、德才兼备、德艺双馨,知识才是真正的积极力量。以法治国,还要与以德治国相匹配,形成合力,治大国就易如烹小鲜了。有人叹息世风日下,眷恋50—60年代,完全是错觉。那时,“路不拾遗,夜不闭户”,是以无物可拾、无财可偷为代价,并且忙于你砍我伐、你批我斗,道德沦丧,莫此为甚。现今培育民德也不是从零开始,白纸好画图,而是在废墟上重建,必须扫除大量垃圾,始可建起伦理室宇。众所周知,贵在上层的以身作则,身齐而后天下平;否则,言行如不一致,讲得再好也不能取信于民，树德就可望不可及矣。

珍惜民力。这个命题需要解释。建设国家，依赖民力；艰苦奋斗，才望有成。这些都不算错。但是另一面，民力是有限的，如何用之得当，以尽可能少的投入获得尽可能好的效果，其中大有文章。衡量当前，似有不当之处。一种是看得到的严重浪费，从吃喝成风、早几年就达上千亿元到其他豪华型的在职消费；一种是看不到的失职、渎职，从“豆腐渣工程”到重复建设，投产之日即亏损之时。长期以来，年投资增长率多是两位数，而城乡居民收入增长率多是一位数，说明群众负担太重，农民更陷于困境。提倡珍惜民力。决非无稽之谈。看来，适当地与民休息，或许是扩大内需和造福人民的有效办法。

实现民富。这是以民为本的民本思想、民本政策的归宿。自古以来，讲小康，讲大同，目标都在致民富裕。邓小平把社会主义的任务归结为共同富裕，揭示了真谛。跨越世纪之交，以总体上实现了小康交出一份答卷，是经历了千辛万苦得来的，有其里程碑意义。对小康，邓小平说是不穷不富的意思，可见富而思进，仍旧任重道远。审视民情，聆取民声，体察民意，在有一部分人先富起来后，如何防止基尼系数继续扩大，已是当务之急。特别是农民和工人，作为人口的绝大多数，正在日益边缘化，成为弱势群体，必须给以更大关注，共同享受经济发展和社会进步的实惠。富民强国，应当是长远之计、根本之计。

以人为本和以民为本，涉及方方面面，是贯串各项经济工作和其他工作的一条红线。政府奉为根本，人民寄以厚望。以关心民生始，以实现民富终，内含多道环节，缺一不可。特别是民富，如不兑现，其他都属空谈，搞得不好，从负面看，还有民怨、民愤，更要正确处理，求得化解。还是邓小平说过的一句真话：“贫穷不是社会主义”，值得仔细领会和坚持贯彻。

（原载《参考——江苏省委研究室》2001 年第 6 期）

坚持全面的发展观

发展是硬道理。发展是我党执政兴国的第一要务。放眼当代世界,发展与和平是两大主流;面对新世纪,作为发展中国家,发展又是主题。但是,如何理解发展,在想法、看法、说法和做法上,实际上是不尽一致的,特别是有全面和片面之分,相差很大。不同的发展观带来不同的办法和不同的结果。我们必须坚持全面的发展观,防止和避免各种片面性,并落实在行动上,通过全面发展,解决发展进程中的一系列困难和矛盾,达到国家强盛、民族振兴和人民幸福。

首先,发展是什么?一般词典的诠释,发展是指事物由小到大、由简单到复杂、由低级到高级的变化。这意味着,发展不仅是数量和规模的扩增,还是结构和质量的提升。任何事物都会发展,都要发展,都能发展。小至一类生物包括人在成长,大至一个国家和民族,由落后到先进,由传统到现代,由不发达、欠发达到较发达和发达起来,一句话,就是发展。我们搞社会主义建设,经过温饱、小康到现代化,就是一个发展的过程并获取发展的结果。这同样是由小到大、由简单到复杂、由低级到高级的演进。

其次,国家、民族和社会的发展,其内涵有什么?人们往往把发展直接表述为经济发展,这不算错,但不全面。经济发展是整个发展的基础,没有经济发展,整个发展缺乏实力和支撑;而仅有经济发展,其他方面不配合、不跟进,整个发展是跛行的。我们讲现代化,以富强、民主、文明为标志,包括经济、政治、文化三大领域,形成系统,相互联动就全面了。讲物质文明、政治文明、精神文明,也是这个意思。发展以经济建设为中心，还有民主和法制建设以及精神和文化建设，缺一不可，保持协调和同步，才是全面发展。

第三，经济发展的内涵，又包括哪些？长期来流行一种习惯，把经济发展等同于经济增长，也不算错，但不全面。怎样衡量经济发展的综合水平，国民生产总值(GDP)是一个最集中和最终的指标；没有 GDP 或其人均数值的增长，就谈不上经济发展。但是，经济增长不等于也不能代表整个经济发展。这在发展经济学中有明确界定：经济增长只是数量的扩张，而经济发展更着重于结构的优化和质(量)效(益)的提高。仅有数量扩张而结构劣化、质效差低，经济增长就失去其积极意义；如果为追求增长速度而损坏结构、丢弃质效，更是得不偿失，产生负面效应，也难以为继。所以，对 GDP 要全面认知和具体分析，有其种种局限，不是十全十美的。从历次长期规划的文件可以发现，一贯强调的如“以提高效益为前提”、“以调整结构为主线”等，都告诫人们：必须正确处理数量增长和速度与结构、效益的关系，否则会导致相互之间的不平衡，而应当以持续、快速、健康发展为准则。

第四，经济发展，为什么要强调与社会发展相协调？长期以来，人们也把经济发展和社会发展或社会进步并提，但是往往重经济、轻社会，导致两者之间的失衡。这在发展前期可能难免，而到现在，就该引起充分重视，统筹兼顾，力争同步。社会发展和社会进步的内涵十分丰富，通俗地说，包括社会事业和社会问题两个方面：前者指科学、教育、文化、卫生等事业，后者指就业、分配、贫困、养老、儿童、青年、妇女、家庭和治安、灾难等问题。如果说经济是硬件，社会就是软件，两者要配合好，不能顾此失彼。“非典”事件，在某种程度上暴露了公共卫生建设的薄弱，要总结经验，给以补偿，使发展更全面。

第五，怎样发展？在明确发展的意义、目标和内涵后，怎样发展，更是一个大课题。过去有一种做法，认为不管是经济发展或社会发展，主要靠投资，投资越多发展就越快。这也不错，又不全面。现在逐步明白，经济发展靠三个因素，除投资拉动外，还有出口(顺差)拉动，而归根到底要靠消费拉动。投资也不仅是物力和财力，更重要的是人力资本或智力投资。从另一方面看，发展的动力是改革、开放和科教，从体制、机制、法制和利用两种资源、两个市场以及增加科教投入、提高科技含量来促进和保证发展。改革开放，不仅是经济，也有政治和文化，并各具特色，都要创新。所以，要讲发展战略、发展路径和发展方式，大有选择余地，决不是简单和容易的事。

第六，发展是为了什么？为了实现全面小康和现代化，这是一种提法；而其实质则在富民，使发展成果为最广大人民所共享。这是社会主义发展的终极目的，在于尽量满足人民不断增长的物质和文化需要，也是经济发展和社会发展的出发点和归宿点，而不是为发展而发展。以人为本，人本思想，正是另一种表述。为此，在提高人均 GDP 的时候，一定要相应地提高城乡居民的收入，并引导和扩大消费，不断提高人民的消费水平和生活水平、生活质量，把现代化落实到人的现代化上来。最近提出，适当调整积累和消费的关系，防止和纠正重投资、轻生活的偏差，符合上述精神，应当据以指导发展。

第七，为什么还要强调更多的协调发展或均衡发展？全面发展，同样包括了协调发展和均衡发展的意思，除上述经济与社会的协调外，还有区域协调发展、城乡协调发展和社会各阶层协调发展。协调不是平均主义，但在区域、城乡、阶层的发展和收入差距逐步扩大（这是合理的、必然的）后，应当及时给以调节，防止两极分化。区域之间要求共同发展，城乡之间要统筹发展，在一部分人先富起来后，要保证更多的人也逐步致富，经过长期努力，达到共同富裕，这才是让发展成果为全民共享，必须有一系列的对策、政策和决策。

最后，发展怎样可持续？可持续发展的提出，是人类的一大觉悟。这是说今天的发展，享受了成果，决不能使后代人遭遇不幸和损失。人口的增长，资源的利用，连同工业化和城市化等，都会对生态、环境增加负担甚至造成破坏。怎样实现可持续发展，开始引起重视，也有一定措施，而总的说，局部有所改善，整体仍在恶化，必须加码，才能好转，进而得到根本解决，实现人与自然的和谐。广义地说，经济发展和社会发展的可持续，不仅是人口、资源、环境问题，更有其他方面，都要有所对策，正确处理好当前与未来的关系，不能急功近利，而要瞻前顾后，达到久盛不衰。

全面发展，涉及面广又深，不能掉以轻心，必须本着“发展要有新思路”的要求，进行长远思考和深入研讨。

（原载《中国改革报》2003 年 10 月 13 日）

政府考绩机制的调适

对公务员特别是各级政府领导人的考核其治政成绩，不言而喻是一件重要事情，关系到政治文明建设的根本。但是长期以来，不仅应有的法制未立，也缺乏必要的规范文件，不妨认为考绩机制尚未健全。考绩机制的内涵甚广，如考绩原则、考绩程序及其奖惩处理等，核心更在考绩标准或具体化为考绩指标。已有的潜规则之一是按照发展是硬道理的要求，以产值即 GDP 的增长率排座次、定胜败。这不一定算错。但是仅此一项或突出此项，副作用很大，常见的是片面追求增长率甚至导致弄虚作假，何况部门和地区之间客观条件不尽相同，难以公平比较，于是引起不少异议。看来，这是一个亟待研讨的课题，在政治体制改革中有其不容忽视的意义。

考绩的原则，不外是一句话：执政为民，否则就不叫人民政府了。这里有个对上负责和对下负责的关系，在理念上，无疑以后者为主，上级的要求也该统一和落脚到此。邓小平说过，人民高兴不高兴、满意不满意，是基本准则。经济建设是中心，又以不断提高人民的物质生活、精神生活的水平和质量为出发点和归宿，也是这个意思。发展作为硬道理，反映在经济增长，确是前提和基础；但是否就为全民所共享，还要看其实际效果。所以讲考绩指标，不能是单一的、孤立的，而要有全面的一串，试举如下：

一、就业和社会保障。“就业是人生之本”。相反，失业和无业就是人生的不幸，与人民的根本利益背道而驰了。有人建议把就业列为考绩之首，很有道理。当然，目前的失业有其种种原因，不同地区有不同情况,不能机械对比,也不能以充分就业为近期目标。但是,从当地实际出发,是否千方百计地扩大就业、特别是提高再就业率,把失业率控制在警戒线下,是理所当然、必须确保和可以衡量的。社会保障也一样,水平可以低一些,覆盖面要尽量扩大,力争应保尽保,为广大人民(最终包括农民)解除后顾风险之忧。这是人民利益的底线,在考绩中最最重要、主要和首要。

二、城乡居民收入水平和生活质量。失业是部分人,对多数人来说,在发展经济基础上逐步增加收入,提高其生活水平和生活质量,始终是为人民谋福利的直接体现,也是执政为民的具体标志。最近几年,很多地区先后提出"富民"的奋斗目标,营造"富民工程",代表了人民的愿望和意志,成为一项承诺,要有跟踪的评估,列入考绩是不容犹豫的。至于如何考核,不妨有多种具体办法,因地而异,例如把收入增长率与经济增长率适当挂钩,缩小两者之间的差距,是比较合理和科学的。此外,还要有些参照指标,如人均储蓄额及其增长率、恩格尔系数、人均住房面积以及基尼系数等,都要逐步重视起来,纳入执政者的视野,特别是储蓄额较易核实,可行性和可信度高。

三、科教文卫事业的发展。在经济发展到相当程度,社会进步作为其结果和对应条件,也要提高其地位并加以考核。这是人民生活水平和生活质量的又一不可缺少的重要方面。指标设计有待商榷,例如对科技和教育的投入及其占 GDP 和财政支出的比重,9 年义务教育制的实施,大学生占适龄人口的比重,文化事业包括图书馆、科学宫的建设以及保健水平、发病率、平均寿命等,不少是能够计量的。与人民收入一样,要分城乡,而重点在农民,表现对大多数的特别关怀和倾情,因为锦上添花易、雪中送炭难。

四、市场建设及其规范管理。经济建设有赖改革,如何考核改革成绩,煞费斟酌。千头万绪中,拟可抓住市场建设即市场体系的培育为关键,列出若干指标,从商品市场到生产要素市场,进行竖比为主,兼及横比。这有地区特色和局限,但也不无可比,如对劳动力和人才市场,就大同小异了。另一方面,还有市场管理,从规范市场秩序和打假,作为长远要务，是值得注意和比较的，如违章事件多，属于负面，应当扣分。与此有关，还有物价管理，涉及国计民生，同样要求渐入正轨，防止哄抬和恶性竞争。

五、社会治安和生产、生活安全。这与广大人民的安居乐业有直接联系，应是考绩的组成部分。社会治安如显示为犯罪率，各地有不同情况，但是进行竖比，若干年间有升降，是必须和可以考核的。安全也有众多内容，大如森林起火、矿山爆炸，小如火灾、车祸，这几年警报频传，一度曾经追究领导责任，后来行不通而止。其实，还是要算一笔帐，不仅记事故发生次数，还要查在事发后的救助及其后果。这又不仅是部门的事，更应领导重视在前，不只是事发后的挽回。鉴于这几年的愈演愈烈，列入考绩，或许对扭转其发展趋势不无裨益。

六、生态环境保护。可持续发展作为基本国策和大战略，大家都已习惯于念念有词，并确实采取了不少措施，获得局部好转。但是从总体看，正如行家评估，仍然严峻，未能乐观。症结或许来自与考绩脱节，要从相互挂钩来求得进展。这并不难，因为指标是具体的，大至空气和水的质量检验和治理力度，小至各项决策和措施的贯彻落实，都有案可稽、有数可计。进一步具体化，直至城市污水的处理、垃圾的分类直至不许随地吐痰、不许在公共场所吸烟等，只要重视，都能考绩并取得实效。至于返耕还林、水土保持以及提高森林覆盖率和绿化率，更是可以通过考绩就能做到的。

七、财政收入。这是公认的考绩指标之一，但是性质复杂，很有讲究和改进的余地。因为财政收入指标的确定，是中央和地方以及省、市、县直至乡镇的博弈焦点，讨价还价十分剧烈，并且基数不一，很难说是充分公平合理了。据以检测，多数是恰恰完成，超额不多。显然，在发达地区往往占 GDP 的比重偏低，并且各地差距较大，除了结构因素，很可能藏一手即所谓藏富于民，避免“鞭打快牛”。这方面不要列排名榜，不要搞攀比，可行办法是以应收尽收为目标，注重财政收入的增长率与整个经济增长率的对称，近期内前者应当略高于后者，以后转向持平。

八、利用外资和出口创汇。这也是考绩指标的热门,但在地区之间,无论总量和增长率,差距和起伏都大,不能相比。在外向度高的地区,近年来有不同增幅,可以认定是成绩显赫,但不仅在主观努力,也体现在客观有利。今后考绩,除了数量外,应当同时注意质量和效益,防止在片面追求数量的驱动下不择手段,在地区之间发生不正当的过度竞争和过分让利给外人。具体指标则有待探索。

上述指标已达八项,不能算少了。还可以再举一些,如经济增长的质量和效益,包括新产品开发、产值利润率、资产负债率之类。但是,应当力求简明易行,可以在一定期间有针对性地突出若干项,又不宜常变,要相对稳定。另一种设想,在全面建设小康社会的进程中,能否对照全面小康的系列指标,加权计出总分。但是,这不能在地区之间进行比较,因为各地基础和实情不一,必然有先有后、有高有低。

健全考绩机制,在指标外,要有相应的规范程序。现在有的地方试行群众评议和人民代表大会考核,方向对头,但是标准不同,效果有别。在这方面,最好有所立法,形成制度,培育一套机制,使政绩考核逐步规范化,那对端正政府行为是有利的、必要的,对经济发展和社会进步也会起到推动和保证作用。

(原载《改革与开放》2003 年第 6 期)

怎样求实经济增长率

经济增长率是一个极其重要的指标，表明报告期经济发展的速度和经济运行的效率，并据以计算经济总量和经济实力。同时，还据以衡量一个部门或一个地区经济工作的成绩。两者本来是一致的，但在考绩机制还未规范的今天，又会产生种种矛盾。这是一个迫切需要研究和解决的现实问题。

1999 年，经过努力，我国按国民生产总值计算，经济增长实现 7.1%。对这笔“大帐”大家认为是可信的。只是在各省、市、区先后公布了自己的经济增长率后，使人们陷于困惑。与上年一样，只有极少几个地区低于或等于全国总平均，其他地区普遍超出一、二、三个百分点。连小学生也懂得，这道题没有做对，不是总平均压低了，就是各地抬高了。国家统计局面对这一质疑和尴尬，坦言除有重复计算外，是各地有“水分”。因此，各地在扬言自己的经济增长始终快于全国平均时，有的自我感觉良好，有的不免心虚。

怎样求实经济增长率？其实也不难。简单地说，至少有下述三点：

一是以工农业和服务业的主要产品产量和行业的有关增长率为基础，实行加权汇总。如农业产值增长多少？要按主要农产品如粮、棉、油和肉类、水产、水果等的产量的增长分别统计，综合对照；工业产值增长多少，也要这样，最好包括上百种主要产品，可以算到占产值的七、八成或更多。服务业，则要分行业如流通、运输、金融和科学、教育、文化等。有一年，工业产品中，增长 20%以上的很少，10%～20%的不多，多数增长 5%～10%，还有 5%以下和负增长的，而不少地区报告工业产值增长在15%以上。人们有理由怀疑:增长的15%是些什么产品?

二是以相关指标的增长率为参照,实行联系和比较。这有很多方面可供选择,最通常的如工业用电,在产品结构没有重大变化的前提下(一、二年也不可能有根本性调整),两者应当基本同步。有一年,不少地区报告工业产值增长7%以上,而当地工业用电却是或多或少的负增长,就不能用一年来电的破天荒节约给以解释。农业在过去,不少产品有相对固定的商品率,尤其是带有统购、定购性的,就能用上市量来核对产量,据以核实产值的增长幅度。财政收支在城乡居民收支,虽与产值升降的比例处于动态变化中,也是可以比较和分析的,如出入过大,一定要找出原因,否则总是一个"谜"。

三是以原定计划与实绩的过错完成程度,实行总体评价。本来,制定年度和中长期计划时,应当有个"综合平衡";后来反而粗放了,经济增长率往往靠"拍脑袋"。虽然这样,各个指标之间仍是相互制约和相互依存的,从生产、流通到消费、积累都有个"按比例"的关系。因此,经济增长目标的实现与否,同其他指标如商品零售额、货物运输量和投资额、就业人数等有一定的对应;如果此起彼伏或差距拉大,也说明内有不实,必须给予校正,才较可靠。在这方面,或许能欺老百姓,骗不了内行,如有计量模式验算,更将一览无遗。

当然,以上几点,都是技术处理。统计打假,基本之道除思想教育外,一是规范考绩机制,不以单一的产值论英雄、排座次,而要全面观察(有人建议改以财政收入和人均储蓄为纲,仍有不足);二是改革统计方法,加强统计监管,不能仅靠报表,还要结合调查,并且做到层层审核(如对财务情况进行审计那样)。现在,统计的透明度差,国民生产总值怎样计算出来,专家说不清,群众听不懂;今后要大众化、通俗化和网络化,甚至"傻瓜化",就能保证统计质量,发挥统计作用,消除统计泡沫,防止统计陷阱。这在知识经济到来的新世纪,是应当和能够做到的。

(原载《中国经济时报》2000年3月31日)

网络经济:政府应当和能够做些什么?

网络经济是信息技术发展的产物,是知识经济的重要内含和具体表象。新世纪,将是网络经济为主宰的新时代。从企业竞争到国力较量,都在网上一决雌雄。我国能否真正实现现代化,跃身于先进民族之林,这也是一个必要的甚至充分的标志。培育和发展网络经济,要靠企业和政府、技术界和管理界的协同努力。尤其在起步阶段,更必须发挥政府的自觉性、主动性、积极性和创造性。当前和今后相当期间,在这方面,政府应当和能够做些什么,是亟待探索、认定和实施的。

首先,明确指导思想,加强组织领导。贯彻以经济建设为中心的基本路线,落实在经济工作上,各个时期都要有明确的指导思想,据以制定具体的发展战略和发展思路。进入21世纪,走向基本现代化的第三步战略目标,实施科教兴国战略。必须适应当代科学技术和社会经济发展的大潮流;那么,必不可少的一着是培育和发展网络经济,改变人们的思维方式、生产方式、工作方式和生活方式。否则就会落后于形势,把握不住世界主流,导致全局的被动。在此思想指导下,还必须加强组织领导,如中央和各省市区已经建立了信息化工作领导小组那样,并随着情况和工作的进展而给以充实和提高,贯彻到各部门中去,成为相互配合的政府行为。发达国家走在前面,政府起了主导作用,值得我们认真借鉴。

其次,制定产业政策,拟订中长期规划。政府领导和管理经济活动,产业政策是重要手段。特别是在经济增长和总量扩张到了一定阶段,优化结构和提升产业成了历史任务,更显得有必要。在产业政策体系中，正确择定主导产业，在高新技术产业群中突出信息产业的位置，并组织好与其他支柱产业的协调是构建网络经济的具体路径。此项产业政策，进一步体现在国民经济和社会发展的中长期规划里，既以预测为基础，又演化为调控目标，对各项工作有指导意义。"十五"规划有此内容并切实执行，政府行为与企业行为相结合，推进网络经济建设就有行动纲领。

第三，运用经济手段，搞好宏观调控。实现长期和中期规划，主要靠经济手段，并辅以必要的行政手段。对网络经济，作为新兴产业和高技术产业的有机组成部分，更有赖于政策支持和政策倾斜。如财政政策，既要增加投入，又要减免税负；金融政策也一样，当前感到支持不足，就要加强力度。美国有专门法案，规定对电子商务免税；新加坡政府每年拨款用于此项事业，都表示了对发展网络经济的高度关注。我国当前还是强政府、弱社会和大政府、小市场，把网络经济建设纳入宏观调控的目标和对策，更是必不可少的有效措施。

第四，增加科技投入，强化科技开发。科技是第一生产力，新兴科技和尖端科技更是发展经济的新增长点，对此一定要舍得花力气。网络经济是技术密集型经济，也是资金密集型经济，需要大量投入。为此，必须广开财源，多方筹集，除了财政拨款和银行贷款外，还要动员社会投资和民间投资，更不用说企业自身的投资了。不少专家建议，应当采取各种方法，规定和提高科技投入在国民生产总值和财政支出、银行贷款中的比重，包括研发经费在企业销售收入中的比重，其中有关信息产业和网络建设的费用要占相当份额。与此同时，还要建立风险基金和创业基金，也有较大部分集中于这方面。这些投入，又要有相当部分用于开发，因为开发是科技进步之源，因为核心技术是买不到的。只有引进与自我开发相结合，逐步转向后者为主，发展网络经济才能立足于不衰、不败、不依附于他人之境地。这除了市场运行外，不能没有政府的组织和推动。

第五，纳入公共政策，建设基础设施。发展网络经济，应当依靠市场机制，但在初期，必须有政府推动，才有利于加快其成长进程。特别是有关基础设施包括众多方面的电信工程,投资大而周期长,仅凭市场集聚会有远水不解近渴之弊。这也属于基础设施建设,是政府实施公共政策的重要方面。当前为了扩大内需、拉动增长,实施积极的财政政策,必须保持相当的投资规模,其中基础设施建议占大头,并将逐步转向技术改造和技术开发,继公路、铁道之后,信息产业和网络建设的比重应当与日俱增。除了国家着力于此外,各级地方政府尤其是沿海各省市,网络建设同样应当和能够超前,成为全国的示范。

第六,政府率先上网,开展信息服务。信息产业包括信息产品制造、信息企业装备和信息服务等行业,其中信息服务不仅是结果,又是动因。我国发展信息产业,从开展信息服务入手,或许顺理成章。只有信息服务扩大了,才能形成对信息产品的巨大需求,促进信息产业的发展,移动电话的广泛采用就是明证。近几年来,网户增长也快,从企业到个人,呈直线上升趋势,是可喜的;但是与发达国家和地区比,作为一个大国,几百万户仍是区区小数。因此,还待进一步推开。政府也是市场主体之一,应当率先上网,有利于提高工作效率,密切与群众和企业的联系,也有利于推进网络经济的建设和发展。这在各地已有一些好的开始,包括信息、统计、内外贸等部门。进一步开展的余地仍很大,如网上纳税等,亟待通过试点,有序地推广和提高,并带动企业的电子商务。

第七,扩大对外开放,利用世界资源。网络经济的特征之一是开放性,不受时空限制,与经济和技术的全球一体化趋势是相适应的。这在我国终将“入世”后,更具备优越条件。应当抓住这个机遇,在扩大进出口贸易中,把有关的服务贸易和网络贸易放在重要位置,并在利用外资、引进技术中注意及此,促进网络经济的成长。反过来,网络经济的发展,又有利于我国的扩大开放,可以更好地深入国际市场,利用世界资源,包括科技、贸易等信息资源,为现代化建设提供广泛的服务。这项工作,很大程度上靠政府。

第八,深化体制改革,形成网络机制。网络经济,在某种意义上,还是一种经济体制和经济机制,与整个经济体制改革相互联动。在企业层面，企业改革的深化，触及科学管理和市场营销，都要与网络经济相适应、相衔接。在市场层面，市场体系的完善和市场机制的健全，网络经济都赋以新的内含，并构建着一个能量庞大的网络市场，使整个市场业态有新面貌。应当认为，网络经济的提出，对经济改革增添了新的因素和新的要求，在很大程度上起着市场催化的功能。也可以说，现代市场经济与网络经济分不开，在政府推进改革时要有新的视角。

第九，发展网络教育，培育网络人才。网络经济的亟待发展，呼唤着网络人才，并要求在全民中逐步普及网络教育。政府在规划教育事业发展时，必须注意及此，采取新的构想。高等教育固然要在专业设置上有重点安排，包括网络技术和网络管理；初中组义务教育和职业教育、成人教育也是这样，如把中学的电脑普及率作为素质教育的衡量标准之一，并不算过。在社会教育中，建立信息科技展览馆，希望列入议事日程。不妨预期，在信息知识逐步普及之时，正是网络经济开始造成之日。

最后，建立网络法制，实行依法治网。网络经济是新事物，又是高科技，如何运行得当，需要有法制的规范约束。任何事物在为人类造福时，往往伴以负面效应。保障网络安全，防治网络犯罪，要靠健全的立法和坚决的执法。网络市场同样要有一套规则，以反对垄断，保障正当竞争。这在发达国家，已经制定了若干法令和规章，不妨拿来，洋为已用，再有自己的社会主义特色。如此，我们对在中国培育和发展网络经济，可以打消顾虑，树立信心，成为现代化建设的一件大事。

不言而喻，在网络经济形成和运行中，强调政府职能，要做系列工作，决不意味着企业的无所作为或坐享其成。相反，政府的作为，归根到底是为企业、市场和人民服务，为网络经济创造一个良好的宏观经济生态环境。我们在这方面还缺乏经验，任重道远，主要靠在实践中开拓创新！

（原载《江苏社会科学》2000 年 12 月 15 日）

干部要读书

党的建设，关键在提高党员干部的执政能力。政府建设也一样，其定位有多样，如建成服务型、节约型、廉正型政府等，而不能缺少的，还有学习型政府。这是由于时代在变化、社会在进步，政府也要与时俱进。这就必须加强和改善干部学习，德才标准永无止境。干部学习，由来已久，方法也多样。看来，重要之点在读书。书是知识和文化的载体，进步的台阶。“刘项原来不读书”，说的是马上得天下；治天下不能不读书，半部《论语》是不够的，《资治通鉴》篇幅浩漫。

干部学习，光靠实践，包括调查研究，容易陷入或停留于经验主义。读书是获得间接经验，并从感性上升到理性。不仅丰富多彩，并且开拓眼界，活跃思路，帮助驾驭现实，应对复杂。读不读书，读多读少，读粗读精，关系到干部队伍的素质和政府的效率，结果大不一样。尤其是在集权体制下，领导干部的读书，决定国家的命运和人民的福祸。

干部读什么书？除专业有分工和配合外，共同的是读革命书、政治书，以政治为核心，延伸到经济、文化和社会不同领域。马克思主义、毛泽东思想和邓小平理论以及“三个代表”、科学发展观，在必读之列。但是不限于此，还要广取博采，遍及古今中外，才能记住历史、洞悉当前，既明世态，又识国情。任何方位的盲区，都会局限自己，与人类文明有隔离，导致理念和对策的偏失。无论是日理万机或千机、百机，都要挤出一定时间，达到开卷有益、不开卷有害。

眼下，读书的方法和形式也不同于以往，数码和网络提供了更加便利的工具。领导干部上网与否，对其知识结构的优劣和思维模式的僵活,影响至巨。掌握世态和国情,了解民心和民意,这个渠道非有不可。民间网民以亿计,博客至少几千万,接触越多,知识越广,做好工作才有依托。而今读书不同于古人和上一代。其功能,除了与主流沟通外,还应当与非主流也有交往,包括读些"禁书"。不然的话,就是闭目塞听,难免片面或孤陋寡闻。

建设学习型政府,培养学习型干部,提倡读书包括上网,早是当务之急,但是现状令人无法满意。干部群中,经常读书的人占多大的比重,手不释卷的又有几何,使人担忧。干部应该是终身学习者,即做一辈子读书人,这样我们国家才有希望和前途。有人往往以"忙"为借口而不读书、少读书。这有一个时间和空间的比较选择,一天的时间对每个人都是二十四小时,没有偏向,少一些吃喝玩乐,少一些不必要的会议,把读书放在重要的位置,形成风气,干部成为有识之士,执政能力就会不断的提高。

(原载《学习与传播》2009 年第 5 期)

关于全面建设小康社会的若干思考

党的十五届五中全会审议通过了关于“十五”计划的《建议》。在回顾“九五”计划执行情况时，肯定实现了现代化建设的第二步战略目标，生产力水平迈上了一个大台阶，人民生活总体上达到小康水平：在制定“十五”计划的目标和任务中，提出开始实施现代化建设的第三步战略部署，全面建设小康社会，向更加宽裕的小康生活迈进。全面建设小康社会是我国新世纪面临的历史使命，呼唤着全党和全国人民为推进和实现这一光荣任务而努力奋斗。

实现第二步战略目标的具体标志

改革开放以来的20年，以解决温饱、实现小康为先后两个奋斗目标，终于胜利地完成了。解决温饱，其实花了不到10年的时间，这是大家都有切身感受的，虽然还留有一个小小的尾巴。实现小康，如上述人民生活总体上达到小康水平，同样有足够的依据，不妨稍加具体地展示一番。

“小康”源自古典用语，指经济社会发展的特定阶段，意味着人民生活的健康、快乐和无忧，即初步的安居乐业。这是千百年来一直向往而始终未能实现的理想或梦境。邓小平把这个概念拿过来，作了多次解释，如“达到小康水平，就是不穷不富，日子比较好过的水平”；“所谓小康社会，就是虽不富裕，但日子好过”。后来并在数量上有所界定：“到本世纪末，年国民生产总值达到一万亿美元，……反映到人民生活上，我们就叫小康水平”；又进一步按人均计算，达到800美元或1000美元，就是建立一个小康社会。所以折算美元，为了便于国际比较。按照发展经济学的通行标准：人均300美元（或日工资1美元）以下为贫困，800～1000美元为宽裕或开始富裕。我国80年代约为250美元，翻一番为500美元，解决温饱；再翻一番，达到小康。1987年，邓小平说，第一步的原定目标可以提前在当年或下年完成，不意味着第二步就很容易；过了一年又说，第二个翻一番的目标计划用12年完成。

12年过去了，我国国民经济持续增长，上述计划目标成为现实。1999年，国内生产总值和国民生产总值为8.2～8.3万亿元，按现行汇率计算，约合1万亿美元；年末人口为12.5亿，人均约800美元。世纪末的2000年，经济增长率预计为8%左右，人口普查后可能核实为12.7～12.8亿，人均也在800美元或稍多。正是这样，人民生活总体上达到小康水平，是实事求是的，恰如其份的。

当然，人均GDP和GNP主要反映一个国家的经济综合水平，不直接反映人民的富裕程度和生活水平，只是提供了基础，显示了实力。因此，具体衡量小康标准，还要有一套指标体系。参照国际惯例，通行英格尔斯设计，国家统计局曾经规定12项指标，包括人均年收入、恩格尔系数（食品支出占消费总支出的比重）以及平均期望寿命、人均居住面积和反映分配差距的基尼系数等。其中世界公认的恩格尔系数，更集中地标志着生活水平的高低，一般以60%以上为贫困，50%为初步脱贫，50%以下为比较富裕。我国“九五”以来，以恩格尔系数衡量，城镇居民由1995年的49.9%下降到1999年的41.9%，农民由58.6%下降到52.6%，2000年预计城乡居民平均在50%以下。这就表明，以吃饱为标志的温饱型生活正在向以享受和发展为标志的小康型生活转变。

实现小康不再是梦。根据1999年统计实绩，除了人均GDP和恩格尔系数已见上述外，在城乡居民收入、居住条件、消耗热量、教育、卫生和社会保障等方面，90 年代以来都有显著提高。特别是在先发达地区，如广东和上海，不少指标都已超过；拿江苏来说，早在"九五"之初的 1996 年，综合评价就达到 95 分左右，经过 5 年继续提高，2000 年可望接近满分。放眼神州大地，东南西北中，处处涌现了小康市、小康县和小康镇(乡)、小康村，如群星灿烂，百花盛开。江泽民同志在十四大报告中就说："在我们这个占世界人口五分之一的国家里，人民过上小康生活，是一件了不起的大事。"

到达小康水平后还需继续努力

有人提出，既然已经达到了小康水平，为什么还要提出全面建设小康社会？也有人问，加上"总体上"的副词，究竟是什么意思？这是值得仔细领会和认真思考的。这里，说说个人学习《建议》后的初步心得。

首先，现代化建设分三步走：温饱、小康和基本实现现代化，三个阶段不是截然分割，而是相互联系的。正如解决温饱开始也是就总体而言，90 年代初全国还有近亿人口并未解决，有很多后续工作要做，已经解决的也要巩固和提高，才能逐步向小康逼近。世纪末达到小康水平，精确地说，也只是开始跨入小康门槛，接下来的是建设小康社会，经过持续增长，才能逐步迈向基本实现现代化。从第二步目标到第三步目标，其间还有若干阶段，表述为宽裕、比较富裕和富裕等。这就说明，进入小康后建设小康社会，与向基本实现现代化迈进，两者是相互结合的，完全一致的。

其次，还要看到，世纪末达到小康水平，毕竟是刚刚进入，即所谓总体上，与全面实现小康还有差距。如前所述，衡量小康标准有一套指标体系，相互依存，相互制约，以反映经济的全面发展和社会的全面进步。现在一一对照，其中大部分已经达到、基本达到甚至超过，也还有少数指标存在或多或小的差距，或者还不够巩固。例如城乡居民收入，长期来的增长率低于经济增长，以至人均收入占 GDP 的比重也不断下降，低于不少发展中国家达到人均 GDP 同样水平时的比重，是值得重视的

（也有计算口径不相同处）。除了社会、政治、文化方面有的不能量化外，还有相关的经济外指标，如成人识字率、农村劳动力文化指数、大专毕业生占人口比重等，各方议论不一。至于另些不在考察范围的重要现象，如对生态环境的保护、社会犯罪发生率等，实际上很不理想。站在峰顶，鸟瞰全局，我们应当冷静头脑，开拓视野，寻找美中尚有不足。

再者，以上所述，大多是全国总量和全国平均，如进一步分组，会发现有不平衡，就是总体上包括了地区差异和人群差异。这在我们这样的大国，发展不平衡是基本国情之一，不能回避，而要正视。从全国看，东、中、西部本来有差距，90 年代以来各有增长，但是快慢不等，差距在扩大；就是在一个省、区，地区之间也有差距，也在扩大。有的省分析，或许是“三三制”即 1/3 超过小康，1/3 达到小康，还有 1/3 不到小康。人群之间的不平衡也一样。本来，小康指标之一是基尼系数，据以解剖收入分配的差距，要求控制在 0.325 以下；这几年由于种种原因，不少地区的基尼系数有所上升，有的测算已超过 0.4，以致一部分人确是先富了，一部分人还没有后富，还没有过上小康生活。人们对达到小康存在一点惶惑，主要原因在此。

此外，测验小康的实现程度，各地计算口径不一，掌握不同，指标打分，加权综合，本来无可厚非；但是也有个别地区，为争取达标，与考绩挂钩，不无浮夸。如前些时候，新闻媒介报导有个别小康县、小康乡，经过检查，存在或多或少的水分。这些地方的老百姓心中有数，可能产生小康名不副实的喟叹。

以上说明，人民生活总体上达到小康水平，确是从实际出发的评价，但是不能理解为小康实现，就是成为历史，今后只是跨越小康，奔向现代化。历史是一条长河，奔腾不息，在踏上小康的大台阶后，必须为全面建设小康社会而继续努力，这是现代化建设分三步走的应有之义。

全面建设小康社会要做很多工作

全面建设小康社会，作为一项历史任务，是十分繁重的。这是因为，实现小康与解决温饱比，要求更高，内容更多；特别是为进一步实现现代化奠定基础，做好准备，格外显得复杂。所以，现代化建设的战略部署和原来规划，前两步各花10年左右时间，合起来共花20年，而第三步则安排半个世纪，超过前两步的一倍半。可以想象，全面建设小康社会又是一条漫长的道路，切莫视为容易事，掉之以轻心大意。

全面建设小康社会，其出发点和归宿是什么？现代化建设的目标是富强、民主、文明，包括经济、政治和文化三大领域，在全面建设小康社会的进程中，要协调发展，共同推进。其中，作为出发点和归宿，正如《建议》所说，则是不断提高城乡居民的物质和文化生活水平。这与前两步战略目标，概括为温饱和小康，着眼于人民生活，一脉相承。这也是我们党的一切工作的根本，为人民服务、为人民谋福利是最终宗旨。江泽民同志关于“三个代表”的重要思想，也落脚到这点。这个目标，以邓小平界定社会主义的基本任务是实现共同富裕，也是一致的。全面建设小康社会有很多工作要做，这在《建议》中也是清晰易见的，列举有:进一步提高吃穿用消费水平，优化消费结构，增加服务性消费，增加居住面积，提高住房和环境质量，大力发展公共交通，鼓励计算机、轿车进入家庭，提高电话普及率，以及公共设施、文化卫生等等，直至保障人民的安居乐业。要做的工作很多，特别是：

——不断增加城乡居民收入，这是不断提高生活水平的源头。这几年，人民收入有了大幅度提高，但是与经济增长率比，还有一定的滞后度，成为内需不旺的重要原因。所以，今后要力争缩小收入增长率与经济增长率的差距，这也是扩大内需、开拓市场和保证经济持续增长的动力。

——特别关注低收入者的收入，把基尼系数控制在合理范围内。收入差距的扩大，在发展过程中，在市场体制下，或许是难免的。但是在坚持效率优先的前提下，必须兼顾公平，防止差距过大，甚至两极分化。因此，在允许和鼓励一部分人先富起来的同时，要特别关注低收入者，千方百计地使他们能够增加收入，共同达到小康水平，享受小康生活。这包括城市失业者和下岗职工，更有广大农民，一定要做到增收减负，在脱贫后赶上小康行列。

——加快开发后发展地区，促进地区协调发展。先发展地区不少已经超越小康水平，率先基本实现现代化是有希望的，这对把全国的蛋糕做大和帮助后发展地区加快发展步伐，都有好处。与此同时，更要大力扶持后发展地区，使能同登小康胜境。西部大开发战略的实施，正是全面建设小康社会的有机组成部分；这个要求，也适用于各省区内部，力争地区的协调发展、共同前进。

——抓住小康体系的薄弱环节，加大攻克难点的力度。小康标准有系列指标，现在到达的水平不很整齐，存在若干缺口，亟待填平补齐。如生态环境的保护和优化，有些方面不尽如人意，必须及时加码；建立和完善社会保障制度，也有某些难点和难度，必须逐步解决；另在科教文卫等方面，有的地区还未全面达标，必须作为议事重点，放到工作的突出位置。

小康生活，下有底线，已经基本达到，上不封顶，从宽裕到富裕，仍是任重道远。所以，全面建设小康社会是相当长期的，不能急于求成，不能降低水平。随着小康社会的逐步成长，包括民主法制建设和精神文明建设的加强和完善，我们就将一步一步地朝着现代化建设的第三步目标迈进。“十五”计划指点了方向和道路，也将有一个好的开局，我们应当下定决心，满怀信心，开拓创新，奋勇前进！

（原载《江海学刊》2001 年第 1 期）

提高人均收入:全面小康的关键标志

从总体小康走向全面建设小康社会,意味着从低水平的、不平衡的、不全面的小康演进为高水平的、相对平衡的和尽可能全面的小康,其内涵十分丰富。如果说,总体小康的主要标志首先在人均GDP达到800~1000美元左右;那么,全面小康的要求就复杂得多,在人均GDP再翻两番的基础上,应当重视其他一系列经济社会目标的协调和实现。否则,至少可以说小康是不够全面的。其中,人均收入更有重要性,应当成为衡量全面小康不能缺少的、不能替代的关键标志、核心标志和突出标志。

人均收入在全面小康中的重要意义,可以从多方面进行阐解。

首先,经济发展或经济增长固然是硬道理、硬指标,但决不是唯一的、孤立的。这在某种意义上,经济发展基本上是手段,而其出发点和归宿点在于改善人民的物质生活和文化生活,并取决于收入的提高。仅是经济增长,而收入不相适应,全面小康会淡化其吸引力,失去其目的性。

其次,无论小康还是现代化,人均收入本质上是主要尺度。解决温饱,说的是基本生活或生存得到保证。小康也是生活水平的一种说法。与国际接轨,就是从低收入到中等收入。不言而喻,生活水平的达到中等程度,摆脱低收入的局限,必须以增加收入为途径。所以讲小康,离开收入的增加,就显得模糊不清了。

再次,小康的具体内容有多方面,围绕生活水平、生活质量和生活方式,无不与收入有关。小康生活的具体化,表现在吃、穿、住、用和教育、文化、保健，择定某些指标，如恩格尔系数、居住面积、用电和家用电器普及率以及受教育年度甚至人均寿命，都与收入直接或间接有关。有多少收入，才有什么样的水平。只有收入提高到一定水平，才能在其他方面也达到一定水平。收入指标不提高，其他指标都会落空。

最后，针对现状，存在的深层次矛盾正在收入增加的滞后。我国的经济总量已居前列，但人均GDP还在低位，人均收入排名更后，人均收入的增长率始终低于经济增长率，人均收入占人均GDP的比重越来越低。与同等人均GDP的发展中国家和地区相参照，我国的人均收入要少得多(内含计算口径的不尽可比)。与此相关，存在着低收入者特别是农民。这都告诉我们：应当引起重视收入，切莫等闲视之。

在实现全面小康的进程中，增加人民收入，提高人均收入水平，作为关键标志，应当列为重中之重，又是难中之难。可供选择的对策，建议如下：

一、提高对人均收入的标志性认识，放在全面建设小康社会的突出位置。无论是作出决策、贯彻实施或检查评比，与经济增长一样，还要重视人均收入的不断提高。一切有利于提高人均收入的事，都要有所对策并坚持执行；一切不利于人均收入的事，特别是增加群众负担的，必须尽力避免，引以为戒。任何时候的经济分析和政绩考核，这是铁指标。在核算方法上，可以参照人均储蓄额的增长率并进行地区比较，加强衡量人民致富进度和程度的可靠性和可信性。

二、把经济增长与收入增长紧密地链接起来，力争同步，缩小差距，达到互促互动。经济增长是提高收入的基础，但是两者并非自然一致。为了使经济增长确保收入增长，当前和今后应当关注两点：一是努力提高经济增长的质量和效益，防止片面追求速度而损害效益，扭转速度很高而效益偏低的惰性；因为只有提高效益，才能增加财政收入和企业收入，为增加人民收入创造必要的、充分的条件。二是适当调整积累和消费的比例，扭转和防止重积累、轻消费和高积累、低消费的倾向；因为积累归根到底要靠消费来实现，而扩大内需也要以扩大消费来自增加收入给以实现。测算一下，实现城乡居民年均收入达到一、二千美元,不少地区的收入增加率亟待加码。

三、进一步理顺分配关系,开辟更多的分配方式和分配渠道,千方百计地增加分配收入。经济发展和收入分配是经济学的两大主题。长期以来,人们对经济发展非常关注,对收入分配关注较次。从当前看,进一步发展经济,保持良好的增长势头,已经不难;而改革和完善分配制度,值得认真研讨,在理论上和政策上尚存不少难题和难点。如何真正调动劳动者的积极主动性,对按资本、技术的贡献给以相应回报,还有若干理念障碍和政策障碍。必须进一步解放思想,大胆试验,认真探索。其中难题之一是如何使职工、农民在按劳分配外,分享按财产和知识分配的成果,走上多种办法致富的道路。

四、特别要对广大农民和城市贫民采取各种有效办法,使其多数也能过上小康生活。在全球化、市场化、信息化和城市化的进程中,贫富差距拉开甚至发生两极分化现象是难免的,表现在社会群体之间和城乡之间、地区之间。平均数不等于众数。这要正确处理效率和公平的关系,在初次分配后搞好再分配,对弱势群体给以更多支助。只有扩大就业和再就业,在扩大社会保障的覆盖面并逐步提高其水平的基础上,提高了低收入者的水平,才能提高中等收入者的比重,向共同富裕迈进一步。为此,要时刻注视基尼系数的变化,并使先富带后富。另如适当保留劳动密集型产业、处理好大企业集团和中小企业的关系、在发展个私经济的同时也发展集体经济等、增加地方财政的转移支付,都要纳入视野。

五、与其他地区相比,积极解决江苏人均收入偏低的历史遗留问题。这个问题有历史背景(如上海)、时序机遇(如广东)和区域特色(如浙江),但是面对现实,还待努力追赶,不容差距再度扩大。否则,在率先实现全面小康时,显得相形见绌了。为此,既要研究经济增长的质效和结构,也要研究分配的体制和政策,并注目于现行的新措施,能学的学,要搬的搬。做好这方面的事,提高我省城乡居民的人均收入,缩小与先行地区的差距,率先实现全面小康才能心安理得、理直气壮!

(原载江苏省社科院《咨询要报》2003 年 11 月 11 日)

透视人均 GDP 和人均收入

在检测小康的指标体系中，人均 GDP 和人均收入处于前位，已经耳熟能详。但是，进一步透视，在理解和应用上，还有若干误识和误导，应当具体分析，以求准确、全面和完善。

GDP 的重要性和局限性

国民生产总值，简化为 GDP，已经流行多年。这是衡量经济总量和国力的综合指标，概括一切，非任何别的指标所能取代。其逐年增长率，表明经济发展速度，据以判断经济发展形势，是应当特别关注的。近年来，有人提出此一指标有局限性，不该推崇备至，奉为一尊。首先在计算方法上，除专业即内行外，常人甚至各级领导和某些经济学者也说不清楚。教科书上提供两种：一是生产法，即一、二、三次各产业新增产值之和；二是分配法，通俗地讲，就是企业利润、国家税收、居民分配和折旧的汇总。前者靠层层上报，后者靠有关部门提供。这都含有部分估计和推算，造成一定误差，是容许的。问题是两种方法计算的结果，常是前者大于后者，有时差额达一二成，超过报告期的增长率，并且难以解答。这与国内生产总值即 GNP，扣去其境外收支，应当衔接，但有时也不够精细。

GDP 的增长，计算的是增量，要不要抵扣减量，有所争论。减量的意思，一种是天灾人祸，如发生洪涝灾害，有的年份社会损失达一二千亿元，不能无视；一种是无效生产，如商品积压，日久贬值，账货脱节；还有一种是所谓绿色产值，如有生态赤字（环境恶化），同样不该无动于衷。

另一个问题是，可以全国总算，而能否按地区分，存在歧见。多年来的矛盾是：各省市自治区分别上报数，一直大于国家总数，绝对数达万亿元，相对数至少差二三个百分点。究其原因：一是地区之间可能重复；二是上报或许有点水分，显得暧昧。现在的办法：把 GDP 或 GNP 用在全国，地方改称地区生产总值，让两者有所脱钩。至于省市自治区以下，过去不仅市、地和县有，连乡镇到村也有，就更加复杂，搞不明白了。

从人均 GDP 到人均收入

GDP 只是总量，反映国家和地区的综合实力；而考察水平，则讲人均。我国的经济总量，在世界已经从 10 位外进入 10 位内，再过几年有望进入前 5 名，不愧是泱泱大国了。而论人均，由于人口太多，不得不退处几十位后。两者的反差，各有其含义，既不能陶醉于前者，又不能埋怨于后者。不言而喻，只有力争前者的快速、持续增长，才能实现后者的不断提高。全面建设小康社会，以人均 GDP 达到三四千美元为目标，赋予国际可比性。基本实现现代化，在全面小康基础上再翻两番，相当于中等收入或中上等收入国家上世纪或本世纪的水平，得之非易。也有人认为，届时论总量，直臻世界前列，甚至可能使世界能源难以负担。

当前的论点，是对人均 GDP 怎样看？一种认为，从温饱、小康到现代化，经济发展的出发点和归宿无非是提高人民的生活水平和生活质量，人均 GDP，作为经济总量落实到人头，就是这个意思；另一种认为，虽然人均 GDP 是分量，来自总量，同步增长，但是又有区别，不能等量齐观。与其他国家相比，在人均 GDP 大致相等的情况下，人均收入大不一样（收入结构的口径不尽相同），显得收入滞后于发展，发展成果没有给人民以充分回报。这还影响了消费需求的相应扩大。

特别是在地区之间，互相攀比，不仅在GDP总量，更在人均GDP，导致若干错觉。已经发觉并予纠正的，是人数这个分母，过去以户籍为准，把外来就业、打工的排斥不计，无形中提高了数值，尤其是在发达地区和大中城市，有的相差近倍。并且，这在城区和县域，由于产业结构不同，也不一样。其实，各地有其特点，不可比因素多，如不同城市、不同产业、不同资本(外资和内资)，结果相差甚远。中国是大国，区域发展不平衡，存在各种主客观条件，层层相比，不太科学，不宜热衷于此。

人均收入也要具体分析

在人均GDP的前提下，目光逐步转移到人均收入，是一大进展、一大深化。如论全面小康，不少地区定位于城镇居民年均可支配收入2000美元，农民年均纯收入1000美元，这比人均GDP三四千美元，虽然不尽相称，也算是有一个实实在在的、摸得着的奋斗目标了。但要具体分析，有几点要斟酌：

一是准确核算，方法尚待完善。年年公布数据，城乡各增若干元、若干百分点，言者谆谆，听者渺渺，不知道怎样算出来的。大致有两种方法：一是通过家计调查，从典型户推算，这在选点和分组上难免有偏好和误差；二是算大账，尤其是农村，往往从增产算收入，一户种几亩田、养几头猪，容易笼统和偏高，把计划化为实绩。也有层层上报，沿用公社和大小队办法，但是台账基础不同，可靠程度更差了。

二是平均数嫌一般化，其实是不平均。收入或多或少，差别或大或小，一平均，就不反映其结构差别了。因此要讲基尼系数或离均差，看差别是否合理，既不绝对平均，又不是差别过大、两极分化。但是，基尼系数等计算也复杂，不透明，官方可以坚持未突破0.4的警戒线，学者可以拿出0.5甚至0.6的惊人数据，使大家不知道该相信谁的。平均数掩盖了差别，确有此弊。最近有人指出，农民收入中，一半低于平均数，使人猛省：如果人均达到1000美元了，而一半农民的收入不到这个杠杠，能够说是“全面”小康吗？

三是收入以外，要参照其他指标。收入递增了，消费怎么样，是否相称？于是，社会商品零售额的增长和恩格尔系数的下降，非考核不可；文化生活和文化消费，包括教育支出或智力投资、保健和医药支出以及人均居住面积、家电和电脑拥有量直至受教育年限、大学生比重等和人均预期寿命，都要纳入视野。这些，以人均收入为依托，一起增长，又不一定是完全一致的。

四是民富程度，也不尽在收入。收入是富的根本，但是讲民富，收入只是铜板的一面，还有另一面，表现为各户家庭的财产，包括动产和恒产。因此，有人认为，按照人均储蓄额来表明富裕程度和共同富裕面，实不可缺。前几天有报道，江苏人均储蓄已达万元；如不计算户房地产（主要还是消费资料），那也是较低水平，经不起风吹草动，何况有的县和乡镇人均储蓄只有三五千元。当然，还要看其他金融资产，可能也不够厚实，如股市每天成交量，摊到人头，全国每人每天只十多元，发达地区多不了多少。

人均GDP特别是人均收入，已经成为亮点，受到朝野重视。在实践中，存在不少问题，有的相当难，应对不简单，要有调查研究和可行决策。这在理论上，从生产建设到收入分配，同样有一串难题，亟待探索和求解。好在此一串难题，日益进入议事日程，相信经过认真对待，终将得到妥当处理，为走向全面小康和现代化找到一条有效的出路。

（原载《唯实》2004年第5期）

从均贫走向共富

富民一直是先哲和仁人志士的理想，也是亿万人民的心愿，只是在过去的千百年里，始终停留于口头、纸上和梦中。这几年，富民已纳入现代化的战略、目标和规划，并有行动，这象征着历史的飞跃，值得庆幸并为之反复求索。

突破均贫　鼓励先富

从古代到近代，中国没有摆脱贫穷，即所谓“一穷二白”（穷是讲经济，白是讲文化，后者也由前者派生）。在贫穷状况下，不排斥有为数极少的富人；而对绝大多数人民来说，只能无可奈何地“不患寡而患不均”，暂且寻求一种虽不富有但却平均的生活。从革命根据地到建国之初，也只能实行有限生活必需品的平均主义分配。均贫的日子延续达几十年之久。人们过着“安贫乐道”的生活，但未放弃求富的憧憬和努力。然而，在提出“穷则思变”时，又曾经防止“富则变修”，矛盾而彷徨。

走出均贫，志在共富，是一条漫长的路，决非一蹴即达。但是，这不可能靠“平均地富起来”实现。邓小平在确认共同富裕的远景时，让一部分人和一部分地区先富起来，为均贫到共富开拓了路径，其理论魄力超越了所有思想家。

突破均贫，鼓励先富，成为不可抗拒的物质动力。改革开放以来，在广大人民大体脱贫的基拙上，一部分地区的一部分人先富起来，起着双重效应：一方面，人们感到“有为者，亦若是”，别人能富，我也能富；另一方面，出现了贫富差距，并且反差不断扩大。我们曾经设想，在实现小康后，就有可能推进先富帮后富；同时注意到，要避免两极分化。看来，想得很对，但做起来很难。

贫富不均有其世界性。国与国、地区与地区、群体与群体之间收入分配和消费支出的层次越来越多、越大。我国和我省也不例外。讲基尼系数，城市和农村都在警戒线边缘，城乡合起来更是超过了警戒线。讲平均数，逐年有所提高；而讲离均差，逐年有所扩大。农民收入，每年平均增加二三百元，而至少有20%～40%的农民没有增加甚至减少；城镇居民储蓄，每年平均可增上千元，而20%的高收入者所占比重不断上升。特别是在人们津津乐道涌现10万个、百万个百万、千万富翁(婆)的同时，下岗者、失业者和贫困线下的农民正有增无已。“基本群众”的边缘化正成为经济繁荣中的一种不协调的现象！

分配不均(不公)溯源

人们都承认分配不均，从经济学角度，更确切地说是分配不公，原因何在？从分配制度看，除去巧取豪夺的非法收入，不能认为有根本性缺陷。主体是按劳分配，适用于一、二、三次产业的劳动者，原则是多劳多得、少劳少得，存在或多或少的差距。在这方面，有人认为，差距不是太大，可能还嫌小、未拉开，还存在平均主义的余韵。问题是在按劳分配外，必须允许按生产要素分配，特别是按资(本)分配和按技(术)分配。鉴于当前劳动力供给有余，而资本、技术供给稀缺，不同分配方式导致的分配结果，难免有悬殊。加上“马太效应”，富者愈富，贫者愈贫，基尼系数就非上升不可。

多种分配方式导致的收入差距，有其时代特征：(1) 市场化。计划经济与平均主义有内在联系，市场经济靠自由竞争，优胜劣汰，形成两极。比如人才市场化，人才价格市场化，高低立判。(2) 全球化。市场的国际化，在强弱国之间，鸿沟也越来越阔、越深。全球一体化和贸易自由化在我国，几乎是举国上下一片喝彩；而在不少发展中国家，反对声起，游行不断，理由是它会扩大国与国、人与人的贫富差。(3)信息化。代表科技进步的信息产业，带来后果之一是“数字鸿沟”，网上和网下、网内和网外代表两个知识和技术世界，享受不同的科技效益，进而形成不同的竞争力和回报率。(4)城市化。城市发展，站到现代化前列，这也带动了农村。但在近期，同时也扩大了城乡差别。

稍微深一层探索，学者们提出：分配不公的根子是机会不平等。首先是就业机会的不平等。城乡之间，传统的户籍分为两册，世袭身分以至“命运”大不一样：市民就业由国家包，农民则祖祖辈辈束缚在亩把耕地上；“农转非”成为一种特权，仅少数人有此幸运。改革以来，有所松动，但农民工进城，一般都只能干市民不愿干的粗、累、脏活。

其次是受教育机会的不平等。就业机会的不平等，来自受教育机会的不平等。过去讲文化，后来讲文凭。有没有大专以上学历，成为“白领”与“蓝领”的分界线。不同的学历，往往与不同的家庭出身有关。地区之间的高考录取分数线标准不同，有的相差一二百分，这也是一种社会不公平和机会不平等。

此外，还有政策取向的因素。长期以来重积累、轻消费，片面追求投资增长，使消费率下降，这在江苏相当突出。这不影响一部分人先富起来，但不能不制约另一部分人增加收入，使贫富差与日俱增。至于先富者中有的不择手段而致富，则另当别论了。

走向共富的对策

共同富裕是远景目标，贫富有别是当前现实。但是，这不等于只能听其自然、对其无能为力。因为差距太大，不仅有失公平，并会超越社会所能承受之程度，诱发不稳定，在阶层之间加大裂痕和冲突。而在社会主义社会，讲究公平总是一道不该失守的底线。

当务之急，首先是采取持续扶贫的对策，进一步扶助弱势群体。在城镇，要积极搞好社会保障，特别是做好两个“确保”，并在逐步提高居民收入的进程中，力争使低收入者的收入增长幅度高于至少不低于高收入者。对高收入者征收个人所得税，不限于第一收入和显性收入，并可包括第二、三收入和隐性收入。这项工作不容易，所以更要用功夫。

难在农村。增收减负要加大力度，要彻底改变部分地区"农村真穷，农民真苦"的窘境。近期获悉，浙江对农民实行最低生活保障，这是农村改革的创新，造福颇众。在江苏，调查了解到张家港市也在试行，对人均年收入不到1500元的农户给予补足；据悉，这仅需财政每年支出200万元左右，相当于少建一座不大的高楼。这一点支出，所有各县(市)没有"非不能也"，除非主观消极"乃不为耳"。

从长计议，也不是没有路径。在宏观上，如何调整积累和消费关系，在控制投资规模、优化投资结构、提高投资效益的前提下，适当向消费倾斜，把消费率回升到70%左右，是应当和能够做到的。这样，就可扩大消费需求，以消费需求来拉动投资需求并吸纳投资供给，也就顺理成章了。

怎样让工人阶级逐步富起来？从无产者转化为有产者，才能算富，对此已成共识。但是，仅靠按劳分配，增加工资收入，其富也有限。所以，在推进"居者有其屋"的同时，推进"劳者有其股"，实行职工持股、分享红利，采取合作制和分享制，与国际接轨，应当是可行的。当前的障碍，一是部分官员无识，二是经营者垄断，必须通过宣传、教育和法制来清障。

怎样让贫困农民转化为富裕农民？这比前者艰辛得多。推进城镇化，让农民有序进城镇，由此减少农民，这是致富农民的根本出路。农民少了，人均土地有所增加，在此基础上实行集约经营和农业产业化，就有了可能性和无穷潜力。在这方面，各级地方政府有不少工作要做，似应着重大力发展龙头企业。

从长远看，关键还在坚持市场经济的基本原则，给人以平等竞争、平等就业的机会；进而给人以平等就学的机会，最终给人以进入中产阶层的机会。

共同富裕不等于平均富裕，又不同于一部分先富，而是大家富起来，与贫穷彻底告别。这是一个很长的历史过程，需要一代又一代人继往开来的不懈努力。我们这一代，无论老少，或许看不到战略的完成和目标的实现，但是，坚冰已经打破，航道已经开通，航船已经起锚扬帆，朝着预定的目标加速前进。我们对走向共同富裕充满必胜的信心！

（原载《群众》2002 年第 3 期）

更加倾情弱势群体

从大众媒体传递的信息，越来越频繁地透露出两种社会现象：一是确实有一部分人先富起来；二是同时有一部分人在不断地弱势化、边缘化。前者除了已有第一代到第四代的富翁、拥有个人资产以亿元计外，仅说百万元以上的富户，前几年约百万个，而今可能将达千万个了；后者指失业队伍有所扩展，尚未脱贫的农民还有 3000 万人，并且有相当部分职工和农民的年收入徘徊不升。反差有多大？按比较模糊的基尼系数，前两年官方宣称还不到 0.4 的警戒线；不同单位调查测估的结果是已经突破了，有的把城乡合起来竟近 0.6。不管怎样评价，大家不否定存在“马太效应”即富者愈富、贫者仍贫；若不说是“两极分化”，至少也是“一极分化”(平均收入提高，而少数人增长特快)。有人富起来，这是好事，而出现日益庞大的弱势群体，不能不认为是值得正视和重视的经济问题和社会问题。

面对上述情况，经济学家或更多的经济学者(经济学工作者)干什么？一方面，不妨继续鼓吹要让一部分人和一部分地区先富起来，如为发展私营个体经济构造更有利的政策环境、为按资分配和按技术分配设计更有效的方式以及直接为这些企业和经营者进行咨询，以至提倡高消费等。另一方面，对由于贫富不均而形成的弱势群体，固然也有人为之呐喊，表示关注：但是相对地说，呼声不太响亮，还夹有杂音，如主张着重扶优、不赞成强调扶贫。这也是不公平，讲得严重一点是“嫌贫爱富”。应当有所调整，更加倾情弱势群体，先在理论上，后在对策建议上，克尽经济学者作为知识资源所有阶层的社会职责和历史使命。

在理论上，有若干问题要研讨，要明确：

一、反对贫穷主义的前提下，收入差别的合理程度何在？姑不论已有流行标准，如前述基尼系数定位于0.4左右；也不论邓小平原来设想，实现小康后就可考虑先富帮后富，开始以共同富裕为奋斗目标。从中国国情和现状出发，存在占人口多数的弱势群体，或许在一定阶段唯以避免，但是带来了一系列的矛盾。从经济角度看，多数人的收入增长较久地滞后于经济增长，人均收入占人均GDP的比重越来越低，消费率不断下滑，势必导致内需不足，成为制约着整个经济持续、快速、健康发展的严重屏障。当前所谓从短缺经济转化为"过剩经济"，其实不是资源和商品的真正过剩，归根到底还是弱势群体的有效支付能力偏低。所以，有人还在批判平均主义，其代表性很可疑。另从社会、政治的视野看，当前的种种不稳定因素，包括"男盗女娼"，或许也与贫富差距过度有关。

二、在分配原则上，如何处理好效率与公平的关系？改革开放以来，首先认定"效率优先、兼顾公平"，是正确的，完全必要。这既是针对传统体制的不讲效率，又是由于只能先把蛋糕做大，才有利于收入分配的逐步提高。但要承认，两者之间有冲突，兼顾不容易，总有轻重和取舍。特别是公平不等于平均而是公正和平等，内含丰富，过去阐述不祥，常被忽略。如能做到竞争公正和机会平等，就有利于提高效率，相互统一了。经过20年实践，效率优先初见成果。在收入差距渐次扩大后，转为"效率与公平结合"是及时的；展望未来，如能进一步提出"效率与公平并重"，可能更有利于在不影响效率的前提下，充分体现公平，防止差距太大。

三、在分配上，按劳分配和按要素分配怎样体现和掌握？对按劳分配，解释为按劳动成果的数量和质量据以决定报酬，本来不错；但是在引入体力和脑力、简单和复杂、直接和间接、生产和服务等各种劳动范畴后，怎样定性和定量，评价不一。过去，曾经只肯定体力劳动和生产劳动才创造价值，极其单面；目前，由于劳动力结构的分化和供给的余缺，导致相反的判断，也不完整。对按要素分配，同样有不少待解方程:按资(资金、资本)分配,在把非公有制企业的经营管理转列入按劳分配后,还余留什么,其中雇佣劳动所得(如分红)与其他所得(如利息)有无区别;按技(技术或包括科学甚至人文、社会科学)分配,内含更广,要不要把科技劳动转化按劳分配,那么余留什么。显然,这些概念不搞清楚,按要素分配就不可能做到公平和合理,并摆正不同群体之间的分配格局。

四、在分配调节上,也有若干难点和疑点。流行一种观点:初次分配讲效率,再分配讲公平。这也有理,但是不能截然分开,因为初次分配不能不讲公平,再分配又不能违反效率。特别是在再分配中如何贯彻公平,即实行调节以保证公平、适当缩小过度差距,文章很大,尚未破题。再分配的环节很多,仅以税收为重要手段,企业和个人所得税已开征,往往只限于公开、透明部分,即使高额累进,仍有多收少税问题;遗产税和赠与税在议论中,主客观条件似未成熟,迟迟未能启步;消费税等也有调节,功能目前更未充分发挥。类似之处,发达国家和发展中国家,中国的传统、习惯和时尚,都有很大区别,有些亟待开题,不是轻而易举的。

五、最后归结到经济学说和经济学派,曾有激烈争论。明显的,一头是自由主义,另一头是所谓新左派(不宜在左字上加引号)。前者不仅是政治观点,尚在回避,而在经济上,崇尚市场经济,延伸到自由贸易和全球化,已经渐居上风;反映在分配,同样侧重效率、忽视公平,认为谈到公平就损及效率,并且差距扩大是必然的、持久的,企图给以限制和纠正都有害和徒劳。联系到上一世纪的历史,传统的社会主义模式遭到挫折,使某些标榜社会主义的理论、纲领和主张都黯然失色。如对市场经济,除官方文件外,学者们已经很少加以社会主义的定语,感到说不明白。落到收入分配,关注和同情弱势群体,提出改善其境遇,往往被归入新左派一流,使不少学者陷于彷徨甚至失语。这是不正常的。应当打破门户之见,不说社会主义,就说人道主义,也要倾情多数,并且不仅在分配领域,而在整个经济发展的路径上都以不断提高人民群众的物质和文化生活水平、生活质量为出发点和归宿。何况,还是应当坚持社会主义，区别于资本主义，至少在不遗余力地发展经济的基础上，应当使其成果为多数人所分享和共享。经济学的基本任务就是既要研究经济发展，又要研究发展后的造福人群大多数。明确这点，倾情弱势群体就顺理成章、责无旁贷了。

于是在实践上，有若干对策要研讨，要建议：

一、千方百计地增加就业，减少失业。好几位经济学家不约而同地把此事列为中国新世纪的一号课题。乃是卓见。因为当前正值劳动力的高成长期，又恰逢入世的冲击。按既定的“十五”规划，预测目前城镇登记失业率约在3.5％的实绩上，五年后将突破5％，还是比较乐观的，也不包括农村的剩余劳动力。这是世界上最大的一支劳动后备军，有无出路，亟待沉思。看来，要有整套办法，如积极发展第三产业、中小企业和非公有制经济，并保留相当的劳动密集型行业，在进行技术改造中尽量采取以劳动替代资本、技术而不是一味地以资本、技术替代劳动，防止片面地提高有机构成而挤出劳动力。这在流通领域也有新情况，如超市包括洋超市的占领市场份额飙升，使很多小商小贩门前冷落；解决办法不是因噎废食，而在把零星商贩用多种方式组织起来，提高其竞争力。

二、加快社会保障制度建设，扩大其覆盖面。尽管有各种措施，失业人数在可以预见的年代仍将居高不下，加上各地先后进入老龄化，建立和健全社会保障制度始终迫在眉睫。这要花大力气，在改革体制和机制的同时，必须广辟财源，包括在国家财政支出中逐步提高比重，以补历史遗留的巨大缺口。做到“两个确保”很不简单，又不能满足于此，而要在逐步提高收入水平的进程中，力争低收入者的收入增长不低于、还高于平均增幅。这不是市场主义的回归，而是一种补偿。众所周知，当前社会保障还不普及，如何推广到广大农村，仅在浙江等少数地区有所试验，水平也不高，有待总结和逐步推广并予完善。对低收入者，除了最低生活费和最低工资两条底线外，在住房、医疗、教育等方面也要有因地制宜的统筹规划，给以必要照顾。

三、农民的增收减负，始终是难中之难，力争要有实质性进展。

“三农”问题，核心在农民；农民问题，关键在增收。在这方面，议论已多，筹划也详，只是实施甚难，见效不大。反映在统计数据，年均收入小幅增长，不问有无水分，平均数掩盖了众数，离均数也在扩大，都不尽如人意。如调整农业结构，典型涌现不少，而从宏观看，总不能让多数农民都不种粮棉油等大宗作物；推进农业产业化经营，同样有喜人案例，而具体解析，除龙头企业和流通经纪人获利明显外，纯农户的实惠并不多。有人认为，致富农民，根本之道在非农化即转移农业，城市化即压缩农村并落实到农民的市民化，原则简单，措施抽象。另如农村的税费改革，面对基层人员众多和基层财政窘困，更是一本难念的经。经济学者对此，同情已够，倾心却不太多，还停留于坐而论道的空谈。

四、回到职工阶层，一些基本权益问题正在暴露，必须呵护。工人阶级，过去说是领导阶级、全民资产所有者、国家和企业的主人翁，现在从社会到自己都淡化到了极点，仅在每年的国际劳动节和工会内部有时提到。不讲阶级，仅讲社会阶层，渐渐离开权力资源、财产资源和知识资源。与农民一起，从社会中坚和“基本群众”不断地边缘化，在经济上，也在政治上和文化上。随着国有经济的战略性调整，多退、少进，纷纷转制为非公有制企业，其地位进一步变化。与为富者讳、不提什么阶级一样，也讳言劳资关系，使雇佣劳动恢复到原始性。改制企业增强了活力，有的增加了利润，而多数降低了劳动报酬。中小企业的加班加点多了，加班工资却很少甚至没有。劳动保护和生产安全缺乏保证，近年来事故陡增决非偶然。诸如此类，都是半公开的秘密，而媒体不传，怕影响部分先富者的积极性。经济学者再不站出来说，难道再等马克思写第二部《资本论》吗？

五、一定要大力降低教育成本。分配不公，根本在于机会不等，表面是就业机会不等，底子里是受教育机会不等。这是由于当前教育成本过高，使收入高低的家庭子女由于教育投资也有高低而享受不到平等的权利，并决定其未来就业的不同和报酬的不同。义务教育从六年制延伸到九年制，城乡教育水平差距有所扩大。尤其是大专以上教育，形式只是机会均等，最多只是城市越大、分数线越低引起了一些非议；

即使考上了，所需费用也逐步攀升，使部分公民望而却步，艰难度日。据悉，各地教育经费支出并未做到规定的在财政预决算中所占比重不断提高，可能是转嫁给了学生家长，使教育成本有增未降。关怀弱势群体，不能希望在教育上向他们倾斜，但有理由要求在机会均等的基础上，有序地降低教育成本，最终实现大学教育的大众化（不是也不可能普及化）。这里有一门教育经济学与卫生经济学、文化经济学一道，都是着眼于惠及大众的新兴经济学科，等待着经济学者去开拓、创新。

把更加倾情弱势群体作为经济学家的社会职责，提出上述一些理论和应用问题，是现实给我们的一记沉重的叩响所引起惊醒。有人会说，这是不识时务，不懂得经济发展的客观规律，论据来自世界，包括发达国家和发展中国家，贫富差距都在拉开，不可能再缩小了。但是作为学者或专家，出自良心和良知，在经济学上不能只讲发展、不讲共享，容许多数处于弱势地位。记起格瓦拉一句不会过时的话："如果面对不公正的事情，不愤怒，不激动，那人当然不是我的同志。"江泽民同志讲"三个代表"，落脚于最广大人民的根本利益。人总要有点理想。我们的现实，从旧社会来，即使还是一个金字塔型，上尖下广；那么，不该始终维持这种状态，应当经过努力，把它改造为最终成橄榄型，两头小，中间大，众数处于越来越富裕的平均水平。这不排斥可以为一部分人先富起来效力，为培育一个相当富裕的中产阶级作出贡献；然而，如果仅是这样，即使自己也跻身于其林，不为更多数人服务，就应当承认失职，感到耻辱！

（原载《江苏经济学通讯》2002 年第 3～4 期）

关注拆迁户

大中小城市在建设、在发展、在美化，要拆掉或多或少的原有住户，这样就产生了一批临时群体，叫做拆迁户。拆迁户涉及城市人口的一成、二成甚至三成以上。此事关系广大人民群众的切身利益，情况复杂，问题丛生，应引起高度关注。胡锦涛同志在“七一”讲话中说：“群众利益无小事”，这就不是一件小事。

从拆迁的人们中听到反映，大部分是赞成的，一部分是高兴的，如换了新房，改善了生活条件。但是，也有相当部分不大满意或大不满意，导致相当多的来信来访，有的言辞激烈，有的流泪下跪。情况和问题，大体上有：

一是拆迁理由，说是造地铁、开马路、建高楼，为了城市化，没有人不拥护。而找别的借口，如指斥为违章建筑，有人就说：“过去破墙开店，也是政府动员的。”南京兰园附近拆了一片商住户，建领导干部宿舍，难免受批评。

二是拆迁的补贴费，按照当地的商品房单价计算，本来合理，应无话说。有人从市中心搬到近郊，面积还有扩大。但是不少人说，给了建筑费，没有装修在内，要多出几万到十几万元。这对低收入者尤其是下岗者，确有难处。

三是安置就业，与拆迁似乎无关，也不是没有考虑，但是多数没有解决好。在拆迁中，不少是门面房，原来开小商店或服务业，地段不错；迁移后，较难找到同样地段，影响继续经营，有的变相下岗，一下子成了困难户。看来，应当纳入拆建思路，尽可能有易地安置，建若干小市场。

四是拆迁户也要承担建设费，在后发展地区不乏其例，引起群众不安和抵触。媒体报道，苏北某市对拆迁户说："政府钱不多，你们也出些，也作些牺牲。"老百姓就答："钱不够，不能慢点拆、迟点建吗！"因为政府固然穷，老百姓更困难。

五是在征地中对失地农民，照顾往往不够。城市扩大，要占农田，对失地农民，除安排就业外，有的一次性买断，给几千、一万至二万元，往往留有后顾之忧；有的每年给三、六、九百元一亩，使失地农民始终在贫困线边缘。对照征地后卖地价，应当和可能处理得更好。

此外，还有子女入学、老人就医、生活服务和环境卫生等，拆迁户有不同要求，不能闭耳塞听，而要更多地为他们设想，将心比心。

城市拆迁，已有多年，按照大拆大建的宏伟规划，还是方兴未艾。除大中城市外，集镇合并，也有这个问题。有的拆建后，规划修改，标准提高，又进行再拆建。对拆迁户来说，搬一次家是一次折腾。建议有关部门关注此事，各级领导关注拆迁户，总结经验，不断研讨，定期召开听证会，最好制定一个法令、条例至少是暂行办法，促进此一工作的规范法、法制化。

（原载《江南论坛》2004 年第 3 期）

善待买断者

在国有企业改革尤其是公有企业改制中，如何对待原有职工，越来越盛行一种做法，新名词叫“买断”。简言之，就是根据年龄和企业工龄，给职工一笔钱，从此割断职工与企业的关系，由“企业人”随即转变为“社会人”。

企业改制，处理职工是一件大事、一个大问题。毋庸讳言，所以要改制，改变企业的所有制性质，归根到底是传统的纯公有制存在许多弊端，不管过去和当前的经营状况如何，展望未来，在市场竞争机制冲击下，现有的体制决非长远之计。其中，企业吃国家或集体的“大锅饭”，能进不能出，导致职工队伍不断膨胀，职工素质难以提高，人浮于事，效率低下，确是一个沉重的包袱。挽救企业，必须轻装。除正常的退休、不正常的内退外，对富余劳动力坚持减员，买断是不得已的对策。这对企业是解脱，为走出困境、推进现代企业制度，不失是一条出路。

但是，对被买断的职工来说，却不尽是好事，多数人不仅有失落感，而且有危机感。这也不仅在观念和感情上，“铁饭碗”忽然砸破，而且在实际上，带来本质的剧变，有人认为是大祸临头。因为现在多数被买断者，年龄处于中年或壮年，除专业外别无所长，买断价格多则三、五万元，少则一、二万元，凭此资本和能力，去闯市场、闯社会，路径不多，把握不大。有人愁眉苦脸地诉说：买断、买断，恰恰是断了生计、断了前途。被买断，其实就是下岗、失业，甚至还享受不到相似待遇。这种心情，非身历其境，无法得到深切体会；但是，听到反复诉说，铁石心肠的人也会深受沾染，容易一掬同情之泪。

当前,被买断者的人数有多少?缺乏公开的统计数据,也未全部列入登记失业率。但是,抓抓案例,在各转制企业相当普遍,决非少数。对此,应当纳入居安思危的框框,不能掉以轻心。大家讲"以人为本"就业又是"人生之本"。买断无异失业,不论在社会和劳动力市场上占多少百分点,在个人则是百分之百地遭遇不幸,划入了困难群体、扮演着弱者的角色了。

提出这个问题,强调其严峻性,并非反对企业改革和改制的既定决策,而是希望对"买断"这种做法引起高度关注,作为一项人事政策来进行再思考,分析其利弊得失,尽力给予改进,基本目的和要求,归纳为五个字:善待买断者;或者再加一句:慎待买断者。可能有几个方面亟待研讨:一是企业转制,买断的面要不要有所控制,以免过度的大下,以缓和其震荡度;二是在多种减人方式中要有比较和选择,能有其他上策、中策最好,买断属于下策,不宜列为首选;三是对买断本身要有具体规定,特别是力争与社会保障挂钩,尽量消除其后顾之忧:四是对买断者要有适当安排和支持,包括转业培训等,不是一买就断,一断了之,继续体现政府、社会对弱者的人文关怀。

"买断"两字,过于绝对,施行者感到"爽",被施行者听来"涩"。能否换个相对中性的名词,也有利于社会秩序的稳定和人们心理的平衡。

(原载《东方企业家》2004 年第 2 期)

积极消除“零就业”家庭

就业是民生之本。但在世界各国，都存在着失业现象，只是程度不同、境况各异。我国是人口大国，由于人口多、底子薄，就业问题格外突出。

在失业群中，人们发现，最困难的是“零就业”家庭，即一家数口中虽有劳动力，却无就业者，生计没有着落。失业者情况多样，如夫妻同下岗、子女未就业以及土地被征用等。对他们给以低保或失业保险，可以勉获温饱，但是难以持久，更不用说逐步改善和走向小康了。

实践中也涌现了一些好经验，是以“零就业”家庭为对象，优先安排其就业，即使一户只安排一人就业，就成为“零失业”家庭。“零就业”家庭是窘迫的，转化为“零失业”家庭，顿然感到温暖，更有利于社会稳定。从“零就业”家庭到“零失业”家庭，一字之差，实有天地之别。做好这项工作，涉及很多环节，决非轻而易举。

一要树立和坚持这个就业目标。要把“零就业”家庭控制在有限比重，进而逐步压缩以至消失。户户有就业（无劳动力者除外）应当成为和谐社会的一道底线。

二要从源头上防止“零就业”家庭的失控。当前经济社会还处于转轨期，除了新生劳动力中部分是新失业群体外，随着经济结构、企业结构和所有制结构的调整和变化，还将有一部分城市职工要离岗、下岗，部分农民要失地、迁移。在此过程中，有的地方规定每户至少要安排一人就业，是很好的，但是并没有成为制度，必须形成一道硬杠杠，坚决落实，以免“零就业”家庭的持续涌出。

三要认真做好申报、调查和登记工作。“零就业”家庭到底有多少，应当允许申报，并主动调查，进行登记。要深入细致，一户不漏，一人不忘，力争全面可靠，并进行动态管理。

四要开发相应的就业岗位。各地在扩大就业工作中，都注意了就业岗位的开发，并与安排对象结合起来，如重视“4050”群体和妇女、青年等。“零就业”现象也有其特点，如有的年龄较大、知识较缺、体力较差甚至有某些病残。为此，一定要与经济社会的发展及其结构演变相结合，特别是适当保留和发展劳动密集型的三次产业和中小企业、私营企业，并把就业与创业相结合，从财政金融上支持有条件人员的创业。

五是有针对性地给以培训。从失业到就业，有的要转行，有无一技之长是关键。“零就业”的家庭，包括其成年子女，往往就业能力不强、就业门路狭窄。所以，大力培训，转弱为强，十分重要。对社会来说，也是解决结构性失业即“有人无事干、有事无人干”现象的根本出路，既有利于扩大就业，又有利于经济社会发展。这对于农村富裕劳动力转移到城市就业，更是必不可缺。

在上述工作中，必须有一系列的政策支持、政策引导和政策调整。此外，还要注意防止产生某些副作用。如有的地方推行一户最少安排一人就业，结果却导致一阵不小的离婚风和假离婚，对这些现象和行为必须通过教育和管理给以制约。

最近，不少地方开始推广“零失业”家庭的经验。辽宁省劳动和社会保障厅正在着手建立一套援助“零就业”家庭的长效机制。江苏省劳动和社会保障厅下发了《关于把握工作重点推进“五个充分”全面提升劳动保障事业整体水平的指导意见》，其中一点就是在五年内全省消除“零就业”家庭，达到家家“零失业”，尤其是失地农民、无力参加基本养老保险的下岗失业人员和无力参加各种新型保障制度的城乡贫困人口。

解决失业问题，实现充分就业，任重而道远。消除“零失业”家庭，在某种意义上，不失是全民就业和充分就业的一种替代模式，如能逐步普及，于国于民，都是大幸！

（原载《红旗文稿》2006 年第 13 期）

重视和利用“地摊经济”

我在江苏省社会科学院工作,位于虎踞北路,不远处有一个室内菜场。每天早晨,场外沿街,会有一群小商贩,以地摊形式,出卖蔬菜、瓜果、鱼虾或小工艺品如针线、鞋帽之类。附近人家来买菜时,也频临地摊,作成一点生意。类似情况,到处可见,经营主客体多种多样。这本是城镇的一种风景,习以为常,或许有千百年的历史了。

但是对地摊,另一种称呼,叫做无证商贩,因为其中除少数有摊贩证外,多数是流动的或暂时的,包括郊区农民把自种产品拿出换些零用钱。由于这样,他们处于非法身份,没有被认为是正当职业,也没有足够的社会保障,甚至被认为破坏市容,列为整顿对象。经常见到,管理市容的人来了,顿时分散逃走。有来不及者,或被没收,或被踢翻,留下哭喊,大家也不以为奇,似乎理该如此,罪有应得,法无可恕。

我见到几次,不免产生怜悯之心。在一次高层论坛会上,连同拆迁问题,向出席的领导面对面地直言了。当时引起领导的某种反感;也有学者帮腔,说:“态度要文明些,但市容不能不整顿。”没有人说一句公道话。

其实,地摊是一种经商业态,古今中外都有,可以名为“地摊经济”。个体虽小,宏观却大,买卖双方是成千上万的。这为农副产品和小工艺品打开销路,有利于生产发展,也为广大消费者提供服务,十分便利。又是一种机动灵活的就业方式,为越来越多的下岗、失业者和待业青年,开拓一条生路,不需过多资本,只要用心、用力就能够勉强糊口,至少是过渡。原则上不承认其合法,随意可以取缔,定期进行大整顿即大扫荡，而目的只是维护市容的稍加整洁，岂非因噎废食？

因此，有必要重视和提倡“地摊经济”，给以适当利用，不仅为生产、生活着想，更有利于缓解失业，消除一些社会矛盾，增添一些社会和谐。这不是不要管理，但要讲究方式方法，不难做到市容与地摊的协调，获得两全。有的地方和社区已有较好经验，如对相对固定的给以免费执照，划分地段或规定时间，就不致混乱，若能进一步给以扶持，如开展小额贷款，组织营销网络，在节假日采取某些有序活动等。这样，有望促进“地摊经济”的更加繁荣，对城镇建设和人民生活也有利无害。

从“地摊经济”想开，当前某些措施，从“以人为本”、就业优先出发，还有不少亟待商榷。如有的城市取缔摩的和三轮车等，既导致部分人变相失业，又给部分人以不方便，就该统筹兼顾，寻找更好对策。这些问题，要经公共论证，能稳步实施。只是少数人或个别部门拍拍脑袋，往往不够妥善，甚至损害困难群众的切身利益，诱发有些人的不安和不满，应当慎思而行，防止错失，不限于对“地摊经济”的看法和做法。

（原载《创业、就业》2007 年第 6 期）

让工人阶级走出贫困化、边缘化、弱势化

提到工人阶级，对这个名词，不少人已经有陌生感、古典感甚至异样感。虽然，在《宪法》和《党章》，工人阶级继续处于领导地位和依靠对象，但是，有谁相信、有谁奉行呢？不妨问问工人阶级自己，在企业和在社会，你是主人吗？回答都是否定的。光荣已经逝去，希望能否再来，这是经济学、社会学、政治学、法律学和历史学、未来学的一道沉重和苦涩的难题。有人认为，阶级论过时了，现在要讲阶层。从一份社会阶层分析的研究报告看，工人在哪一层呢？不高不中，总体偏下，与农民仍是兄弟，但是，一旦失业、下岗，就跌落到最底层了。这份研究报告讲的是实话，反映了实情，不知为什么会遭到一些有权者的抨击，不说理由，人们猜测似乎是低估了工人、抹黑了当代。难道，我们应当颠倒黑白，粉饰繁华，才算是正面宣传。这是不会得到公众认同，也不会被工人阶级接受的！

且说工人，不讲阶级，当前的经济状况，作为确定其社会身份的首要标志，是值得正视的。改革开放以来，经济社会取得长足发展，人民生活不断提高。数据表明，城镇居民的人均收入逐步增长，虽然滞后于人均GDP。但是，平均数掩盖着不平均。有人调查，60%的人们在平均数以下，大部分就是一般职工，而体力劳动者即工人队伍中的主力，更占绝大多数。

最近，全国发行量最大的《读者》(2004年第22期)在“言论”栏目中摘转的一条是中国人民大学农业和农村经济学院院长温铁军的话：“当年他爹来打工是什么工价，现在儿子来打工还是什么工价。但是整

体的物价水平已上涨很多,因此农民工的实际收入是下降的。”这里,讲的是农民工,其实是马克思所说的产业后备军,“农村太穷,农民太苦”,他们漂泊到了城市,与原来的工人争一口饭吃,把工资压到仅能维持劳动力简单再生产的地步。

20 多年来的经济发展和收入增长,打破了人为的平均主义是一大进步,而结构变化则是:一部分人富起来了,方兴未艾;多数人有改善,高低不等;还有一部分人却下降了。后者之中,有农民,还有工人。反映这个趋势的是基尼系数,官方始终承认在 0.4 以下到 0.4“左右”,学者们不识时务,拿出数据,认为突破了警戒线。以此为准,又产生另一判断,是否两极分化了?如果是,照邓小平的说法,“改革就算失败了”!

马克思对社会财富的分配,有绝对贫困和相对贫困的标准。两种解释:一种是相对贫困指贫富分化,可能大家都有上升,绝对贫困指有人上升、有人下降;另一种是相对贫困指保持最低的生活需要,如人均收入每天在 1~2 美元之间,绝对贫困是在上述水平之下,如人均收入每天不到 1 美元。对照工人生活的现实,相对贫困是无疑了,绝对贫困也不是毫无迹象。

以上所述,还是现役工人,不包括失业和下岗者(无业、待业更在外)。失业、下岗的境遇,当然更差一些。在传统体制下,城镇劳动力本来由国家和企业包下来;后来包不下,就动员上山下乡,特别是知识青年即新生劳动力。改革后有失业或下岗,属于转轨期的阵痛,部分企业亏损、破产,部分企业人员过多(所谓隐性失业)。两者的责任不在职工,他们的劳动创造了价值,基本上是按劳取酬。现在企业搞坏,他们身受其害。即使企业不坏或兴旺发达,也要“减员增效”,让他们离开企业,为企业和国家作了最后的牺牲或称贡献。

这里,必须说说国有企业改制或转制,或称民营化,回避了私有化。其结果,且不说经营层和管理层变为所有层,一夜之间涌现了一大批新富人,要说的是职工,有两种出路:一种是留下;一种是“买断”或“早退”、“内退”。后者年富力强,不能劳动,收入下降,特别是“买断”,按工龄拿到几千元至二、三万元,从此与企业断了关系,也断了生计。留下的是幸运者，但据反映，“老板”比“婆婆”更厉害，在自己改拿年薪以几万元、十几万元到几十万元计的同时，职工工资一般未增有减，并且加强劳动强度，“五个人的活三个人干”，普遍有加班加点，不一定发加班费。

改革，理论和实践表明，难免是利益或利害关系的调整，不可能是“共赢”而是有得有失。但是，为什么改革成本这样高，并且都落到工人头上，由他们来承受。有人说，这是效率优先；但是，公平何在？这是明摆的事实，受害者敢怒不敢言，有些有权者明知不想言，媒体知趣不肯言，经济社会学者多数也失语了。要感谢郎咸平教授，他了解情况比我们少得多，却“路见不平一声吼”，点破了这层薄薄的纸，使工人无限感激，学者显得狼狈，官方应有不安。迫于情势，正义之声响起来，据说，会有某些措施，虽然既往难咎，总是人间开始有了公道。

以上所说，主要在经济上，延伸到社会、政治、文化，工人以贫困化为起点，同时走向边缘化、弱势化。边缘化是指不再在中心位置，没有钱也没有权，包括发言权、表决权。有人为农民呼喊，说人口占总数一半以上，人民代表却少得可怜。工人何尝不是这样！弱势化也由此而来，其结果是处于弱者地位，无力与强者抗衡。于是，处处受到歧视，特别是“心理歧视”，不容你不自卑。大家向往和享受着安居乐业，还有相当人数，大多属于工人阶级，失业下岗是无业可乐，面对房价飚涨而被拆迁也有不少是无居可安。

最后，不得不说到工会组织，至少应当代表工人利益，为工人讲话，为工人作为。这在上层如何，暂且不论；而在基层，大家感到地位也在边缘化，功能也在弱势化。过去的国有企业，存在干群关系；现在的私营企业，应有劳资关系。劳资关系，不强调了；如何处理，不清楚了。远在新民主主义时期的短短几年，本着“劳资两利”的方针和政策，劳资关系有冲突，也有协调。今天，企业在用人、报酬、劳动保护、生产安全、生活福利上，是否做到了《企业法》和《劳动法》的规定，似乎问题不少。农民工也是工人，所受歧视得到揭露，并未完全解决。如拖欠和克扣工资，直到温家宝总理“私访”，才列上议事日程，不久前仍有为拿不到工资而频频出现“跳楼秀”。最近看到几则新闻，提出大股东能否兼任工会主席以及《工会主席被炒鱿鱼》、《工会主席当了老板随从》等，真是滑天下之大稽、幽天下之大默。有人扬言，职工和下岗急什么，正在构建社会保障体系，生老病死都无后顾之忧了。经济学家樊纲说得对，社会保障只是一道底线，远远不是富裕。我们实行“以人为本”，提出“富民强国”，建设全面小康社会，最终到达共同富裕，这对处于贫困化、边缘化、弱势化的工人阶级，怎样让他们走出圈子，由穷人变富人，由无产变有产呢?

工人阶级，欲说还休!

（原载《东方企业家》2004 年第 6 期）

一定要使劳动也能致富

学习十七大文件，关注的热点之一是改善民生。作为社会建设的重点，改善民生有众多内容，收入分配是社会公平的重要体现。针对近几年来贫富差距不断扩大的趋势，大家希望有所扭转，并以共同富裕为最终目标。这要从两方面努力：一是扶贫脱贫，从缩小到消灭绝对贫困以至相对贫困；二是增加低收入者的收入，提高中等收入者的比重。在议论中，有人认为，靠合法经营致富，按照资本、技术、管理等生产要素的贡献进行分配而致富是可能的；但是靠勤奋劳动致富，靠劳动工资致富不容易，甚至是不可能的。

这种看法，很有问题。因为劳动，姑不论脑力劳动，仅以体力劳动而言，主要劳动者即工人和农民，属于基本群众，占人口的绝大多数；如果他们不能靠劳动致富，不管是缩小贫富差距，使中等收入者达到较大比重，还是共同富裕，都将成为空话。对收入分配制度，我们坚持按劳分配为主，在某种意义上，也是由于工人农民是多数，他们实行按劳分配，所以成为主体。当然，这几年来，他们的收入增长较慢，一部分人增加有限甚至还有困难；但是，正因为这样，我们才强调公平，要求改善他们的境遇。贯彻落实十七大精神，一定要使劳动也能致富。

劳动者增加收入，大致的途径有：

一是在逐步提高居民收入在国民收入分配中的比重的基础上，提高劳动报酬在初次分配中的比重。十七大这样提出，有其针对性和紧迫性。有关数据表明，过去一段时间，劳动报酬在初次分配中的比重有所下降，即所谓利润侵蚀工资，这种情况必须尽快扭转，保证工资的涨幅不低于而力争稍高于利润的涨幅。

二是着力提高低收入者收入，逐步提高最低工资标准，建立职工工资正常增长的长效机制。有人指出，可能有10年了，一部分人先富起来，而大部分职工的工资增长不多，甚至在原地踏步，是不合理的，也是不公平的。应当确立“水涨船高”的工资制度，纠正过去工资涨幅一直落后于经济增长率的潜规则，实现发展成果的全民共享。

三是设法使劳动者也有工资外的其他收入特别是财产性收入。流行一种观点，认为利润只是资本和经营的产物，按照马克思的经济学原理，至少是不完整的。应当提倡合作制和股份制，使劳动者也享有利润分成或收益分成，实行无产者向有产者的转换。

四是对农民，增加收入是个难题，要继续寻找有效办法。建设社会主义新农村，包括建设现代农业和高效农业，推进新的合作组织以及适度规模农业，发展农产品加工并实施以工返农等，都要落实见效。

此外，建立覆盖城乡居民的社会保障制度，扩大转移支付，加强公共服务，为劳动者夯实基本生活，免除后顾之忧，则是为他们致富设置一条底线。连同上述几条，不论是改善民生，还是有利国计，走向扩大消费来拉动经济的永续发展，都是民富国强的根本之策。

（原载《领导理论与实践》2008年第4期）

既得利益者与弱势群体的对话

改革开放以来，社会阶层逐步分化，在一部分人先富起来，多数人也得益的同时，还有一部分人得益不多甚至收入有所下降，以致贫富差距逐步拉大，“基尼系数”突破了警戒线。对此现象或问题，怎样解析，众说纷纭。特别在贫富之间，说法大异，缺乏共同语言，值得审视一番。

媒介报导，经常触及。最近从网上到报刊，提到一位摩的司机姓陈名洪，曾从知青、升学到厂长，后来下岗开摩的，又遭禁止，生活艰难，写了《一个摩的司机的自白》，申述自己的苦恼。发布以后，引起一位研究生叫郭峰的驳斥，提出：“咱们都是站在同一时代的起跑线上的，至于有些人发达了，有些人落后了，这个责任更应该从自己身上寻找。”类似案例，不止个别，我们在日常生活中也时有所闻，争论未休。

从这些事，向社会和政府提出了一个现实命题：贫富分化，原因何在？谁贫谁富，取决于什么？大家已有共识：在计划经济年代，个人的得失和贫富取决于计划给予，个人基本上没有主动权，而结果是均贫；改革开放以来，逐步走向市场经济，个人才开始有了主观选择和竞争向上的机会，一部分人脱颖而出。但是，先富起来的人是否靠自己的才智，未富起来的人是否由于努力不够，争论恰恰在于这是两个难解之谜。

应当承认，在先富起来的人中，有一部分是取之有道，包括顺乎潮流，抓住时机，致富是合情合理和基本上合法的；同时有一部分却不尽然，巧取豪夺，走的是歪门邪道，暴富后受质疑，自己也不心安理得。而在未富起来的人中，有的是不求上进或小富即安：有的是几经努力，却功败垂成，在无情的竞争中落伍。要害在后者，归根结底是两个问题：一是竞争是否公平、公正和公开，让人们真的站在同一条起跑线上，遵守同样的游戏规则；二是主观条件的欠缺，如户口、学历和所处环境，同样有一个公平与否的差别，不取决于个人的意志和努力。有人不服，有人羡慕，有人妒忌，有人"仇富"，根本都体现在公平这个原则上。上述争论，所谓既得利益者与弱势群体之间缺乏共识和共同语言，必须由此切入，始见分晓。

因此，构建和谐社会，必须更加关注社会公平。对收入分配，强调公平，只是其中环节之一，固然重要，涉及每个人的直接利益。但是不限于此，公平更有其广泛性和系统性。公平不限于分配，那是重点，而起点和过程的公平，则在市场机制的规划化和法律化。再往前溯，还有教育公平，就业公平，否则未入市场，已分强弱。分配也不是公平的终点，为了弥补其缺失，更要有宏观调控，二次分配和三次分配，包括社会保障和社会救济，使由于历史、社会因素而导致的主观条件落后有所馈偿。这样，并非回归空想的平均主义，而是力争最大程度的公平，使发展成果为全民共享。虽然仍有贫富差别，其差距合理，各得其所，贫富之间不难有口服心服的一致评价和共同语言，也无所谓既得利益者与弱势群体之间不容跨越的鸿沟了！

（原载《学习与传播》2006 年第 6 期）

公平分配:经济学的最难题

经济学,无疑是一门显学。过去曾是,现在更是,未来仍是。因为人都赖经济为生,多数就业于经济领域,直接、间接地参与各项经济活动;国家也以经济为中心职能,政府行为大部分与经济有关。在社会科学界,经济学人是最庞大的队伍;在教育界,经济院系始终是热门。

经济学是什么?或者说,经济学研究什么,承担什么任务?这有许多答案,众说纷纭。“经国济世”,由来已久,不得要领。“以生产关系为主要对象”,没有表明其最终关怀。萨缪尔森写道:“经济学研究的是社会如何利用稀缺的资源以生产有价值的商品,并将它们分配给不同的个人。”吴敬琏也讲过类似的话,大意是:首先要研究怎样发展生产,然后要研究怎样分配。

邓小平重新定义社会主义,从解放和发展生产力开始,最后归结为达到共同富裕,与上述见解不谋而合,可以认为也道出了经济学的真谛。

事实正是如此,古今中外的经济学,无不以发展经济为己任。古典经济学是这样,现代经济学也是这样;景气年代的经济学是这样,危机年代的经济学也是这样;基础经济学和理论经济学是这样,部门经济学和应用经济学也是这样;宏观经济学是这样,微观经济学也是这样。更不用说战后新兴的发展经济学,干脆就以怎样发展经济为标题,望文即可生义。这方面的著作,汗牛充栋,不可胜数。

人类社会以经济为基础，历史以经济发展为主轴。一部人类史，在某种意义上，首先是经济发展史。世界经济得以不断发展，包括克服种种挫折和困难，过去靠经验，后来有理论，经济学是有用的、有功的，并从中导致自身的发展。容易设想，如果没有不断发展的经济学，政府和企业的决策和行为就不免陷于盲目和随意。随着经济学的渐趋成熟，政府决策的失误率下降了，企业经营的竞争力提高了。经济学对经济发展确有着不可磨灭的贡献。

但是，经济发展后，如何分配，为社会人群所共享，却不像发展经济那样越来越简单明了和切实可行。固然，在每一本经济学教科书和专著中，也有关于分配的篇章，讲到分配的原理、原则和方式、方法，并有若干价值评判，但是，始终没有形成一个公理，为大家所赞同，被人们所接受。这不是指文本、概念和观点、说法，而是表现在对现实的指导没有造成理想的结果。

当然，讲公理，似乎也有，不无共识的就是效率和公平，已经成为分配的方针和政策，并表达为“效率优先、兼顾公平”。只是如何理解、如何掌握、如何实施，看来颇有难度，值得反复推敲。分配要讲效率，服务于经济发展，目的是把蛋糕做大，这是前提，无可厚非；难的是怎样又要做到公平，就有不少模糊和障碍。本来，效率对应于无效率，公平对应于不公平，不是一回事；现在扯到一起，反映了两者之间确有联系，确有矛盾。于是产生另一种理解：强调效率就会失去公平，强调公平就会牺牲效率，两者有如鱼和熊掌之不可兼得；勉强地说，只能在服从效率的前提下适当地照顾公平。

至于公平是什么，同样难解。最原始的理解是指分配结果的公平，含有平等、平均的意思。“不患寡而患不均”，认为不均就是不公平、不平等。农民起义靠此揭竿，这是在经济不发展、不发达情况下多数人的追求，目的是求生存。过去实行军事共产主义的“供给制”，也同此理，出于不得已。沿袭到建国后，基本上实行平均主义，或称“吃大锅饭”，直至人民公社化，办公共食堂，实践说明行不通，因为那压抑人的劳动积极性，束缚社会生产力的发展。

于是有另一种理解,是指分配原则和方式的公平,并肯定分配结果的不平等、有差别是必然的、合理的。当时承认的分配原则是按劳分配,方式有“八级工资制”等,虽然有人批为“资产阶级法权”,终于跨越过来了。但是,单一的按劳分配基于“劳动价值论”(只承认劳动创造价值,是社会财富的唯一源泉),够不够呢?特别是转向市场经济,资本、土地和技术、信息都是构成生产力的生产要素,要做到资源的优化配置和节约利用,不能不让要素也参与分配,接受了过去被认为是“庸俗经济学”的多元分配学说。

从坚持按劳分配原则到容纳按要素分配,多种分配方式并存,是不是公平了?也会引发不同意见。这里,即使强调了诚实劳动和合法经营,把巧取豪夺和以权谋私等排斥在外,人们感到,在就业环境尤其是就业机会上是不平等也不公平的。最明显的是城市和农村不同,市民和农民从呱呱坠地起就面临不同的命运;其次在不同地区、不同行业和不同企业之间,分配差距也大,把择业等同于“第二次投胎”。这导致经济学的分配理论的进一步深化,分配的公平不仅在分配的原则和方式上,还在择业的机会上必须公平,引入市场机制,实行竞争上岗等。再进一步深究,要形成就业条件的公平,主要就是受教育机会的公平。这也有待经济发展,不能期望一蹴即成。

最后,还要回到分配结果,即使市场规则公平了,由于就业条件和受教育机会的不尽公平和按劳分配、按要素分配的相对公平,仍会导致分配收入必有差距,并且产生“马太效应”,使收入差距越来越大、越不平等。这有一定限制,表现在基尼系数上,过大了会造成社会动荡。为了解决这个矛盾,经过低收入群体的呼吁和争取以及得到高收入群体的让步,得出两个办法:一是对收入分配进行调节,主要是靠税收,包括个人所得税、遗产税和消费税;二是推进社会保障制度,特别是失业保险和对贫困者的社会救济。只是推行这种办法掌握得度很不容易,过或不及都有副作用,不利于经济发展和社会进步。所谓福利国家,常会遇到惶惑,亟待妥善处理。何况,这只是把贫富差距调节到贫困者可以承受的程度,离共同富裕尚远。

总之，公平分配的问题在当代经济学的理论体系中已占一定位置，但并未完全解决；表现在实践中，更是贫富差距越来越大，在国际上，也在国内，无论是发达国家或发展中国家。新的世纪，全球化和信息化的新趋势将对经济发展形成新的动力，而对公平分配却可能不是福音，或许是提供了公平的机会，但不会导致公平的结果。人类的前景如果是蛋糕越做越大，而分配收入的差距也越来越大，经济发展和科技进步的成果不能为全民共享，那社会冲突就不会止息。

马克思主义的经济学在研究生产关系对生产力的制约时，也关注分配的公平问题。否定资本主义的生产方式，很大程度上是因为发现了剩余价值和剥削，解决的办法是废除私有制。而这在当代显然还行不通。至于从社会主义的按劳分配、各取所值到共产主义的按需分配、各取所需，分配的概念已有不同，只是一种理想或猜想，要到遥远的未来才能受到实践的检验。

邓小平的设想“让一部分人先富起来，最后实现共同富裕”，现在也处于实践途中。看来，让一部分人先富不难，目前已是现实；而帮助未富者后富，原来考虑在小康后，则有很大难度。拉开差距，轻而易举；缩小差距，难上加难。我们面对的实际情况是贫富差距还在扩大，在总体上实现小康时，相当多数的农民才解决温饱不久，农民增收仍是难中之难。农村的普遍贫穷已被打破，而共同富裕还待持久努力。强调集体经济为主的苏南模式正在演进；以共同富裕标榜的南街公社和华西村实际上是集体雇佣劳动所有制，离开了成倍的打工者就富不起来；西部大开发要赶上东部，也不是短期的事。

公平分配，这是经济发展中的难题，也是经济学的难题，甚至是最难题，并涉及到经济伦理学等其他学科。世界没有解决，中国也没有解决，无论在理论上还是在实践中。在这方面继续探索，找到有效对策，将是对国家、社会以及人类的很大贡献，希望经济学界群起而攻克之。

（原载《南京经济学院学报》2001 年第 4 期）

理顺分配关系

党的十六大报告有一系列的理论创新和对策创新。在“经济建设和经济体制改革”一节中，提出深化分配制度改革，不少地方使人耳目一新，值得认真学习、深刻领会和仔细探索。

在整个经济运行中，以生产为起点、消费为终极，分配是十分重要的中间环节。关于经济学的研究对象，有一种说法，无非是两头：一是如何发展经济，二是在经济发展的基础上如何合理分配。这也反映了社会主义的生产目的和“三个代表”的要求。党的十六大在总结13年来的实践经验时，提到“在经济发展的基础上，促进社会全面进步，不断提高人民生活水平，保证人民共享发展成果”，其意思是一致的。

传统理论和体制，强调并实施单一的按劳分配原则，本来有一定的道理和依据，但是实际上是推行普遍的平均主义，所谓吃“大锅饭”或多干少干、干好干坏、干与不干一个样，彻底挫伤了人们的积极性，束缚和破坏了生产力，制约了人民生活的改善，形成恶性循环。改革开放以来，分配制度逐步变迁，为发展经济恢复了动力。只是相对而言，人们对发展经济是充分重视了，对合理分配还不自觉地放在比较次要的位置。在民意调查中，不同阶层对现行分配制度的满意度都不太高。所以，十六大提出深化分配制度改革，并说“理顺分配关系，事关广大群众的切身利益和积极性的发挥”，有其现实性、针对性和紧迫性，是非常必要和及时的。

一、调整和规范国家、企业和个人的分配关系。这是大分配，带有宏观程度，也是一个老问题，通称“三者关系”，直接影响国民经济的积累和消费。正确处理的原则是对三者统筹兼顾,防止畸轻畸重。如对国家税收,经济学上有一条拉弗曲线,财政收入过少了不能满足必要的公共支出,过多了则会限制企业的扩大再生产和人民的扩大消费;企业积累过少了不能保证自我发展,过多了则会限制职工增加收入;这两方面的结果,最后决定职工收入的能否逐步增加,进而决定能否调动其积极性和创造性。长期以来,曾经发生过积累太多的倾向,偶尔也有工资失控。目前的三者关系,基本上比较合理,但不是没有尚待检验和调整之处,并且应当审时度势,适时微调。特别是要走向规范化,避免随机性,使三者之间的分配关系相对稳定、不断完善。

二、生产要素按贡献参与分配。从单一的按劳分配转向按劳分配为主、多种分配方式并存,作为基本的分配制度,是改革的一大成果,适应了社会主义市场经济的取向。这里,姑不论劳动是否创造价值的唯一源泉和劳动的内涵、外延等尚有争议的问题,现代生产都不是简单的体力劳动,而靠多种生产要素的组合。十六大报告列举资本、技术和管理等生产要素与劳动并列,提出按贡献参与分配的办法,又是一大突破,表明了对生产要素的整体观、发展观和时代观。只有这样,按生产要素的贡献给予相应的报酬,才能引起人们对要素的应有重视和恰当评价,促进要素的大力开发、节约利用和合理组织,达到各得其所、各尽其能,有利于发展生产、提高档次、增加效益。十六大报告还讲到"放手让一切劳动、知识、技术、管理和资本的活力竞相迸发,让一切创造社会财富的源泉充分涌流,以造福于人民",与按要素分配是互相呼应的。

三、坚持效率优先、兼顾公平。这主要是对个人分配的基本原则,在某种意义上也可移用于处理国家与企业之间的分配关系。在分配问题上,既要提倡奉献精神,又要落实分配政策,就是要正确安排效率与公平的关系。效率优先,在于调动一切积极因素,体现按贡献参与分配的要求,目的是把经济发展的蛋糕做大,为增加各方面的分配创造前提。兼顾公平,有多种含义:在分配手段和过程中是要贯彻公正和平等,给竞争者以同样机会;在分配结局上是要使收入差别恰当,防止距离过大。也就是说,既要反对平均主义,又要防止收入悬殊。效率与公平互为成本，过分讲效率会损害公平，过分讲公平会牺牲效率，掌握恰到好处很不容易，必须精心设计，慎重推行。有一种说法，当前体制内分配差距仍嫌小，体制外分配差距已偏大，或许是调整分配应当关注的重点。

四、鼓励一部分人先富起来。效率优先，在市场机制驱动下，实行多种分配方式并存，就能打破长期来的平均主义桎梏，使一部分人先富起来。这是从普遍贫困走向共同富裕的必须阶梯。不承认这点，就难免是空想的社会主义。一部分人先富，带来不少积极效益，首先是示范，为众人致富树立信念；其次是增加购买力，扩大消费需求，为经济增长强化动力；最后是从消费结构的变化带动经济结构的优化，为产品开发、产业升级和科技进步创造条件。当然，鼓励一部分人先富起来不是没有标准的，主要标准有二：一是诚实劳动，二是合法经营。离开诚实和合法的所谓劳动收入和经营收入，对经济社会的发展和进步都会产生消极影响，不在鼓励和保护之列。所以，不设前提的"私有财产神圣不可侵犯"也不应该是无条件地给以尊重。

五、加强政府调节职能，调节差距过大收入。一部分人先富，是市场竞争的必然结果，同时造成贫富差距并逐步扩大，到一定程度，会引发社会不安。这在世界各国，无论发达国家或发展中国家，都不例外。除了市场化有此副作用外，全球化、城市化和信息化也都推波助澜。对此，世界各国都没有听之任之，而是及时有所对策，由政府采取调节政策，避免差距过大，形成两极分化，导致社会动乱。这在不同国家和不同发展程度，调节的力度不尽一样，但是办法基本相似，主要是靠税收。普遍的是征收累进的个人所得税，有条件时还开征遗产税和赠与税。个人所得税的特点，一是有起征点，优惠低收入者；二是累进，收入越高，缴税越多。这在掌握上，既要有利于扭转差距过大，又要防止影响高收入者的劳动和经营积极性。其实，其他税收，对烟、酒和化妆品以及特种消费品如住宅、汽车、高档餐饮、娱乐等也征不同税率的不同税种，都有寓均于税的意思，进而体现分配的公平精神。

六、规范分配秩序，取缔非法收入。在保护合法的劳动收入和非劳动收入以及允许和鼓励一部分人先富起来的同时，还要规范分配秩序，制止分配的无序现象。分配无序的主要表现有二：一是少数垄断性行业的过高收入，二是非法收入。垄断性行业独占市场，排斥竞争者，实行垄断价格，获取超平均利润，都来自行业特点，不全是靠经营能力，其超额收入应当归国家，纳入再分配。当前还不完善，以致这些行业的工资和奖金特高，是不正常的，引起非议，认为不符合按劳分配原则，就该适当调节。至于非法收入，有的触犯刑律，如走私、贩毒和贪污受贿，给予取缔，天经地义；也有只是违反有关市场规则，如搞假冒伪劣商品，同样应当取缔，虽然情节有轻重之别。做好这些工作，是理顺分配关系的重要方面，并对整顿和规范整个市场秩序和社会秩序有重大作用。

七、走向共同富裕的阶段性手段和目标。在经济发展的基础上搞好分配，近期目标是不断改善人民生活，远景目标则是实现共同富裕。这在全面建设小康阶段，也可以有所作为，而不是无能为力。十六大报告提出“扩大中等收入者比重，提高低收入者收入水平”，就是走向共同富裕的现阶段对策，与鼓励一部分人先富起来并不矛盾，而是相辅相成。当前的收入结构呈金字塔型，上尖下宽，高收入者是少数，中等收入者也不占多数，多数是低收入者；走向共同富裕的设想就是逐步改变金字塔型为梯型和橄榄型，减少低收入者，增加中等收入者。这有一个长过程，取决于经济发展的速度和分配关系的理顺。经济学者主张培育“中产阶层”，认为那不仅造福于多数人民，并能扩大消费、整合社会，也是一样的意图。

八、健全社会保障体系。这个问题，往往与分配并列或相联，因为广义地看，不妨认为也属于再分配，并在相当程度上有赖于政府调节。建立和健全社会保障体系，包括养老、失业、医疗等保险和最低生活保障，从在岗者到全社会，从城市到农村，不断扩大覆盖面，虽然全民受惠，而重点则在使最广大群众特别是低收入者和弱势群体免除后顾之忧。这是社会稳定和国家长治久安的重要保证，代表最广大人民的根本利益，将随着经济发展水平的提高而逐步完善，也为理顺分配关系添一道坚实的、可靠的屏障。

理顺分配关系，不仅在分配制度本身，还与其他方面有直接、间接的联系，特别是与改变二元经济结构、促进区域协调发展有互动。特别是增加农民收入，让农民富裕起来，很不容易，很不简单。这是一项极其复杂和繁重的任务，应当提升到与发展经济同样重要的高度；因为在某种意义上，发展经济是为了富裕人民，能否成功，关键正在分配制度是否合理、分配关系是否理顺。

（原载《经济学家》2003 年第 3 期）

收入分配中效率与公平的辩证关系

当前出现贫富分化并且差距不断扩大的趋向，不仅使低收入群体陷于相对贫困甚至绝对贫困的境遇，也引起党和政府以及很多社会人士包括经济和社会学界的高度关注。究其缘由，除了现阶段的历史背景和现实条件外，人们不能不联想到现行分配体制、机制是否科学和合理。焦点在于怎样理解和掌握效率与公平的关系。对此，已有各种观点，值得推敲和商榷。

首先，对“效率优先、兼顾公平”的分配原则或既定方针如何评价？应当肯定，在改革进程中作出这样的选择，旨在拨乱反正，突破和扭转长期以来的计划体制在分配上标榜公平而实际上是以平均主义和普遍贫穷为结果的弊病，是完全必要的。但是这种提法，属于中国的创造，而非世界通行。因此，有其阶段性特征，不该奉为长远之计，更不是普遍的、永恒的规范。效率与公平孰为优先，必须因时因地因事而异。在漠视效率、偏好公平的情况下，强调效率优先是正确的；相反，在强调效率、忽视公平并已出现贫富差距过大的今天，就要适当改弦易辙。最近，几位专家建议调整为“效率与公平并重”，很有道理。

其次，效率与公平的相互关系，是相互抵触的，还是应当和能够统一的？曾经流行一种说法：效率与公平互为成本。换一句话，讲效率要牺牲公平，讲公平要损害利益，只能在两者之间寻找结合点和平衡点，无法求得两全和双赢。这是只知其一，不知其二，把两者的矛盾绝对化了。实际情况不尽如此。发挥效率有利于把蛋糕做大，为公平分配提供基础；实施公平有利于调动各方面积极性，为提高效率增添动力。相辅相成,互联互动,才是其内在本质。这里要指出,公平不是平均或平等,先是机会和过程的公平,然后是结果的公平,都不以影响效率为代价即成本。也就是说,两者互为契机,成本是同一的。

第三,效率与公平的顺序,是否初次分配强调效率,到再分配才有公平?这似乎已属定论,不容置疑了。正视现实,也不尽然。当前的不公平,其实形成于初次分配,除了权力的介入外,表现在工农和城乡之间、不同产业和部门之间以及地区之间,等等。更明显的是在企业之间甚至一个企业内部,经营者和一般员工,过去规定不超过三、五倍,现在演变到十几倍、几十倍甚至上百倍,有的老总年薪以数十万元到上百万元计。故不论这是否讲效率所致,但是显然,在既成事实面前,希望仅靠再分配来体现公平,则是鞭长莫及了。所以,在初次分配时也必须顾及公平。同样,在再分配时还要顾及效率,如所得税累进率过高,也会打击效率。

第四,效率与公平的运行及其后果,是市场经济的必然吗?较多人士认为,当前收入差距的扩大,顺应了市场取向的改革;市场经济是竞争经济,优胜劣败导致贫富差距甚至两极分化,无可厚非。这在先富起来的一部分人中,似乎更是持之有理。但是,请问:你们中的不在少数,真的全靠市场的公平竞争才致富甚至暴富的吗?有人就哑然失语了。应当承认,市场改革尚在中途,远远没有成熟和规范,既有促进效率的一面,又有抹煞公平的另一面。不少学者公然提出要对巨富赦其“原罪”,一批列入“富人榜”前列的知名人物相继落马,都道穿了内在秘密,值得反思。

第五,效率与公平的维护,前者靠市场,后者靠政府,有这样的分工吗?这种说法,有一定依据,但是不够全面。在市场经济体制下,市场法则有其权威;但是完全让其主宰,政府不干预、不调控,仅是新自由主义一家之言,其后果是以强凌弱,不足为训。社会主义市场经济与新自由主义不在一股道上,政府不是主导,也有引导,即曾说过的“政府引导市场”,包括了“补市场之不足”,特别是保证正当竞争、制止不正当竞争,促使市场在运行中体现必要的公平。可见,两者是能够渗透和结合的。否则,放手让市场自由,导致不公平、不正当竞争后,再由政府出来主持公平,当个事后诸葛亮,必然是大局已坏,难以挽回了。

第六,效率与公平的分属,前者在经济领域,后者在社会领域,有这样的双重政策吗?这是学者们的调门,也延伸为政府行为,错在把两者截然分开了。经济发展与社会发展不是两大板块,而是一个铜板的两面,或是一纽一扣,相互紧接。所以,无论经济政策或社会政策,都要相互照顾、密切配合,才能相得益彰。经济上,分配政策必须是效率与公平并重,不能把后一个皮球踢给社会政策去补救;同样,社会政策也不是仅着眼于社会公平,却把社会效率置之度外。科学发展观的要点之一是经济与社会发展的统筹协调,反映在分配上正是如此,合则两全,分则两失。

第七,对效率与公平,当前要兼顾,不要去限富,只要去扶贫就行,对吗?这种呼声,振振有理,其实也有偏颇。因为社会财富是一个常数,社会分配不能超出这个总量,所以要从宏观着眼、着手,落实到微观才能有理、有利、有节。一部分人多拿、一部分人少拿并不错,但是要有一个度,要讲基尼系数。特别是如果一部分人巧取豪夺,包括贪污、盗窃、欺诈,损害另一部分人,损害大众,就是一种超经济的剥削,对广大人民是不公平的。因此,还是应当强调合法经营致富,才不影响诚实劳动也能致富,当然还要合理调控按劳分配和按生产要素分配之间的比例关系。

最后,对当前贫富差距的扩大,在分配关系上还有一种说法,认为我国劳动力资源过于丰富,而资本、技术相对稀缺,供求失调,导致两者的价格不能不有越来越大的剪刀差。这也不能一概而论,要作具体分析。资本短缺是事实,但是浪费严重,从无效投资、重复建设到奢侈浪费以及外流,事例不胜枚举;技术短缺也是事实,但是用人不当,闲置不用,同样比比皆是,徒呼奈何。另一方面,劳动力供应似乎无限,一度推行"减员增效",基本上已见效;当前则有别情,不少企业是低工资,却又加班加点成了习惯,五个人的活由三个人来干(不一定是三个人拿五个人的钱)。看来,制定工资法令,维护职工权益,实现劳资两利,还有很多工作该做未做或有了规定尚待完善和实施。

贫富分化，涉及分配，不仅要讲辩证法，要全面理解和正确掌握效率与公平的关系，还要从总体上处理好积累和分配以及政府、企业、个人之间的关系。较长期来，年年的投资增长快于经济增长和质效增长，经济增长快于收入增长和消费增长，造成投资率越来越高、消费率越来越低(目前在国民收入分配上大致是平分秋色)；近几年来，财政收入增长也快于经济增长和分配增长，这在一定时期是合理的(包括争取真正做到依法、依率计征)，而长此以往，拉弗曲线可能偏斜过度，就不一定恰当、合理、可行了。这是大前提，先摆正了，再摆正分配中的效率与公平的关系，才能防止走向两极分化。否则，照邓小平的话："改革就算失败了"，能不警戒吗！?

最后，归纳到社会主义是什么？说是共同富裕，稍嫌远些；就近而言，社会主义就是公平。因为离开公平，走不到共同富裕。

(原载《领导理论与实践》2005 年第 4 期)

关于效率与公平若干观点的再审视

贫富不均及其差距的不断扩大已经引起对经济社会发展和改革的反思。这不仅涉及发展成果的全民共享，还触及经济增长的持续、社会整合的稳定和基本制度的评价。这两年来，除了少数人认为贫富扩大是必然趋势该予容忍也难以扭转外，多数人在积极探索应对之道。科学发展观的提出，要求城乡、地区之间的协调，内含这个课题。究其原因，有客观制约，也有主观选择，关键之一是收入分配制度的准则如何规范，即效率与公平的关系如何掌握。对此，理论工作者和实际工作者多有阐述，同异并显，值得再审视一番。

第一，效率与公平是否对应？有人提出，这是两个不同的理念范畴，扯在一起并不恰当，各有其该说之处，谈效率不必联系公平，谈公平毋需联系效率。这是对传统观点和现实情况的颠覆。应当看到，效率与公平都是大概念，不限于收入分配，如经济增长和企业运行都要追逐效率，社会操作如教育和保障都要讲究公平，这些方面的两者各管各的，并非对立和统一。但在收入分配上，效率与公平却有这样那样的联系，不能截然分开，从而成为一个由来已久的古老命题。否则，多年来择定“效率优先、兼顾公平”的标准和原则也不具有科学依据了。

第二，收入分配的效率与公平是否互为成本？大家原有共识，收入分配要考虑效率与公平，不能偏废，但是两者之间是什么关系，则有不同倾向。曾经流行一种看法，认为两者互为成本，即强调效率会影响公平，强调公平会牺牲效率。以实践检验，这是不全面、不准确的。相反，两者正是相辅相成：有了效率，把蛋糕做大，实现公平获得更大空间；有了公平，更好地调动人们积极性，也更有利于提高效率。前些时候，世界银行发布 2005 年报告，以效率与公平为主题，明确肯定公平包括教育公平，对效率有其积极作用。由此可见，互为成本的相克说应当为相生说所代替了。

第三，怎样评价“效率优先，兼顾公平”？这个准则或方针的制定，有当时的背景，针对长期以来的平均主义而言，校正时弊，无疑有其必要和重要意义，取得一致赞成，也有显著成效。但是，与世界相参照，只是中国特色，而非普遍真理。读西方经济学，如以萨谬尔森等为代表，多主张效率与公平的均衡即并重和兼顾。我们在实践中感到，优先与兼顾，含有主次之分，不免导致多顾效率、少顾公平，使差距过大。因此，近年来有人先后建议改为效率与公平并重，决非否定效率、只顾公平。相反，有人坚持“效率优先”不能稍变，缺乏与时俱进的调整，滞后于形势的变化。中央提出“更加注重社会公平”，正是及时的和必要的。

第四，怎样做到效率与公平并重？这有多种办法，必须相互配合，才能奏效。有人举出斯蒂格利茨的话，认为“市场讲效率，政府讲公平”，就够了，再讲别的都是多余。这是一种寡闻，无助于对此关系的广识和力行。这句话有道理，提出了主要方面；但是不够，忽视了另一方面。其实，市场通过竞争、促进效率，然而不够，并非万能，也有失灵，需要政府引导；而公平也不仅是政府的事，市场竞争同样要讲公平，才能真的有效率。所以，政府要有分配政策，规范分配秩序，并连同市场，兼获效率与公平。有人认为，政府对市场要干预，把分配纳入调控目标之一，同样有道理。

第五，在分配过程中怎样兼顾效率与公平？也曾流行一种看法，认为初次分配求效率，再分配求公平。这有一定道理，但是也不完整。实践证明，如果初次分配只讲效率、不讲公平甚至很不公平，导致贫富差距悬殊，企图靠再分配来纠正分配不公，是难以达标的。虽然，再分配有几个层次，所谓二次分配靠税收、三次分配靠社会保障或财政转移支付，四次分配靠社会救济和慈善事业，毕竟其力度有限。并且，再分配也要讲效率，如个税率递增过大，同样会挫伤人们的劳动和经营的积极性，影响效率。

第六，在分配过程中怎样体现公平？这有不同解释，如西方经济学往往偏重起点的公平如就业机会的公平、市场竞争的公平。这不算错，但是不全。我们还要关注结果的公平，就是使分配的收入，其差距控制在合理的幅度之内。这里还必须借助基尼系数的衡量，如果突破了公认的警戒线，超越社会所能承受的程度，就是不够公平，无论其起点和过程是否公平了。不以最终结果论公平，满足于开头的公平，社会检验是跛行的。有始有终，才是一以贯之的公平观，并达到效率与公平的均衡。

另有一些看法，如有人认为，根据生产要素和资源的供需状况，中国一般劳动力似乎是供给无限，而资本、技术、管理等都很稀缺，所以在分配上，工资偏低且长期不动、利润等回报偏高而上浮，完全合理。这也是误识，因为经济社会的发展，各项要素都有贡献，不该只突出某一方面；因此，随着发展，成果应当共享，不该向单项倾斜。有人认为，涨工资会失去廉价劳动力优势，不利于扩大出口。这又是误识，因为出口不仅是为了创汇，而要惠及全民，与其无限出口仅为他人谋利，不如适当出口而使自己得益。

此外，与效率一样，公平的准则不仅适用于收入分配，还适用于其他许多场合，如就业公平、教育公平、医疗公平、休闲公平等。公平的对应面除效率外，更多的在其他方面的不公正和不平等即歧视。这些歧视，当前甚多，表现在城乡、区域和官民、劳资甚至性别上，都要引起重视，给以解决，为构建和谐社会创造不可缺的条件。

居民收入的两极分化，除了来自分配制度的不够完善外，另有其他一系列的因素，如多种所有制的变迁、经济结构和增长方式的落后以及腐败的愈演愈烈等。但是，这些弊病，不少通过分配表现出来。大家一致肯定，改革中出现和遗留的问题和矛盾，应当和只有在坚持改革的深化和完善中争取其逐步解决。2006 年 5 月末，中共中央政治局召开会议，研究改革收入分配制度和规范收入分配秩序问题，重申更加注重社会公平，努力缓解收入分配差距扩大的趋势，是非常及时和重要的，符合邓小平预示在一部分人先富之后要向共同富裕迈步的期望，全体人民乐待其成！

（原载《中国改革报》2006 年 7 月 13 日）

寻求市场经济和效率公平的平衡

在 4 月 16 日的《文汇报》读到王则柯教授的文章，题为《“权威”不讲道理，比造假和抄袭更加可怕》，感到颇不理解。我以为，此文移花接木，有违常识，是不利于深化改革认识的。在此，我不能不有所辩白，澄清视听。

文章从市场经济谈起，否定有人质疑“市场经济万能”、“迷信市场自由化”和“反对国家对经济的干预和调控”。这是无的放矢吗？不是。市场经济存在至少有几百年的历史，也是饱经沧桑，变化多端了。古典的市场经济是完全放开的，让“看不见的手”操纵一切。凯恩斯后，才有国家干预，并发展为宏观调控体系。二战以后，又产生了新自由主义，鼓吹市场的更加自由化。党的十四大确认在宏观调控下的社会主义市场经济后，对市场经济的问题已有明确的规范。但是近年来，中外学者中有人不赞成社会主义的冠词，对宏观调控也有指责。其实在此前后，不少论著包括教科书，都讲市场经济绝非万能，应当有所干预和调控。重申斯旨，并非多余，而有时下的针对性。王则柯教授似乎对此并不在意，据此批评“权威”，某种程度上说明了他自己的态度和立场。

进而谈到效率与公平的问题，同样是经济学的一个节点，议论已久，基本上有共识：必须兼顾，求得平衡。我们曾定“效率优先”，不同于外国，是为了校正过去的绝对平均主义。经过多年实践，初见成效，但是导致贫富差距过大，招致隐忧。最近，中央提出“更加注重社会公平”，“实现公平与效率的有机统一”，是必要和及时的。但是，对效率与公平的关系，理论界还有不同解释。斯蒂格利茨的表述只是一家之言而非公理。另如“初次分配求效率，再分配求会平”、“效率与公平互为成本”、“经济学讲效率，社会学讲公平”，都有不同重点。相反看法，如认为“初次分配也要注意公平，再分配不能影响效率”、“效率不碍公平，公平有利效率”，都有道理。最近有人强调效率，认为注意公平就是不坚持效率，就是倒退；于是有人反驳，认为这种看法不恰当，无助于社会和谐。

我们不赞成把目前的争论当作坚持与反对改革的争论，但是承认在反思改革中有不同观点，或者归于代表不同的利益集团，也未始不可。然而，像王则柯教授所说，亦有不妥之处。他认为别人不讲道理，其实自己更没有讲出什么道理。这与造假和抄袭又是两回事。摘引几句洋话，仅在常识之列，也非正常的争鸣。我们相信：坚持与时俱进的马克思主义不会错，坚持社会主义市场经济不会错，坚持国家干预和宏观调控不会错，坚持效率与公平并重或兼顾不会错。

（原载《社会科学报》2006 年 6 月 29 日）

构建调控收入差距的长效机制

最近，收入差距有所扩大，受到广泛关注。不少人认为，这是市场经济发展的必然结果。但是进一步分析，事情并非如此简单，在某种程度上值得反思，能够纠偏。

收入差距的扩大，对于计划经济体制下的平均主义来说，无疑是一大进步。实行市场取向的改革，扬弃平均分配，采取按劳分配和按生产要素分配，人们的收入状况大不同于以往。这表明体制改革和机制选择的巨大功能。怎样衡量其是非得失，不外两个标准：一是能否促进经济社会的发展；二是发展成果能否为公众合理分享。看来，前者是做到了，后者还有障碍。这不意味着改革有误，但是一些人反映，改革尚不完善，才导致贫富差距大，特别是有一部分人未能参与改革和发展成果共享。从体制和机制上寻根，应当承认，确有越位和错位之处。

首先在分配体制上，实行按劳分配为主体与多种分配方式并存的模式，原则上是正确的。在实施上，强调效率优先和兼顾公平，也无可厚非。而其结果，在一部分人先富、多数人得益的同时，少数人未得益，暴露了上述原则在实践中有疏漏。所以，在收入差距扩大到相当程度后，有人建议调整为效率与公平并重，进而更加向公平倾斜，有其针对性。这种不公平，来自初次分配的悬殊；所以，认为不仅再分配要重视公平，而且在初次分配也要体现公平，同样有其合理性和必要性。

其次在就业和社会保障上，逐步显示若干问题亟待及时解决。如针对过去企业冗员太多，提出“减员增效”并非不当；而在实施一段时间、情况已有改观后仍旧这样做，就可能是弊多利少。于是，能否及时采取“保员增效”，成为多数职工的共同呼声。公有制企业改革也是一样，已有做法是大量早退、内退和“买断”导致很多下岗、失业，同样有失社会公平。社会保障要求应保尽保并争取城乡一体，现在还是区别对待，覆盖面小，水平也低，似有加强力度的紧迫性，包括把“登记失业率”改为“社会失业率”等，都要与时俱进，编织一道全面的安全网。

此外在各项改革中，如何以构建和谐社会为出发点和归宿，还有不少方面值得突破、探索和试验。如农村改革，涉及土地问题，要在征购时保护失地农民的根本权益；企业改革要在保护产权所有者利益时照顾广大职工权益，都有一系列问题要深入研究。曾经提出新型合作制、股份合作制和职工持股等，应力争实现，防止收入差距进一步扩大。企业的劳资关系，矛盾较多，处理欠妥，也是一种体制不当、机制不善。

改革关系到最广大人民的根本利益，要有利分配，体现公平，使绝大多数人得益和拥护、赞成、欢迎。在已有成就的基础上，后续改革的重要任务是构建调控收入差距的长效机制，这将是处理好改革、发展、稳定三者关系的焦点之一。

（原载《经济日报》2005 年 3 月 28 日）

认知和应对全球化

全球化，作为一个历史潮流、世界现象和热门话题，与时俱进地不断深入到人们的经济、文化和社会、政治领域。在新世纪的起点上，世界和中国都面临着这个超宏观的时空大课题。对此，有共识也有争议，有欢喜也有忧虑，有迎接也有抵拒。虽然从理念到实践上，近几年越来越活跃，但是，探讨频繁不等于认知穷尽；相反，亟待结合实际，进一步摸索其客观轨迹，寻求主观应对之方，不仅为今天，更为未来。

基本理念的概述

全球化的理论和观念，由何而来，众说不一。有人认为马克思主义创始人在其学说形成期的经典文献如《德意志意识形态》中提出的“世界历史”的思想，与当代的“全球化”概念只是时间上的区别，实质上是一致的。较多的人认为，20 世纪 60 年代罗马俱乐部率先揭示的一系列全球问题关系到“人类共同生存”，才触及核心，酿成全球意识。更多的人认为，到 80 年代中下旬，全球化才开始在一批学术著作中得到正式界定，如 1985 年奥多尔·拉维特的“市场全球化”。明确这个概念，并从知识界、传媒界到商界、政界，迅速推开，是近 20 年内的事情。在我国，上世纪末全球化刚被关注，本世纪初愈成焦点，这些都是经济、文化和社会、政治尤其是其国际关系不断发展和演变的必然产物。

全球化的定义，从不同角度有不同表述。最流行的是经济全球化，一般指世界各国在生产、流通、消费、投资等方面经济活动的相互交往、渗透、依赖和融合，表现为商品和生产要素，包括资本、技术、人才的自由流动和配置、重组。在文化上，全球化是指各国不同的传统文化、民族文化的渗透和融合，包括知识体系和科学技术的传递和交流，形成无国界的当代新文化。社会和政治的全球化，解释大相径庭，除了中性外，蕴含不同的意图，各有或明或暗的目的。

全球化，有其动态进程，踩着跨世纪的步伐。二次大战后，各国经济发展越来越市场化、社会化和外向化、国际化。发达国家挟其优势，以多种方式叩开了不发达国家的门户；发展中国家总结自己正反两面的经验，自动和主动地实施对外开放的战略和政策。独立的新兴国家需要先发展国家的资本和技术输入，发达国家需要占领更大的市场容量和寻觅更廉价的劳动力供给，两者一拍即合。在此进程中，国际贸易额不断飚升，跨国公司不断壮大，国际金融组织不断成长，国际经济法则日臻周密。特别是新技术的突破，信息化与全球化的联动越来越强。经济全球化于是延伸为文化、社会、政治的全球化。加上冷战的消歇，进一步拆除了各种有形和无形的壁垒，使观念更新和机制转换更加快捷。地球缩小了，改名“地球村”。

但是，全球化并非一帆风顺、通行无阻，在统一中存在对立，和谐中充满矛盾。这有多种说法，如全球化与区域化、国际化与民族化、普遍化与特殊化、同一化与细分化、中心化与边缘化、合作化与竞争化、均衡化与差别化、一体化与多样化以及外来化与本土化，特别是富裕化与贫困化。延伸到文化、政治上，分歧和冲突更多、更尖锐。针对这些辩证情势，围绕这些热门课题，出现了各种理论流派，诸如“全球化动力说”、“世界政体论”、“全球化体系论”、“全球化政治理论”、“全球化综合观”等。不妨归纳为三大学派：上述多属于“西方主流派”，同时有马克思主义派，还有相当影响的新“左”派，各有其论点、论据和具体主张。

从长远看，全球化的思潮和行动方兴未艾。说不是新东西，那是已经旧了的全球化；说是现实，那是正在演变的新全球化；展望未来，有人在考虑后全球化。本世纪伊始发生在美国心脏的"9·11"事件,意味全球化呼唤了自由,又渴望着秩序,由此涌现出无数新命题。可测还是不可测,能诠还是不能诠?对此,或许只能泛泛而论,暂时难以洞察底微。

不同意图的对比

对全球化的评价,与对它的解读一样,似乎异口同声,其实和音中有不同调子,甚至是各说各的,并不是一曲美妙的合唱或协奏。

基本上是大家都在吟咏赞美诗,这是由于两方面的缘故。一方面,全球化是历史潮流和世界现象,不是一种学说和运动,决非几个志士仁人鼓吹所致。地球只是一个小型行星,挤居着60多亿居民,虽然分割为一二百个国家和地区,但无论大的或小的,都不能自立生活、闭门独处,而一定要有相互往来,谁也离不开谁。其中有主动和被动,有积极和消极,至少是无可奈何。另一方面,彼此又发现,在交往日益扩大和深入后,带来了机遇,并遍及各领域。小国和弱国是这样,大国和强国也是这样。不仅经济上互通有无,调剂余缺,更可取人之长,补己之短,实现互补和双赢;在文化等领域,同样是相辅相成,相得益彰。尤其是前瞻今后,科技进步,文化兴旺,仅靠自己不无局限,借鉴别人总有好处;所以各国精英,无论政界、商界和学界,作为权力资源、财富资源和知识资源的拥有者,与全球化的利益是一致的。他们一般不会反对全球化。

发展中的国家和地区对全球化寄以厚望,是由于只有参与全球化,才有利可图。它们在经济上拥有未开发的自然资源和未充分就业的劳动力,缺乏相应的、足够的资本、技术和管理经验,有赖于向发达国家学习。在文化上,它们拥有自己的传统文化和民族文化,但是与现代文化和世界文化相对照,往往有旧与新、狭与广之别,对外来的现代文化不仅要借鉴,甚至要"拿来",以推进本土文化的升华,特别是在各种与新技术、新知识相联系的部门。走向全球化,既是大势所趋,又是大利所在,服从这个趋势是明智的,任何犹豫或怀疑都会丧失机遇,停留于全球一隅而不改其落后面貌。

换个角度，发达国家号召全球化，其呼声决不低于发展中国家。当然，它们不会完全出于利人而不利己的动机。那么，是否着眼全球，旨在构建一个繁荣世界，让生民同感凉热呢？也未必如它们执政者口头所说的那样堂皇和华丽。不同人士尤其是知识界，有人不同程度地讲了真话，同时也不乏半真半假的话。一家媒体独家专访一位美国的前财政部长，据答："全球化使世界各国各尽所能，并且创造更有效的全球经济体系，使人们生活水平大大提高。"这是过了时的官方语言。我国已有学者警示："当今少数强国所主张的经济全球化，本质上是以这些强国为主导的、国际垄断资本力图征服整个世界的过程。就如有人提到的经济全球化十大谎言所说，少数强国所要达到的全球化，是图谋建立新的更加不公正、不合理的所谓国际经济新秩序，甚至还表现为少数国家将其社会制度和价值观念向全球的侵润和推销。"有人指出，全球化浪潮席卷世界，从经济领域扩展到文化、政治领域，特别是在冷战后，个别大国的意图终于暴露，不是什么救世主，而是霸权主义的新战略。境外有文直接指出这是"美利坚幻想'新帝国'"。仅以跨国公司而言，有记者在问："是狼，还是鲶鱼？"

因此，不该笼统地谈全球化，应当全面和深刻地剖析其丰富的内涵和影响、后果。特别是不能肤浅地陈述全球化，误认为这是全世界人类的共同理想，体现着地球村民的共同利益。同一个名词，其实是不同意图，决不是大家想到了一起。必须醒悟，同床会有异梦，求同可以存异，千万不能过于天真，那会导致陶醉、迷失和不幸的结局。

利弊和福祸之争

对全球化，在宣扬之余，也有保留、疑虑和咒诅。只是前者的声浪淹盖了后者，以致在传闻境外还有人反对全球化并发展为示威游行事件时，我们的同胞不禁惊奇，断为"不识时务"、"庸人自扰"，或指责为"左"。因此，稍加评介，多少扭转一些思维的直线化，可能不属于杞人的多余之举。

南方一份开放型报纸刊登过一篇《反全球化运动的"全球化"》，报道了从1999年西雅图世界贸易组织的大规模骚乱起，两年多来，如魁北克美洲国家组织会议和哥德堡欧盟首脑会议，都遭到了抗议。抗议的人群来自各地的工会、环保活动者、性别平等主义者以及无政府主义者和极端主义者。值得注意的是：反全球化的中心和动力源不在欠发达国家和地区，恰恰在西方发达地区。这些反全球化的言论，与当代被视为主流意识形态的全球化理念针锋相对，表明了后冷战时代越来越清晰的分界。观点不尽相同，有的把全球化叫做"公司的全球化"，有的担心全球化将使地球环境受到致命一击，有的认为全球化不过是发达国家要求发展中国家开放市场的伪善说辞，有的认为揭穿全球化拥护者的意图肯定会有助于许多问题的解决。这些反面观点确有影响，连联合国秘书长在2001年4月发表的《千年报告》中也问："谁的全球化？"

反对和抗议全球化的焦点，集中到全球化的结果，认为不是如所声称的"富者愈富、贫者也会变富"，而是造成原来的差异更加悬殊，即在发达国家出现相对贫困化和边缘化群体；在发展中国家虽产生了富可敌国的新贵，但两极分化日益明显。在达沃斯论坛上，美国的工联主席斯威尼说，外国投资20年来增加6倍，70%都在发达国家之间，8个发展中国家得到20%，其他100多个穷国只占10%。南非总统姆贝基赞同此说，认为全球化造成的悲剧之一是人才向富裕国家流动，使发展中国家的问题更为严重。世界银行行长沃尔芬森也承认，世界上20%的人口在享受着全球80%的财富。

以上是就全球而言，案例是南美和亚洲、非洲的若干国家和地区。中国怎样？有人发表文章，标题是《全球化的利与弊》、《全球化是福是祸？》以及《全球化是把双刃剑》、《正确看待全球化的负面影响》等等。他们认为，全球化就像必须随着地球旋转一样，不存在加入不加入的选择；发展中国家并不反对全球化，反对的只是不平等的规则和秩序；人类需要"共赢"的、平等的、共存的全球化。有人提出，面对全球化，中国不可能再侧身而过。那么，同样要碰到一些棘手的问题，如粮食的成本和价格高于国际市场，农村剩余劳动力可能增加；工商企业面对更多的跨国公司的竞争，下岗和失业人员的数量也可能增加。联系到中国“入世”，大家都知道机遇与挑战并存，而且后者是现实的，前者是潜在的，对此，一定要有风险意识、忧患意识和危机感、紧迫感。有关当前经济社会的重大矛盾，几次问卷调查的答案，多把就业和分配不公、不均列在首位。“入世”后，进入全球化的轮回，这一切将会有所好转，还是进一步恶化？煞费脑筋。

全球化不限于经济，还涉及其他方方面面。《参考消息》转载西班牙的一篇文章，对此进行利弊分析，讲到：经济的利在于使投资方便、流动自如，导致价格下降和服务改进；其弊在于产生统一市场，使竞争激烈，集中度高，300 家跨国公司独占了全球产值的 1/3，贫困的劳工群体被排斥在外。社会的利包括有助于各国的言论自由；弊在于犯罪全球化，对贫困劳动力的剥削有增无减。文化的利是传播更快，知识产权的障碍少了；弊是全球文化只从富国向穷国传播而不是双向，并且商业利润至上，质量和多样性被忽视；另在教育和司法上，同样有其偏颇。至于在政治上，许多人揭示：霸权主义和强权政治依然存在，在全球化驱动下会进一步发展；发达国家正是凭借其经济、技术等方面的综合优势，恃强凌弱，以大欺小，并伴以思想、文化渗透，实现政治的全球化。

经济全球化的得与失

全球化以经济为起源，以经济为基础，以经济为动力。所谓经济全球化，是指商品、服务、生产要素和信息的跨国界自由流动，其规模越来越大，方式越来越多，逐步形成统一的国际市场，进而导致国际分工和合作的深化，在世界范围内提高资源配置的效率和质量，强化各国之间的相互联动和依赖，促进各国经济和世界经济更快、更好地发展。具体地说，经济全球化包括市场全球化、贸易全球化、金融和资本全球化以及科技全球化、信息全球化和部分人才（不是全部劳动力）的全球化。

也有其他描绘，如以自由贸易为主导，以市场机制为本质，以高新技术为动力，以跨国公司为载体，以国际公约为游戏规则，以国家和政府为后盾，等等。经济全球化不排斥区域化，而其理想目标是全球一体化，其形体象征是世界贸易组织和国际货币基金组织，与政治全球化的联合国略相近似。

经济全球化是当前世界经济发展的主流。这是谁也无法阻挡和回避的，在某种意义上，顺之则兴，逆之则衰。中国作为大国，还不是强国，实现"入世"(不仅组织上加入 WTO，更是行动上融入世界市场和世界经济)，真正成为经济全球化俱乐部的一员，是一次大转变，将迎来什么样的命运，当前出现不同看法，大致围绕下述几点：

一、独立与依附。不讲政治，只讲经济。我们过去奉行独立自主、自立自强的方针，从未动摇。在融入经济全球化的体系后，进出口贸易持续扩大，对外依存度不断提高；外来投资持续增长，资产结构不断变化；市场开放持续深化，份额比重不断调整。有人认为，这将导致对外依附或依赖的倾斜，淡化固有的独立性格。也有人不这样看，认为只要经济发展，实力增强，就能昂首屹立于世界先进国家之林。

二、跨越与落后。作为发展中国家，从今往后，有一项追赶发达国家的历史使命。半个世纪以来的记录告诉人们，除了屈指可数的几个小国家和地区外，国与国之间的差距在拉开，包括原来已是相当发达的第二世界。因此，在经济全球化浪潮里，我们能否实现跨越发展的殷切愿望，还是仍将落后甚至进一步拉开差距，是值得异常重视和精心应对的。

三、安全与风险。在开放度相对有限的过去几十年直至"入世"，立足国内，经济安全确有保证，东南亚金融危机无损于我。但是以后，经济全球化内含风险全球化，世界市场的风吹草动，势必对我有越来越大的影响。此中有许多不确定因素，如何估量，如何预测和防范，如何应变和消除，决不是简单事。

四、获利与失利。经济全球化是不是分配全球化和利益全球化，当前尚有歧见。外资进来，当然不是为振兴中国着想，而是意在获利；

我们也要权衡得失，公平分享。前几年，在“所有”和“所在”问题上有争，一时“所在”占了上风；今后，不仅追求“所在”和“所有”，还要追求“所得”，愈加复杂。让利是必要的，而让到什么程度，如何防止反客为主，也费斟酌。“双赢”也有谁赢得多的竞争。

五、发展与增长。参与经济全球化，在动荡中提高经济增长率，基本可行。只是增长不等于发展，要讲究质量、效益和结构，有赖于科技进步和科技创新，就不能一味寄希望于引进或“泄漏”，而必须求之于自己的艰苦努力。关键还在人才的培养，还有引进和流失、留住和使用等一系列矛盾，必须认真对待。

六、开放与保护。从外向化到国际化再到全球化，才是全面的、彻底的开放。这是方向，应坚定不移。但是同时，要不要有适当保护？一种见解是，再讲保护和民族产业、民族经济，显然已过时了。另一种见解是，自由贸易要拆除传统的关税和非关税壁垒，而在其他方面，如对弱势产业、知识产权、乡土品牌和绿色环境，仍要有所保护，何况从最近一串事例看，别人还不放弃某种贸易保护主义并让它抬头。

对经济全球化，好话讲得、听得多了。不妨再听听某些坏话，以免偏听偏信。有人提出全球化的各种陷阱，诸如过度开放陷阱、政策仿效陷阱、政府退出陷阱、社会成本陷阱、低水平产业同构陷阱、过度依赖外资陷阱、民营经济推进陷阱、产业高度化陷阱、就业陷阱、反垄断陷阱、军备竞赛陷阱、兼并重组市场化陷阱、公平和效率陷阱、资源观念陷阱等。虽然未必尽当，或许堪供参考。

文化全球化的是与非

在经济全球化的驱动下，文化全球化也浮出了水面。经济全球化导致各国的开放，既是经济开放，又必然同时是文化开放。因为放进来的，不仅是资本、设备等硬件，还有经营管理、知识产权和人才等软件，都刻着深深的文化烙印。开放市场，也不仅是商品和要素市场，还有文化市场。这都使原来的产业结构发生演变，包括了文化产业的成长。

经济与文化本来相依相伴，拿跨国公司来说，跨国经营同样是经济经营与文化经营并重，前者托起后者，后者撑起前者。但是，怎样对待文化全球化，回顾近代史，从抛弃“夷”、“夏”之辨到“中学为体、西学为用”，从“中西文化平衡论”到“全盘西化”及其否定，几经曲折，表明对经济和文化的接纳，很难判断是非。看来，“全盘西化”与一味固守都行不通。20年的改革开放，洋货进来了，洋思想包括洋生活方式也一起进来了，不管我们要不要、愿意不愿意。

经济全球化带进来的文化全球化，应当承认，有其积极效应。因此，基本方针还是首先取其精华。谈到“入世”，这是新一轮的思想解放，很多方面要更新意识、转换观念。文化即知识，其核心又在科学（自然科学和社会科学）。我们承认与当代先进比，存在很大差距，有必要抓住文化全球化的机遇，发展自己的文化、科学、教育等事业，为经济发展添加动力。全球文化是一大宝库，应当广泛地、无障碍地进行交流，达到一定程度的融合，共同铸造新世纪的人类文明。

然而，文化全球化是否意味着不同文化的完全融合，由多元化转变为一元化，最后同构为统一的世界文化体系呢？确有少数人这样想，而多数文化人、政治人并不举手赞同。因为文化本身，原来就是指一个民族不同于其他民族的基本特征，向来和始终有其多元化、多样性的本质。2001年，杨振宁教授在清华大学建校90周年时做报告，明确地提出，文化全球化是不同于经济全球化的另外一个概念。这也是多数人的公认。每种民族文化都有两面性：中国文化有得天独厚的优势，也存在某些不足；外国文化或西方文化有合理性和时代性，也有不少缺陷。何况，现在说的文化全球化，在联合国一份人文发展报告上显示，只朝着一个方向传播——从富国向穷国，而不是从穷国向富国。所以，对应文化全球化，一方面，应当采取欢迎、学习的态度，通过分析和鉴别，大胆地吸收外国文化中积极的、有用的好东西，融入自己的文化，形成先进的新文化；另一方面，还应当有所警惕，对那些不科学的、腐朽的、落后的东西，不管标榜什么，坚决地拒之门外，不许毒害人们的灵魂。

简单的结论和基本的对策

关于全球化问题，江泽民同志有过多次论述。在2001年2月出席海南博鳌“亚洲论坛”时，他对外宾明确指出：“当今世界，经济全球化趋势不断发展。一方面它给世界经济的发展提供了机遇和可能，另一方面也带来了更多的风险和挑战。尤其是在旧的经济秩序没有根本改变的情况下，发展中国家在经济全球化进程中总体上处于非常不利的地位。”近年来世界形势的演变，证明上述论断是正确的，也可以认为这是对全球化特别是经济全球化作出的正确结论。

面对全球化，我们应当采取什么对策？从理论出发，当前有三派：西方主流派、当代新“左”派和马克思主义派。与此相应，也有三种基本态度：依附西方、反对全球化和坚持以我为主、抓住机遇、迎接挑战。正确的应对之道，应当从自己的实际出发，扬我长，补我短，取其利，避其害，坚持深化改革和扩大开放，既积极又稳健地顺应全球化的潮流，有步骤地融入国际市场和世界经济，实行有效的分工和合作，通过利用两种资源和两个市场，在自力更生的前提下有选择地发展进出口贸易和引进外资、外技，一切以促进现代化为最终目标。作为一个发展中的大国，在参与全球化的竞争中，必须千方百计地提高自己的综合竞争力，并有一定的保护和防范措施，才能在名为公正和平等、实际上有强弱之分的激烈竞争中立于不败之地，真正做到“双赢”和“群赢”。在竞争和合作中，面对强大的对手，讲究诚信，又要听其言、观其行，不能太天真了。应当相信，经过持续努力，逐步建立公平合理的国际经济新秩序，经济全球化才有希望真正惠及各国、造福人类。

新世纪刚开始，全球化的实质性进展还不太大，未来将有更多的变数，目前还难以预测。我们面临的情势是任重而道远。应当有忧患意识，不能掉以轻心。前途有鲜花又有荆棘，有阳光又有风雷。奋发图强，开拓创新，充分准备，踏实迈进，方能排除万难，无往而不利，无往而不胜！

参考文献:

1. 杨玉生.马克思主义与经济全球化.太平洋学报.2001(2)
2. 倪世雄等.西方全球化新论探索.国际观察.2001(3)
3. 全面看待全球化——与李慎明的对话.经济日报.2001.03.07
4. 庞中英.旧全球化、新全球化与后全球化.书城.2001(11)
5. 吴欣.融入经济全球化潮流.人民日报.2000-02-01
6. 杨帆.中国参与全球化的基本立场.开放导报.2001(5)
7. 王东等.经济全球化和中国现代化.社会科学报.2002.01.10
8. 刘烈龙.正确看待经济全球化的负面影响.发展导报.2001.08.24
9. 李志敏.全球化对中国文化的影响及对策.社会科学研究.2001(4)
10. 姜波.全球化的利与弊.经济日报.2001.01.09
11. 刘洲伟.全球化是福是祸?南方周末.2001.04.14
12. 窦晴身.全球化的陷阱.经济学消息报.2001.11.30

(原载《世界经济与政治论坛》2002年第4期)

开发区的再开发问题

对外开放以来，各地先后建设了一批开发区，名称不同，功能各异，规模有大小，档次有高低。如在南京地区，从市到县，不止一个。有的叫经济开发区，有的叫经济技术开发区，有的叫高新技术开发区，还有其他。多年来，已有不同程度的发展，有的蔚为壮观，有的惨淡经营。总体地看，已经不仅是引进外资的热土，并且是当地经济的增长点。面临世纪之交，处于多种转轨期，加上"入世"不远，各类开发区也碰到这样那样的矛盾，亟待转换战略、重新规划和调整政策，以适应经济全球化和科技信息化的时代潮流，力争为社会主义现代化建设再立新功。

开发区的特征和任务，重在开发。主要有两头：一是技术开发，二是体制开发，相辅相成，起到基地和试验场的积极作用。开发不可能一次完成，而是一个动态的过程。当前开发区的持续发展，就必须再开发，特别是在科技创新和体制创新上勇于开拓，探索新路。

一、科技上新台阶。各类开发区，在科技要求上，本来有不同等级的定位和分工，如有的以"三来一补"的加工贸易为主，有的以培育高新技术产业为主，各有其任，各得其所。但是到了今天，科学技术突飞猛进，都有一个科技上新台阶的共同要求。高新技术开发区固然责无旁贷，不能满足于一般技术密集型行业；就是经济开发区也不能停留于原来水平，都要逐步提升。当然，这有区别，而方向是一致的。一般开发区，多数是传统产业，不少属于劳动密集型，往往又是能力过剩，竞争过度；出路在于增加科技含量，提高产品质量，并尽可能开发一些新品，目的是增强市场竞争力。高新科技开发区，更要着眼于当代先进科技，着力于高新技术的产业化;为此,还要摆脱和转移一般行业,集中力量于开发。这是一个根本性的战略转变,从片面追求引资和产值转向全力追求引技和质效。开发区之间也有了竞争,是决定胜负、成败、兴衰的关键。

二、从制造到研发。作为发展中国家,优势在劳动力价格和土地使用费低廉,从加工起步是必须的。于是开发区,首先成为一系列畅销产品的制造基地,并从而实现了兴旺和繁荣。今后是否继续沿着这条路走下去?当前不无争论。看来,在沿海地区发展制造业,还有相当潜力,不该放弃;然而,仅是搞制造业,又不是最终目标。所以,当某些跨国公司纷纷把生产部门转移来华时,我们只能表示适度的欢迎,更要有进一步企望,就是力争与研发相联系。不然的话,只有为人打工、永远落后于人,前景是不妙的。回顾过去利用外资,也有一个从单纯制造到结合研发的演进。今后更要明确,不仅是产业转移,重点是科技转移,应当逐步把引进研发中心作为基本条件。特别是高新技术开发区,没有一流的研发中心,就不会有高新技术,甚至谈不上什么开发。这有一定难度,要害是创造一个有利于研发的投资环境,使外商认识到除制造外,以研发为依托,制造也能得到有利的永续发展。这要做很多工作,既在硬件,更在软件。

三、从引进到自主开发。从引进资本、引进技术到引进研发中心,使技术开发名副其实,无疑是一个跨越或飞跃。但是也要看到,即使引进开发中心,仍旧难免只是引进应用技术或边际技术,而不是真正的开发技术,更不是核心技术。流行一句真言:"先进技术是买不到的,也是引不进的。"我们在传统技术基础上引进相对先进的技术,获得面貌一新的突破效应,应当给以充分评价。然而,这不能代替自主开发。引进与自主开发并重,才是培育高新技术产业的必由之路。自主开发放在哪里?开发区具有独特条件,其中之一是可能与引进相结合,达到相得益彰。因此,开发区搞开发,要一只眼盯住海外,一只眼盯住海内。也可以说,引进研发,往往知识产权在他;而自我开发,知识产权就在我了,两者大不一样。这也是一条不短的路,引进在前,自主开发在后。

必须是未雨绸缪,早作准备,早有筹划。并走产学研结合之路。这在南京,条件优越、潜力深厚。一旦自主开发在开放区落地生根、开花结果,这样的开发区才有开发的主动权和“土特产”。

四、创业园和“孵化器”。为了适应自主开发的要求,各地各级开发区中已有举办创业园,是及时的、明智的。有的名为“留学生创业园”或“民营科技创业园”,更有特定对象和特定政策。有的称“孵化器”,作为中间试验基地,目的是让科技成果在此转化为生产力。创什么业?不是一般产业,而只能是指高新技术产业。开发区举办创业园,旨在自主开发,自己拥有专利和知识产权。这也要有配套措施,特别是金融上有创业基金和风险基金的支持。当前技术人才并不紧缺,实在紧缺的是创业人才,既要有专利,还要会经营。创业与“孵化”有同义,都是把开发技术拿来。在开发区作技术投资,准备风险,争取成功,由小到大。开发区要成为创业者的乐园,为自主开发起到集聚功能。大家热衷于造“硅谷”,除其他地区外,不少开发区尤其是高新技术开发区应当树立“硅谷”意识,寻觅多样化的“硅谷”模式(当然要讲条件和基础,不宜一哄而起)。

五、突出重点,专业分工。防止一哄而起和重复开发,必须强调突出重点,专业分工。社会主义的优点是能够集中力量办几件大事;但是也缺点,就是容易在一声号令下一哄而起。这在计划经济下屡犯不止,无人负责;在市场经济下,各负其责,就要搞特色经济。统一规划,在改革未到位前,还做不到;而自我防范、自我选择,是可望做到的。各开发区在发展前期,相互抢滩,来者不拒,结构趋同在所难免;时至今日,也开始形成特色,就要因势利导,扬长避短,在市场细分上用功夫。我们还不能过分要求大的产业分工,如信息产业、生物工程等,大家都可因地制宜,随机应变;但是必须在部门内有所分工,至少产品不该重复过多。各开发区现在已有不同的重点产品,围绕一、二种为中心,向上下游延伸,把配套件扩散,都能搞大搞强搞优。围绕这个中心,以外引外,以内引内,也有很多文章好做。

六、调整和优化结构。“十五”计划的要点之一是调整和优化结构，以科技创新为动力，实现产业升级，开发区应当带头推进。搞特色经济，正是区域经济和空间结构调整和优化的主要路径。结构调整，包括所有制结构和产业结构和调整，各开发区都要扬其长、避其短，不求全、而求专。引进外资，似属被动，其实还是有主动权的，关键在于引导，并坚持有所为、有所不为。做到这点，不仅是从大局出发，也是对小局有利。因为门类太杂，样样都搞，最后往往是形不成拳头，综合实力不会很强。优化结构的标志，或许是一开发区一品，大的可以有二品最多三品。我国开发区数量过多，甚至一个县(市)有不止一个，一个市更有二、三个，导致布局零乱，力量分散。经过调整，使外部结构合理，内部结构精干，就能提高科技水平，各个开发区也都能有永续的竞争力和生命力。

七、智力开发。科技开放的本质是智力开发。大家已有共识，人才争夺战愈演愈烈，这有利于人才的成长和“尊重人才、尊重知识”的落实。但是与商品竞争的打价格战一样，无限制地降低商品价格，与无限制地提高人才价格，都有一定的消极效应。从全局和长远看，争夺引进人才是有限的，根本出路还要靠自主开发，努力提高在职人员的科技水平和管理水平，其潜力也更大。特别是在各开发区形成特色优势后，人才的集聚和流动将逐步走向有序化。因此，人才争夺战只是暂时现象或过渡现象，所有开发区和企业不能指望靠这种办法来解决人才问题。所谓建立人才高地，当前以高报酬为标榜，可能也是误识；正确的对策在自主开发内才，不在一味吸引外才。与此相应，智力开发重在开发，也不仅是招聘而已。

八、体制创新和体制开发。开发区的成长，最初靠优惠政策，而在开发区增多、政策差别渐少后，就要靠优越的机制来驱动。这在开发区，随着外资企业的发展和运行，本来也是改革的排头兵。特别是引进了高科技，对体制的要求也高。为了适应这个趋势，开发区的改革不能按常规办事，而要更加强调创新，或者说体制也要开发，走在非开发区的前面。特别是建立现代企业制度，开发区不仅可以外资企业为示范，并且一定要被“同化”、“西化”，才能在市场竞争中不落人后。市场建设也一样，开发区要更加规范。政府职能也不例外，要更加市场化，尽快摆脱行政约束。这些改革工作，必须争取在加入世贸组织以前基本到位；否则，开发区的开发功能就会受到严重影响，前述各项工作就会受到严重牵制。

开发区是对外开放的创举，类似于经济特区，特事特办，不落凡套，不同凡响。因此，开发区本身就有一个开发、再开发和不断开发的任务。适应形势发展，开发区再开发，日新又日新，其开发功能也将越来越强！

（原载《开放潮》2000年第5期）

“入世”带来的十大机遇

进入新世纪，中国“入世”在望。对我国终将参加世贸组织(WTO)的问题，一般评价是“挑战与机遇并存”。但这不意味着有弊有利或弊大于利、利大于弊。也有一种解释：先是冲击，经过适应，才能提高。重要的是如何抓住机遇，迎接挑战，化压力为动力，在扩大开放中深化改革，并拉动结构调整和产业升级，实现国民经济的持续、快速、健康和高效发展，落实到民富、国强，有力地推进社会主义现代化建设。正是基于这样的动机和目的，我们对“入世”一直采取积极态度，即使备尝谈判艰苦，还是志在必得，有志竟成。因此，所谓挑战，总能转化为机遇。具体地说，入世给我们带来的机遇是众多的、全面的，表现在：

首先，扩大进出口贸易。WTO的原则和宗旨是贸易自由化，适应当代经济全球化的大方向，总体地看，也有利于各国经济的发展，在扩大交流中获得尽量的比较效益。在入世前，我国开放以来，进出口贸易增长很快，开放度不断提高。但是，无论出口或进口，始终存在若干障碍，有主动的，又有被动的。入世以后，这些条件将有根本变化，如逐步降低关税，逐步取消配额和许可证制度以及基本上扫除其他非关税壁垒。这是双向的，不仅敞开门户，使洋货直入；而获得普惠权和最惠国待遇，更有利于国货走出国门。相对地说，传统的如纺织、服装等劳动密集型产品和土特产可能有更多出口，若干新技术的设备、原材料和高档消费品也会更多进口。只要善于经营，不难保持相当顺差，有利于扩大外需，拉动增长。

其次，扩大经济技术合作。这也是双向的，主要一面是更多更好地利用外资、引进技术。推进贸易自由化,除了有利于商品流动外,还有利于资本、技术、人才和信息的自由流动。这在当前国际游资和成熟技术显得过剩的情况下,不仅是我们要它进来,跨国公司同样有“抢滩”的积极性,眼光盯住我国有13亿人口的最大潜在市场。这与我国丰富的劳动资源和土地资源形成互补,两厢情愿。尤其是对先进技术和高级人才,我们采取鼓励政策,吸引力强。另一方面,我国经济发展到现阶段,也有条件从外向型转向国际化,从扩大劳务输出转向有选择的资本输出和技术输出,取得更大的实际效益。上海提出的跨国研发“直接智力化”策略,跨国生产“厂商间协议”策略和跨国经营“国际战略联盟”策略,正是针对入世的良好机遇。

第三,推进农业产业化。入世,有人担心会冲击我国的农业和农村经济,这有一定依据,但是放眼丈量,入世带来的机遇是进一步与国际经济相对接,参与国际分工,调整和优化经济结构,农业可能是首当其冲,而作为一个农业大国,千万不要妄自菲薄,低估了自己的实力和适应力。入世对农业的影响,在有利于吸引更多的外资、外技进入农业领域的基础上,还将有利于调整我国的农业结构,提高农业的商品化、市场化水平,发展有成本优势和资源优势的农产品及其加工品,包括某些有特色的经济作物如蔬菜、水果、水产、畜牧产品等。虽然,这对一些质量较低、单产不高的农产品和农业地区有压力,然而经过努力,就能置之死地而后生。至于大家关注的粮、棉等大宗产品,我国市场广阔,被占领一部分(如10%)也不会动摇其安全度。

第四,推进工业的高新技术化。入世的产业效应,最集中和广泛的在工业,情况复杂,亟待具体分析,区别应对。容易看好的是原来的支柱产业如纺织,在扩大销售后,既要增产,又要开发新品、改进质量,建立“小批量、多品种、准交期”的快速反应体系。似乎有困难的,集中于汽车为代表的幼稚产业。其实在面对强敌后,一批小而全、小而劣的企业应当淘汰,若干初具规模的企业则将定向联合和技术进步。不妨与家电行业相参照,保持过多并非良策,及时放开更有利于成长,不少已经在国际市场崭露头角。至于高新技术产业如信息电子,据专家调查研究，多数认为，在入世后，外资将以各种方式更快进入，网络和软件开发是其重点；只要我们增加科技创新投入，加强与外资联合，提高管理水平和国际化经营水平，同样会有美妙前景。总之，围绕科技进步，加大技术改造，善于借用外力，我国的工业经济和工业现代化步伐将因入世而获得突飞猛进。

第五，推进服务业的蓬勃发展。入世以后，扩大开放的新领域在服务业，这也正是我国经济体系的滞后点。对传统的第三产业，如商业甚至饮食业，这几年渐趋成熟，外资的参与竞争起了有益的示范和激励作用。电信业已有长足发展，但是保持较多的垄断色彩，其负面渐为消费者所了解并给以谴责；入世后，有了先进的竞争者，有利于逐步按国际惯例办事，不得不努力转换经营机制，提高服务质量，降低营运成本。对金融业等也相类似，在世界各银行相继到来和扩大业务后，压力很大；但是我们相信，只要采取积极态度，定能促进体制改革，提高经营水平，在公开竞争中发展壮大。如保险业，已有个别外来保险公司进入，使国内保险开始走向市场化，增加新的险种，搞好经营业务，设立中介机构。

第六，推动市场体系的发育。入世象征着国际市场从沟通到融合，为我国的市场取向改革增添新的动力，对市场体系的发育和成熟有决定性作用。这在商品市场或许是锦上添花，对要素市场则是雪中送炭，有没有外力参与大不一样。尤其是作为市场枢纽的资本市场，原来起步迟、成长慢、欠规范，仅靠自己的经验是不够的，入世后可能取得实质进展。重点更在证券市场，原来四分五裂，以行政办法管理为主，无论对证券公司、上市公司和广大股民，都不能真正进行市场化操作，有所发展也免不了相当的畸型；这在现阶段有其制约因素，只有在进一步开放后，才能尽快走向规范化和正常化，并锻炼出所需的合格人才。外汇市场、黄金市场，看来也会有相应的改革和改制。广而言之，技术市场、人才市场甚至房地产市场，都将逐步与国际接轨，走向真正的市场化和国际化、现代化。

第七，推动企业的改革和发展。国有企业是改革的难中之难，难在缺少一个真正作为市场主体的宏观环境。有人认为,入世导致的冲击波,直接受到威胁的是国有企业,其外部环境发生变化,不仅有非国有、非公有企业为竞争对手,又增加更强有力的外来企业,就不能再凭国家的父爱保护了。同时,也更有利于产生建立现代企业制度的模拟效应。对其他企业也一样,在新一轮的市场竞争中,有劣汰,有优胜,后者都经脱胎换骨,蜕变成为真正的企业,熏陶出真正的企业家。生死存变,在此一举,应当相信中国企业的改革和发展是有希望的。

第八,推动政府的职能转换。市场的渐趋成熟,企业的渐趋成长,与政府的关系都会有变迁。可以预料,面对开放局面,政府再用老办法来管理经济,势必难以为继,必须学会调控,正确运用各种经济政策。财税政策和货币政策,既是新课题,又是大学校,经过摸索,可能有失误,最后都会掌握要领,走向熟悉。调整政府与市场、与企业的关系,重新进行功能定位,政府职责将不同于过去。对此,一定要有紧迫感和危机感,掉以轻心就会错过机遇,在入世后陷于被动。我们也应当相信,包括各级地方政府在内的整个政府有条件实现这个根本性转变。

第九,推动就业和收入分配。入世带来结构调整,涉及面较广泛。有人顾虑,会不会导致大批的企业倒闭和职工下岗?这有一定影响,但不会造成灾难性的后果。因为从总体看,入世推动经济增长,归根到底有利于就业岗位的增加。有人估计,仅外语岗位就可能以数百万计。同时也要看到,适应于结构调整和产业升级,对劳动者的素质尤其是专业人才的需求不同于过去。与此相应,将拉开收入分配差距,这在近年来已经初显端倪,造成弱势和后进地区的人才流失;并在外资企业和优势企业大幅度提高工资后,出现了“猎脑热”。知识有价,读书有用,成为新的共识,促进了教育事业的发展和教育投资的旺盛。这当然是难得的好事,在入世后将有进一步驱动。

最后,入世的最终效应是功在国家,利在群众。入世推动经济发展,国更强,民更富。进口商品会不会降价,出口商品会不会涨价并增加生产者的收入,或许要有一个较长过程。但是有些垄断性服务如打电话、上网,或许降价要快一些;汽车等,也可作如是观。其实,在商品零售、饮食服务和旅游、房地产以及文化教育等方面，入世后都会有所进步，给人民以实惠，遍及衣食住行和精神消费，此事关系国计民生，对人人是福祉，理所当然也应当得到大家的赞同和支持。

以上所述，倾向乐观，不排除可能还有某种风险。挑战转化为机遇，必须经过奋斗。机遇也不等于现实。因此，应当早作准备，认真研讨，正确决策，周密部署。特别是在几年过渡期间，更要做好各项工作，创造必要条件。应当防止两种倾向：一是认为“民族经济”的概念已经过时，似乎可以放弃一切合理的保护措施。如果这样，何必要有马拉松式的谈判，坚持权利与义务的平衡。其实，与美国谈判的对手巴尔舍夫斯基，绰号“石墙”，就是素以“贸易民族主义者”著称。西雅图会议的无果而终，也给我们深思。二是一味强调保护，坚持过度，也会变为保护落后，不利于扩大开放和深化改革，从入世获取长远的好处。这是一件新事，积极对待，谨慎应付，才能玉成于汝！

（原载《南京社会科学》2000 年第 3 期）

不仅是劳动力廉价

对外开放以来，我国的出口贸易和利用外资节节增长，全球排位不断提升，开放依存度超过了不少发达国家和发展中国家，正在向国际性制造业基地甚至“世界工厂”迈进。人们认为，这是由于我们具有若干突出的优势，除了13亿人口的国内大市场潜力无穷外，更在于劳动力资源丰富、劳动力素质良好特别是劳动力价格低廉，20多年来相对稳定，或许与物价比是有降无涨。当然还有其他因素，如有的地方和时候曾经采取“零地租”、“零税率”，让利让到了底线。

拿劳动力廉价这个决定性的比较成本来说，当前市情大致是一般月工资只五、六百元，技术较高的在千元左右，平均相当于100美元，东南沿海稍高，内地更低。这与其他发展中国家如东南亚比，略有上下，差距不大。但是，为什么吸引力似乎胜出一筹呢？原来，除了名义工资很贱外，还有附加的某些特惠。

媒体反映的点滴事例，层出不穷的至少有如下诸项：(1) 工时没有刚性约束，加班加点频繁，有的每日达12小时，假日也不休息；(2) 不仅是加班加点工资，正常的工资往往发生不正常的拖欠，与农民工相类似，到年终才暴露，追索艰难，据说追回了七成多，那么就有近三成尚未兑现，其中包括外资企业；(3) 劳动保护不达标，生产事故多，先后曝光的恶性事故并未杜绝；(4) 社会保障也不到位，有关部门一再督促、催缴，表明还有不缴、未缴；(5) 就业权同样缺乏保证，老板有炒鱿鱼的自主权，并且出现某种规则，两三年大换班一次，就业流动大，意在防止定期涨工资，始终把工资水平束缚在最低位。当然，也有好的典型，但是，负面案例不绝如缕，问题确实存在。决非个别。

所以出现上述情况，原因何在？较普遍的是对这些企业（民营企业也相仿佛）缺乏明确的法制规范，或者是有法也不行。加班不给加班费，已是见怪不怪了。在劳资关系上，缺乏公平性和公开性，有的不订合同，有的“霸王条例”；工资等规定，不经双方谈判，也是一面之辞；工会组织弱化，每年仅在“五一”劳动节等时候提到“工人阶级”。劳动力不仅是廉价，并且有上述种种，才使来华投资有劳动成本特低的吸引力。对此情况，怎样评价？有些经济学家认为，这有利于吸引外资，是全球化竞争的必要对策，并有利于中外资本的原始积累。笔者未敢苟同，坚持劳资两利是“新民主主义”政策，何况已是社会主义，虽然还在初级阶段。不揣冒昧，略表几句，内含打抱不平的意思，希望得到有关人士的垂察！

（原载《中国改革报》2004 年 6 月 14 日）

区域协调

融入长三角　整合区域经济

最近,融入长三角成为热课题。此前有都市圈,此后有沿江开发。三者不是一回事,而又分不开。也可以归纳为另一个用语:区域整合。这是什么理念,带来什么思路,很值得议论和探索。

一、课题趋势的时代背景

长江三角洲本是地理名词,成为经济名词,也非自今日始。今日提出融入,意味着从地理到经济,还需一个过程。这就是区域整合,核心在区域经济整合。与城市化相联系,不妨表述为以城市为中心的区域整合。这要改革,也要开放。作为一个新课题,来自新的时代背景。

一方面是市场化。市场的本质和要求是统一,不准分割。市场取向改革以来,不断冲击着条块分割的传统行政体制,有所突破和进展,但未毕其成功。换句话说,区域经济仍呈块状,亟待整合。

另一方面是全球化。全球化是市场化的延伸和扩大,又反过来推动市场化。跨国资本的运行无坚不摧、无往不利,不能容忍国际壁垒,更不要说区域障碍了。但在我国,各自为战,画地为牢,与全球化的潮流明显抵触,亟待整合。

又一方面是信息化。信息产业代表着高新科技,同样是无国界、无地界的。科技作为资本,与货币资本、人力资本相结合,三位一体,到处流动，择土为安，因地制宜。旧的行政区域，不利于三种资本的转化、融通和运行，亟待整合。

另一方面是城市化。城市对应于农村，犹似工业对应于农业、市民对应于农民。前者是集聚的、动态的，后者是分散的、静态的。无论是传统的或新型的工业化，都以城市为依托，并辐射到周围包括农村。转向城乡新格局，也亟待整合。

讲城市化，形成城市圈或都市圈，大层面的如上海，中层面的如苏南和南京，小层面的如各市、县，包括乡镇在内的县域经济，都要区域整合。上海是世界级的大都市圈，一小时车程圈住了苏南和浙北，三小时车程圈到了南京和扬州、泰州、南通的苏中以及浙东和浙西。

建立以上海为中心的都市圈，与长三角是叠合的。古今中外，经济发达地区，几无例外地集中于大江大河的两岸特别是其下游入海处，构建远达海外的大港口。长江三角洲与珠江三角洲、京津唐三角洲或环渤海湾三角洲都拥有黄金水道和黄金海岸的优势，不仅处于中国海岸线的中央，并通过长江连接最大的腹地，在三甲中居首。

沿江开发，指江苏省内的苏南与苏中的跨江联动，没有跳出长三角；相反，正在大上海都市圈的紧密层向中间层展开的要害部位。又一种说法，上海是龙头，南京是龙喉，沿江开发也正在其颈部绵延区。

城市化、长三角和沿江开发，犬牙交错，浑然一体。这个地区，经过改革开放的 20 多年，展翅起飞，开始离地，走向率先实现全面小康进而率先基本实现现代化。

连续的、频繁的高层互访传递了这些信息和心声。仅以苏沪关系看，上海表示，为了发挥好"一个龙头、四个中心"的作用，就要为长三角的发展服务好；江苏表示，学习上海、依托上海、接轨上海、服务上海是坚定不移的战略方针。两地共商合作大计，共谋长三角发展良谋，都谈到必须融入长三角，才能共享机遇，开拓更加广阔的空间，不仅有利于长三角的共同发展，并且有利于更好地为全国服务。这是一个大融合，能够优化大环境，获得大发展。再看苏浙和沪浙的关系，也是一样，合则皆赢，分则皆输或有赢有输。

本来，在长三角，各地之间的合作源远流长。现在，为什么还要提出融入长三角的新课题呢？恰恰反映了区域之间还未真正整合，亟待适应新的形势和任务。

二、区域整合的起点、过程和目标

区域整合，是一个新名词，有其历史渊源。有人认为，在大一统的计划经济体制下，强调全国一盘棋，似乎没有什么矛盾。那是误识。固然，以第一个五年计划为例，先后完成以苏援156个重点项目为骨干的大规模建设，调整了原有的生产力布局，使重工业得到优先发展，确有相当成就。但在背后，付出很大代价，如限制了农业、轻工业的发展，限制了人民生活的改善，这笔帐是算不清的。然而，改革开放以来，向地方和企业放权，调动各方面的积极性，又有什么大错呢？能否认为，在大前提不算错的情况下，在政企分开还未到位的今天，早就有人指出的"诸侯经济"即行政分割，至少是一枚双刃剑：既调动了地方积极性，带出一派生动景象，如苏南模式、温州模式和珠江模式；又不像仍旧束缚着生产力的进一步发展，突出的表现是大小块块各自追求本地区的高速增长，相互之间缺乏合作，不同程度地营造自成体系，自觉或不自觉地进行重复建设，以致从总体看，产业结构和生产力布局不够合理，宏观和微观经济效益不高。因此，提出区域整合有其现实性、针对性和紧迫性。

从这样的起点出发，走向区域整合，虽不是积重难返，也不是轻而易举，必须经历一个较长的过程，大体上可以划为三个阶段：

第一阶段在近期，着重于协调，防止和避免各种矛盾和冲突，并尽一切可能解决历史遗留的若干难题。过去的不协调或不够协调，说得严重一点是地方主义，说得具体一点是各自为政，来自对区域和城市竞争力的片面理解。焦点之一是盲目的重复建设，从家用电器等传统制造业到汽车、医药、信息等新兴产业并导致能力过剩；焦点之二是盲目的争夺外资，其极端是优惠无限到"零税率"和"零地价"并导致"招商过度”。现在讲究协调，从基础设施建设到一般制造业和IT产业的发展，上至省市际，下至市县间，无论内生和外来，都要相互通气和协商，服从于整体效益最大，以免竞争过度和两败俱伤。高速公路的发展，由于关联度高，已经初见成效；而港口和机场的建设，亟待从长计议；涉及生态环境的保护和治理，更要列入议事日程。

第二阶段在中期，着重于合作，要组织各方面的力量，跨越区域界线，形成新的生产力。如果说，协调是面对现实，有消极因素，有加法也有减法；那么，合作已是迎接未来，全是积极因素，做的是乘法了。世界上有跨国公司，实力雄厚，越战越强；我们的跨省市公司才方兴未艾，已有的大企业集团中不少以省和市县为主，一定要走出去，才能成大气候。现有的若干行业板块也一样，在当地是老大，一比较就降级，很难打造全国乃至世界品牌。开发区同样如此，甚至一市有几个开发区，相互之间形不成产业链。讲究合作，要破除落后的竞争观，认为竞争只是优胜劣汰或你死我活，不懂得增强竞争力的捷径是合作，无论强强、弱弱和强弱之间，合作竞争力是无敌的，即没有对手，带有一定的垄断性。这不仅是企业的微观行为，更有赖于宏观调控，手段在于区域规划，不仅在当地，还要至少与周围和相关地区联系，闭门造车是走不远的。加强区域合作，中长期规划建立在互补互利和差别发展的基础上并坚持实施，区域整合就跨出了一大步。

第三阶段在较长期，即所谓一体化，是区域整合的目标及其实现，不能一蹴而就。现在大家都高唱一体化，精神可嘉，却是任重道远。什么是一体化？基本要求是消除界线，融会贯通，达到合二为一的理想境界，不分你我而是你中有我、我中有你，把行政区域转化为服从于经济区域。全世界有人鼓吹一体化，大区域如欧共体也在声称走向一体化，除全国终将一体化外，在长三角及其上下几个都市圈追求一体化是天经地义的。具体分析，或许是指：(1) 市场的一体化，形成一个真正开放、统一、有序的市场，从商品、服务到生产要素；(2) 要素流通和组合的一体化，除了供给充分的劳动力已经基本上自由流动和信息资源本质上无法遮拦外，稀缺性的资本、技术和人才市场仍未彻底冲破区域界线，资源配置也未真正的市场化，影响其配置效率，还有赖于持续努力；(3) 产业一体化，是上述两个一体化的收获，意味着在全国进而在更大范围直至世界性的产业分工和合作的一体化，包括农业和服务业特别是新型工业体系中的采掘工业和原材料工业、传统制造业以及高新技术产业，不仅在生产力布局上是尽可能合理、科学和高效的，并且形成一批产业集群板块和大公司集团，其实力和能力足以走向世界。与此同时，也实现区域一体化，区域差距控制在适度，并包括城乡一体化，其差距呈收缩状。

这三个阶段，不是截然划分，而是先后交错、大体有序。很可能从小区域做起，逐步放大。现在苏南若干市级县，开始有其主导产业和支柱产业，形成各有优势和特色的板块，在该地区内，基本上是协调的，也可以判断为初步实现了一体化。但是，不该停留在这种小范围的区域整合；因为从大处观察，在小区域外，还是不够协调、缺乏合作，不能说是一体化。区域整合，以宏观的一体化为最终目标，较低纲领是一省范围内的整合，较高纲领是省市之间的整合。正是在这样的意义上，我们在提出南京、苏南的城市圈和沿江开发外，还有融入长三角的高纲领和大目标。

三、行政分割与区域经济的博弈

区域整合所以成为一个课题不是仅靠几级领导表态、号召和采取几项重大决策就能迎刃而解，归根结蒂是由于现行的行政体制、行政区划是对经济区域的分割，主客观上都存在两者的不一致，事事处处有摩擦，不可能也不容易统一起来。区域经济学研究经济发展的空间布局，不少学者和实际工作者有所规划，设计了不同的经济区域，同时提出了对策，言之有理，持之有据。但是一旦实施，碍难通行，变为画饼。我们看到的地图，都是行政区划，而没有经济区划；听到的所谓经济区域，也往往是行政区划的翻版，如苏南、苏中、苏北或其重组如沿江经济带、徐连经济带等。一旦超越这个范围，如长江三角洲或上海都市圈，就显得抽象和玄虚、不可捉摸了。

有人提出了行政分割与区域经济的博弈，反映了两者之间的冲突。博弈是一种竞赛，其实也同于竞争，最后要决胜负，很少和局。公开的说法是竞争力，有不同标准，排不同名榜。究其实质，无非两头：一是政绩考核，一是地方利益。两者有关，又非一致。考核来自上级，荣辱都在长官，老百姓关注不大；利益也不尽实在，考绩优胜的地方，不一定就是老百姓直接享受实惠最多，所以老百姓一般也处身于竞争圈外。

怎样处理这个关系，把博弈转化为协调、合作和一体化，有过一番研讨。曾经试验的办法是调整行政区划，如实行市管县、县改市和撤郊县建区、改县级市为省辖市等，收效并不显著。有人建议按经济区划来调整行政区划，仍旧是行不通，因为经济区划的边界是模糊的，并且有交叉、有演变。特别是大经济区，几度设置，成功不多，上海经济区不能建立大上海市，长江三角洲不能合并为长三角省。

看来，要让经济区战胜行政区，让行政区服从经济区，总的要靠市场化的发展，不断突破行政区界线，在政企、政资分开的进程中，充分发挥企业作为市场主体的作用，有其充分的自主权，不受行政区的制约。政府有调节、引导、监管、服务之权和责，怎样规范，有利于市场机制的健全，还是不能排斥和过分淡化的。针对当前的症结，可行之道应当是把相对独立的地方利益和地方政府的利益统一于全国和当地人民的利益之中，把对地方政府官员的政绩考核从以产值及其增长速度为潜规划转向融入富民的规范化。具体地说，人均 GDP 要与人均收入并重，财政收入要与居民储蓄并重，并设计一套与全面小康和现代化接轨的考核指标，包括：就业率和社会保障面，城乡居民收入和生活质量，科教文卫事业发展，市场建设及其规范程度，社会治安和生产、生活安全，生态环境保护，土地等资源的合理开发和节约使用，以及利用外资和出口创汇等等。

四、打造区域整合的动力和机制

只有实现区域整合，才能更好地发展地方经济。这是改革开放的实践启蒙了人们，从各级领导到专家、学者，虽然先知先觉不多，而后知后觉不少。披流溯源，计划经济造成行政分割，导致行政壁垒和行政封锁，各地均受其害，渐知其弊。20 多年来，以横向联系为篙矢，寻求突围，从点到面，与市场化同步。从目前态势看，行政区划始终是客观存在，实施区域经济是越来越强劲的客观要求。理念的创新呼唤对策的应变。怎么办，首先要从探索中去焕发动力、培育机制。仅从这几年尤其是近年来，先后有例为证：

从大处讲，几个三角洲都有了实际行动。近在长三角，去年召开上海——长三角区域发展国际研讨会，20 位市长共同签署了《长三角地区城市市长论坛纪要》，建议加快建设水、陆、空相互配套、快速便捷的区域大交通体系，加强生产要素的跨省市流动，加快信息资源的开发利用与共享，进一步完善长三角地区金融组织体系和区域经济服务体系等，而要实施这些项目，必须突破现有的行政区划限制。在此前后，珠三角早有筹划，到今年初，参加广东省人大的代表提交了《关于加强珠江三角洲区域经济合作的议案》，建议在珠江三角洲各城市间形成一个制度化、经常化的沟通交流与协调机制，通过政府引导推动，形成对外的合力和整体效应。

长三角不同于珠三角，前者跨省市，后者就在一个省内。各省内部，与珠三角一样，也有区域整合的要求。以江苏为例，一方面，苏锡常早就把自己划入了“大上海都市圈”，尤其是苏州的昆山和太仓、吴江，有的公开提出要投靠上海而不是投靠南京，或者强调与杭嘉湖联合而不是在苏南争中心。另一方面，江苏也在本省范围内推进区域整合，除了苏南、苏中、苏北的共同发展和南京、苏南、徐州的三大城市圈外，提出沿江开发，其目的正是充分利用长江作为稀缺资源的优势，通过资源的重新组合和合理配置，加快苏南、苏中经济社会的一体化进程，提高区域经济整体素质，增强产业国际竞争力，推动全省加快发展、率先发展和协调发展，并已编制了《沿江地区经济发展规划纲要》。

在省以下，市县之间同样激发了区域整合的主动性和积极性。在江苏的沿江开发中，隔江相望的江阴和靖江，经过多年发展，江阴的35公里长江岸线资源几乎用尽，而靖江的52公里江岸尚余40公里未开发。于是本着“江阴出钱、靖江出地，财税划块、利益共享”的原则，两市主动打破行政区划和长江天堑的界线，成立了“沿江开发促进会”，在江北划出占地10平方公里的“沿江新材料工业园”，由江阴投资3亿元，并定期交流干部。南京、徐州的跨省边界，也有市场整合和资源整合的例子。

诸如此类的案例，目前还不很多，但是一石击起千层浪，给人们震撼和惊醒，懂得了必须拆除人为的“楚河汉界”，就能提高整体的竞争力，并且发现，具体路径宽广，不拘一格，已经肯定的有：

——建立全球化、市场化的新理念，总结“诸侯经济”的祸害，深刻理解并信奉区域整合的必要性、紧迫性和可行性、有效性，从不同程度的地方主义陷阱中摆脱出来，解放思想，与时俱进，为区域经济的永续发展开创新局面。

——着手建立和逐步健全区域联盟或区域性协调组织。暂且勿论跨国（区）界的华人经济区，先从跨省、市入手，可以有不同形式，从松散到紧密，如不定期和定期的协调会议、联席会议和相对固定的组织，并赋予一定的权责。有人认为，过去搞过“上海经济区”，没有成功；其实，当时条件不具备，现在情况不同了，对此要有决心和信心。

——试搞一些综合和专业、专题的区域性经济社会发展规划，并以立法方式来保证其指导性和约束力。这在国家的中长期规划中要有考虑，在省、市的中长期规划中要有安排，并具体化为单项规划，应当执行，不容违反。不言而喻，规划要吸收各地的合理意见，协调各方面的适当利益，从而获得支持和遵守。

——对基础设施建设特别是跨地区的交通、电力、水利和港口、机场等要有统一安排。这有不同等级，有的在全国，有的在省市，更重要的是在省、市之间，一定要克服过去的各搞一套，转向合作，并合理分配其投入和产出，达到在降低成本的基础上提高其效益。

——在产业发展上，重大项目要有协商和论证的法定程序。除上述项目外，涉及各地的主导产业和支柱产业，在地区之间要有分工和合作，形成板块和产业链，防止重复建设和能力过剩、竞争过度。从中央到地方，宏观调控不仅是总量的，还要有结构的；在减少行政审批后，不能没有行业协会的行业管理。

——深化改革要培育和建立区域整合的机制。既要进一步市场化，充分发挥由市场配置资源的基础性作用，建立和规范资本、技术、人才等要素市场；又不排斥各级政府的职责和功能，以引导市场。有一种看法，政府也要类似于企业化，目标在公共利益，虽有争论，值得探索。

——扩大开放要对外、对内并举，借以冲破行政区划的局限。随着WTO的进程，开放度势必逐步提高，从数量到领域，内外贸易和内外投资也会一体化，都有利于区域经济的整合，要主动应对，防止被动应付。当前开发区成群，内耗严重，也要有所整合，增强其竞争力和吸引力、辐射力。

——进一步调动各级政府和所有企业参与区域经济整合的积极性。这是常规，在转轨期又是一件新事，缺乏现成模式，必须依靠大家的敢于和善于创新，把自上而下的发动与自下而上的响应结合起来，在实践中求得完善和完成。做好这些工作，区域经济会有新气象，整个经济都会有新成就。

（原载《南京财经大学学报》2004 年第 1 期）

西部大开发，东部怎么办？

西部开发的号角已经吹响，这是有关大局和长远的新思路和新举措，西部和中部地区固然全力以赴，东部地区同样有责，只有举国一致，才能胜利地完成伟大的历史使命！

经济发展的新变数

东部地区在分析世纪之交经济发展趋势时，关注着两个新的变数：一是终将加入 WTO，一是西部大开发。对前一变数，常用语是挑战与机遇并存；对后一变数，往往看重于挑战，无视为机遇。这是不难理解的。提出西部大开发战略确是区域发展战略和发展政策的大转变和大演进，虽然早已列入中长期规划，而一旦摆上现实的议事日程，往往容易直觉地迸发出挑战的感觉。所谓挑战，从听到的议论，主要是指下述一些因素：

一、国民经济发展重点西移。新中国成立以来，区域发展重点先后有过几次调动，其中“大三线建设”时期的重点在国境西部；而最近20年又回到东部，使东部发扬优势，经济增长速度领先于中西部，经济总量份额超越于中西部。这使东部地区的干部和群众难免有某种程度的受宠感，并优先享有改革开放的成果，有的成为首先富起来的一部分人。提出西部大开发，理解为重点西移，东部所处地位有所变化，某些人会不自觉地感到不同程度的失落。

二、发展战略和发展政策向西倾斜。重点西移，具体表现为战略和政策的向西倾斜。东倾变西倾,不仅是中央的关注度不同于过去,并且在具体规划的编制和各项政策的制定上都有所调整,结果是要更有利于西部的加快开发。相对地说,对东部的关注度和有利条件将有所削弱和淡化,这是不言而喻的。但是,这不意味着对东部的要求、期望和任务有所减轻,而是更有待于自己的努力。于是有人认为,工作难度或许增加。

三、国家支持向西部转移。一个地区的发展,除了依靠自己并对国家作出贡献外,都离不开国家的多种多样支持。东部地区的率先发展,既有国家的政策优惠,又有财力、物力、人力的适当调度。今后向西倾斜,也是同样,如财政预算的转移支付不会减少,银行信贷的区域划拨可能增加,还有专业技术人员的分配、科研课题和科研成果的安排特别是重大投资工程项目的摆布,从基础设施建设、基础产业建设到生态环境建设以及教育、文化、卫生产业建设都将向西部地区转移。这样,对东部地区的照顾或许不如过去,也更要靠自己了。

四、社会生产要素也向西部流动。在计划经济体制下,资金、技术、人才等生产要素的配置权在政府;转向市场经济,资源配置越来越自由流动。西部大开发将形成新的经济增长点,西部的投资环境改善、投资机会萌生,社会生产要素也相应地向西部集中。以往的"孔雀东南飞",很可能回归到西南、西北。特别是人才,流动最敏感、最快捷,人们预料并已初步发现,曾经在深圳等经济特区有过的热爆景象将在西部重演。

五、增加市场竞争对手。长期以来,传统产品和名牌产品的基地集聚在东南沿海地区,在西部地区市场占有较大份额。这几年有变化,基本格局依旧。西部大开发,导致市场容量扩大,但在同时,必然会有一批企业崛起,从传统产品到新产品,在西部市场和全国市场以及世界市场,为东部企业增加越来越强的竞争对手。西部地区拥有资源优势、劳动力优势和其他区域优势,其产品有特色,成本也较低,是决不能小看的。

六、利用外资也会有分流。20年来,我国吸引外资,东南沿海地区占了近九成。西部地区开放较迟，而在大开发后，其步伐将迅速加快。在运输、通讯和其他基础设施条件改善后，区位优势将为资源优势所替代，外资西进势在必行。尤其是在政策上，西部享有优势，如所得税率较低、股权比例较高，可能博得外资青睐。入世以后，利用外资将再上新台阶，新热点在西部。甚至已在东部的外资企业，也可能有一部分向西部转移，如劳动密集型和资源密集型（包括用电多、用地大）行业，有的已经行动。

举出以上各点，对东部地区不是什么“消极现象”，而是必须正视的新情况，是为了正确对待、恰当决策，有利于支持西部和发展东部。

机遇总是寓于挑战

以上各点，习惯地被视为挑战。其实，挑战总与机遇并存，挑战总能转化为机遇。西部大开发，为国家的整体发展创造了空前良好的大机遇，对东部也不例外。与这些挑战相联系，为东部地区提供的新机遇，至少可以列出如下：

一、西部大开发为改革开放和现代化建设揭开大篇章。经济发展总是一个台阶、一个台阶地上。当前处于世纪之交，按照现代化建设的战略部署，实现小康，走向第三步目标，正是关键时期。西部大开发的提出，作为一个“大局”，是一篇大文章，呼唤大手笔，创造大空间。这不仅是西部地区的大机遇，也是全国所有地区的大机遇。人们把“入世”看成是第二次改革开放，其实西部大开发也是开放的扩大和改革的深化，东部地区从中获得的机遇是多多的。

二、西部大开发将扩大需求，首先是投资需求。在买方市场的条件下，社会需求是拉动经济增长的永恒力量。近几年显得需求不足，已经采取若干措施并见成效，西部大开发更是一个新的契机。首先从扩大投资需求看，西部大开发，仅基础设施建设就有几千亿元，对投资品包括机械装备特别是有先进水平的，需求量十分巨大。这不仅是指资金，连同技术、信息、人才和管理，都为全国特别是这些方面有明显优势的东部地区创造了投资机会和开发、创业机会。投资拉动经济增长，东部地区将深受其益。

三、西部大开发也将扩大消费需求。西部地区人口多，虽然当前的购买力水平偏低，但是潜力深厚。随着大开发，从广大农村群众到城市，经济发展了，城乡居民收入增加，对消费品的需求也将逐步转旺。这将不断扩大市场容量及其内涵，除了拉动当地农业、工业和服务业的加快发展外，同时为有传统关系的东部地区提供无限商机，促进东部各类产业的发展和进一步开发。消费需求是最终需求，国内市场是主体市场，农村市场更是根本。所以放眼看西北，前景无限风光。西部大开发将拉动东部大发展，希望应当寄托在此！

四、东西部各有优势，互补合作的前程远大。西部大开发，与东部有竞争，而更多的将是合作。西部大开发有赖于全国支持，这对先发展的东部发展也是重要契机。一般认为，西部的优势是资源（包括矿产和土地）和劳动力，其实还有某些技术以及艰苦奋斗的民族传统；这与东部的优势如资金、技术、人才和管理等相对照，互补性非常强。这几年铁路、公路的建设，另如西气东输工程的兴建，都为东西部优势结合打通了渠道。另在领导、管理干部和专业人才以及机制和经验上，同样是各有所长，可以互补，各得其利。

此外，西部大开发，再造一个山川秀美的西北，将为全国从根本上改善生态环境，也为东部的经济社会发展筑起良好的生态屏障。另如西南搞好水土保持和环境保护，治理江河上游，还能减少下游的水旱灾害。至于民族团结和边境安全，更有全国性的政治意义。这都表明，东部和中西部是祖国不可分割的有机体，情同手足，息息相关，共兴共强。

举出以上各点，对东部地区也不仅是发展新机遇，并且是权利与义务、责任的统一。认清和把握好这些，所谓挑战或“负面影响”就转化了。西部大开发对西部是好事，对东部同样是好事。

早着先鞭　大有可为

西部大开发是我国全面推进现代化建设的战略部署，经过多年酝酿，现在条件成熟。这既是中长期目标，又有其现实针对性。因此一经决策公布，立即得到全民响应，西部地区奋勇争先，东部地区并非旁观。看来，各地情况不同，任务各异，而目标一致，都大有可为。东部地区各省市应当和能够做的，大致有这么一些方面：

一、统一认识，及时行动。对西部大开发的重要意义，经过不长时间的宣传动员和最近召开“两会”的讨论，开始深入人心。对东部地区来说，必须强化大局观，认识到此一决策不仅适用于西部，还与东部密切有关；不能仅看作是为了加快西部发展，也是东部和全国走向现代化的必经步骤。社会主义的优越性之一是全国形成一个整体，能够集中力量办大事，并推动整体发展。我国作为一个大国，由于种种原因，区域经济发展很不平衡；西部大开发将促进东中西部的协调发展，这是一个历史的伟大转折。身逢其盛，万分鼓舞。因此，应当及时行动，不仅为全国和西部尽我职责，而且早着先鞭，早抓机遇，也为本地区永续发展找到新增长点。

二、优势互补，形成合力。东部地区怎样投入西部大开发的浪潮，实现相互之间的协调和共同发展？首要一点是从各省市的实际情况出发，明确自己的优势和弱势，扬长补短，形成合力。一般地说，似乎清楚，如东部在生产要素上长于资本、技术和人才，短于某些自然资源；在既有经济基础上已经拥有相关行业的生产能力，有的属于国内外名牌产品；并在经济工作的领导、管理上培育了一批干部、积累了若干经验；等等。但要进一步深究，与西部的省市区情况相结合，还要做很多工作。这样，才能实现优势互补，把各自的不同优势组合为东中西部的共同优势，从而把本地的发展纳入东中西部联合发展的大格局。当前正在编制“十五”计划，这是不可缺少的主线之一，搞好了就获得主动权，否则或许会停留于空谈。

三、互惠互利，保证“双赢”。一个社会主义国家，地区之间有相互依存的整体利益和长远利益，合则互利，分则两损。过去在这方面不尽明确，有时片面强调本地利益，把市场竞争异化为区域竞争，并在条块分割体制和讲攀比、排座次的导向下，不自觉地染有本位主义和地方主义色彩，出现相互封锁和重复建设等失误。今后加强区域合作，应当打破区域界线，采取多种形式。有人考虑要有多项转进，如从单一的资源开发转向全要素开发；从低层次的商流、物流转向高层次的资金流、技术流、人才流和信息流；从主要是政府行为如对口支援转向全方位的社会行为和市场行为，包括多种所有制企业的主动参与。这样，以合作形式的多样化保证合作领域的广泛化和合作成果的高效化，就能真的获得“双赢”和“群赢”，不再是单向的“支援”，也才能调动一切积极因素。

四、运用市场，要素西行。上述多种形式，落实在行动上，就要运用市场机制，动员社会和民间力量，促进生产要素向西部转移。这要有一个观念上的大转换，从计划经济的画地为牢和自我封闭转向内外开放和内外交流。不仅欢迎西部产品引来东部，打开销路，也鼓励东部资本投向西部，办厂开店。要允许一部分合适的企业转移到西部去，形式可有联合、兼并、参股和控股等，既扩大了经济规模，又降低了成本、提高了效益；要允许一部分成功的科研成果到西部去转化为生产力，不是技术转让，更是技术实现；要允许一部分有开发能力的专业人才到西部去创业，不是人才流失，却是各得其所。还可以采取为西部承包工程项目等办法，这都符合市场法则，不怕西部大开发的旺盛吸引力，正是因势利导、乘势发展，不讲什么“所在”和“所有”，都是为共和国增添实力。温州人足迹遍全国、遍世界起到示范作用，值得东部各地仿效。

五、合理分工，调整结构。竞争要有合作，合作要有分工。这几年搞调整，各有进展，又往往是省、市甚至市、县各自为战，多少重新陷入了“小而全”、“大而全”的圈圈，受到一定制约。今后进一步优化结构，从产品选择到企业组织，都要面向全国，参与世界，包括与西部的联动。如对传统产品，有的优势在西部，东部要有所压缩和转移；对潜在市场，有的西部缺乏条件，东部可以积极开发。从相当一个时期看，东中西部还会存在一定差距，东部应当和能够在产业升级上先行，着重于努力培育高新技术产业特别以高新技术改造和武装传统的支柱产业，形成自己的特色经济。应当首先肯定，西部大开发提供了新机遇，使东部调整结构开拓出广阔空间，也是逐步向基本实现现代化的逼近。

六、对外开放，也待出力。西部大开发，引吸着外资，对东部有影响；从另一面看，又不失是提高开放水平的一着。在相当时期内，外资投向西部可能偏重于资源和劳动密集型行业，即使东部的外资企业有所西迁，都可视为是腾出空间，可以更集中力量引进适用的高新技术。这在深圳有好经验，值得借鉴。如在东部的外资企业，逐步扩散零部件加工，实行以外引内，也可以采取以东引西的办法，更有利于这些企业的增产和降本。西部发展外资企业和对外贸易，进出通道大多经过东南沿海地区，则有利于这些地区的港口和欧亚水陆大桥的发展。

再者，西部大开发还告诉东部，在东南沿海地区的各省内也有不平衡，如粤南和粤北、浙东和浙西、苏南和苏北等，可以从中得到启示，把缩小地区差别、实现共同发展进一步放到当前的议事日程上来，并借鉴西部大开发的战略和思路。西部大开发从加强基础设施建设入手，实施科教兴国、兴区战略，这与东部有共性，并已开始行动；还强调治理生态环境，重视智力开发，有的还提出要有高起点、不搞重复建设以及以中心城市为依托等，则是东部有些省市县还未引起足够重视或还未真正做到的，必须紧紧跟上。这在东部的后发展地区更要根据自己的实际，再造新的比较优势，走创新之路，形成自己的特色经济。

（原载《江苏通讯》2000 年第 7 期）

试议新旧苏南模式的传承和开拓

苏南模式是一面旗帜，在以苏锡常为主的江苏南部诞生以来，至少有 20 年的历史了。其间有过起伏，一度毁誉并存。但是，这片热土上的经济、社会和文化发展始终没有停步，进而创造了新的辉煌，在全面建设小康的过程中保持了率先势头。作为一种区域经济社会类型，不是一种样板，有其特色和经验，值得与时俱进地加以探讨，并择出持续发展的道路。

否定之否定的新貌

苏南崛起于 20 世纪的 70 年代后期，首轮载体是社队企业后称乡镇企业，直至 1984 年才得到政策肯定。与稍迟的温州模式一样，经历了否定之否定的磨练。当时还有其他模式，省外如河北巩县，省内如宿迁耿车，不久都沉寂了。剩下双雄并峙，靠的是经济增长超速，“三农”有所改观，使不同的怀疑论者先后信服。两者各有特色，各有其长，可以互鉴，而非相斥。

直至 90 年代，随着改革深入、开放扩大，苏南的次轮契机是外向化，活力有增未减。但在世纪交替之际，一度出现一种声音，提出苏南模式应当“终结”，并向温州模式“投降”。理由不在以发展为标准，而是在所有制问题上，认为苏南以集体为主、温州以私营（转称民营）为主，前者从体制外到体制内，感染了国有经济的某些痼疾，不及后者的机制有力。此说并非无据，但是据以抹煞苏南模式，则是以偏概全、因噎废食。事实是苏南乡镇企业与外资企业为伴并有所结合,同样在向多元化转变,经济增长仍然较快。

跨世纪以来,苏南发展仍然夺目,与温州比并不逊色,而且保持了某些优势和特色。如讲经济总量和人均GDP,苏南不低于温州;讲经济结构和科技含量,苏南还略胜一筹;讲企业规模和品牌效应,两者难分上下。至于讲外向度、上市量,苏南更有其长。当然也有其短,表现在专业市场和居民收入。可见,没有像有人预料那样,苏南将融入温州,实现所谓"殊途同归";而是在大方向基本一致的前提下,各扬其长,达到花开并蒂,相映成趣。正是基于这样的结果和现状,苏南模式没有终结,这面旗帜还在飘,博得有目共睹和举世公认。经过否定之否定,苏南模式的容貌焕新,愈益灿烂!

固有特色的传承

从旧的苏南到新的苏南,其模式有所转换即更新,包括了充实和提高,也有所取舍、扬弃和升华。但是也有人认为,主要是学习温州,从集体为主到私营为主,用上"脱胎换骨"字样,不再是原来的苏南模式了。这是误识。应当肯定,新旧苏南模式是一脉相承,其固有特色并未断裂,而是传下来了,并得到进一步的弘扬。

关于苏南模式的特色,先后有多种表述,大同小异。流行的说法,一般归纳为"三个为主":集体,工业,市场调节;"两个协调":城镇与农村,经济与社会(或物质文明与精神文明);一个共同:共同富裕。六个要点有不同程度的演变,而其本质没有蜕化。

集体为主。本来在多数乡镇和村,并不排斥个体和私营经济的发展,有的称联办或者戴顶"红帽"。新世纪以来,一面大力发展"民营经济",一面对集体经济进行改革和改制、转制,从中小企业到大企业集团,公私比重有了变化。但是,除了部分村"卖光"外,后期对大企业集团有所控制,大都保留了不同比重的集体资产。有些乡镇和村仍拥有雄厚的集体资产。与此同时,外资企业和合资、合作企业大有发展,新型合作经济茁壮成长。总的说来，还是公有、私有与外资企业共同发展，保持了社会主义的基本经济制度。这是苏南发展中的最大变化，与温州也有所差异，并对固有特色没有全盘颠覆。

工业为主。基本未变，只是产业结构有所提升，以引进为主的高新技术产业相当庞大，传统产业也得到改造，逐步走向新型工业化。与此同时，为生产、生活服务的第三产业也有较快发展，而其比重低于二产。专业市场有所成长，亟待加码。一产比重剧降，个别地方曾想淡出“农”字，得到纠正。

市场调节为主。在宏观调控下发挥市场机制在资源配置中的基础性作用，苏南与全国同步，某些方面还有所超前（如劳动力和人才市场）。

城镇与农村协调。一直在关注中，只是从突出小城镇转向强调城市化，可能一度有点矫枉过正。这在中央提出建设社会主义新农村后也有校正，开始走向大中小城市与小城镇协调发展。

经济与社会或物质文明与精神文明协调。继续坚持并不断前进。近几年来，教育、卫生和文化事业的发展步伐加快，读书和保健问题得到更加重视，有的县级市和乡镇走在前面，如恢复新型的农村合作医疗和提倡民办学校等。

共同富裕。近几年来坚持富民优先，城乡居民收入增长较快，社会保障的险种较全、覆盖面较广。收入增长中，除工资为主外，资产性收入和经营性收入也有较快提高。城乡居民收入的差距，与全国比，属于较近的前列。

从上可见，新苏南模式不是原创而是旧苏南模式传承，某些方面与全国和温州对照，始终有其区域发展的特色，并反映在全面建设小康社会的过程中有所“率先”。

模式更新的几点建议

不言而喻，苏南模式不能满足于对固有格局的传承，必须有与时俱进的开拓。上述几点，也有发展，只是突破不多、不深。当前和今后，对照科学发展观、和谐社会、创新型国家和新农村建设以及“两个率先”的要求，建议把主攻方向和工作重点放在：

——协调城乡关系。在把大中小城市做强、做优，创造一个良好的宜居环境的同时，不能放松、放掉“三农”，逐步走向城乡一体化。要保护基本农田，并以荷兰为镜，发展精细农业（不能只搞观光农业、旅游农业），在有限土地上实现农业现代化，成为苏南的一个亮点而不是暗点。做好农民工工作，使其有序地转化为市民。

——协调经济与社会发展。在经济持续发展的基础上，更好更快地发展各种社会事业，尽快解决读书和看病的贵和难问题。争取普及十二年义务教育，走向高等教育大众化；争取基本上实现全民医保。特别是关注社会整合，救助弱势群体，促进社会公平，实现“零家庭失业”和社会保障的全覆盖。

——在提高开放水平的同时。大力推进自主创新和科技创业。先进的核心技术是引不进、买不到，也偷不来的，必须依靠自己的奋发图强。以企业为主体，大中小企业并举；各级地方政府的职责在规划组织、政策激励和提供服务，包括财税和金融支撑，营造一个创新环境和创新体系，营造一个科技成果转化为生产力的高地。

——致富城乡居民。树立较高标准，向广东、浙江和上海看齐。力争尽快消除还存在的贫困人群，大力增加低收入者收入，达到中等收入水平，适当缩小收入差距，使多数城乡居民成为中产阶层。这是“两个率先”的重中之重和难中之难。

——保护和节约资源、优化环境，实现人与自然的和谐。这既是长远之计，又是当务之急。

至于新苏南模式如何界定，已有几种表述，似乎不够确切。能否以科学发展观、和谐社会与创新型国家为依据，瞄准几个协调，突出自主创新，并以富民为归宿，从现实出发，以“两个率先”为目标，提出若干条，不仅是成果描绘，也是努力方向的择取。

（原载《苏南发展》2006 年第 4 期）

推进苏中、苏北工业化的几点看法

实行沿江开发，加快苏中、苏北的经济增长，力争区域经济的共同发展，重点和难点不在江南或苏南，而在江北或苏北。江北或苏北发展的重点是什么？除了不能忽视农业和必须重视服务业外，应当优先关注和集中力量把工业搞上去。明确这点，思路就清晰了，目标就择定了。这是由于，现代化以工业化为前提，没有工业化就没有现代化。我们当前正处于此一必经阶段。如果说，苏南已经进入工业化的中期，工业产值在国民生产总值中超过了一半；那么，苏中、苏北尚在工业化初期，苏中的工业比重不到一半，苏北的三产结构，有的县竟是一、二、三为序，工业都未占优势。积极推进苏中、苏北的工业化，符合区域经济的发展规律，抓住了现阶段经济增长的要害。不从工业突破，开创一个新局面，加快苏中、苏北发展就难免会落空。这个道理似乎易懂，而真正作为大战略，全力以赴，不能不认为是理念上的一大跃进。

但是，苏中和苏北怎样推进工业化？发展什么工业和怎样发展工业？却是一个难点，议论已久，实践也多，始终没有取得令人振奋的成绩。作为一个研究课题，一直是难题，做不出有说服力和行之有效的大文章。曾经以苏南为榜样，星罗棋布地搞乡镇企业，经过市场竞争，大多败下阵来；转向争取国家投资，先后办了若干或大或小的项目，最后成长和成功的也屈指可数。这有当时客观条件的制约，也有主观认识和努力的不足，不该怨天尤人。

应当看到，经过十年生聚、十年教训，现在时来运转，苏中、苏北的工业化，主客观情况发生了根本变化，虽然仍有挑战，毕竟机遇更好，虽然仍有困难，到底办法更多。当前的有利因素渐增，举其荦荦大者，如在全球化和市场化的演变下，传统产业梯度转移，由外而内，由南而北，苏中、苏北能够成为制造业的接纳基地；随着交通、电讯等基础设施的消除瓶颈和教育、文化事业的相应跟上，以及干部的知识化、年轻化，这里生产建设的硬软环境不断改善；这又使得原来的资源和区位优势得以开发利用，完全可能与外地的资本、技术、人才等生产要素进行互补性组合。

大家热烈地讨论苏中、苏北的工业化，往往碰到若干疑点，提出几点看法：

首先，办什么工业？不少同志着眼于大工程、大项目，不能算错，有可能要争取，不要放松。但是，如果一味追求这个，而不开展多方位的探索，就会失去机遇，旷日无功。这里，应当认真向温州学习，吸取其成功经验。论资源和区位，温州不比苏中、苏北好，但是他们发展很快、成大气候，几乎没有国家投资的大项目，而是白手起家，根据国内外市场需求，抓小产品，成大事业，如服装、鞋帽、钮扣、打火机和低压电器，门槛不高，精益求精，培育了一系列航空母舰。当前世界市场广阔无边，国内市场方兴未艾，新旧产品成千上万，英雄不怕没有用武之地。苏中、苏北有的市县和乡镇，靠小产品起家，走小而专、小而精、小而联的道路，已有一定实力。学习别人，总结自己，不要眼高手低，而要眼低手高，各地都能培育一批成长型的产品和企业，前程无限。

其次，怎样办工业？过去，一是靠国家，二是靠集体；即一靠财政，二靠银行。没有资金或资本，办不起工业。今后如有机会，也不要放弃，但是不能把希望完全或主要寄托在此，而要主要靠民间投资和外来投资、外商投资。为此，要参照外国地方政府的经济职能，不是别的，而是集中力量创造一个优越的生产投资环境，使当地企业能够顺利成长，并对外来资本有强大的吸引力。发展地方工业和地方经济，舍此别无良方。提供这样一个经济环境，当然要软硬兼施，但又不仅是靠政策优惠，更靠机制、体制和法制的健全。相反，采取“零税率”、“零地租”和“零污染防治”，只能吸引少数投机者，吸引不了大公司。苏州、昆山等地经验表明，与外商接触，不仅靠热情，更要靠干练、高效，使他感到你是一个可靠的合作者。浙江资本外流，也在寻找同样的对象。

第三，怎样搞好合作？当前讲市场经济，大家懂得有竞争，在提高竞争力上用功夫，也有必要。而从另一方面看，更要关注的，是如何提高合作力，通过合作，既减少竞争对手，又提高共同的竞争力。这在刚处于要起飞的市、县，特别重要。我们讲打破行政区划和块块分割，实行区域整合，关键正在消除内耗，增强合作。这有多种途径，如组建大企业集团，就要突破地区界限；否则，各自为战，永远做不大也做不强。特别是要宁为牛后、不为鸡首，尽可能依附大城市的大企业集团，心甘情愿被兼并，乃是后发展地区利用后发效应的必由之路。这可能暂时会牺牲一些局部利益，而从长远看，则是获得可持续发展的根本之道。苏中、苏北的领导干部，一定要在这些方面解放思想，找到出路。

最后，要不要走新型工业化道路？有人认为，后进地区办工业，只能低起点，不要高标准。这也是一种不合时宜的观点。我们发展制造业，成为生产基地，还远远不是“世界工厂”，缺的就是自主的开发能力和知识产权，引入先进技术也只是为洋人打工。这种局面，不能持久。靠低价劳动力取胜，只是权宜之计；可能不太久，西部地区条件改善，劳动力价格更便宜一些，还会有由东而西的产业转移。所以，作为次发达地区的苏中、苏北，同样要把走新型工业化道路纳入视野，把工业化、工业现代化、信息化结合起来，力争毕其功于一役，参与“两个率先”的行列。为此，也要尽可能引进和培育高新技术并据以改造、提升传统产业，把“中国制造”转化为“中国创造”，鼓励和吸引高新技术的创业者，建立创业基金，扶植有一定技术含量的中小企业，并办好基础教育和技术教育。不言而喻，还要注意提高经济效益、降低资源消耗、防治环境污染，并同时充分发挥人力资源优势。

此外，推进工业化，要及时转换和正确发挥政府的职能。工业化不能不有赖于政府的组织和动员，而根本动力来自市场，地方政府要抛弃传统体制的直接操作，改为导引、服务和适当的监管。这在苏南已经启动，苏中、苏北正在起步。工业化又不是孤立的，要以深化改革和扩大开放为契机，这在苏中、苏北同样滞后一些，亟待紧紧跟上。“两个率先”不能离开改革、开放的率先，苏中、苏北追赶苏南，追赶广东和浙江，在这些方面都是根本。做到了这一步，工业化和新型工业化的进程就必然会加快，我们有此期待，有此信心！

（原载江苏省社科院《咨询要报》2003 年第 23 期）

还是提“城镇化”为好

“城市化”和“城镇化”两种提法，本来是相通的。但是有人认为，“城镇化”不好，应当代之以“城市化”，重点是发展大城市，过去搞小城镇错了。这不仅是说“城市化”与国际接轨，“城镇化”带些土政策的味道，并且据以指导实践，要来一个战略转换。兹事体大，值得商榷。笔者陋见，从中国实际出发，也参照国际情况，还是提“城镇化”为好。理由如下：

一、城市化作为体系。不能排斥小城镇。城市化不仅是培育和发展大城市和特大城市，还应当包括中小城市和小集镇，是一种立体结构，呈金字塔型。所谓小城镇，有关文件说明，主要是指县（含县级市）的县城和建制镇。仅讲城市化，有时宣传和使人理解为只有大城市，是不成体系的；讲城镇化，就显得完整和全面得多。

二、中国人口多。仅靠大城市解决不了问题。现在13亿，今后16亿，如果人口城市化水平超过50%～60%，就要有8～10亿人口。这样多的城市人口，如果都放在大城市，平均每个一二百万，就要四五百个，每省10多个，显然容纳不下。所以要分流，在中小城市和县城、镇都有吸纳，可谓事半功倍。城镇并举，是转移农村人口的必由之路。

三、中国又是农业大国，处理“三农”要城镇互动。工业和农业之间存在有机联系，发展城市要有农业支持，发展农业要有城市主导，不能在两者之间有所分割和断裂。以城市为中心并不错，同时还要以农村为基础,而小城镇正是两者之间的纽带。提城镇化,明示不放弃农村,视野广阔;仅提城市化,有置农村、农业和农民于何地之叹。

四、历史遗留的二元经济结构,表现在城乡差别,要靠发展小城镇给以缩近。二元结构和城乡差别的解决,有一个长过程;但这不同于地区差别,必须和可以防止其进一步扩大。强调城市化并以发展大城市为重点以来,集中力量建设大城市,成绩斐然;只是在某种程度上放松或放弃了小城镇尤其是县以下的小集镇,使二元结构和城乡差别有所扩大,不能不认为是一种倾向掩盖了另一种倾向,在战略指导上似该校正。

五、对城市功能和城市效率也要统筹兼顾。有人反对小城镇,据说只有大城市才有大功能和大效率,那是片面的。大有大的优势,小有小的特色,正如发展大企业和企业集团不能忽视中小企业一样。大城市投资大,中小城市和集镇的投资小,只要规划恰当,都能在不同范围、不同层次上发挥其功能和效率。对此,应当调动一切积极因素,不能顾此失彼。

六、在后发展和后发达地区,更要大中小城镇并举。大国发展不平衡,东中西部不一样,甚至一个省区内也有先进、后进的差别。从总体看,先发展和先发达的城市和地区毕竟是少数,多数城市和地区还处于发展途中。对这些地区,城镇都是稀缺现象。如何发展,一般有个由小到大的过程。大城市要培育,中小城市和集镇也待成长。提城镇化,同样适合于这些广大地区的需要。在不少地区,只有先发展中小城市和集镇,才有可能最后组成大城市,是不能逾越的。

七、大城市多少会有病,目前世界无法解决。城市大,有难处,即所谓"大城市病",各方描绘已多。有人认为,这是管理问题,可以解决。其实却不然,目前世界的特大城市,从美欧到拉美、东南亚,无一不存在种种经济、社会和生活痼疾,没有例外。换句话说,大城市有规模效应,而过大了,则会有"规模不经济",如人口超过 200 万就要有立体交通,投资大、成本高。所以放眼世界,如在欧洲,多数国家以中小城市为主体,给世界以示范效应。

八、城市要“退二进三”,工业往往集聚在城市外,开放区一般即工业镇。城市发展要有城市产业,不光是农民进城,要安排就业和社会保障。城市产业是什么?除少量城市农业和轻型工业外,一般以服务业为主,大量工业不宜在城,必须退出。这不仅制约着城市规模,并且在城市周围集聚,多数在经济技术开发区,形成另一批工业镇或卫星城,符合城镇并存格局。

九、城市化发展到一定程度会逆转为郊区化。这与“大城市病”有关,使城市的生态环境、经济环境、社会环境和人居环境渐趋恶化,迫使城市人口尤其是相对富裕阶层,逐步迁居郊区,结合新的集镇。这也进一步制约城市扩容甚至促进其空心化。信息化同样冲淡和抵消了城市过分集中的必要性和可能性。与其今后有此反复,不如一开始就有所预防。

十、城市发展的方针应当是大中小并举,各尽其长,各得其所。归根到底,要讲城市发展的方针、战略和政策,如上所述,不能一味求大,或有所偏颇。人们对大中小城市和集镇分别采取鼓励、限止即所谓“严格控制”、“积极发展”等用语,早有微词。其实,城市发展有其来龙去脉,政府只能因势利导,不能靠规划或审批来解决。是否可以考虑,对大中小城市和集镇的发展都该既积极又合理,不要限制和厚此薄彼,顺其自然成长。

城市化或城镇化,方兴未艾,来日方长。政府的职能是规划、引导、监督、服务并努力提供公共工程,塑造一个良好的大环境。“化”有一个过程,不凭长官意志。几十年来,经验与教训并存,现在有条件好好总结了!

（原载《名镇世界》2002年第6期）

推进城镇化　发展小城镇

党的十五届五中全会审议通过关于“十五”计划的建议，第7个问题是“积极稳妥地推进城镇化”。深入学习这段论述，不仅能明确指导工作的方向，并且有利于澄清某些认识，防止某种偏差。这里说说个人的粗浅体会。

一、城镇化还是城市化？本来，两个用语相通，大同小异。但是在几次学术研讨中，有人只择定城市化而否定城镇化。主要理由是除了与国际文本接轨外，认为过去发展小城镇影响了大城市的发展，两者是冲突的；主张今后要看重发展大中城市，不要再发展小城镇，所以不赞成提城镇化。看来，这是片面的，以之指导工作是有害的。《建议》肯定城镇化，包括了建设和发展大中城市的内涵，同时也明确要重视发展小城镇。

二、为什么推进城镇化？有人讲城市化，偏重于提高城市人口的比重，并不算错，但是忽略了更深层的意义。《建议》讲提高城镇化水平，开宗明义是从转移农村人口切入，并引伸到提供广阔市场、优化城乡经济结构、促进良性循环和社会协调发展，不限于发展城镇。这是因为，中国是农业大国，农民是人口多数，让农村人口逐步转移到城镇，农民变为市民，是一项极其艰巨的历史任务。从这个国情出发，农民的转移是多层次的，不可能一步登天，都直接集聚到大城市来，如南美的若干发展中大国那样。换句话说，讲城镇化不讲城市化，恰恰显示了中国特色。

三、怎样推进城镇化？重要途径就是发展小城镇。《建议》有专门一段，以很大的篇幅论述发展小城镇的方针、政策和其他原则，可见发展小城镇在城镇化进程中所处的重要地位和重要作用。“小城镇建设要合理布局、科学规划、规模适度、注重实效”。我们必须认真领会这些需求，并坚决贯彻。前些时候推进城市化，不少地方积极稳妥，成效较好。但是也有少数地区，一哄而起，齐头并进，既不研究布局，又不注意规划，或者片面追求过大规模，实际效果不佳，陷于浮夸和形式主义，是值得吸取的教训。

四、发展小城镇，重点何在？《建议》指出，重点是县城和部分基础条件好、发展潜力大的建制镇。所谓小城镇，指县城是清楚的；小城镇的镇，重点在建制镇，并且要基础条件好、发展潜力大，一般即中心镇，不是所有的小集镇甚至中心村。把这些县城和中心镇搞好了，尽快达到功能完善，集聚人口，就能发挥农村地域性经济、文化中心的作用。这也告诉我们，推进城镇化，重点在基层，根底在农村。脱离这个根本，仅是发展大城市，实际上被架空，不是扎扎实实的城镇化。

五、发展小城镇，关键何在？《建议》指出，关键在于繁荣小城镇经济，包括引导乡镇企业合理集聚、完善农村市场体系、发展农业产业化经营和社会化服务等。也就是说，发展小城镇，靠的是发展小城镇经济，既有工业和商业，又有农业和服务业等，即所谓城镇产业。可以各有侧重，但是不能离开这些产业的发展而发展的小城镇。如果不这样看，认为只要集聚人口，有了人气就有一切，那是本末倒置了。

六、建设小城镇，靠政府还是靠市场？似乎不能偏废，而怎样处理好相互关系，大有讲究。《建议》的说法是“在政府引导下主要通过发挥市场机制作用”。这个意思是政府要引导，或者说是调控、推动，而引导是为了发挥市场机制的作用来建设小城镇，不是由政府包办和替代市场来建设小城镇。如建设小城镇所需资金，要靠政策来鼓励企业和城乡居民投资，不能采取强迫命令和摊派的单纯行政命令，更不能以建设小城镇为借口来加重农民负担。有的地方不是这样，搞得民怨沸腾，应当尽快纠正。这不是说政府不要管小城镇，而是要尽快形成符合小城镇经济社会特点的行政管理体制，并逐步提高管理水平。

七、建设小城镇，还有什么矛盾？除了政策和户籍制度外，普遍遇到的是小城镇建设的用地问题。发展小城镇，当然要用地，这就涉及到与耕地的矛盾和与农民利益的矛盾，必须妥善处理。处理的原则，一定要以保护耕地和保护农民合法权益为前提。前者是必须节约用地，防止规划过大、占地过多甚至多占少用，并且要通过复垦等措施，使基本农田不致减少；后者是必须对让地农民以相当补偿，如合理作价、安排工作和异地安置等。《建议》有原则要求，执行中要因地制宜。

八、发展小城镇、是不是就不要大中城市了？否。《建议》对此也有具体规定。由于各地区经济发展水平和市场发育程度不同，各地形成的城镇体系也不一样，总的是大中城市和小城镇协调发展。中小城市对小城镇有带动作用，区域中心城市尤其大城市更有带动和辐射作用，都是应当重视和发挥好。东南部沿海地区的大中城市较多，也较发达，这种功能显著。西部地区和其他省区的欠发达地区，在加快开发的战略指引下，也要开发和发挥中心城市的作用。大中小城市并举，这是一条符合我国国情的城镇化道路。

当前国民经济发展中存在的问题之一，如《建议》所指出，是城镇化水平低。推进城镇化是开始实施现代化建设第三步战略部署的重要内容和重要举措，在“十五”期间必将加快步伐，取得新的显著进展。这也是一个大战略，按照《建议》的精神去贯彻执行，不仅会使城镇面貌日新又日新，还将使农村面貌和城乡关系都发生喜人的变化，并推动整个国民经济向着既定目标阔步前进！

（原载《江苏省社科院咨询要报》2000 年 11 月 6 日）

坚持发展小城镇

中共中央、国务院近日出台《关于促进小城镇健康发展的若干意见》。《意见》指出，当前，加快城镇化进程的时机和条件已经成熟。早在党的十五届三中全会，已经肯定发展小城镇是一个大战略。在推进工业化和现代化的伟大实践中，特别是经济社会发展较快的地区如广东、浙江和江苏，城镇化进程较快，近年来又加鞭，形势喜人。但是，大家的认识还不尽一致。《意见》的出台，再次揭示"城镇化"，明确发展小城镇的重要意义和基本原则，指出当前存在的一些问题并作出具体部署，是完全必要的、非常及时的。本文不拟全面论述，仅对若干误识，谈谈个人学习《意见》的初步体会。

一、发展小城镇是城市化的有机组成部分

城市化是当前的重要议题，列入了现实的议事日程。但对城市化的内涵，是否把发展小城镇放在应有位置，不无歧见。有的文件也谈到城镇化，但在涉及城镇建设时，回避一个"小"字，决非疏忽。应当进一步明确，讲城市化，与国际通用话语接轨，是可以的。然而把发展小城镇排斥在城市化之外，则是轻率的。衡量城市化水平，习惯以城市人口或非农业人口（按户籍或按就业、实住）占全部人口的比重为标准，就包括了小城镇（建制或未建制）在内。否则，仅限于大中城市（一般到县城，其实已在城镇系统内），只能是指"大中城市化"，不是整个城镇化。那不妨据以划分城乡，也不够确切，而不能反映整个城市化的进程和程

度。也是在这个意义上，我们主张对内用“城镇化”的术语，更有中国特色。《意见》的出台，有助于澄清某些模糊观念。

二、发展小城镇不影响大中城市

有人不赞成“城镇化”甚至反对发展小城镇，主要理由是发展了小城镇，会影响大中城市的成长。固然，在相当时期中，我国的大城市发展不快，使城市化滞后于工业化。但这不是由于发展了小城镇，而是囿于历史条件，过去实行了“严格限制大城市”的政策。现在看来，这有当时的历史背景，如商品粮食供应不足，不得不限止和冻结城市人口。从另一方面看，正是小城镇的发展，为推进城市化开辟了又一渠道。即使展望未来，也不可能仅是让农业人口都进入或直接进入大中城市。在某种程度上，不同规模的城镇呈梯度状态，不同层次代表了不同阶段，进入大中城市的市民很多来自小城市尤其小城镇；同时，农民转化为市民，相当部分第一步是就地转移，也以先进入集镇最为便捷。所以，发展小城镇又是发展大中城市的先行，为增加城市居民提供了后备，经过这个中介或超越它，大不一样。

三、城市布局以大中小并举结合为宜

也有人曾经认为，发展小城镇是一种历史局限，今后的飞跃应当把重点放在发展大中城市，小城镇的历史使命已经过去了。这是另一种偏见。如果说，过去大中城市发展不够，今后加快步伐；那么，随着大中城市的发展，决不意味着可以不再发展小城镇。因为作为城市布局，应当是一个立体网络，有不同规模和不同功能，相互依存，形成一个体系。大中小城市和集镇的关系是：集镇围绕小城市，小城市围绕大中城市，后者是前者的中心，前者是后者的依托。正如小城镇不能离开中小城市，那会显得分散，只是一个平面一样；大中城市也不能离开小城镇，那会显得孤立，也就不是什么中心了。这个道理其实也很简单，小城镇代替不了大中城市，大中城市也代替不了小城镇。这在一个县（县级市）的范围内是非常清楚的，从整体看也不难明白。世界上有些国家，人口过分集中于个别大城市，带来严重的“城市病”，不足为训。

四、发展小城镇是工业化和农业现代化的必由之路

城市化和发展小城镇，都要纳入工业化和现代化的视野，否则会陷于空谈。工业化呼唤大中城市，也呼唤小城镇。我们不可能也不该把工业都集中在大城市，相反，城市要“退二进三”，某些工业必须转移出去，中小城市也容纳不了，有的必须落脚到小城镇；另一方面，在乡镇企业高度发达后，农村也有现代化的大工业，又自然地会出现一批工业镇。至于农业现代化和农村现代化，发展小城镇更是必由之路，其理毋需赘述。在此前提下，要不要农村工业化，可以另议；而以城乡一体化或城乡协调化为目标之一，无疑更不能没有小城镇作为城乡之间的纽带。因此，当农业现代化和整个现代化进入中长期奋斗目标后，城市化和城镇化的任务也显得日益紧迫了。

五、发展小城镇更有中国特色

读了很多洋书的人还问：世界上很多国家，别人都只讲城市化，只有我们讲城镇化，不是太土了吗？这不能不谈到基本国情：中国是一个农业大国，也可以说是农民大国。当前已近13亿人口，70%在农村，基本上搞农业。把城市化定标于50%，要有六、七亿人口转移到城市，只靠大中城市或特大城市能容纳得了吗？如建1000万人的特大城市，至少要十多个或几十个；如建100万人的城市，更要几百个之多，这在21世纪是解决不了的。出路还是大中小并举，多渠道转移，多规模接纳，事情就要好办得多。今后几十年，既要发展大城市，那是少数；又要发展中小城市，那是中数；还要发展小城镇，那是多数。缺少任何一层，都会产生种种矛盾。中国的城市化，一定要走城镇化道路；坚持发展小

城镇，推进城市化才能更快，更好。这就是结论，《意见》给我们启示，也给我们指明了具体途径。这是建设有中国特色社会主义在城市化课题上的正确解答。

（原载江苏省研究室《参考》2000 年 8 月 8 日）

对"城市化热"的冷思考

城市化的标准

城市化不仅是个目标，而且首先是个过程。什么是城市化，如何量化？应当有个计算标准。当前流行的办法是按非农业人口占总人口的比重计算，并且前者又以户口为准。这与国际惯例并不一致，与实际情况也有出入。把有城镇户籍的作为城市人口，城市化的程度在30%左右或稍高，实际上是不准确的。

上述计算标准，有人称为人口的城市化水平；更确切地说，则是户口城市化水平。因为目前工作、生活和居住在大、中、小城市的人口，相当部分并不持有城市户口簿。有人估计，如果加上流入城市的农民工，常住的至少5000万人，城市化水平是35%；再加上乡镇企业人员（大多数是农村户口即农民），就将超过40%，并不是很低了。这才反映实际，表明城市化与工业化内在联系的客观性。

但这样计算，也有个问题。因为这些城镇常住者，绝大部分是临时工和合同工，有很大流动性和不小临时性。特别是他们身在城市、心在农村，表现在每年春节要回农村，收入要寄到家里，较大部分用于在农村建房。所以，就把他们视为城市人口，也不尽恰当。能否考虑，两种标准一起算，相互对照，各有各的用处：有户籍的城市人口是固定的，还未"农转非"的暂住者处于转移过程，是预备的或潜在的城市人口。

城市化与工业化

城市化是工业化的产物,将步工业化的后尘。当前流行一种说法:"城市化滞后于工业化"。有人提出的依据是工业占整个产值的比重已达 50%左右,而城市化水平还只有 30%左右,似乎相差约 20 个百分点。这个判断有待推敲。

城市化水平与工业化水平是两个相互有关又不是完全对应的概念。两者的增长应当同步,但不一定同幅。这里有两种情况值得注意:一是当前中国的乡镇企业占相当份额,其职工大部分还是"农民";二是城市发展不仅表现在工业,服务业或第三产业的份额也越来越大。所谓"滞后",最多只能认为是户籍制度的制约即滞后户籍。

强调城市化滞后于工业化,其后果常常是对城市化进程激发急躁情绪,并且相互攀比,企望在短期内克服这个差距。回顾 20 年来,先是冻结户口,城市化水平停滞不前,但未成为影响工业化的障碍;后是每年提高一个百分点上下,基本上与工业化进度相对称。近年来,有的地方定下每年增长几个百分点的目标,打算在两、三年内从 30%提高到 40%,显然是急于求成,会在实际工作中产生主观主义甚至强迫命令,扭曲城市化的自然成长。

城市化和城镇化

这不是两个口号之争。但是,反映了两种不同倾向,对实际工作不无影响。城市化的提法,有人认为,当前应当集中力量发展大中城市特别是大城市,过去忽视了,原因之一是偏重于搞小城镇。在某些场合,这种论调渐占主流。也有人认为,根据中国国情,仅靠大中城市不能容纳足够的城市人口,还是应当大中小并举,形成梯度的城镇体系,所以城镇化的提法有中国特色。看来,城市化不该排斥小城镇,城镇化不该排斥大中城市,两种提法可以相通,并行不悖,在不同场合也可以有所选择。

落实在实际工作上，过去沿袭多年的城市化方针和对策，确有调整、充实的必要。“严格控制大城市”，含有防止造成“大城市病”，也有理由；而把大城市冻结在既有规模，却不可行。“合理发展中等城市”，要有具体规划，如指省会以下，尤其是对县城，随着经济发展，应当逐步升级，发挥在所处县域的中心作用，有的辐射力更大。“积极发展小城镇”，也要避免随意性和盲目性，并且适当集中，搞好每县少数几个中心镇，在撤并步骤上力求稳妥。

政府与市场

如何推动城市化？当前各地都在积极行动，大方向都不错，具体做法亟待总结。关键在于正确处理政府与市场的关系。如果说有什么问题，主要是在急于求成的指导思想下，不少地方一哄而起，过多地依靠行政权力和行政手段，没有摆脱计划经济的一套办法，表现为：确定指令性目标，限期实现；采取政府动员方式，要求富裕农民转移到集镇和县城；当然也有政策引导，鼓励他们建房并办服务业。这起了一定作用，不少集镇面貌一新。但是也暴露若干矛盾，如有街有店却无市，显得冷落；把农民生产资金用于建市，不仅影响生产投资，还是增加农民负担。有的地区确实是民怨沸腾，不利于稳定。

如何校正政府的职能和行为，更多地发挥市场机制的基础性作用？亟待从根本上计议。例如对城镇化的进度，可以有所规划，但所定指标应当是预测性的、指导性的，不该是必成的目标；对城镇的扩张方式，可以有多种多样，以政策激励为主，不该仅靠行政动员；特别是要从改革入手，包括户籍制度和城镇土地制度，但要各方配合，对“农转非”必须与城镇就业相结合，否则会出现种种意料不到的困扰。

在这方面，涉及面广，要有通盘筹划，着力于提高整个城镇的管理水平。几年来，成就大，问题也多。听到的反映，从创建卫生城市和文明城市到搞居民广场和步行街，有成功又不无失败或不甚成功。这是一门科学和一门艺术,不能只凭经验和愿望、意志。

城市化与扩大内需

谈到城市化,作为扩大内需的重要措施之一,理由是城市居民的购买力成倍于农民。对此,不能作绝对化的简单理解。因为由农民转化为市民,不是一旦有了城市户口,就能解决一切问题,增加收入。如上所述,关键在于就业,包括自谋职业,如从事个体经营等。这要创造条件,并有一定限度。目前城镇就业形势还未大好,下岗职工数量尚多,调整经济结构和发展高新技术不能很快增加大量就业机会,某些商业和服务业同样存在过剩状态。因此,最好是认真调查摸底,进行可靠预测,拟定可行方案,积极稳妥地推进城市化,真正有利于扩大内需,促进增长。

城市化工作,与其他经济工作一样,在我国有很大的不平衡性。东部、中部、西部地区不一样,一个省区内部也不一样。切忌不分彼此,一个要求,一个目标,也不能只是一种办法,而要分类指导。城市化建设是现代化建设的有机组成部分,应当纳入整个现代化事业;但又有其相对独立性和特殊性。可以借鉴外地和外国的成功之处,更要从国情和各地实际出发。应当明确,这是新时期的新事物、新使命,大家缺乏经验,没有现成模式,所以必须坚持渐进原则,不要提倡赶超和跨越。"十五"时期要有积极进展,但是不能期待一步到位。

(原载《中国经济时报》2000 年 5 月 12 日)

重温“大城市病”

城市化在加快步伐，城市发展呼唤城市建设，城市建设支撑城市发展。这含有补课性质，主要来自市场化的需求，集聚和辐射的客体是各种生产要素即资本、技术和人才、劳动力。工业化实际上却在远离城市，表现在“退二进三”。城市将以服务业为骨干，从商流、物流、资金流到信息流。人们惊叹“一年一变，三年大变”，不仅是外来者，还包括本地人。这些都是成绩，在某种程度上也是政绩，突出为排名榜，讲城市竞争力，引发相互攀比。新世纪以来，最亮点是城市化，对经济增长的带动力和贡献率至为明显。

在赞扬声中，也有另些微音，甚至有人指斥城市化“搞疯了”。这些，可以置之度外，不予理论。但是，还有反映出自平民百姓，除认为有无铺张浪费和重复投资以及专家们进行机会效益的比较（同样的钱财物力如用于更重要的方面）外，值得注意的是过去曾经流行的“大城市病”会不会发生？看来，已有迹象开始显露。

首先是城市交通。马路拓宽了、延伸了，高架桥挺起了，地铁开通了，应当说是超前、并未滞后。但是，车堵照旧，未见缓和，车祸频繁，愈演愈烈。上海和北京是这样，其他城市发展越快的如广州、武汉和南京也不例外。曾经博得惶惑，找不到缘故。其实不难理解，因为城市人口的增长呈算术级数，而这些人口的活动、往来和流通则呈几何级数。城市领域扩大，更是一个新变量。于是，统计一下每天的人口流通量及其平均里程，就能找到答案。这也属于客观规律，过去有人断言，今天得到证实，无法驳倒。

其次是居住质量。从现象看,高楼大厦,不断更新,原来居民的居住条件得到改善。但在另一方面,城市人口的增量,主要来自农村,并以农民工为过渡形态,则造成新一批的贫民窟。这是大城市的病灶,有相当的持久性,非短期内可消除。特别是一批暴发城市,外来人口超过土著居民,至少占其若干成,导致平均居住状态的恶化。这部分外来者,有能力购房的是极少数,大多数混居或合租,比农村的居住水平有降无升。解决温饱即衣食后,住和行成为衡量生活质量的新指标,对初来城市的农民工群体,小康达标真难。

再次是环境保护。全国的多数评价是局部有改善,整体在恶化。这除了指荒漠化和大山大水外,更是指大城市,并在城市化过程中进一步逆转。空气污染的表面化,不仅是汽车的废气,而是随着人口趋密,有限的空间紧缩了。城市垃圾剧增,处理落后;采取掩埋方式,日久毒化土地。加上工业集中到园区,大多靠拢城市,其污染也在扩散,以致郊县耕地已经不宜种植粮食和蔬菜。珠江三角洲在前,长江三角洲跟上。对此不无争议,而这些地区的癌症发病率高,近年续有提升,足以论证上述判断有颠扑不破的依据。

最后是社会治安。这方面的数据没有公开,仅从媒体的报道看,确是惊心动魄的了。小偷小摸已经与狗咬人一样,不再是新闻。屡见的是公然在光天化日之下的抢夺和登堂入室的盗窃,几乎每天都有、各地都有,并且花样翻新、手段残酷。男盗之外,还有女娼,据估算,全国性工作者达七位数。有的大城市集聚有数十万计。这也属于大城市病,国外有,国内也有。究其原因,在于一部分人先富起来后,还有一部分人没有脱贫,甚至每况愈下,贫富不均已经为社会所不能承受,并以大城市的矛盾激化为爆发点,难以疏或堵。

对"大城市病"的存在,有人曾持异议,认为主要是管理问题,只要改革、改进,就能逐步改善。实践证明不是这样容易的事。当前世界,最大城市在拉美和南亚,其症状很严重,几经努力,迄未见效。怎么办?最后只是逆城市化和后城市化:一是多数居民,达到中产以上,感到城市居住条件劣化,纷纷迁居城边或郊区,又称郊区化,把城市中心丢给城市贫民；二是在此基础上，特大城市和大城市逐步缩小到尽可能合理的规模，如伦敦市区人口从当年1200万减至700多万，还有从几百万减至百把万的，叫做“有机性疏散”。以此为鉴、为戒，欧洲多数城市控制和维持在几十万人左右，据说是最佳模式，避免了先是无限膨胀、再来勉强压缩的折腾。

从欧洲多数国家的城市化经验，启发的另一思考是如何保持和发扬城市的传统和特色。最近三联书店推出一本在知识界畅销的《城记》，作者朱军是一位年青的新华社记者，花10年调研之功，写成一本图文并茂的36万字巨著。这本书跟踪北京城市发展动态，对建筑创作、房地产开发和城市发展模式以及文物保护等专题进行深入探讨。2004年9月的《读书》载有对这本书座谈会的纪要，值得各市领导和城建、规划等部门的负责人和经办者一读。书中引述梁思成逝世前在病榻上讲的话：

> “北京城作为一个现代化的首都，它还没有长大，所以它还不会得心脏病、动脉硬化、高血压等病。它现在只会得些孩子得的伤风感冒。可是世界上很多城市都长大了，我们不应该走别人走错的路。现在没有人相信城市是一门科学，但是一些发达国家的经验是有案可查的。早晚有一天你们会看到北京的交通、工业污染、人口等等会有很大的问题。”

在此之前，梁思成曾对北京市的一位领导人直言：“在这些问题上，我是先进的，你是落后的”，“五十年后，历史将证明你是错误的，我是对的。”今天的现实，无一不被梁思成言中，虽然这是他不愿看到的。并且，不仅在北京，而有更多的大城市，正在争先恐后重蹈伦敦的覆辙。

梁思成当时讲的，首先是北京的拆掉城墙，还有城市规划，包括对老城即中华民族的大宗遗产。学者们在座谈中，谈到长期以来，对待古城就是一个“拆”字。一位学者以“挖肉”、“剥皮”之痛来浩叹毁城之哀。有人认为，现在进行大规模城市改造，不同于过去，而有房地产开发商参与进来，在利欲的驱动下，官商勾结，惟利是图，暗中操作，恣意破坏，采取“推平头”的方式，其“建设性破坏”比上个世纪更为严重。有人譬喻为是又一次“大革文化命”，像一头公牛进了瓷器店。这样，既丧失了文化资源，又丧失了自然资源，掠夺耕地，代价很大。有人建议，要认识城市空间因素的复杂性，要充分认识城市的文化价值，这是城市可持续发展的宝贵资源。有人举欧洲一些中小历史名城为例，外观几百年来基本不变，而生活设施现代化，城市功能现代化。也有人说：现在搞城市化，成为千城一面，使很多城市没有个性；不要把这些视为政绩，很可能将来是一种劣症，受到后人斥责。

在城市化热潮中，重温“大城市病”，可以促使头脑冷静和清醒；读《城记》，以北京为参照系，也能顿开茅塞，悟懂一些客观规律。

（原载《名镇世界》2005 年第 1 期）

关于城镇化建设的几点理性思考

城镇化和城镇建设已被列入了现实的议事日程。但对其中一些根本问题,亟待进行理性上的思考。

一、城镇化的标准问题

城市化或城镇化,其标准何在?一般认为,城镇化的程度表现为城镇人口即非农业人口占总人口的比重。但是,什么算作农业(村)人口,习惯地按户籍计算,由此得出的结论是:我国当前城镇化水平在30%左右,滞后于工业化进程,应当努力提高。

但是仔细推敲,这种计算方法并不科学。因为按户籍计算人口,是“中国特色”,无法与国际接轨,也无法作对比。1998年,我国农村人口约8.8亿,城镇人口约3.7亿,这是户籍数据,但是实际情况是:至少有5000～8000万农村人口常年在城市打工,即所谓的“农民工”,若把这部分人口也计入城市人口,则城市化水平就达到33%～36%。再者,还有乡镇企业职工约1300万,也是离土不离乡,实际上多数就业于城镇,或是朝出暮归,如果计入城镇人口,城镇化水平就进一步提高到约45%(连同其子女,则在50%左右)。可见,所谓城镇化滞后于工业化,本质是城镇户口滞后于城镇化。

城镇化是个客观过程。上述45%～50%的城镇化水平,大体上反映了当前的实际情况,人为地压低或拔高,都会脱离实际。为了符合实际,必须改革现行的户籍制度,即对常年在城镇就业特别是居住在城镇的,承认其城镇户口。这个方法具体实行起来并不难,但难在随之而来的安排就业和子女入学等城镇职责的承担。暂时可以采取过渡形式,如北京、上海在外来就业者中推行"蓝卡"制度,不失为有效对策。

当然,也不排斥其他措施,如允许农村人口到城镇经营个体、私有工商业等,这在大城市和县城、集镇要有所区别。此外,不少地区曾经实行买卖城镇户口的办法,以及购买城镇住房就能随之取得城镇户口的办法,是否合理可行,值得研究。

二、城镇化的政策问题

所谓城镇化政策,传统的表述为:严格控制大城市,合理发展中等城市,积极发展小城镇。这是在计划经济体制下,为了限制城市人口并防止导致"城市病"而制定的政策。其中积极发展小城镇,与乡镇企业的异军突起同步,自提出"小城镇、大问题"以来,也与改革开放同步,确有中国特色。农村城镇化和农村工业化以及城乡一体化等口号,都与此有关。

但是,对上述城镇化政策,多年来观点不一致,大体上有两种:一种是肯定的,即坚持以发展小城镇为主,不赞成多搞大中城市;一种是不完全肯定的,认为城市化就是要发展大城市,若着重发展小城镇和乡镇企业,不仅浪费土地,而且会扩大污染。

在实际工作中,既定政策基本上得到体现,小城镇遍地开花,大城市发展不快也不多。现在看来,上述政策有调整的必要,主要是两个方面:

(1) 大城市要适当发展。多数学者主张,特大城市如人口达500~1000万以上的,应当严格控制,全国只能有上海、北京等寥寥几个;而一般大城市,人口在100~200万之间的,其集聚功能和辐射效应最佳,可以适当发展,而现在限制过严,影响了城市化进程。多数省区的省会城市如合肥、南昌、贵阳、南宁等,都未达到这个规模。原有发达地区的城市如苏南的苏州、无锡,同样是发展迟缓,甚至一度出现"农村包围城市”的现象(郊县发展超越市区)。这反映在城乡和市县关系上,就是“小马拉大车”。

(2) 小城镇要适当集中。发展小城镇,就地转移农业人口,本意不错。但是,遍地开花的结果导致城镇过小,发展没有重点,形成平面化布局,也未能充分发挥城镇的积极作用。发达地区的县(县级市),一般有二、三十个镇,大小都差不多,集镇人口从几千到上万;次发达和欠发达地区,集镇更少,人口不多,实际上只是一个中心村。因此,相对集中很有必要,如一个县有四、五个中心集镇,集镇人口至少在5万以上,从而形成“市——县城——中心镇——一般镇——村(可以不要中心村)”的分层次立体网络,才是城镇化的合理格局。这对工商业的布局也有好处。

三、城镇化的异构问题

城镇化进程中出现的又一个问题是结构趋同。不仅是大结构趋同,各个城镇是政治中心、经济中心和文化中心;并且小结构也基本趋同,如工业大多是“门类齐全”,从重工业到轻工业,各市、各县都有,甚至多数镇也是小而全、小而散、小而乱,或者同一行业内几厂并存。条块分割、重复建设,这种旧体制留下的弊端是当前部分企业陷于困境的重要原因,也成为城镇不发达的象征;企业相互之间缺乏专业化的分工和协作,没有自己的特色和优势。

城镇经济的发展,与区域经济一样,应当是扬长避短,形成特色,才能降低生产成本,避免过度竞争。因此,各个城市的功能定位十分重要,必须明确有所为、有所不为。省会和县城,除了是当地政治中心(这也不占城市功能的多大比重)外,作为经济和文化中心,就要有所侧重。如果有条件成为经济中心,特别在工业上,决不应再走“样样都搞”的老路,那是一条死胡同。相反,如能坚持“一市一品”,集中力量开发某个产品、培育名牌、组建集团,其效果可能就大不一样,并有利于成为区域经济的中心。在扬长避短的同时,要不要“补短”,当视具体条件而定;

勉强去补，也可能成本过高，得不偿失。当前各地还兴起一股“旅游热”。旅游业作为发展新兴三产的重点，不宜于市市都热；勉强去热，经济效益肯定不佳(不排除为当地居民营造适当的文化娱乐环境)。

集镇面广量大，如何正确定位，或许更加复杂。大体上有这样几种定位类型：工业小区、商贸中心、交通枢纽、旅游休闲和文教基地等。在乡镇企业发展、发达的基础上，出现一批工业小区即工业集镇，那可能是多数；只是要通过适当集中，与改制、改组、改造相结合，为乡镇企业的再创辉煌提供契机。发展商贸，培育农副产品或小商品的专业市场，也要根据条件，不能仅靠主观努力。交通枢纽同样如此，既靠区位，又靠建设，要精心组织。一般说来，小城镇旅游景点很少，如果“东施效颦”，人为制造景点，往往不成功，这种教训很多。文教为主的城镇，当前正处于萌芽状态，有的镇办中学实力已超过城市；随着文教事业的进步和产业化发展，人们期待着文教兴镇的典型问世，为精神文明建设作出贡献。

从同构到异构，城镇化建设加快了步伐，一批大中小城市和小集镇脱颖而出，形成了“百花齐放、争奇斗艳”的局面。

四、推进城镇化的有效措施

如何推进城镇化，搞好城镇建设，要有一系列的有效措施，这里列举如下：

1. 两个规划。这里指宏观的和微观的两个规划。前者是指在一个省区内，如何统一筹措，使大中小城市错落有致，呈金字塔型。在一个县域内，如何具体安排，使中心镇、镇和村布局合理，从而有机结合。后者是指在进行具体的城市和集镇建设时，也要有科学的规划。搞好规划的难点在于协调好各方面的利益关系，不少行业都要求自己成为支柱，不少集镇都要求自己成为中心，并在规模上求大、标准上求高，一下子就实现现代化。所以，要有民主论证，要有思想教育，要有法制约束。

2. 多种资金。建设城镇，就要有资金保证，必须多方筹措、节约使用。作为公共产品，城镇建设离不开财政拨款，其中多数要靠地方财政，但那是有限的。能否使用银行贷款或举债，当视具体项目而定；近年来通过出让土地使用权来筹措资金的做法较为流行，要总结经验、改进办法。如何改革投资、融资体制，能否组织城镇建设基金，还有待探索。应当避免摊派，减小企业和城乡居民负担。总之要量力而行，切忌“大干快上”和铺张浪费。

3. 改革开放。当前城镇化建设，头绪繁多，涉及面广，一定要坚持改革开放，不能光凭老办法和老经验。讲改革，首先就是行政体制要与城镇化要求相适应。例如市和郊县的关系，全国有两种模式，一是撤县扩市，一是同城两市，其成败已昭昭然。更要与其他改革相渗透，包括企业改革、市场建设和转变政府职能，必须整体推动。讲开放，就要打破条块分割，避免各立门户，才能充分发挥中心城、中心镇的作用。另如在不少工业城和工业镇，部属企业与地方政府如何协调，还有待政企分开后构建新的关系。

4. 保护环境。这是城镇建设中的突出环节，正因为问题严峻，已到所谓的“千钧一发”地步，因此必须高度重视，将其置于城镇化工作的首位。否则，城市发展与环境污染并存、集镇建设与自然生态决裂，城镇化给居民带来的将不是幸福而是祸害，那么我们为推进城市化进程所做的一切努力都将付之东流。应当明确，城镇化会带来的新问题，如噪音、垃圾、水源污染等，都要妥善解决。优化生态环境，建设花园式城镇，这是城镇化建设的重要目标之一。

(原载《城市研究》2000 年第 4 期)

城乡一体化：
统筹城乡协调发展的终极目标

全面、协调、可持续的科学发展观，要求统筹五个方面的协调发展，首先是统筹城乡的协调发展。这是关系全局和整体，涉及最广大人民的根本利益，具有极其深远的重要意义，必须付出艰苦努力的一项现实的和历史的光辉任务。经济、社会和政治、文化的各项工作，都应当以此为指导方针，防止偏离和错失，从而体现以人为本的精神，在全面建设小康社会和基本实现现代化的道路上高歌猛进。其终极目标，则是城乡一体化，避免扩大而逐步缩小以至消灭城乡和工农之间的差别、对立和冲突。

一、二元结构是经济社会发展的突出矛盾

在现阶段，我国社会的主要矛盾是人民日益增长的物质文化需要同落后的社会生产力之间的矛盾。这个矛盾表现在很多方面，反映为生产力与生产关系的矛盾，也突出表现在工业与农业、城市与农村、市民与农民之间，即所谓二元结构的矛盾。二元结构，说的是先进的工业与相对落后的农业、繁荣起来的城市与相对陈旧的农村、不断富裕的市民与相对贫困的农民之间存在着明显的差别，显得对立并产生或多或少、或明或暗和这样那样的冲突。当前的人民内部矛盾错综复杂，而其中最广泛、最深刻、最突出的就是二元结构的矛盾。

我国的二元结构是传统的计划体制的产物。准确地说，计划体制导致二元结构的进一步固定化、刚性化和僵硬化。表现在城乡之间的

户籍分割，是又一种“一国两制”，把农民排斥在市民之外，在经济、政治、文化上都蒙受不同程度、不同形式的歧视。城里人和乡下人都是“世袭制”，一度采取“知识青年上山下乡”和动员、组织城市居民下放农村，把二元结构推向极致。

改革开放以来，先在体制外、后到体制内，二元结构的模式有所松动。但是，作为历史现象和计划体制的遗产，二元结构到今天依然是突出的。集中表现之一是城乡居民收入分配的差距，除个别年份外，经常是城市居民的所得收入增长率高于农民。以收入差距在3倍左右为基础，人均储蓄和财产的差距更达10倍或更多，特别是投资则尤难测算。人们常用的基尼系数，城乡统测，早已超越0.4的警戒线，有人计算达0.6或更多。延伸到生活水平和生活质量，物质生活外，文化生活、精神生活和政治生活也更悬殊。如教育、卫生和文化，城乡大不一样，已经提到是否公平（公正和平等）的高度。

提出科学发展观，强调城乡关系，要求统筹协调，是一种惊醒，是一种转折，是一种开拓，有其现实性、针对性和紧迫性！

二、工业化、城市化、市场化与“三农”的互动

社会主义建设发展到现阶段，有人归纳为工业化、城市化、市场化，正在大力推进，取得赫赫成果。这个“三化”，其实以二元结构为背景，两者之间是难以分割的。“三农”问题，作为重中之重，同样不是孤立或单边的，有赖于“三化”的进展。坚持科学发展观，强调统筹城乡协调发展，正是要把两者联系和结合起来，使“三化”成为统筹城乡协调发展的重要途径，是有利于逐步解决“三农”问题的重要契机。

工业化或新型工业化，应当是支持和发展农业的巨大动力，不是为工业化而工业化。工业办在城市，农村只办农业，这种分工是造成二元结构的原因，有其历史局限。我国从上世纪70年代开始，乡镇企（工）业异军突起，打破传统格局，是广大农民在承包制之后的又一伟大创新。接着而来的一个口号，叫做“农村工业化”，引起不同评价。能否认

为,要求乡乡村村都办工业,遍地开花,星罗棋布,不加臧否,这在特殊的历史条件下一哄而起,有其积极效应。但是经过实践检验,很多行业办在农村,过于分散,从长远看是不可取的。多年来,经过整顿和改组、改制、改造,逐步向工业园区集中,符合事物发展的客观规律。然而,这绝不意味着工业化与"三农"是两条路上跑的车;相反,工业化仍旧要依靠"三农"(特别是某些资源、市场和劳动力),同时要竭力为"三农"服务。农业是基础,工业是主导,始终要牢记。工业要为农业提供现代化的先进生产资料(包括机电设备),要为广大农民提供适销对路、价廉物美的生活用品,以改善其生活并为自己扩大市场,还不能忽视大量的农产品加工业,如食品、纺织等办在农村,作为农业产业化的"龙头"并就地转移农村的富余劳动力。如果说,过去是农业为工业输了血;那么,现在到了工业为农业"反哺"的时候了。这是统筹城乡协调发展的根本,千万不能置之度外。

城市化或城镇化,应当是建设农村、密切城乡关系的重要一着,不是为城市化而城市化。这在不少同志的心目中,认知不尽相同。有人也曾认为,城市化是解决"三农"问题的必由之路,看到"三农"问题不能仅靠"三农"来解决,而要以城市来改造农村、以市民来转化农民,只有减少农民才能解决"三农"。但这是一个方面,搞得不好,仅着力于此,容易放松对"三农"下功夫,造成城乡、工农差别的越来越扩大。好多地方的农民,特别是进城农民工感觉并反映,城市越来越优美、豪华和现代化了,相对而言,农村变化不大,并且城市建设的成果难为农民包括农民工所分享,于是,农民和农民工在心理上不平衡,在情绪上不平稳。看来,将城市化纳入视野,在把城市做大、做强、做美、做优的同时,必须同步地推进县域和乡村的建设,形成城乡互动互补和互惠互利,并处理好相互关系,注意到城乡之间的资源配置,努力达到以城带乡、以工促农,尤其对因城市扩容而带来的农民失地即失业问题要慎重处理,免除其后顾之忧。这才符合统筹城乡协调发展的原则,不是侧重一头,放掉一头。

市场化作为改革的取向和标准,应当充分估计其双重效应,不是为市场化而市场化。在二元结构的既定格局下，推进市场取向的改革，其实际效应不尽相同。现在已经发觉，城市的市场化进程较快也较顺利，而农村的市场化进程则较滞后。对工业和农业的市场化，进程和力度也有差异。本来，城乡市场是统一的、放开的、互动的，这在理念上和决策上已经明确，而实践上和行动上却不一样。何况，市场化的原旨是平等竞争，实际上由于基础不同、实力不等，竞争的结果往往是有利城市和工业，不利农村和农业，某种程度上成为前者优胜、后者劣汰。因此，市场有其失灵即有失公平之处，需要政府给以调控和纠正，要在深化改革中有所筹措，努力建立和健全城乡一元的联运机制，逐步淡化以至抹去二元结构的体制约束。这也是促进城乡协调的必要一着。

总之，在经济社会发展中，推进工业化、城市化、市场化，一定要同正确对待和积极解决“三农”问题打成一片。强调城乡协调发展决不是什么老话和套话，而恰恰是非常必要和及时的，值得深刻领会，认真实施。

三、走向城乡一体化的若干对策

统筹城乡协调发展是落实科学发展观的重要环节，不仅体现在协调，也体现在全面和可持续发展上；不仅体现在工业化、城市化和市场化，也体现在“三农”问题上。而其终极目标，则在逐步推进城乡一体化、克服二元结构的传统症结及其带来的种种矛盾。这是一项长远的使命，不可能期望在近中期臻达。但也正因如此，应当作为一个方向，即时启动，不断逼近。

走向城乡一体化，贯串于方方面面，大体上有若干对策设想：

一是点面布局一体化。城市与乡村都是空间，原来是开通的，相互渗透、交叉。但在传统体制上，行政体制分割，各行其是，无法协调。还其本质，就要处理好点（城）与面（乡）的关系。区域经济学有一种观点，即点、线（轴）、面结合，就是这个意思。城市是核心，不能离开周围地区即其集聚和辐射面。所谓城市圈，同样是开放的，不是把城市圈住，与广大的“面”相隔绝。

二是基础设施一体化。包括陆、水、空交通和水、电、气供运,都要城乡联结,而不只是城市之间的交流。只有这样,人流、物流、资金流、信息流以及其他生产要素流才能通畅无阻,汇集成网,达到互通往来,调剂余缺。

三是产业结构一体化。核心是工业与农业以及服务业的一体化,形成不同层次、不同范围、不同规模的产业化。特别是工与农,相互供销,共同发展。在一个行业和产品,形成产业链,也应当和能够城乡结合,各扬其长。当前存在的重复建设、产能过剩和竞争过度,导致产业结构的劣化,病灶之一是城乡各搞各的。

四是科教文卫一体化。特色在精神产品,长期来城乡差别也大,造成不同档次,使农村偏枯,影响其经济发展和社会进步。所谓读书难、看病难,农村特别甚于城市,要花大力气纠正。

五是市场体系一体化。就商品市场而言,城乡已经放开,但是各有兴衰;而要素市场,差别尤甚。特别是资金融通和资本积聚以及技术、信息,城市有场,农村待萌。这对生产和生活的制约很大,如何统一和有序,亟待从长计议。

六是就业培训一体化。劳动力市场,形式一元,歧视仍多。我国劳动力资源丰富,但有结构性矛盾,所谓“民工荒”,与教育培训的偏颇有关。今后在就业上要城乡一体化,必须以专业培训的城乡一体化为支撑。

七是社会保障一体化。过去只在城市推行,特别是低保和失业保险,取得良好效应。现在应逐步向农村延伸,包括医疗和养老保险,更是雪中送炭。只是未富先保,不得不是低水平以求广覆盖,有待继续加强和完善。

八是资源配置一体化。这是上述诸一体化不可缺少的杠杆。一段期间,财政和信贷都向城市倾斜,导致农村失调;近年来有调整,还未达到比例恰当,要作进一步纠偏。

九是规划设计一体化。城市规划如火如荼,但是只规划城市,不及农村,县域规划也是这样,因此要使其扩容。城市设计不能盲目攀高,有待降温,体现节约;相反,乡村设计往往偏低,要在条件逐步改善后适当提升。

十是体制机制一体化。这是上述一体化的保证,正待深化。当前的重点和关键已经不在企业和市场,而在政府。政府职能转换了,服务为主,由城及乡,其他一体化才能得到有力推动。

城乡一体化是长期、远景的,不能急于求成,而要持之以恒,让二元结构逐步缓解,统筹城乡协调发展才能得以前进!

（原载《唯实》2005 年第 10 期）

小城的魅力

在西欧部分地区旅游，起点是罗马，终点是巴黎。除了这两个属于国际化大都市以其悠久和灿烂的历史文化遗产感动着无数来自世界各地的游客外，作为来自又一文明古国和正在推进城市化、现代化建设的新兴国家的我们，却对途经的三个小城感受到无穷的魅力。

在告别罗马、经过比萨、驰往威尼斯途中，留驻佛罗伦萨。这个被诗人徐志摩宠爱并译为翡冷翠的小城，是文艺复兴的摇篮，被称为意大利的雅典。这个古城，诞生过拉斐尔、达·芬奇和米开朗基罗三位大师，留下了一批不朽的绘画和雕塑名著。虽然，这个曾经是王国的首都(1865—1871)，后来在政治上衰落了，但以艺术中心为城市功能，在意国和世界都有其难以比拟和不可取代的吸引力。广场是喧哗的，教堂是神圣的，不少文物是令人惊叹的。而我们最欣赏的，则是整个小城的高雅和宁静。进入街巷，道路用花岗石铺，墙壁用花岗石砌，据说有几百年来，基本面貌没有改变，当然其内部装修不断更新。与游客的匆匆脚步形成对比，当地居民行走从容，欢怡自得。忽然联想，这个旧城似乎没有改造，没有推进什么现代化，至少在其表象和仪容上。生活在这样的环境里，自然会发思古之幽情，与三位大师相邻。初步了解，城市产业以手工艺(金银制品、皮革制品、稻草编织和制鞋等)为主，并以烹调和葡萄酒著名，加上足球赛和时装表演。从橱窗和庭院看，居民们过着小康以上的安居乐业人生，值得称羡不已。

从威尼斯北行，进入了奥地利，大巴播放交响乐章，告诉到了音乐之乡。引人注目的更在窗外，一幅幅风景扑面迎来。这又是一个山水之国，处于阿尔卑斯山的支脉，并与多瑙河相连。看到天特别蓝，树和草特别绿，使人目眩。田野里不见人，也不见农业机械，才收割完的牧草捆成卷，有的以薄膜包装，等待外运。在群山环抱中，出现了稀疏的村庄，过了一段，又涌出了相对集聚的城镇。终于停车，到了因斯布鲁克。这是一个省会，而全省只有50多万人，相当于我们一个不大的县或县级市。这个小城，靠近高山，曾经二度是冬季奥运的会场，竞技项目无疑是滑雪了。参观了"黄金屋顶"后，已是晚上七时许，天色尚明，仍属黄昏。在已被拆除的奥运会场，一幢不高的楼的楼廊上，一堆人在饮酒交谈。进入市内，路灯放明，亮度不高。茶楼酒肆门前，也是食客盈门。正值周末，大家习惯来饮一杯，借此会晤亲友；而在平时，"夜生活"多在家里享受天伦之乐。这种生活方式，与小城的人居环境是协调的。小城也多古建筑，其特色则在于与山水融合，显得空间舒适，时间缓慢。特别是空气清新，有人夸张地说，嗅到了负离子。于是，我们忆及古代的桃花源，似乎与世隔绝，倒是人间仙境。

下一天，继续前行，进入瑞士，停留在一个叫琉森(卢塞恩)的小城。瑞士也属仙境，一路风光如画，胜过山阴道上。琉森人口不到6万，历史不短，1291年的瑞士联盟即建立于此。但是，为什么老长不大？他们说，保持这样的规模有什么不好？这是以美丽载誉的瑞士名城，瓦格纳选此地以激发他的音乐创作灵感。这个小城，显得精致非常，是一幅工笔画，每座房屋似乎都经专门设计，相互之间又有配合。城里也有若干景点，如睡狮纪念碑，看一头愁眉苦脸的老年狮子。使人感到有趣的更是卡贝尔桥，修建于14世纪，直至1993年遭遇一场大火；奇怪的是后来修建，把烧掉的补上，未烧部分继续保留，相映有味。至于居民靠什么为生，原来也无非是装修钟表和军刀；瑞士全国只有少数主业，人均GDP却居世界前列。一个不大的镇，引得游人驻足，并驰名于世，值得深思。可见，城不在大，特色则灵；坚持一业，也能富裕。

看了两个大城市和一批小城镇，放眼欧洲，除每个大国首都人口以数百万计外，其余都是十几万到几万人的中小城市和人口更少的镇。不言而喻，这没有影响他们的工业化、现代化和后工业化、后现代化。

对照之下，拉丁美洲和东南亚一些国家，有上千万人口的特大城市，甚至集中了全国人口的几分之一，却对他们的现代化起不到决定性作用。

离开琉森，经过又一个小城日内瓦，渐入法国境内，沿途仍较秀美。直至走完高速公路，出了交费处，导游发话："我们到了巴黎，这里要堵车，每天都如此。"我们作了思想准备，不料堵车竟超过了半小时，还在牛步向前，大家不禁发出嘘叹！

（原载《经贸导报》2001 年 9 月 4 日）

古城的魅力

旅游西欧，从罗马到巴黎，除了秀靓的自然景色外，更以美妙的人文景观取胜。这些大小城市，无疑都已现代化了；但是同时，仍旧显示历史文化古城的特征。传统与现代相结合，其间没有冲突；相反，却给人们以继承和发展的启悟。这对我们当前的推进城镇化和城市现代化，可供借鉴。

罗马和巴黎，在西欧都以年代悠久著称，拥有为数众多的古迹，是游人云集的热点。这些古迹的可贵处，在于保存原貌，给人以原汁原味的感觉，如同置身于千百年前，体会到优秀文化的永恒性。罗马有雄伟的教堂、庄严的宫殿，而人们被触动的，更在大块的“废墟”。如古罗马斗兽场，像现代的运动场，又是一个露天剧场。此场兴建于公元72年，至今已近2000年。它呈椭圆形，原高57米，分四层结构，有80个圆拱。现在已经破碎不堪，剩下一个轮廓。根据我们目前的观念，似乎应当加以修装，恢复原貌，重现壮观(如对圆明园的若干建议)。他们不这样做，却使游人在断垣残壁中更能充分享受思古之幽情。巴黎也是一样，繁华的街道与一个个古迹相联结，没有给人不协调的矛盾。如那座铁塔，已是锈迹斑斑。据说，有人曾经建议，折卖了重建，用现代技术，或许可以更高更大更强；但是这个建议没有被采纳，倒成了笑谈。

另一方面，也有不少古迹，维护得好，使旧时模样不变。巴黎的罗浮宫和凡尔赛宫就是这样。或许有过整修，都是忠于原状，所谓整新如旧。与我们的北京故宫有所不同，在于完全开放，不设禁区。除了不许吸烟外，任人照相。甚至如维纳斯真迹和“蒙娜丽莎”原件，都放在游人必经路线侧，只是禁止抚摸，而允许相依摄像。这都缩短了古今的时空距，使人有亲近感。

这些古城，不仅保留古迹，并且保留着古代的城市建筑，别具风格，不为现代化的高楼大厦所淹没。从佛罗伦萨到威尼斯，如余秋雨在《收获》的文章所写："大街已经够老迈了，小巷更是古旧，脚下永远是磨得发滑的硬石，幽幽地反射着远处高墙上的铁皮街灯；高墙上有窗，一眼望去像是关闭了好几百年，从未开启；两边的高墙靠得很近，露出窄窄的夜空，月光惨淡，酷似久远年代的铜版画。"正是这样，一点不错。他写的是夜景，白天同样如此。导游告诫我们，不要多走小巷，进去了如入迷宫，难以找到归路。我们看到，除了街巷外，两边的小店和住家，尽管内部摆饰和用具已经几度更新，与新世纪接轨了，而门面和外墙，基本上是古代的模式，很少变动。甚至室内家具，不少也是古式的。过现代生活，留古代环境，或许是一种传统，又是一种时尚。

不禁引起议论，如在中国，小巷早已拓宽，房屋早已拆除，看遍"古城改造"，多数已经丧失了历史遗产的风采。有的地方作了反思，企图重现一下古代形象，如把推倒的城墙再砌起来，即使用的是旧砖，仍然是新城；至于四合院等古宅，则是一天比一天稀罕了，虽然存下若干点，也已不成体统，毫无整体感。

访问古城，还碰到和找到一系列的古人故居。如在参观比萨斜塔后，附近人家不多，一家门前有块牌，写着米开朗基罗字样，原来是其故居之一；门口有人，我们去问，语言不通(我们不懂意语，他可能不懂英语)，只有米氏名字声音一致，他点点头而已，不便进去。走不多远，又见一家门口有头像，原来是写《神曲》的但丁故居：我们想进去，门却闭住，在户外拍了照。到了巴黎，在日程外，我们想去周恩来故居，驱车到了，门口有头像和旅居年份；想进门去，原来住了他人，并无旧遗址。后才知道，巴黎的古人和名人故居很多，一般都在门口留下纪念，而不是保留和恢复其曾有居室。这与我们的做法不一样，我们辟为"故居"，就要有几间房、几样物，甚至复其原貌，那固然有利于瞻仰，但是要投资，难推广，不如学一下法国，一切从简，倒能增加故居景点，为整个古城添色。

我们还去拜访巴黎公社墙，也在游览日程外。那在一个公墓的陵园里。据说，原来所埋忠骨已不在了，只留下一面墙，供人凭吊和照相。那个公墓很大，似有上万平方米。除无名之辈外，集中了一大批文化名人的葬身之地。走了一段，就发现有巴尔扎克、大仲马、雨果和肖邦等。各个陵墓都具特色，有塑像、照片和不同的图案，碑文有小传和格言、警句，有的是墓主生前留言，或庄或谐。到此不仅凭吊，也是一种对古文化的熏陶。于是联想，在我国的一批古城，除因陋就简地列出一群故居处，如设公墓，能否也有类似之法，为后代积下几段佳话。

古城的魅力，在于有利于继承和弘扬传统的优秀文化。在推进城市化和城镇化的进程中，切莫忘了这点。不无杞忧，如果今后新城涌出，古城消失，就为后人留下不可补偿的遗憾。借鉴外国，也不仅在学习现代化，还可以学习一下对古城和古文化的孜孜执着。

（原载《名镇世界》2001 年第 6 期）

平心静气说房地产

随着经济发展和居民收入增长，房地产很快成为一个大产业。这是广大人民解决了温饱后，紧接着衣、食而自然兴起的住成了消费热点的结果。“小康不小康，先要看住房”，这种说法是有道理的。

但是，一说到房地产，各方面的议论甚至变为争吵也就多了起来。从会场到媒体，公说公有理，婆说婆有理。大致是两种意见：一方面是用户要买房，感到价钱太高，特别是涨得快，凭有限工资，实在买不起；另一方面是房地产商，感到售房也不容易，地价飚升，竞争激烈，有的已是微利，价降不下来。惹得政府不好说话，只能模糊其辞，或坚持稳住，来个调和拆衷；专家学者则各有各的看法，说要涨怕恼怒消费者，说要跌又怕影响开发商的积极性。

争论的焦点集中于当前房地产市场有没有泡沫，以及如有，多大？这在国际上，大体上有标准：一看房价收入比，一般职工要几年工资才能买房，中国现在工资偏低，而房价几乎赶上发达国家，是偏高了；二看购房动机是消费还是投资，现在后者也占较大比重，越过了警戒线；三看销售率和空置率、闲置率，现在说不清楚，如果供求基本平衡，市场价是合理的，站得住；四看房地产的利润率，据说尚可，因此还有不少资本在投入或将投入。由于房地产的价格差异和浮动，很大程度上取决于法定地价和级差地租，所以带有虚拟经济性格，总有或多或少的泡沫。

从本质上观察，房地产是一种特殊商品，既是消费品，又是投资品。

作为消费品，属于基本生活需要，某种程度上更是社会保障的对象。于是，又不是纯粹商品，应当有其公共性。这对政府提出了双重要求，既要发挥市场机制的基础性作用，让供需调节产销，不能随便干预；又要为群众特别是低收入者和弱势群体着想，提供适当的低价房，使人民的居住条件不断地有所改善，最终过上小康生活，最好实现“居者有其屋”。

房地产市场的运行有其客观规律。作为政府，应当引导，可以调节，但是不能仅凭行政权力作随便干预。房地产价格的相当组成部分来自地价。如何掌握，在于推出的数量和时机，达到三者(政府、房地产商和住户)都有利，而重点在保证居民利益。如果房价过高，居民在这方面支出过多，还会影响其他消费的扩大，对经济增长不利。最近利率微升，正是一种微调，是为了防止经济过热和通货膨胀，这对房地产市场有所制约，而从长远看，制约了泡沫过多、风险过大，也是对房地产商的呵护。

经过多年发展，房地产市场初步走向成熟化、规范化。我们应当相信，这个大产业方兴未艾，来日方长。只要适当引导，及时调控，这个大市场就能有序地稳步成长，对各方面包括广大居民和房地产商都是有利的。当前有争论不要紧，平心静气能摸清情况，校正对策，共同赢得繁荣的明天。

(原载《江苏建设》2004 年第 10 期)

住房:政府的重要职责

2008年"两会"审议通过了国务院机构改革方案,总的说法是实行"大部制",撤销原有的四个部,新组建五个部,其中包括不再保留建设部,另设住房和城乡建设部。在讨论中,大家赞成。只是也有人提出意见,除了感到有的部名称似乎长了一些外,还认为拿建设部与住房和城乡建设部来说,工作内容和工作范围一脉相承,为什么不是调整或充实,而是又破又立;特别是把住房放在前面,又加上城乡两字,究竟有什么实质性的转换?这里,试作一些解读,供理解的参考。

强调和突出住房,不同于原来的各级建设部门也管理着有关住房问题,能否认为,是由于住房问题随着经济社会发展和人民生活改善,越来越显得重要,应当成为政府的重要职责,必须有一个大部门来专司其事。这体现了"以人为本",把改善民生作为社会建设的重点;也是在全面建设小康社会的进程中,解决住房问题列入了现实的紧迫课题。民生——人民生活是多维的,公认其前列要点是食、衣、住、行,关系到人的生存权和在生存基础上的享受权。社会主义现代化分三步走,在总体小康解决温饱即吃和穿以免饥寒后,接踵而来的焦点就是住和行,并在全面小康中属于必不可缺的主要标志。"小康不小康,先要看住房。"构建和谐社会,安居与乐业并重。两千年前诗圣杜甫发出"安得广厦千万间,大庇天下寒士俱欢颜"的呼唤,始终只是一个美丽的梦,一定要圆在我们的今天。

解决住房问题,艰难度不亚于温饱。新中国成立以来,条件有所改善,但是远远没有根本解决。在农村,不少人家要积蓄一辈子才能盖起房，有的还是泥墙草顶，因陋就简；城市都不免有大量贫民窟，人均居住面积仅几个平方米，卫生设施很差。这几年大兴土木，部分中高等收入者逐步解决，而在房价不断升高后，一般工薪阶层月均收入买不到一平方米的房屋，望房兴叹者仍有一大群，更不用说低收入者和失业、待业者与农民工了。实现“居者有其屋”或“住有所居”，亟待做许多工作。这不能全靠市场来供给，很大程度上要作为公共产品和公共服务，政府责无旁贷。所以，新设住房和城乡建设部，决非原有建设部门的调整或改组，而是新增加的政府职责，十分重要，十分繁杂。在某种意义上，住房也是一种社会保障，旨在为广大群众消除基本生活的困难和后顾之忧。因此，不能因循守旧，亟待开拓创新，下大力气，用大功夫。住房和城乡建设部的具体职责就是对人民的居住问题进行全面规划，制定政策措施并执行和监督，特别是通过廉租房和经济适用房建设，着力解决中低收入者的困难。

顺便联想，在住房优先之余，不叫城乡建设和住房部而叫住房和城乡建设部，为什么加上城乡两个大字？能否认为，原来的建设部门不仅多管治坡、少管治窝，并且多管城市、少管乡村。现在正名，职责也有扩大，应当城乡统筹，力争协调，以贯彻落实科学发展观。建设社会主义新农村，新的机构同样承担着新的职责。这些职责既重要，又光荣，任重道远，必须解放思想、抓紧行动，才能出色完成，为国家和人民作出新的贡献！

（原载《江苏建设》2008 年第 4 期）

再话住房问题

继解决温饱之后，全面建设小康社会，住的问题突出，成为民生之重。“住有所居”，作为和谐社会的目标之一，当前难度较大。住房贵，超出中低收入群体的有效购买力，贵在炒作、垄断和级差地租的上升。实现安居工程，对住房不仅要靠市场，还要作为公共服务列入广义的社会保障，并区别城乡，要有整体规划和系列对策。

住也属于民生之重

衣食住行是民生之四维。人类初生之始茹毛饮血解决食，树叶兽皮解决衣，在神农氏、伏羲氏之后是有巢氏，然后要解决住，树上洞里都能栖身。社会主义现代化事业同此程序。在解决温饱之后，进入小康，住也成为民生之重。“小康不小康，主要看住房。”党的十七大提出“加快推进以改善民生为重点的社会建设”，目标是和谐社会，在学有所教、劳有所得、病有所医、老有所养外，加上住有所居，才臻完善。俗话说“耕者有其田”，又加上“居者有其屋”，生产与生活才趋协调。

住房是个世界性难题。发达国家经过一二百年努力，基本解决，繁华的大都市仍有贫民窟和无家可归的流浪者，发展中国家矛盾更大，虽然建起高楼大厦，尤其附近和周围也能找到成片的旧房和破屋。我们经过 60 年的奋斗，人民生活逐步改善，当前面临的迫切要求是怎样保证广大群众不仅乐业，更有安居。现实情况却不很理想：除了部分中上等收入者基本上没有住房困难外，广大农村，少数地区先后有了一代瓦房、二代楼房、三代公寓、四代别墅，而多数地区依然是泥墙草顶为主，或者积蓄了一辈子才得到有限的改善；而在城市，仍有相当部分中低收入者和弱势群体，特别是越来越多的农民工及其子女，住的条件十分恶劣。电视剧《蜗居》有所描绘。现在所谓“住房难”，主要症结就在他们。

“居者有其屋”的提法，不无争论。正如“行者有其车”得不到共识一样，人人可有自行车，不必也不能都有轿车，那要靠发展公共交通来解决。国外，租房一生，并不少见。但在中国的传统观念，一定要有自己的房屋，成为私人财产的重要部分，否则还是无产阶级。正是如此，女孩找对象，往往“先看房，后看郎”；男孩结婚，无车还勉强，无房就不行了。也是囿于这种习惯心理，小康的指标体系中，住房列为一条，并分别城乡有个量化面积标准。住房问题之难，有此因素。至于厉以宁认为，小康之家要有两套房，把目标拔高了；江苏华西村吴仁宝认为，家家有房有车，不仅小康是“中康”，则是另一种愿景，都暂置勿论。回到一般城镇，住房问题集中到一点，就是怎样使广大城市居民包括中低收入者和农民工也自己拥有一定面积的住房。

什么拉动房价之贵？

住房难，难在房价之贵。如在沿海城市，从北京、上海、广州到中小城市，一般职工的月平均工资，买不到一平方米的建筑面积。按此计算，不吃不喝至少 10 年，才能买到可住一家三口的近百平方米两室一厅。现在已有住房的，相当部分来自机关和部分企事业单位的政策性分房，属于福利政策，但在单位之间、等级之间很不平衡和公正。其他除大腕、大款拥有豪宅外，不少靠借贷和按揭或“啃老”、“啃小”。总的情况已是或将是：买得起的大多已经买了，没有买的大多买不起了。

房价之贵，什么拉动？说来话多。房屋是商品，兼有生产资料和消费资料的双重性格，可以用于居住消费，也可以用于投资和投机或作为物质储蓄。其价格同样受供给和需求决定。不同于一般商品，固定于土地，不可再生，于是供给有垄断性和有限性，总的趋势是地价看涨。

加上地租有级差性，除了用于农业分肥瘠外，在城市的不同地段，差距很大；在不同时期，涨跌皆见。现在的高房价，部分因素来自级差地租的高攀，尤其是大城市的商业中心和交通中心甚至校区附近，更多的缘故是有垄断、有炒作并有寻租，一言难尽。

房价的成本，原来是两块：一块是地价，一块是建筑工程价。后者几年来变化不大，建筑材料产能不缺、建筑工人报酬仍在低位。前者大有讲究，所占比重不断上升。如每平方米售价在万元上下，建筑工程所占比重不过10%～15%。地价的决定，最初靠协议，双方商定，不无“猫腻”；后来靠拍卖，渐有公平，并不排斥黑幕。全国人大原副委员长、经济学家成思危一次爆言：房价中30%用于行贿；几个房地产商在不同场合也透露：我们赚得多，但是开支也大，各方面要应付，意思意思。加上各种税费，房屋的成本结构错综复杂，始终见不到一笔可信的细账。

在秘密成本的基础上，几年来各地房价一路飚升，似乎是由于供不应求，而更多是由于垄断和炒作。找不到房地产商有“价格联盟”的证据，但是不断哄抬是默契的。长期是买方市场，卖方开价一直坚挺。在此形势下，房屋成了投资和投机的对象。有钱人买了一套又一套，不仅为保值，更看好其升值；进而有炒房团，大量购进和囤积，待价而沽。他们还雇佣了一批专家，鼓吹房价，推波助澜，不无影响。面对兴旺表象，有关部门则怕房价遽跌，不利于GDP增长，不敢出台平价政策，不得已而申称“防止房价过度上涨”，或预期“稳中有升”，为房地产商壮胆。20年来，房地产商成了暴富阶层中的娇子，在富翁排名榜中占重要位置。同时，贪官落马中，也不乏权钱交易的此类。

眼下又一争论是房市有无泡沫？房地产不仅是实体经济，同时也是虚拟经济，因为地价的弹性大，不妨归属于另一种金融性衍生物。在建筑工程占房产成本不断降低后，虚拟经济渐居上游，泡沫也随之增长。有人受他们之托，鼓吹无泡沫或泡沫不大，发违心之言，经不起实践检验。每一次经济不景气，都会冲击房市和股市，使泡沫有所幻灭开始，房市显冷，地块拍卖不尽，值得警惕，不少群体盼望房价稳中有跌，可能有兑现的一天。

积极探索安居之路

当务之急，应当把住房问题作为经济社会发展中的一个重要课题，列入各级政府和有关部门的议事日程，开展广泛深入的调研，拟定中长期的规划和政策、法例，付诸实施。我们过去有粮食部和纺织部，近年在城市建设部加上住房职责，似乎在世界上是不多的（如新西兰）。下列意见，可供选择和参考：

首先，对住房问题有必要定性和定位。住房是商品，又不仅是商品；是消费资料，又是生产资料。具有双重性格，其一是公共服务工程，类似于学校和医院。因此，既要适用市场机制，又要纳入宏观调控。在全面建设小康社会的进程中，以“住有其居”为目标，能否也列入广义的社会保障体系，逐步做到全民应保尽保，共享和分享发展的成果。

其次，解决全民食、衣之后的住，要区分城乡和地区，按类对待，统筹协调。广大的农村，在自力更生为主、辅以发挥传统办法即合作建房的基础上，对困难群众，国家必须给以适当补贴，如同用水、用电一样，作为农村的福利工程，力争在“十二五”计划期间，基本上消灭还有两三亿人口的非砖瓦房屋。

至于在城市，着重帮助无房户和少房户，20 年来已有不少措施，尚待扫尾；重点转向农民工，克服困难正是促进他们有序地转化为市民的重要一着。已经实行的办法：一是廉租房，二是经济适用房，都要扩大规模，争取在最多 10 年内消灭城中村、贫民窟和“蜗居”。此一措施，还要防治腐败。

再次，针对当前房市，应当明确，价已偏高，不能再涨，最好是稳中有降。这与一般居民的整个需求和有效购买力还有差距，可以逐步靠拢。房价下跌过大，可能有负面影响，对按揭者更不利。稳降，也不影响房地产商的合理利润和开发积极性。有的城市试行限价，不妨探索。

复次，为了保持房市的健康发展，应当重新审查和修订既有的各项政策。大而如城镇化，不能片面求大，带来大城市病，还是大中城市和小城镇协调发展,便于农民就地、就近创业、就业和转移。小而如土地开发利用,更要有总体的规划和步骤,力争供需平衡、价格适中。

最后,有两个专题要再研讨:

一个是城市拆迁和农村征地,几年来有进展,仍不免有错失。拆迁前后常有冲突,甚至发生恶性事件。现在新条例出台,要重视关注。失地农民,有的安排较可,有的仅给低保,有损权益,需作调整。

另一个是绝对地租和级差地租不断上升,其增值如何处理。记得1987年海南建省和经济特区,我们去咨询,研究洋浦区批租,有两种意见:一是收费高些,利于基础设施建设;二是收费低些,利于招商,并可开征土地增值税。后来倾向后者,但限于区位条件,在内地推开,却未能征税。能否考虑,在房地产价高涨后,不交易可不征,二次交易则在其买进卖出的差价中适当征利润所得税,或许这能遏止一些炒房和投机。

住房是个历史问题,全世界还有疑点在探索。中国有特色,在借鉴世界中,要走出一条自己的路!

（原载《江苏建设》2010年第5期）

一定要让建筑工人买得起房

“遍身罗绮者，不是织绸人。”这两句古诗，说的是穿绸的人不织绸，似有不劳而获的意思；反过来看，织绸的人不穿绸，又表明了劳而不获，富有同情和怜悯。古诗有其长远含义，今天还能从中得到启迪。

前几年，房地产业勃然兴旺，形成一个大产业，育成一批大富人。最近，继股市低迷之后，房市也出现徘徊，反应为销售不旺、价格不稳，实质上是需求跌落。有人分析，买得起的人大多买了，买不起的人仍旧买不起。因此，投资房地产的也有退场。房地产往往有泡沫，一旦破灭，影响巨大。能否救市或托市，似乎比股市更难。对策不再压缩供给，从长远看，必须保持需求和购买力的有序和稳定增长。

相对于城乡居民的分配收入，一般职工的月工资不及当地一平方米建筑面积的价格，导致对住房购买力的渐臻饱和。怎样突破？自然想到，应当让数以千万计的建筑工人买得起房。在居者有其屋的目标下，不该排斥建者有其屋。否则，像织绸不穿绸，不能享受自己的劳动成果，总是有损公平原则的。

这有外例可援。美国汽车大王福特在发展此一新兴产业时，考虑了汽车工人的工资收入，一定要让他们买得起自己制造的汽车，汽车行业才能兴旺。后来真的做到了，人人买得起汽车，汽车业长盛不衰。

对建筑业是否适用和可行？应当估计，大有可为。房地产成为一个大产业后，房地产商中涌现一大批富人，在排名榜上占最大比重。有位房地产商坦言：我们发财，自己都不好意思了。但是建筑工人在房地产价格成倍飚升后，10 年来基本工资增长有限。其中，利润侵占工资显而易见。在劳动生产率和利润率逐步提高的基础上,提高工资有其空间,不会影响投资房地产的回报率,只要住房有人买,房地产业可望持续繁荣。

由此想开,针对当前市场的低迷迹象,怎样增加职工和城乡居民的收入,以扩大消费来保持经济的永续增长,乃是发展的根本之策。日本和韩国的现代化过程告诉我们,居民收入和职工工资赶上发达国家,这是经济发展的必由之路。我国情况不同,工资和收入增长不快,赶不上经济增长和供给增长。现在有人呼唤救市,从股市、房市到车市,必须由此切入,才有美好前景。一定要让建筑工人买得起房,也就是这个道理,不难理解,关键只在实施了。

(原载《江苏建设》2008 年第 12 期)

“三农”问题的十二个难点

农业、农村和农民问题，合称“三农”，受到党和国家的特别关注，列为各项工作的首位。强调已久，对策迭出，近年来确有进展和改观。但是，从宏观看，有些方面并未完全解决。这不仅是由于“三农”事关国计民生的基础，还是由于内含一系列的难点，有的对其难度还估计不足。抓住这些难点，认真探索，找出其中要害，目的是为了攻关，力争有所突破，开拓新的路径。

首先，农业增产。农业的增长和发展，在整个经济发展和增长中有不可替代的位置，在工业化、现代化进程中有不能削弱的功用，既是优化供给的柱石，又是扩大需求的根源。20年来，农业增长速率递减，在国内生产总值中的比重递降，有其必然趋势，但也带来深层次矛盾，之一是制约着农村建设和农民生活。从全国看，人均粮食并不嫌多，却感到常年平衡有余；人均土地也不过剩，却不知道种什么才有把握。调整农业结构，起步不久，千方百计，随即发现禽畜、果蔬和鱼虾蟹都难销，不能有效地增加农村购买力而形成良性循环。“入世”以后，受到国际市场冲击，农业又首当其冲，价高质次，前景堪虞。

其次，农民增收。增收本靠增产，而多年来，农产品价格低迷，或许是“剪刀差”又有扩大，导致增产不增收。从不尽踏实的数据看，农民增收率一直低于城镇居民，更与整个经济增长率的差距在拉开。进一步剖析，平均数掩盖了离均差，实际上部分农民主要是纯农户没有增收甚至减收。即使从平均数看,全国不少地区和发达省的欠发达地区,也只有每日一美元或稍多,严格而论,还未彻底跳出贫困圈。农业和农村问题,归根到底是农民问题。农民不增收、不富起来,却在继续弱势化、边缘化,八九亿农村消费者和购买者这个世界最大容量的市场始终是潜在的而还不是现实的。

第三,农民减负。增收与减负是一个铜板的两面:增收不减负,等于不增收;只要能减负,就等于增收。当前农民负担沉重,主要原因:一是农村建设过急,各项工作都要“达标”,都向农民要钱;二是乡镇以下“吃皇粮”的人员过多,也要农民出钱。越是不发达地区,这些负担越是突出。农业税是看得见的,五花八门的费却是说不尽的。推行农村税费改革,面对上述两大壁垒,无法撤除,使试点也往往止步。对农民减负,决心不可说不大,而行动不能说不慢,令人发“黄河之清在何日”的喟叹。

第四,农民社保。城市的社会保障已经推开,步履稳健,成效渐著。相比之下,农村还未破晓。缘故是面广量大,资金无源。于是讲覆盖面,不能不把农民置之度外,留下太多遗憾。当然,有的地区采取了积极态度,如浙江对农民保障其最低收入,只是以人均月收入 90 元为准,带有象征性。至于医疗,除个别县乡外,其他都是空白,农民怀念过去的合作医疗和“赤脚医生”。看来,要讲社会保障,不能不顾及农民,但是有人要问:这个“猜想”,有没有解?

第五,农村建设。经济建设不分城乡,而目前态势,城市化非常旺盛,农村建设显得冷落。除少数发达地区和典型乡镇外,明显的是城乡差距未缩短,却反弹。这与让一部分地区先富起来有关,即使不认为是两极分化(富愈富,穷愈穷),也是“一极分化”(大家富起来,差距更拉开)。有人建议,如讲投资比较效果,把用于城市豪华建设的一部分转移到农村脱贫建设,受益面一定宽广若干倍。对此,还未成共识,更未见行动。

第六,城镇(市)化。过去提城镇化,现在提城市化,据说是城市化滞后于工业化,要补课,要赶上,这并不错。但是同时,又有人批评过去发展小城镇是偏向,要纠偏,则掩盖了另一倾向。城镇化不该只有镇、没有城;同样,城市化不该只有城,没有镇。以中国之大、农民之多,全靠大中城市,吸纳、消化不了;发展小城镇,作为城乡纽带,十几代、几十代人都变不了。现在指导思想和舆论转航,城镇在撤并,实际上停顿了城镇化步伐,不利于城和镇的协调发展和共同前进。应当兼顾,但是也难;或许要等问题积累,再予回顾,就失去了持续性。

第七,乡镇企业。异军突起后,成就很辉煌;而进入新时期,问题也来了。除了"终结"论外,另一种论,认为乡镇企业的历史使命已毕其功,改制后不再有乡镇特色,不必再给特别关注。这可能是入了误区。从社队企业到乡镇企业,其兴也勃,特色是农民办、在农村,与农业有斩不断的牵连。当前遇到挫折,除一部分扩大了规模、提高了技术外,多数还是传统的制造业,能力过剩,竞争过度,汲极乎危哉,尤其在后发展地区,几已溃不成军。对此,应当有专门对策,给以扶持,而不是听之任之,不管死活。有人提出"二次创业"和"重振旗鼓",用心良苦,行也艰辛。

第八,劳力转移。农村剩余劳动力,中国以数亿计,逐步转移到非农产业和城市(镇),从根本上改变二元结构,是一项绕不过、推不开的历史任务。这也是衡量工业化和现代化的一项必要的或充分的标志。20年来有进展,但是"澡盆里的水"还远远没有舀光。特别令人费解和不安的是,农村"剩余"的劳动力总量,除少数几年外,仍在有增无减。近几年来,转移率在下降,原因之一是城市存在下岗和失业、待业,吸纳容量萎缩;之二是产业结构调整,劳动密集行业转化,使上述趋势再度受阻。当前不可挽回的趋势仍是农村每年增加的劳动力超过可能转移的劳动力。长此以往,加快城市(镇)化步伐难免是蹒跚的。

第九,乡镇财政。整个财政情况,越来越好(虽然国债发行,还不到警戒线)。但是分层评价,大不一样。似乎是中央财政收入所占比重尚未达标,而流行一种看法是:国家财政状况优于多数省市,多数省市财政状况好于大部分县(市),而在乡镇以下,困难相当普遍,不少陷于窘境,已是负债累累,有的实际上该"破产"。税费改革,到此碰壁,解救之道,只有大力精简机构,但是"上边千条线,下面一根针",事情由谁来干,人又到哪里去?

第十,大众文化。先进生产力与先进文化相依相生。这几年来,文化市场逐步发育,文化产业相应崛起。但是,精英文化基本上在体制外,而文化市场、文化产业以大众文化为依托,却是跨越演进,复杂难言。尤其在农村,应当肯定其成就,教科文卫等事业发展也快;另一方面,正文化与负文化并存,同样不容否认。从"三下乡"包括文化下乡看,农村文化与农村经济一样,还未彻底走出瘦瘠状态,贫困地区失学少文现象还未克服。大众文化如何在下乡后扎下根来,还要不倦探觅。至于能否有雅俗共赏的大众文化,并为占人口大多数的农民所享受,尚在争论。可见,真的酿成正果,来日方长。

第十一,道德建设。文化建设与道德建设是精神文明建设的两翼,相互关连,必须并举。后者的症结,同样在农村。广大农民本来是被封闭的,相对地与世隔绝;多年来卷入政治,加上开放,并在走出桃花源,是时代和社会的进步。在另一方面,衣食足始知礼仪,农民有朴实,不等于文明,才摆脱温饱,待摆脱落后。在相对不足的情况下,少数农民转化为流氓无产者,"男盗女娼",有其源由。农民进城是好事,但是多数从事苦、脏、累等"贱业",心理不平衡,成为城市的欠安定因素之一。"重要的问题是教育农民",此话还未过时。

最后,基层民主。现代化建设遍及经济、政治、文化三大领域,政治以民主、法制为目标。政治改革必须与经济改革一样,只能渐进,不能实行"休克"办法。于是,有的从基层切入,如村民自治、直接选举,无可厚非。姑不论在县和乡镇的一元化领导下,基层民主能否避免垂直干扰,即按民主要以人文素质为前提的说法,基层也有相当难度。实施以来,少数尤其是典型,成绩斐然;而从面上看,特别在经济欠发达地方,家族和封建残留还有,举步艰辛。这也要靠长期不懈地做好工作,决非随知随行,轻而易举。

"三农"问题有多难,揭示是为了引起更加重视,并要求付出更大努力。应当看到,"三农"问题在客观上,本来是不简单的,有其历史背景和社会背景以及经济基础;但是在主观上,有什么要改革和完善的呢?

有人认为"三农"本是一个庞大系统，一定要有整体推进，不能零打碎敲。正视现实，仅在经济工作，农业生产、农业科技、农产品流通、农村改革进而农村土地、水利工程等，却是"九龙治水"，各行其是，缺乏统抓；而在其他部门，从综合到专业，自觉或不自觉地又是重工轻农、重城轻乡。可以认为，千难万难，集中力量攻关就不难。中央和各级党政都已一再强调"三农"重要，在认清其难点后，对症下药，从决策到实施，只要持之以恒，前景大有希望。

（原载《苏州农村通讯》2002 年第 2 期）

关于建设社会主义新农村的几点新思考

建设社会主义新农村，这个提法并非原创，可以上溯至近百年前后的晏阳初、梁漱溟等先驱人士。但是今天再度举起这面大旗，却有其完全崭新的现代意义。在某种意义上，过去的提法，缺乏社会变革的大前提，难免带有空想成份；而到今天，处于社会主义初级阶段，经济社会的发展高潮中，不仅是主观的良好愿望，更是必不可少的历史使命。这是当前理论和实践的一个热点，研讨颇多，仍未穷尽，不妨换个角度，作几点新思考。

这是发展战略的一个大开拓

有人认为，改革开放以来，我们一直重视“三农”问题，如前后多次颁发一号文件，已经取得巨大成就。现在提建设社会主义新农村，无非是关注“三农”传统的继续，只是内含有所充实，对策有所加码。这种评估，不能算错，然而未能表达是发展战略的一个大开拓，显然是不够的，落后于现实形势。

应当看到，几年来的一再强调“三农”是重中之重，某些对策如免除农业税，比过去有了突破性进展。但是，与整个发展大局相对照，“三农”始终是薄弱环节。这是由于在工业化、城市化和市场化的冲击下，人们特别是不少地方政府领导人，对二元结构的现实渐次漠视，对“三农”问题的严峻缺乏正视，并对先前重工轻农、后来重城轻乡的迷失拒绝反思，导致此一问题没有得到应有和可能的缓解。于是，经济社会发展了，显得繁荣，而在“三农”，多数地区好转有限，甚至依然故吾，城乡和工农差距有增未减。

反思要从建国开始，工作中心转入城市后，农业和农村经济一度取得恢复和有所发展；接着推行合作化和公社化连同大跃进，农业生产力遭受严重破坏，农民的收入和生活水平始终在很低水平徘徊。推行联产承包责任制，只是扫除外加障碍，并未添置先进动力，也未摆脱小农经济的旧貌，以致多年以来，二元经济结构未有根本改变。在此期间，除乡镇企业异军突起，以工补农、以工建农有所推进外，从大局看，仍是通过剪刀差等老办法来加快工业化和城市化。直至新世纪，城乡差别和工农差别，从收入分配到财政、信贷调度，始终是向城市和工业倾斜。在这样的大方针下，为“三农”呼吁，总是“雷声大、雨点小”，并且只见有关“三农”部门和农村在声嘶力竭地努力，其他部门和地区存在不同程度的与己无关情结。

现在提出建设社会主义新农村，决不是老调重弹或老生常谈，而是发展战略的一个大开拓，也可以说是一个大转变，就是要扭转长期来的重工轻农和重城轻乡，实行工业反哺农业和城市带动农村，把解决“三农”问题提到逐步解决二元经济结构的高度。这也是全面建设小康社会和基本实现现代化的应有之义；更是落实科学发展观的主线之一，贯串到全面协调的各个环节；还是构建和谐社会的重要底线。否则，如大家已经肯定，没有“三农”的小康和现代化，不可能有全国和全民的全面小康和基本现代化；进而体会，没有“三农”的科学发展与和谐化，也难以实现可持续发展与和谐发展。因此，这不仅是有关“三农”部门和农村的事，而是各级党委、政府和一切部门的共同任务。同时，又不仅是既定方针、政策的持续、延伸和加码，而是要有新的视角和视野，反思以往，展望未来，重新进行战略部署，用一句习惯语，叫做“开创新局面”。只有这样，“三农”问题才能有新的突破，最终获得根本好转、根本解决！

必须调动主体和主导两个积极性

建设社会主义新农村，应当依靠谁？从本质说来，必须依靠群众即依靠占总人口多数的农民，让群众自己解放自己，而不是仰赖党和政府的恩赐。建设社会主义新农村的主体是农民，毫无疑问，这是容易认知的。但是从口头、书面到行动，做到这点很不容易。长期以来，搞这个化、那个化，似乎是群众运动，其实是"运动群众"。要总结历史的经验和教训，真正让群众当家作主，建设社会主义新农村才有无限的动力源。

调动主体的积极性，必须从确切了解农民的需求出发。有的地方搞问卷调查，虽然设计有主观偏好，仍能获得农民的某些真实意图，与权力部门的设想大相径庭。如不少地方也出于好心，把拆迁并村作为建设新农村的一大举措，往往遭到反对。而群众提出，最迫切等待解决的，有看病难、上学难等，有关方面却认为目前不可能完全解决或者已经基本解决。理解不一，互动便难。建设全面小康社会也一样，你公布数据，已经达标了，而群众特别是部分农民不认同，提出还是贫穷、还有困难。应当听谁的？归根到底，谁是建设新农村的主体？看来，如果农民不赞成、不满意、不高兴，没有充分的积极性，建设新农村将是一句空话，不管有多少政绩工程。

另一方面，这并不意味着依靠农民为主体，政府就可以撒手或减轻其职责。相反，仍应当起着主导作用。这是由于，一方面，农民是弱势群体，既不拥有权力资源，又不拥有财富资源，仅依靠自己的有限力量，无法从根本上改变自己的境遇和命运；另一方面，当前农民又是分散的，以家庭为经营单位，难以承担某些联合的公共服务，亟待首先是基层政府、其次是当地社区为他们创造必要的基本条件。

地方政府直至基层和社区，在建设新农村的进程中承担和发挥主导作用，必须转换职能和机制，从越位让出，从失位进入，从错位调整。总的也有两方面：一是引导，即采取某些经济、社会、行政和法律措施，为农民就业和创业、生产和经营创造良好环境，使其致富积极性得以奏效；二是服务，即推行“少收、多与、放开”的方针，特别是在贫困和欠发达地区，一定要通过财政的转移支付和社会救济，为农村的基础设施建设、农业的科技投入和要素投入以及农民的社会保障包括就学、培训和居住等提供支持，实现人人的安居乐业。政府的主导作用和农民的主体功能，互促互补，相辅相成！

工作方法和作风的三宜三忌

建设社会主义新农村，迅速成为当前工作的热门话题，这是好事。但是与其他各项工作一样，热起来后，容易过热，又会导致某些倾向，如为赶进度、不顾质量，争先恐后、弄虚作假，强迫命令、脱离群众，等等。这几年来，相对而言，农村工作是偏冷的。某些地方热衷于工业化和城市化，有的公开扬言要淡化“农”字，或者把农业定位为观光和旅游，甚至还有怀疑强调新农村会不会影响城市、工业的发展势头。所以，热一下，有必要。但是，怎样热法、热到怎样，大有讲究。针对当前动态，感到在工作方法和作风上，应有提倡和防止的，主要是三条：

一是宜因地而异，忌千村一律。全国有上百万个自然村，各省有十几万、几十万个村，各县（含县级市）有上千个村，即使合并建制，仍是成百上千（要不要合并和怎样合并，另当别论）。各村从资源禀赋、地理区位到经济基础、文化传统，都有其独特个性。但从前个时期和最近的县以下规划（且不论全省区和全市规划）看，往往强调共性较多，注意个性较少。特别在进度上偏于整齐，即使分批，最终归一。有的稍加归纳，分为几类，也较单一。其实，新农村的20个字，从生产到生活、从乡风到村容以及民主管理，各地都要因地制宜，区别很大，既不仅是几个模式，又不能互相模仿，片面推广所谓典型经验。这在各省区之间固然差别很大，在一个省区甚至一县之内，同样要走百花齐放之路，实现新农村的多样化和丰富多彩。

二是宜稳步渐进，忌急于求成。长期来的习惯做法是一哄而起，你追我赶，相互攀比，争先恐后；其结果往往是赶进度、损质量甚至是只图形式、不讲成本。建设新农村，从五个方面看，要求很高，遍及经济、政治、文化和社会等侧面，与当前对照，即使在发达地区，都能找到不少差距，有的要从零起步，任重而道远。这是一项庞大、复杂、综合的系统工程，要花很大力气，面对众多难点，决不能掉以轻心，简单从事。有的地方研究新农村的达标数据，可见其艰巨性，必须有所规划，具体部署，分清轻重缓急，有序推进，不能眉毛胡须一把抓。这种工作方法，原来有好传统，近年来有失忆，必须重新提醒，也是提高执政能力的基本功之一。

三是宜及时反思，忌一往无前。这也是工作方法和作用的起码规程，过去是制胜防败的法宝，近年来逐步荒废了。工作到一定时机，必须回头看，总结经验，吸取教训，以利再战。而近年来，虽然也有年度或季度小结，却往往是肯定成绩过头，正视问题不足，以致有些错误得以延续，有些困难无法解决。“三农”列为重中之重，始终还是难中之难。建设新农村，要害在新，不能仅凭陈旧经验，应当有不断创新，带有“摸着石头过河”的形势，就贵在及时反思，并不忘忧患意识，才能一步一个脚印，扎扎实实前进。其中一些新课题，如乡风、村容和民主管理，要求培育新农民，实现人的现代化，当前并非胸有成竹，更有赖于在实践中掌握新情况、明白新事理。

值得探索的四条新对策

建设社会主义新农村，博得全党、全民重视，并已付诸行动，如说开局，势头很好，信心也强。从各方筹议看，集思广益，谋略深广，有的成为决策，初见成效。同时，有一些对策在研讨中，具有探索性，是值得实验的，仅列四条：

一条是改革和创新农村土地制度。这有多种看法、想法和说法，从私有制、国有制到两权结合、两权分开等。目前基本上是农村土地属于集体，而使用权归农民，通过承包，自主经营，暂定几十年不变。这有相对的稳定性，使农民安心、集体放心。但是在实践中出现一些新情况，如城市扩容、公共建设和招商引资要征用土地，农村富裕劳动力要向城镇和非农产业转移，农副业生产也要实行规模经营等，都触及土地所有权的流动和变化，产生若干问题和矛盾，处理不好，往往侵犯农民的根本权益，也不利于土地资源的合理和节约地使用与保护。解决途径，众说纷纭，莫衷一是。能否适当放开，在不同地区，进行不同方案的试验，让实践来验证是非得失。

一条是国家财政的大力支持。这在总的精神上似乎明确，而在具体实施中还是小手小脚，以致奏效不大。有些不合理是明摆的，如农村的公共教育、公共卫生支出在全国所占比重太低；农村的社会保障覆盖面还窄，财政转移支付的力度低于一般发展中国家；以及乡镇级财政困难，负债累累等，都成为建设新农村的“拦路虎”。也有两种评估：一种认为，供求差距大，近期无法解决；一种认为，政府浪费多，只要在公费吃喝、用车、旅游上稍加节制，拆东墙就能补西墙。能否下决心采取措施，把浪费在公费吃喝、用车、旅游上的经费尽可能地节约下来，并在三五年内，每年财政增收部分，原则上大部分用于新农村建设，就能明显纠正过去的城市偏宠，实现近期的“三农”优先，为建设新农村闯出新路。另在金融支农上，也要从回避转向倾斜。

一条是发展新型农村合作组织。这在各地已有自发和试验，但是重视不够，只是点缀，未成气候。其实，不仅在世界一些国家有成功范例；就是在国内，某些地区也不乏好的苗头。实践表明，无论是土地合作、科技合作和产销合作（包括股份合作），对发展农业生产力和调整其产业结构、对增加农民收入扩大到财产收入和经营收入，都有积极效应，非其他办法所能替代。因此，建议在这项工作上扩大试点，积极推广，并制定相关政策，给以弘扬、提倡、引导和鼓励，促进其加快发展步伐，先行地区更要做大、做优、做强。

一条是恢复和建立农民的群众组织。这个呼声一直在响，但受抑制，甚至未能上达高聪。农民在当代中国还占多数，与工人一起是我们党和政府的基本群众、依靠力量和服务对象。无论在国内解放战争和民族独立战争中,农民组织都起着不可或缺的巨大作用。“文革”以来,不存在各级农会(农民协会),不仅使农民利益缺乏代表,也对农民工作缺乏纽带,导致国家与农民的血缘断档和农民地位的边缘化。在始终保持工青妇和工商联以及宗教、民族团体的同时,重建农会是顺理成章、合情合法的。这有利于各级政府与农民的联系,沟通上下左右的关系,也有利于团结和教育广大农民,调动其积极性,为建设社会主义新农村提供合力和向心力。与此相应,农民工组织在兴起,也要加强领导,促其成长。

建设社会主义新农村,涉及方方面面,与所有部门都有内在关系,应当通力合作,共襄斯举。联系过去曾有过“几十条”,统一部署,成效显著。建设新农村应有立法或制定条例和规划,就能统一认识、统一政策、统一行动,避免各敲锣鼓、事倍功半,拖缓此一重大事功的缔成。

(原载《苏州农村通讯》2006 年第 5 期)

尽力构建强盛的现代农业体系

农产品涨价成为一种危机，有其长期性和全球性，反映了农业资源尤其是土地的稀缺和不可再生。应对之道，必须更加重视农业，从全局出发，尽力构建强盛的现代农业体系。这要有成套对策，如保住土地，增加投入，发展科技，加强其上下游建设，并重组整个价格体系，推动整个经济社会的可持续发展。

以粮食为核心，包括猪肉、蔬菜等几乎所有农产品及其衍生品价格的大幅度持续上涨，成为新一轮的通货膨胀，为我国乃至世界叩响了警钟。开始，人们还对这次通胀有所惶惑，试图寻觅其不同于以往的特征，仅定性于结构性即局部性或暂时性，似乎有所对策，便能有效遏制。后来终于发现，通胀就是通胀，都不外是供求失调。如果说有新情，则是来自资源性的供给短缺，有其长期性和永久性、全球性和人类性、刚性和不可逆性。与石油及其带动冶金、化学产品价格的上涨一样，其需求增长也有刚性和不可逆转性。多年来提出的人口、粮食、资源和环境问题以及可持续发展问题，终于越来越严峻地凸现在新世纪、新千年起步之始，为经济、社会、政治和科教文化揭示了极其复杂的新课题，要求人们尽力去应对，不容稍懈。

仅从粮食问题看，称作危机，决不是炒作和耸人听闻。人口在增长，生活待改善，饥饿要解决，需求膨胀是通货膨胀的硬道理。另一硬道理是土地有限，不可再生，制约着供给难以相应膨胀。这不能归罪于先发展国家，也不能问责于后发展国家，更不该只盯住某些大国。但是，大国人口多，经济和社会总量大，压力同样多且大。应对之道，大国不能寄希望于境外，唯有自力更生、自我尽力。我们重视“三农”，列为重中之重，口头和文献都到位了，关键在于行动，看来必须加码、再加码。试有设想是：尽力构建强盛的现代农业体系，打造一条不限于农业本身的全息产业链，主要有下述若干环节：

首先，全党、全民真正落实国民经济以农业为基础，农业又以粮食为基础的真理，彻底颠覆重工轻农的时尚和作为，不断增强危机意识，全力以赴地应对这个致命的挑战。邓小平生前担忧，问题可能出在农业上，确是真知灼见、至理名言。千转变，万转变，这是根本转变。中央政府要这样，各级地方政府也要这样。人民有此愿望，政府更要有此决心和承诺。农业部门义不容辞，其他部门同样责无旁贷。做不到这一点，国家危矣，人民险矣！

其次，一定要千方百计保住土地，底线是基本农田一亩也不能少，并且力争今后有所增加。应当认清，30 年来经济增长快，不止一次出现偏快和过热，参照系就是超越了资源和环境所能承担之重，付出的成本和代价过大，焦点在耕地缩小过快、过多，预支了近期和中长期的资源消耗和子孙福祉。30 年在历史长河中仅是瞬刻，而耕地已到下限边缘，不能不认为是一大错失。也要看到，工业化和城市化有过度，对土地开发利用也有过度；其中有严重浪费，如多占少用、广占薄用，以及抛荒和粗放。这也说明蕴藏着潜力。今后从紧掌握，节约利用，认真复垦，土地资源会有改善。正是非不能也，有可为也！

第三，高额增加农业投入，大幅提高其占财政预算的比重，并广泛招引社会资源和境外资金。打破传统观点，农业不再是低投入、低成本的中世纪产业。但要求有多投入，才会有高产出；付出了高成本，才会有高回报。30 年来，农业投资的绝对数和相对数是下降的，投资结构和投资效益也不理想，农民自筹投资主要是劳动力。因此，农业设施，总体是落后的，存在很大欠账。发展农业，除靠政策和科技外，还要靠投入，现在是兑现的时候了。真正做到重中之重，至少在每年财政增收部分，要尽量满足农林水利等建设的需求，并有多种形式支持。如各项补贴，如搞活农村金融，把内外游资导向农业，都要有创新政策。

第四，发展农业科教，建设现代农业，要有与促进工业化和信息化同样的劲头和气势。农业的根本出路，一度提机械化，后来提现代化，在今年的一号文件中已有周密部署，关键也在行动。要从落实农业科技开发切入，从引进、消化、吸收到自主创新，亟待有可行性措施。这方面，与世界比，差距或许不亚于工业和服务业；而实行以来，其难度或许不亚于二、三产业。与此相应，贵在农村教育，既要提高义务教育的质量，又要推广农村职业技术教育，更要普及，做到城乡之间各有侧重的教育公平。这样，农业才能从粗放到精细，从单一的劳动密集型走向与技术密集型相结合，农业也将成为创业的基地和就业的阵地。

第五，加强农业上游，完善和健全支农体系，老问题应当开创新局面。关于农业产业化的提法，一度有争论，涉及与市场化的混淆。其实，农业本来是重要产业，如果理解为把它做大做强，是明白的。支农产业，指提供农业生产资料的一批行业，也是清楚的。怎样做大做强，重点就在这些方面，当前薄弱之处尚多，必须通过改革开放来搞好对农业的支持和带动。

第六，加强农业下游，做好农产品的加工、销售、经营及其效益分配。这也关系一套服务业，现在不够强大。农产品加工，从粗到精，不断提高其质量和附加值。几年来有开拓，还只是破了题，与先进国家比，后续有大文章要做。加工之后，连同初级产品，如何打造一个发达的农业市场，从卖原料到卖商品，统一于国内，衔接到境外，也只能说是初具规模，后续任务仍很繁重。只有做好上下游工作，有一个完善的产业链，一头是农民，一头是市场，并有合理分配、达到共享，农业才是一个大产业和现代产业，达到产业化。

第七，关于农产品价格，也待重新设计、合理安排。过去存在“剪刀差”，后来是否缩小了，有不同评估。这次涨价，有其不可逆转性，是整个社会价格体系的重组，反映了某种客观规律，只能承认，不该期望其回落到原状。至于是否和能否与国际接轨，还取决于其他条件，从长远看要认同其趋向。价格改革的归宿，在农产品，既以市场化为原旨，又不排斥必要的调控和监管。

最后,关于农民的未来,同样要从国情出发,有一个长远规划。这几年推行城镇化,有的地方强调城市化,不无误导,导致城市膨胀,并不有利于“三农”。看来,按照我国的现代化进程和发展程度,人口城市化率不可能达到西方发达国家的水平。特别是农民工,作为一种过渡的产业后备军,将以相当大的规模,存在相当长的时间。为此,必须做好很多工作,促使他们有序地转化为新市民。在布局上,也不该无限制地“孔雀东南飞”,应当鼓励“凤还巢”,把必要的专业人才留在农村,并逐步做到地区之间的相对平衡,符合科学发展观的目标。

农业是大产业,粮食是大产品。从全球和长远看,这是一个大问题,有大难度,若不搞好会造成大矛盾。只有尽力构建强盛的现代农业体系,才能保证整个国民经济和社会的长治久安。粮食危机是端倪,透露出的问题告诉我们,应当全力以赴,殚智竭能,切莫掉以轻心!

(原载《苏南发展》2008 年第 6 期)

加强农业资源综合开发的几点建议

90 年代以来，全国大规模实施农业资源的综合开发，取得了显著成效，基层欢迎，农民高兴。但是与当前形势和今后要求相对照，又有新的不适应处，亟待进一步加强，并在战略上、体制上有所转换。江苏省在全国属于先发展的沿海地区，也要从实际情况出发，开拓前进，努力创新。最近，参加了几次农村调查，颇受启发，引起若干战略性思考。

一、新情况和新挑战。当前"三农"问题仍然严峻，农业还是弱势产业，农民增收步履艰辛。发展农业，一靠政策，二靠科技，三靠投入。从近期和今后看，越来越有赖于科技和投入，两者是紧密结合的。除了以政策调动和保护农民的生产和开发积极性外，仅靠农民自己和市场机制是旷日持久甚至无能为力的。参照国际惯例，即使是发达国家如美、日和西欧，都有国家的大力支持，在公共财政中占不断升高的比重。这为农业生产周期长、风险大和农产品价格低、收益也低的基本特征所决定。江苏是农业大省，在工业化进程中，必须加强对农业的政策性和非经营性资助，以利于整个现代化事业，并应对入世的挑战。13 年来，这方面的财力（包括中央、省和市、县）共有 44.6 亿元，不算少了，而与城市建设和工业化比，也不算多。这是重农标志和支农实事，希望引起决策层的高度关注。

二、沿海地区的特点和任务。江苏与其他沿海省区一样，工业化、城市化和现代化先行一步，这不意味着可以忽视农业，降低农业的地位和作用。相反，对农业的要求更高，以协调工农和城乡关系，使农民脱贫致富，扩大农村市场。沿海地区农业资源相对偏紧，应当走集约增长之路,提高科技含量和配置效率。中央要求江苏省率先基本实现包括农业、农村在内的现代化,不仅为了沿海,还对内地有提供经验和实力(包括良种、良法和农产品及其加工)的先发效应,与大局和全民利益完全一致。

三、沿海农业开发的基本战略。农业资源的综合开发,在战略上必须与时俱进,因地制宜,按照“三个代表”的要求,着力于发展先进生产力和先进文化(包括先进科技)。过去10多年,重点在水土治理和基础设施建设,江苏共改造中低产田2816万亩,开垦宜农荒地138万亩,今后还要继续开发并扩大滩涂和丘陵的开发、治理。另一方面,则要增加新的重点,扩大投资领域,把多种经营和科学技术列入视野,通过调整投资结构来调整农业结构,实行农业产业化;通过增加科技投资来推进农业的现代化和可持续化,从而培育农业的新增长点,发展农业的支柱产业、优势产业和特色产业。

四、农业开发的有效方式——园区化。农业开发的方式,具体化有点(如乡、村),线(领域),片(地区)之分,过去依靠基层政权,落实到县(县级市)和乡、镇、村的操作,是有效的。今后除要继续发挥各级政府直到乡、村的功能外,根据各地实践论证,农业科技示范园一类的形式是成功的,应当在推广中提高。这可称园区化或基地化、园区式或基地式,就是:以示范园为中心,通过产学研结合,凝聚科技力量,引进和吸收农业科技成果,转化为生产力;同时以示范园为基地,采取示范和传授等办法,把良种、良法推广到附近村和乡,并逐步扩散到面。实践证明,只要示范园的科技产品有市场,符合当地资源条件和种养传统,不是搞“花架子”,都能为农户和农副企业所接纳,为提高和普及架设桥梁,并获得相当效益,实行继续发展。

五、农业开发的主体——企业。一般地说,政府、企业和农户都是主体;实际上,过去主要以广大农民为对象,这与大搞基础设施建设是对称的。现在转向科技兴农,搞设施农业、定单农业和农业工厂化,必须提高其组织程度和资本有机构成程度,就该及时转向企业为主体,即以法人为经营主体,这与市场经济以企业为主体也是一致的。所谓企业，不仅指农业技术开发企业，还有土地经营企业（种田大户），农产品加工企业（龙头），农产品经销和出口企业等，并有多种经济成份，特别是合伙企业和私营企业以及专业协会和其他合作经济组织，应当全面动员，调动一切积极因素，不拘泥于传统格局。

六、农业开发要扩大开放。农业有地方性，长期是封闭的，所谓“三就地”（供、产、销）；近年来逐步开放（对外、对内），扩大了资源配置和市场。入世后，农业也走向世界，不仅要发展创汇农业，面对绿色堡垒，并且可以招商引资、引技，与工业一样是培育先进技术的捷径。上述示范园，不少技术来自引进，投资也来自引进，发展很快，水平很高，效益不错，应当认真总结，继续推广，并向后开发地区延伸。有的地方还建立农业开发区和在开发区内建立农业科技园，都要营造良好的硬、软投资环境，与国际接轨起来。

七、农业开发要深化改革。过去沿袭计划经济，有一套习惯势力，开始突破，还处于转型期，没有到位。如对项目审批，层次多，规定细，不仅费时久，“一年计划，计划一年”，影响及时开工，延误农时，并且脱离实际，造成形式主义，如一定要筑渠修路按什么标准，结果无效，徒然浪费，令人叹息。今后要适当放权，并简化程序，转向间接调控，主要是对项目效果进行监管。又如对非公有经济，过去也有歧视，今后要适应入世规则，对外资企业实行市场准入和国民待遇，对私营企业更要一视同仁。另在土地流转和用人及报酬等体制上，滞后的更多，应当加快改革的进度和力度。

八、农业开发的投资来源多元化和投资方式多样化。过去规定，农业开发除中央财政拨款外，要有地方配套，而对利用其他资金没有要求；实际上，江苏财政外投资，结合使用只近 33 亿元，约为政府拨款的 3/4，有限得很。今后要有改进，政府拨款主要起到引导和组织作用，应当更广泛地吸引和利用民间投资和外商投资，并采取股份、合资等多种形式。有人提出，还可以推广贴息和奖励投资等其他办法，并建立农业科技的创业基金和风险基金，促进有关银行也参与其事。至于政府投资的有偿、无偿问题，议论较多，看来要分别对待：基础设施建设以无偿为宜;经营性投资原则上有偿,期限按项目而异;风险性投资按风险基金管理原则,成功的有偿,不成功的无偿。

九、农业开发的统一领导和部门协作。农业工作所以难,理论界有人认为,这是一个涉及全民的整体系统,而长期来条块分割,形成"九龙治水":农业生产由农林部门,农业科技由农科院所,农业教育由农林院校,水利和农村建设有专业部门,农村金融由农业银行和农业开发银行,农产品流转由供销合作组织和粮食部门,农产品进出口、国土管理和农村政策也各有专管,就是没有一个有力的综合部门或协调机构。农业资源的综合开发,涉及方面也多,而由一个主管部门负责,同样是不适应的,相互之间常有脱节。建议在这方面加强和改进统一领导,并从加强和改进部门协作入手,尽快扭转各搞一套的落后模式。

十、进一步解放思想,打破陈规旧式。农业资源的综合开发,兹事体大,十分重要,但是涉及面广,尤其落脚于基层,从目前状态看,思维方式和工作方式还不适应。在大力推进城市化的今天,千万不能影响"三农",应当提高到与城市同样不说更重要的位置上来,推动和保证农业发展,农村繁荣,农民富裕,切实扭转苦、穷、难的现状。

(原载江苏省社会科学院《咨询要报》2002年5月29日)

把农业建设为创业基地和就业阵地

两年来的通货膨胀，似乎不同于过去，其特点和原因，一度使官方回避、学者失语。只是由于来势汹汹，连续突破警戒线，由中度提到高度，由结构扩及全面，人们终于从其全球性和长远性认知，这是一记沉重的警钟，是一场粮食危机或农业危机。与石油危机或能源危机一样，土地和能源作为人类生存和发展所仰赖和制约的自然资源是有限的、紧张的和不可再生的。多年来的经济加速增长，人与自然的和谐关系遭到破坏。于是，石油价格和粮食价格及其派生的钢铁等生产资料价格和猪肉、蔬菜等食品价格一路飚升，大有难以挽回之势。看来，恢复原价是不可能了，整个物价体系面临重组。这是21世纪的潜在危机，最终将威胁人类的生存！

如何面对供需矛盾？抑制需求是非常困难的，不能像罗马俱乐部多年前的预言，只有保持零增长才是出路。人口增长率再小，经济增长率再低，民生改善再慢，对粮食及其衍生品的需求总会或徐或疾地扩大。因此，只能在资源供给的现状下，千方百计地保护资源，谨慎开发，科学利用，以适应需求的逐步扩大。具体对策，全世界只有一个，就是坚决维护基本农田和粮食播种面积，以先进科技提高其单产、增加其总产，构建系统的农业产业链，从农业生产资料的投入到农产品的加工和营销，一着不让，一环不懈。换句话说，必须大力培育强盛的农业，促其成为一个庞大的产业群，始终承认其基础性，列为各项工作的重中之重。这攸关人类的生存、未来和命运，在人口众多、人均土地不多的我国，尤其有其紧迫性和永恒性。

农业应当建设为一个非常重要的创业基地。必须尽快地加大人力、财力、物力尤其是科技生产力的投入。工业和服务业的创业及其壮大,都代替不了农业的发展,并该有利于支持农业,才使其自身发展具有基本条件。相对而言,农业的现状是滞后的,与其承担的历史任务很不相称。为了根本改变这种畸形,多年来一直强调把农业放在首位,无疑是正确和必要的,但在实践上并非完全如此。粮价上涨,副食品价上涨,从世界到我国,极其严峻的形势逼得我们赶快觉醒并付之实践。否则,农业不振兴,粮食危机将格外尖锐化,后果不堪设想。

农业应当建设为一个非常重要的就业阵地。我们不否认历史形成的二元结构要有演变,农业的富裕劳动力要有序地、大量地转移到城镇和非农产业去。但这也不意味着农业不能留住人力资源,不能拥有高素质的人才;相反,如果只是"3860"部队支撑农业,建设高科技、高效益的现代化农业和农村就是一句空话。应当构建有利于积极发展农业的成套政策,在农产品价升的基础上增加农民收入,以吸引适当的农民在这条产业链创业就业,克服部分农田抛荒或粗放经营的不合理的现象。这是粮价反映的新课题,应为朝野各界所严重警惕和密切关注!

(原载《创业、就业》2008 年第 7 期)

发达地区更要强化重农意识、优化兴农思路

改革开放30年了，中共十七届三中全会以农村的发展改革为主题，审议通过新的《决定》，再一次奏响了“三农”的号角。有人认为，当务之急繁杂，为什么偏独倾爱“三农”？这表明了虽然近几年来年年发布一号文件，农村工作取得不断进步，但是还有许多事情要做，农村改革未有穷期，农业发展永无止境，农民生计尚待改善。这不仅针对次发达地区和欠发达地区，并且从发达地区来看，同样是一篇没有写好的大文章，更要强化重农意识，优化兴农思路。

一是真正把“三农”放在重中之重。发达地区包括苏南，这几年来沿着工业化、城市化、市场化、国际化并加上富民化之路迈进，成就是显赫的。但是与“三农”是什么关系，怎样耦合？煞费斟酌。在不少场合，四化之声响亮，一定程度上淹没了后者，各级领导抓“三农”的精力稍欠。学习十七届三中全会精神，无疑又敲警钟。落实科学发展观必须以工业反哺农业、城市带动农村，才能城乡协调，并在地区、经社、内外和人与自然之间求得全面和可持续发展。如果忽视、轻视、漠视“三农”，就背离了党的基本路线和国家的大计方针。发展是第一要务，其中农业发展仍是整个发展的基础，任何地区不在例外。

二是在工业化进程中维护农业。在发达地区，传统的工业化任务已经基本完成，新型工业化正在积极推进。与此相应，农业现代化应当同步，相辅相成而不该厚此薄彼。有人认为，在GDP组成中，农业已是无足轻重，乃属误识。农业是永恒的，发达国家都不能没有发达的农业，要有高素质的农民和兴旺的农村。其中，如何保持优质农田，做到

粮食持续丰产，具有根本性、标志性意义。根据经济地理和布局原则，耕地是地球上最稀缺和不可再生的资源，优质农田是维护农业的前提（工业要摆在能源和原料基地周围）。我们的发达地区，自觉或不自觉地重工轻农，农田为工业挤占，鱼米之乡面目顿改，反思未必是上策。亡羊补牢，怎么保护基本农田不再流失，使非农化土地有所复耕，粮食产量力争有增不减，是衡量发展战略正确与否的第一亮点。不言而喻，深化和完善土地制度改革还要坚持下去。

三是在城市化进程中建设新农村。城市化在中国，完整的提法还是城镇化。有人抹去一个镇字，认为发达地区只要大中城市，也是一种浅见，并不符合发达国家的常规。现在明确，推进城镇化与建设社会主义新农村并举和伴行，否则只知其一、不知其二，既做不到、做到了也是畸型。我们应当以城乡一体化为目标，并从中国国情包括发达地区的实际出发，以城带乡、以乡供城，力争城乡的共同繁荣，才能显示中国特色社会主义的美好区域面貌；否则，过分集中于几个特大城市，某些发展中国家殷鉴不远，决不能蹈人覆辙。

四是在市场化进程中衔接工农和城乡。在宏观调控的前提下发挥市场机制在资源配置中的基础性作用，是社会主义市场经济体制的优越性。近几年来，新自由主义学说泛滥滋长，有人宣扬市场万能。这次美国的次贷危机，表明私有化的资本主义制度并不像有人肯定的那样神圣和永恒。推进市场化，不仅对工业和城市，还要使工农业和城乡衔接起来，眼下的农业和农村还有障碍，有待打通，做到畅通无阻和一元化，才有利于农产品流通和活化农村。正在热议的焦点之一是粮食和农产品的价格，在上涨中有的还低于历史，更低于世界，使“剪刀差”不亚于历史，更是世界之最。在完善市场机制中，应当使粮食和其他农产品价格在成本上体现平均利润率，并逐步与世界市场接轨。这是保证农业生产良性循环和农民增收的根本之计，可以徐图，不能回避。

五是在国际化进程中把农业也纳入。发达地区的国际化程度特高，外贸依存度在苏南多已超过100%（这在计算口径上有出入，分母GDP是净值，分子外贸额是总值）。但是，从招商引资、引技、引才看，有关农业的比重过少，是未能充分利用两种资源（资金、技术和管理）和两个市场来发展改革农业。这方面要进一步关注，并加大力度和广度，使乡土农业也有外资、外技、外才注入，促进其国际化和现代化。

六是在科教兴省、科技进步和科技创新中摆正农业的位置。发展农业，一靠政策，二靠科学。科教兴省的优先一着在科教兴农，这是建设现代农业的必由之路。这方面，近几年来有不少成就，但与工业参照，还有逊色，必须赶上。要增加科技投入，强化农业的科技创新，引进、消化与自主开发并重，扩大和增加农业科研的成果，进而在成果转化为生产力上同工业一样花大力气。应当肯定，我省有些优势，但部分还是潜力，点不少而面不多，提高与普及并重，就会有大进步、大成就。发达地区，科技兴农要在全国率先，才能恢复农业大省的声誉，走向农业强省的辉煌。

七是在财政支出和补贴上提高农业比重。发展农业，除政策和科学外，三靠投入，地方财政责无旁贷。30 年来，农业投入的相对数下降，其实在绝对数上有些年份也是减少。其结果，导致农业的基础设施从大型工程到农田水利等建设适应不了发展农业的需要，抗灾能力不强甚至下降或有薄弱环节。兴农之路，不能不增加地方财政的扶农支出，作为公共财政的重中之重，尽量满足其需要，解决其问题。应当承认，苏南财力越来越强，在不影响其他开支的同时，从每年增收中向农业大幅度倾斜，非不能也，乃不为也。在此进程中，出于农业特征，参照世界条例，以一定比重用于对农业特别是粮食生产的补贴，也是必要的、合理的、有效的，发达地区更有其优胜之处。

八是在金融上开拓扶农大道。支农不仅靠财政，另一杠杆是金融。多年来的又一失策是农村的有限储蓄不能用在农业，反而大量地流向城市，造成农村偏枯，城乡异样。把这部分资金留在农村，并把城市资金适当导向农村，正是以城带乡不能缺失的重要一着。这要深化金融机制改革，改进农业信贷投放，包括试办民间信贷，并有一套相应的农村金融政策。做好这些工作，农村经济才能搞活，农业发展才能搞强。与此同时，农业保险在试点基础上要积极稳步推开，对发展和改革农业也会增加力量。

九是厉行节约资源、修补生态和保护环境。中国的人口和资源、环境问题压力很大，防治很难，重点也在农村。不仅乡镇企业有此罪责，农业生产和农民生活也是祸因。对此要充分正视，认识其危害的严重性。必须多管齐下，防重于治，从补课切入。治理河湖污染，要不惜代价，引以为训，不能屡戒屡犯了。当前引起议论的话柄之一是所谓生态园的建设和发展，把生态保护微观化，提倡所谓景观农业，使现代农业盆景化，值得再思。保护生态是为了呵护生产和生活，生态园的大量挤占农田，应当衡量得失，有所校正。

十是富民重在富农，难在改善农民生活。发展农业、建设农村，归根到底是为了致富农民，使他们公平地分享发展成果。不能用老眼光来看城乡居民的收入差距似乎不大，更要看到广大农民还在相对贫困化和边缘化、弱势化。因此，在就业分配和社会保障和读书、看病等问题上，一定要有新办法，不能做小脚女人，或者迷惑于平均数掩盖的不平均现象。对农村剩余劳动力的转移要支持，农民工现象将存在10年以上。发达地区有条件解决好，使其得到合理安排，有序地变为平等权利的新市民。另一方面，还要鼓励"凤还巢"，以优惠政策帮助他们回乡创业，不能孔雀无限东南飞，导致城乡差别难以缩小，工农布局无法协调。

最近，在一次座谈会上听到一位省农工部原部长的发言，惊呼走遍苏南，除少数典型外，几乎看不到一片大面积的丰产粮田。苏州一位农村工作的老干部也从太仓到常熟，只见越来越多的"生态园"和"观光农业"，其余还有粗放耕作甚至于撂荒。看来，世界存在粮食危机，人多地少的中国也难幸免，在发达地区更显端倪。这次三中全会开得及时，议得深透，使人们头脑清醒；而如何化压力为动力，落实《决定》，开创农村发展改革的新篇章，还当拭目以待，在信心中不无担心，下决心了才有信心。

（原载《苏南发展》2008年现代农业与粮食生产研讨会特刊）

警惕过度的农田非农化和农业非粮化

无论从中国或世界看，无论从近期或长远看，农业始终是一个极其重要的问题，并且潜伏着极其严峻的危机。我国60年来，农业取得长足发展。但是也要承认，推进工业化、城市化和市场化、国际化，不少方面以制约甚至牺牲农业为代价。时至今日，“三农”成为重中之重和难中之难，决非偶然，内含某些失策。值得关注和警惕的是，农田的非农化和农业的非粮化，作为一种客观趋势，已经有所过度，渐近临界边缘，加以审视，该是当务之急！

以粮食为基础的农业问题反映了人口与资源的根本矛盾

农业是国民经济的基础，粮食又是农业的基础。毛泽东的表述富有真理性和永恒性，并随着时序的演进，越来越显示其现实性和紧迫性。这是由于人口的不断增加，对农业和粮食的需求也不断增长；而其供给，则制约于土地这个不可再生的自然资源，其矛盾不能不日益尖锐化和动荡化。

“民以食为天”，人类的生存，首先必须吃饱肚子。当世界人口从30亿增加到60亿以上后，其极限是什么，属一个未来学的关键课题。当前还有若干亿人口处于饥饿和半饥饿状态；吃饱了的人们转向提高质量，畜牧、水产和瓜果、蔬菜的比重在上升。这个需求的增长是刚性的，其增速和增幅将超过总人口的增长。作为人口最多的中国，对粮食和农产品的需求也将超过人口占世界的比重(1/5 左右)。“谁来养活中国”,决非伪题,值得深思。至于工业生产对农产品的需求,包括将粮食变能源,更是一个新题,目前还无法估量。这些需求,前景是“无限大”!

再从供给着眼,却不妨认为,或许是“有限小”。“小”在眼下条件,任何农业都必须以土地为依托。世界陆地面积是一个常数,其中农田,广义及于林牧渔业,变量不大。可开发利用的绝大部分已经开发利用;少数国家尚有潜力,相对有限,绝对可数。除可开垦荒地外,开山只宜造林,围湖不宜水利,围海或宜造城,都对农业无补。农田和土地是不可再生的资源,而其用途还有人居、厂矿和交通等,配置得当,很不容易。一般地说,非农业利用会增加,农业利用将紧缩,处理大有讲究。我国土地尤其可耕地占世界比重,大大低于人口的比重。

虽然,农业论生产值,在发达国家的份额似已无足轻重,在发展中国家也越来越不影响 GDP;但是,毫不意味着农业和粮食的重要性及其价值和意义的降落。相反,供求差距在扩大,供求矛盾在突出。人口与资源的关系决定着我们的未来和命运,应当引起全民和各级党政的高度关注,并审察其风险和危机,稍有疏失,都会带来难以挽回的祸害。

当前土地开发利用和农业结构调整中的若干偏差

土地的开发,将部分利用于非农产业,这是必要的和必然的。但是,怎样利用合理,符合节约原则,并在数量和规模上有一个适度,过去重视不够,缺乏规范,导致某些不当,浪费了这个最稀缺的资源,特别是其中最珍贵的耕田及沃土。大致有几类:

一是工业化用地,不少是用的高产农田,并且往往多征少用、早征迟用。从乡镇企业到规模工业,大多是就近得便,不大注意对农田的比较和选择。拿先发展的东南沿海地区看,本来多是鱼米之乡,应当保持农业利用,效益最大;二三十年来,大面积地非农化了,可能得不偿失。尤其是所谓“宽规划”,使相当沃地征用过多,而建筑密度过低。这在经济技术开发区更作为一项政策优势,回头看该反思。

二是城市化过快，扩容过大，导致大量土地的非农利用。可能认为，原来城市化进度滞后，一旦上马，就要加速，都有一个急于求成和好大喜洋的近中期大规划，并随即大拆大迁，使大量农民失地、农业失种失收。与此相应，城市建设有大广场、大绿化，还搞什么花园城市、森林城市，都不外是土地的无限制非农化。

三是其他非农产业，同样挥霍土地、乱占耕地。其中公路、铁路和水利建设，当然要占用些土地以及农田；但是，选址和择道是否注意节约利用，大不一样。最近看到江南新扩建高速公路，两侧各有50～100米宽的绿化带，这在世界上绝无仅有，令人兴叹不已。

农业结构的调整，将一部分土地由种粮改为种经济作物，同样是合理的。但是也有一个度，并且要因地制宜，不能盲目推广。大致也有三类：

一是把农业异化为盆景式的作物观光点。这在城郊、县镇一度成风，至今未止。江苏南部大搞生态园，一个县区有十几个以上，一个园有几百亩到几千亩，种树栽花铺草，确实美丽，但是丧失了生产功能，更不长粮食了。生态本是宏观概念，把它微观化是一大"发明"，到处乱搞更是误识和误导。

二是大搞花卉林果，已经开始出现产能过剩。土地利用可以多样化，种粮与非粮要保持适当比例，有的可以间作或轮作。这要讲究科学布局，否则仅凭市场驱动，容易一哄而上，最后大起大落。近几年来，有的县乡走向整体的花卉化，很快饱和，陷于滞销。香蕉、柑橘和茶叶等有过这种情况，物贱伤农，亟待总结经验，调整对策。

三是种粮的粗放甚至抛荒，在开放地区和工业发达地区亦属屡见。有位原来的省农工部长惊爆，走遍几个百强前位县级市，除个别典型外，找不到成片的丰产粮田。笔者前些时候看了浙江和江苏的几个农村，发现抛荒不少、粗放更多。这些地区历来是全国的商品粮基地，有的自给甚至输出粮食，现在自给与输入的比例从七三开逆转为三七开，这是大好事还是好过了头？

上述现象，其实朝野共见共知，毋需列出数据和案例。只是听之任之,不以为奇,使它仍在蔓延发展。窃认为后果不堪设想,应当引起警惕,力争有所扭转,防止发生危机,否则悔之晚矣。

要有一些对策的落实并有更多的加码措施

建国60年了,怎样评价农业?前30年,大家共识,从土地改革到合作化、公社化,农业生产力一度解放,不久就走上歧途,没有得到持续发展,而是陷于困境;后30年多数肯定,承包责任制拨乱反正,基本上获得了全民温饱。但是,现状如何?可能还有不同衡量。总的看来,面临不同选择,还没有走上坦途,亟待进一步探索。农田的非农化和农业的非粮化,不能完全否定;而若过度,却是一种新的冲击,终将或已经转化为对农业生产力的损害,酝酿着岌岌的危机。因此,必须有所应对,有所调适。不妨从两方面努力:一是在"三农"问题上的既定系统对策,务必充分落实;二是在此前提下,审时度势,还要有更多的加码措施,以保证基本农田的底线和粮食种收的持续增长。简单地说:

首先,进一步认清农业和粮食的基础作用,并怀着适当的忧患意识。这几年过来了,小日子似乎不差,但是农田的非农化已经紧扣警戒线,农业的非粮化也已臻抵边缘,回旋的余地不大,空间有限。如不及时有所扭转,就不能适应人民生活的改善和国家建设的发展。在应对世界性经济危机时,不能无视潜在的农业和粮食危机,因为我国不仅是人多地少,并且农业仍是弱势产业,粮食仍是风险产品。

其次,千方百计保护基本农田,不能再有大量的移用,而要力争有所回升。国土资源的管理和监督,这是重中之重,也属于一种硬杠杠,但是现状还不能令人放心。应当以节约保开发,从外延到内含,一定要走集约化利用之路,在重新布局和大力复垦上用力气、花功夫,有支出也有收回,守住底线。这不仅为子孙着想,也有其现实意义,应当列入执政要务,在政绩考核上有经常稽查和奖罚标准,还要定期公开传播,让人民有知情权、监督权和决策权。

再者,必须制定一系列更完善的粮食保护增产政策。虽然连年增产，还是低度平衡，从全局看尚有缺口（如油料饲料部分有赖进口），储备也未达到“心中不慌”的理想程度。在保证播种面积的基础上，怎样实现稳产高产，减少和消灭人为的抛荒和粗放，同样要有创新的办法。归根结蒂，应当有效地提高广大农民种粮的积极性，不能不考虑较大幅度地提高粮食收购价，逐步做到与世界粮价接轨。

此外，对某些已经通行而不利于农田保护和粮食增产的做法应给以禁止和堵截。如对开发园区的土地价格不能过于优惠，利用与否不能放任；工业化和城市化的推进，要有利于农业和粮食生产，切实贯彻执行工业反哺农业和城市带动农村的方针，不能适得其反；其中如城市不该片面追求绿化率或搞什么“森林城市”，农村不能把生产农业变为单纯的观光农业；高速公路两侧的绿化带也不是越宽越好。大处着眼，小处着手，保护农田和增产粮食非不能也，乃不为也！

（原载《苏南发展》2009 年第 5 期）

让农民休养生息

读到《中共中央、国务院关于做好2001年农业和农村工作的意见》，其中减轻农民负担一节，提出了“让农民休养生息”，发人深思，令人醒悟。

长期以来，我们号召的是拼搏、奋斗，实践的是大干、快上。现在提出“休养生息”，是不是有矛盾？是不是泼冷水？否！

由穷变富，从落后走向现代化，当然要付出努力，备尝艰辛，决不是轻松事。但是，凡事有个“度”，要量力而行。超过了这个“度”，往往是欲速不达，事与愿违。这在历史上有教训，“大跃进”之后的调整，“文革”之后的恢复生产，都含有休养生息的意思，取得良好效果，农民是欢迎、高兴的。

当前又提休养生息，有没有针对性和现实性？有。农民负担重，究其原因，来自各项摊派和收费多。除了基层人事摊子太大外，很多属于生产建设项目，或者是为了急于达标和互相攀比。也许主观动机无可厚非，但任务过多、要求过急，超过了民力，造成了民怨。所以要把减轻农民负担与增加农民收入一起，放在“三农”工作和经济工作的首要位置。

这样考虑和安排，是积极的而不是消极的。让农民休养生息，就是让农民宽松一些，决不意味着不要干什么，一切都停下来，而是坚持量力而行，珍惜民力，顺应民意，实现民富。农民减负是增收的起点，农民增收是扩大内需的根本，这是当前最有潜力的市场。休养生息使八亿农民减负增收，就是开发这个市场，扩大这个内需，将为国民经济的持续、快速、健康发展提供源源不竭的深厚动力。

（原载《新华日报》2001年3月4日）

怎样让农民变市民？

城市化的动因、过程、结局和关键，在于让农民变市民。城市建设和城市发展，在某种意义上，不外是为此构建载体、创造条件。

怎样让农民变市民，曾经采取若干措施，从卖户口到破除户籍歧视、撤郊县（市）建区以及不少优惠政策。有人扬言，只要把农民赶进城，通过他们的"自组织"，就能顺利地增加城市人口、提高城市化程度。几年来的实践表明，没有这样简单的事。农民工已经大量进城（镇），总数超过了城镇职工，正是城市人的后备军，处于转化阶段。但是，多数农民始终是农民工，即使去掉农字称民工，仍旧不是合格的市民，至多被视为是准市民，比传统市民要低一级。2003 年还出现了"民工荒"，部分农民连农民工也不想干了。

实践启示我们，农民变市民，决定于两个因素：一是城市能够提供多少就业岗位；二是城市能够提供多少服务设施。这也是决定城市化进程和城市化水平的前提。

多数农民工之所以长期处于流动状态，归根到底是，不能在城市获得正规就业，没有获得固定的工作岗位。因此，要把他们真正留下来，离农又离乡，要看城市就业的增长。这不仅在形式上，签订了劳动合同，还在工资是否合理、劳保是否落实等等。拖欠和克扣工资，就是一道必须扫除的障碍；按照《劳动法》和《企业法》承认其基本权益并予兑现，就是让他们心甘情愿地成为市民的一个保证。显然，在这方面，我们还有很多工作要做好。

也有部分农民工，工作是相对固定了，但是还不想"农转非"，逢年过节还要参加“回乡团”,则是由于生活在城市,服务设施没有跟上。首先是能否有个过得去的居住处,不是什么集体宿舍,更不用讲几个人合租一处、睡双人床了。其次是家属能否迁来,子女能否上学。当然,还要看城市环境,不仅是高楼大厦、广场绿化,而在各项生活服务能否基本解决,让他们感觉到自己也是“城里人”,比“乡下人”的生活有所改善。否则,又何必离乡背井,投入城市?

看来,城市化的进程和达标,不靠良好的主观愿望、动人的宣传口号甚至一套奖励政策,而要在上述两个方面切实努力。就业与经济发展,在此找到联结点。城市经济的发展,无论是二、三产业或城市农业,无论是大中小企业或公有、民营经济,提供多少就业岗位,才能吸引和安置多少新市民,也才能有多大的城市规模和地界。另一方面,城市建设,不管标榜什么,不管标榜诚信城市、数字城市还是生态城市、花园城市,都必须在生活服务上开创了新局面,才能让越来越多的农民真正向往城市,争取成为得到公平待遇的市民。

归纳两个方面,就是常说的“安居乐业”四个大字。以人为本,体现在城市化及其有关工作上,无非是为新旧市民创造一个就业快乐、居住平安的小康城市、现代城市!

(原载《太湖论丛》2004 年第 4 期)

顺势改革农民工体制

进入2010年以来，经济形势继续回暖。但春节后，沿海地区一度出现用工荒，不仅是技工难招，连一般纯体力劳动也告缺，有的城市短缺二三十万。从总体看，这是一个假问题或临时现象，因为劳动资源始终是供过于求，就业形势依然严峻。但是，确实存在结构性矛盾，并制约着企业的升级换代。应对之策，亟待多方位改革，其中重要一端是顺势改革农民工体制。

农民工本来是农村富余劳动力逐步转移到城镇非农产业的一种过渡形态，最终以转化为市民作归宿。我国人口多，多在农村，农民工的队伍庞大，过渡要花相当岁月。从当前看，这个过程似比预期还慢一些，主要是由于现存体制尚有若干人为障碍。之一是用工体制不适应，采取合同工形式本来可以，而实际上只是一部分接近固定，多数保持临时工状态，年年来一次招工和求聘；之二是农民工进城镇后未得安居，家属和子女同来不便，住处也不安稳，以“蜗居”栖身。结果就是一直处于流动，春节往返，重新就业。这不利于城镇化的有序推进，也不利于企业和职工的成长。原来的一种预期，只要户籍放开，农民就能顺利地融入城市，未得实现。加上农民工结构的变化，二三代农民工的文化知识提高，不满足于离土不离乡，有利条件未能得到发挥。

应对之策，要有全盘筹措，思考如下：

一是改革用工制度，在坚持合同制的基础上，逐步把短期（年度）合同制延伸为中长期合同制。这对某些企业，一年一换，虽可以经常锁定在最低工资的标准上，暂不增加工资支出成本，但用工不稳定，对生产不利，而改为中长期看，对劳资双方可获共赢，势在必行。

二是与此相应，逐步提高工资水平，与企业的科技进步是适应的，不会过度增加成本。这也符合劳动力素质提高的要求，今年在不少地区已经初步实现。从整个经济看，几年来工资增长落后于经济增长，导致有效购买力不足，调高工资或许是扩大消费的一个拐点。

三是从社会看，当务之急是尽快增加对农民工的公共服务，包括社会保障和住房以及子女教育等。有些问题已在解决，如基本保障可以异地转移。重点和难点在住房，要从建廉租房和经济实用房方面找出路。农民工就业相对固定后，按揭也就可行了。

四是从宏观看，不能期待多数农民工都进入大城市，还是应当贯彻大中小城市与小城镇并举和协调发展的既定方针，与工业向园区集中同步，相当部分的农民工也会就地、就近创业和就业。另如专业的应急培训和终身培训，都要及时跟上。

改革农民工体制，不仅顺眼下之势，并有其长远效果，一举而三得，对社会、企业和农民群体，都有好处。逐步推进，该有规划制定和政策调整进而立法、执法，可以更多地征求企业、农民工和社会各方人士的意见，力争不断推开和渐趋完善。

（原载《苏南发展》2010 年第 5 期）

积极对待农民工的新生代

农民工的新生代,不尽相同于新生代的农民工——前者落脚于新生代,农民工仅是其裔属,主要是指80后、90后;后者强调其现实身份,实质上已经区别于50后、60后甚至70后的原生代农民工。

农民工的新生代,虽然其户籍还在农村,父母还是农民和农民工,但是具有新的特征:一是他们与农业生产缺乏足够的历史渊源,较少甚至基本上未参加过农业劳动;二是他们的“本人成分”是学生,在义务教育基础上,相当部分有高中或中职学历,文化知识水平超过上一代;三是因此,他们有不同于传统农民的人生抱负,不满足于“离土不离乡”。他们作为农民工,确实是一种过渡,应当不折不扣地看作是新生代的产业后备军。

今年春节过后,农民工返城,在经济回暖的气氛下,出现了“用工荒”。在劳动力资源无限供给的中国,“用工荒”似是一个假命题。但是,当前的“用工荒”不同于往年,不仅是缺技工,显示结构性缺口;同时也缺部分非技工,农民工的新生代处于观望性的待业。应对之道,从企业、市场和政府着眼,大致可有下述一些对策思考:

首先,亟待适当提高工资。长期以来,各地政府以廉价劳动力为优势,推进招商引资,打造“中国奇迹”,把改革开放的成本推给农民工,是不公平的权宜之计。这也不利于以扩大消费拉动增长,是不可持续的。当前提高工资势在必行,这对职工有利,对宏观经济有利,也有利于企业调整结构和产业升级。

其次,合理和有序地推进城镇化。一度强调大城市化,认为只要开放户籍，农民就能经过农民工而顺利融入城市，转化为市民。实践证明不尽如此。随着工业向园区集中，大部分农民就地、就近就业和创业，可能路径更宽。关键是必须及时提供居住和子女就业等条件，才能加快城镇化步伐。

再者，要把职业培训提高到战略高度。新型工业化需要新生代的产业大军，其来源主要是农民工的新生代，他们有此愿望，也有此条件。因此，教育改革的重点之一是加强和改进职业技术教育，不仅大中小城市，更在乡镇。除正规教育外，职业培训是当务之急，在企业和基层都要作为扩大就业的根本，并延伸为终身培训。

积极对待农民工的新生代，是关系到经济社会发展全局的大事，对城乡协调、结构调整、产业升级和民生改善、消费拉动都有决定性影响。这要有各级政府和有关部门的统筹规划和切实作为，包括用工制度的完善，廉租房和经济实用房的兴建以及教育、卫生体制的改革等，必须付出巨大努力。可以预期，在此经济社会转轨期，农民工的新生代承担着不可替代的职责，以各种措施保证他们有序转移，中国特色社会主义现代化将开创一个新局面！

（原载《社科应用研究》2010 年第 3 期）

永续发展

树立全方位的可持续发展观

我们站在跨世纪的门槛里,即将迈向新的百年和千年。回顾旧世纪,最大的变化是科学技术突飞猛进,生产力的发展和人民生活方式的转换超过了以往几百年、几千年之和;但是另一方面,人口的增加、资源的耗用和环境、生态的恶化也大大超过了以往的历史。展望新世纪,科技还将加速发展,而人与自然的关系能否有所好转,却有待我们去努力争取。当然,这和人与人、人与社会的关系是紧密相关的。过去的百年,发生了两次惨极人寰的世界大战,先进的杀人武器至今仍在某些领土上肆虐;还发生了不止两次的或大或小革命和更多次的改良,经济有发展,社会有进步,文化有提高,但是种种旧的和新的矛盾始终存在,与志士仁人和人民群众的理想和愿望有或多或少的差距。明天是今天的继续,大家希冀共处的地球村一天比一天好起来。这就要求可持续发展的理念转化为一种战略和多种对策,贯串、渗透到经济、社会和文化的方方面面、层层次次。

全方位的可持续发展观不限于人与自然的关系。通俗地说,这意味着经济、社会、文化与自然之间不停顿、少曲折的协调、和谐发展。这是 21 世纪的一个主题。人们梦寐以求的,就是实现可持续发展的新模式。也不妨表述为:以高科技等知识为内核,以人的全面发展为前提,实现人与自然、社会的共同发展,既满足当代人创造美好生活的需求,又为后代提供更加完善的条件,至少是不构成任何危害。这是一个大题目，只能先做一点小文章。

人口、资源和环境、生态问题

狭义的可持续发展，是指人口、资源、环境、生态的平衡问题。

前不久在1999年第2期的《东方》杂志上看到一组文章，介绍在江苏锡山市八士镇斗山一带发现清代三块古碑，说的都是保护生态环境，严禁乱砍乱采，规定不许"擅窃池中一鱼，擅打林中一禽，擅采禁内一茎一木"，也不许擅自开山取石。其中嘉庆十六年四月立的一块《永禁碑》，正是时授常州府金匮县正堂阎登云所勒石。

可见，300年前的清代地方官员已经知道要保护生态环境。我们现在开始重视，不是早了，而是迟了；不是先知，却是后觉。讲内容，我们比先辈懂得多些，不再复述。拟补充几点。

1. 人口问题。控制人口数量，马寅初先生认识了；打破两个"凡是"后，我们也做到了。现在，少数发达城市开始出现负增长，估计再有二三十年，当人口增长接近临界线时（十五六亿），可能煞住，真是好险！当前的问题除了准备迎接人口老龄化的冲击外，关键是提高人口素质，否则实现现代化就是空话。有些人喜欢与印度比，然而印度大学生占成人比重却高出我们一大截；待我们追上印度，再来心安理得才说得过去。

2. 资源问题。一是耕地和土地，我们人均耕地比别人少，递减率则居世界第一。中央大声疾呼，但在下面听听，不少地方官却有"怨气"，甚至绕开"红灯"走自己的路。二是水，江南属质量性缺水。最近到苏州工业园，有的自来水可以饮用，但是对面的金鸡湖不比太湖干净。能否有一天，外国元首到中国来不带自饮水就好了。

资源指什么？传统的是指自然资源，包括土地、水和森林、矿藏等。科技进步后，节能、节物不同于过去。西欧、北欧搞立体、无土栽培，一亩产量抵几亩、几十亩，将来或许能破我们"大跃进"时的虚假纪录；除粮、棉、油料外，连石油、煤炭、钢铁、黄金都过剩了。今后的资源，包括科技、知识，都将是生产要素。这方面不如人，永远处于落后状态。

3. 环境和生态。这几年重视了，但是在转好还是在进一步恶化，有不同评价。水旱灾害是一种检验，癌病发生率是又一种检验。当前多数行业不够景气，烟草部门自称“一枝独秀”，恐非吉兆。公共场所禁烟，而首长席前仍置烟缸，岂非漫画题材？建议在公共场所不写一般的禁烟语，应当尖锐指出，“吸烟就是慢性自杀，甚至就是杀人”，才能使“闻者足戒”。

4. 环保产业是新增长点。在新世纪，环保产业的潜力和后劲最大。“十五”期间的重要任务之一是调整产业结构，机械工业部门把环保设备放在机电一体化之前而居首位，这是明智之举，希望能快速发展形成新的增长点。

经济的持续增长和发展问题

广义的持续发展，首先是经济发展。发展和增长，严格地说，理论上有区别：增长着重数量，发展包括质效提高、结构优化和科技进步。发展中国家要从发展走向发达，发达国家已经不是发展问题，而是持续的适度增长。我们不大咬文嚼字，但是重速度、轻质效，重总量、轻结构，其实是只讲增长，不讲发展，把“发展是硬道理”也简化为增长速度。

现在讲经济发展，中央文件用了三个状语：持续、快速、健康，这是完整的、准确的。持续领先，不持续就不能快速，也不能健康。怎样做到持续？

1. 转变经济增长方式，转变到依靠科技进步的轨道上来。长期以来实行粗放型增长，在建设初期有其历史背景和客观条件。但是一再片面追求增长速度，搞低水平的重复建设，导致大起大落，我国为此付出了高昂代价。特别是到今天，前进中出现种种矛盾，根子也在这里，经济增长就难以为继了。如何为继——可持续？必须从主要依靠大量投入的粗放型增长转向主要依靠提高全要素生产率的集约型增长。东南亚金融风波发生前，克鲁格曼就说过这种“奇迹”不会久长，不幸而言中了。我们应当引以为戒，防止高速度、低质效的“泡沫经济”。

2. 在提高质效的前提下实现适度快速的平稳增长。这是老生常谈，在提出“翻两番”时就强调了，但是贯彻不够理想，90 年代搞了一次治理整顿和一次加强宏观调控，持续被中断了。我省也不例外，速度在全国领先，效益排名在后位，这个反差，表现为财政收入占国民生产总值的比重偏低而始终上不去，人均收入占人均 GDP 的比重越来越低（发达国家一般占 2/3 以上，我们一般不到 1/3，相差 1 倍）。当前的内需不足、市场疲软，归根到底就是这个缘故。不断提高质效，就能不断（持续）增长。

3. 调整和优化结构。经济总量与经济结构不可分。总量增长带来结构变化。结构合理，增长持续；结构优化，增长快速；结构劣化，增长受阻；结构恶化，增长中断。计划经济讲按比例，其实也是这个意思，问题是人为的安排难免脱离实际，导致总量失控和比例失调。为解决当前存在的结构性矛盾，把调整结构作为发展的第三次机遇，言之成理。怎样调整？无非是长线缩短，短线拉长。除加强基础设施建设克服“瓶颈”外，还要实现高新技术产业化和传统产业高技化。调大调外都不错，但是必须与调高、调新、调专相结合。组织企业集团所以有成功也有失败，关键在于不能仅着眼规模经营，还该着眼集中技术和增强开发力、竞争力。另一方面，长线要缩短，要决心大，长短都调整了，结构优化，持续发展就有保证。

4. 以知识为基础，知识经济是持续经济。从某种角度看，持续发展靠知识才能久盛不衰。西方经济学的一些基本观点，正在受到知识经济的矫正。本来，经济学研究资源的稀缺性及其优化配置，而知识作为新的生产要素并不稀缺，而是越来越丰富；本来，资源的运用，无论资本或技术，都受效用递减率制约，而知识的特征则是效用递增；本来，资本有独占性、垄断性，而知识却以开放性、分享性为特征……知识经济，贵在创新；持续发展，也靠创新。21 世纪将是知识经济时代，这是可持续发展的不竭源泉。人口、资源和环境、生态问题的根本解决也离不开知识经济的渐占主流。

社会进步和可持续发展问题

过去习惯把人口和生态等纳入社会问题，其实社会问题无边界，广义的可以囊括一切，或者除经济问题外大多算是社会问题。经济发展应当与社会进步同行，尤其在小康后。社会的可持续发展，下限是社会安定，上限是社会进步或社会发展。这包括教科文卫等社会事业的发展，也包括某些社会矛盾的缓和与协调，其内涵甚广。当前感到紧迫的问题主要是：

1. 就业和失业。过去似乎不存在这样的问题，实际上是隐性的，现在终于暴露了并非坏事，有利于正确对待，逐步解决。我国人口多而底子薄，做到充分就业要有一个长过程。所以存在失业，归根到底是劳动力与生产资料首先是劳动工具的不对称。12 亿人口(其实是 13 亿，比原来预期超过 1 亿)，不到 10 万亿元固定资产(包括一、二、三个产业)，加上结构失调，人均不到 1 万元(连同土地)，这在世界上是很低的。出路何在？一是发展经济，增加社会财富；二是合理配置，在逐步提高技术含量的进程中，处理好资本(产)与劳动力的相互替代。其中，把劳动密集型产业与资本、技术密集型产业搭配好，尤其在农业及其产业化进程中充分利用劳动力，这是必由之路。一些发展中国家和地区，经济起飞不到 20 年就解决了农村剩余劳动力的转移问题，我国至少要 1 倍以上的时间。

2. 社会保障。失业者有所需求，就业者也有医疗、住房和养老以及工伤、生育等问题。逐步建立和健全社会保障制度，不仅是经济发展的事，也是保证社会安定的大事，更是持续发展的应有之义。针对贫困和失业问题，搞好社会救济，维持城乡居民最低生活收入，更是重中之重。把建立社会救济基金放在国家财政支出的首要地位。当然，在现阶段，标准不可能高，也不致造成“懒汉”或“主动失业”，其基本目的是为社会编织一张“安全网”。

3. 收入分配。这关系到每个人的切身利益，人人注视，相互比较，也属必然。这有两方面：一是在经济发展基础上逐步提高，增长幅度大体上同步(劳动生产率提高＞经济增长率，收入分配增长率不该持续地＜经济增长率)；二是在一部分人先富起来的同时，大部分人也要逐步富起来。邓小平原来设想，在实现小康后，先富起来的人(和地区)就要帮助后富的人(和地区)，逐步走向共同富裕。现在看来，这个时间要长一些。但是，如何防止差距过大(所谓“两极分化”)，使先富起来的人确实靠勤奋劳动(包括智力劳动)和合法经营，而不是巧取豪夺，并通过所得税等给予调节，应当真正列上议事日程了。

4. 教科文卫事业。在经济发展的基础上，教科文卫等社会事业必须相应发展，这不仅反过来是经济发展的必要条件，同时还是实现社会公平、社会进步和持续发展的基本路径。缩小贫富差距靠什么？靠发展科教文卫事业特别是教育事业，使人人有平等竞争的接受高等教育的机会。展望未来社会，应当是贡献与回报相称，贡献与知识相称，即使有差别，决不是不公。在此动态下，社会才能在安定状况下持续进步、持续发展。

5. 精神文明建设。全方位的可持续发展，以人为主体和动力，其最终目标也落实在人。为此，精神文明建设与物质文明建设一样，都是可持续发展不可偏废的重要环节。徐雷在《精神文明建设与可持续发展》一文中认为社会运行有良性、中性、恶性三种，社会发展有协调、模糊、畸型三态，都取决于人的素质首先是思想道德素质。经济建设与道德建设不是一回事，不是前者好了就会使后者也好起来；不然的话，只要一手抓前者就行，何劳还要一手抓后者，并且两手都要硬呢？

21 世纪的考验

新世纪的帷幕揭开了，我们面临的是一个新时代。跨过世纪门槛，最严峻的课题仍旧是经济、社会和生态环境能否永续发展。世界变得这样迅猛，甚至不容许我们犹豫和凝思。

拿生态环境看，已不局限于一国一地，而是全球碰上了麻烦。如臭氧层出现空洞，大气候转暖，海平线上升，都不仅是自然现象，而是人类活动闯了祸。没水的地方缺水，有水的地方也缺优质水；热带雨林紧缩，物种加快灭绝，都带有普遍性，影响和恶化着人类的生存条件。

新经济在赐给人们福祉的同时，又敲响了另一种丧钟。国与国、群体与群体之间的贫富裂痕将进一步深化。赶上这班超快速列车的可能只是少数，多数被甩在列车扬起的尘埃里兴叹。市场竞争和技术竞争将空前白热化，丝毫没有妥协的余地。

新社会是一个什么样的社会，也使人惶惑。社会学与经济学一样，本来要研究和解决两件大事：一是更快更好地发展；二是让发展的成果为大家共享。前一件事，热心人多，取得了辉煌；后一件事，也有人设想和追求过，始终是未圆的梦。20 世纪发展有大进步，但把遗憾留给了 21 世纪。

回到中国，同样有一系列新的矛盾从深层次涌现。西部大开发是好事，但要从改善生态环境入手，任很重，道很远。"入世"也是好事，但在抓住机遇前，先要承受巨大的冲击，从农业、工业到服务业。工业化在推进，信息化已悄然出现；城镇化在推进，"三农"问题日益突出。先富的富了，后富的怎样跟上。人才不断培养出来，流失似乎比造就更快。

迎接新世纪，要有新对策，不能靠老经验，而必须有理论创新、体制创新和科技创新，并延伸为经济创新、社会创新……百般创新，围绕一个中心，就是千方百计争取生态环境和经济社会的永续发展。人类的理想和希望，在新世纪，首先要经受这个无情的考验！

（原载《扬州大学学报》2001 年第 1 期）

营造综合环保优势

虽然，环境保护对人类来说是一个与生俱来的切身问题，古代早有“天人合一”的哲理思想；但是，真正列入经济社会、科技、文化和政治的议事日程，却迟迟拖延到近几十年，情势已经非常严峻并成为危机了。全球的认知和应对大大滞后，处于发展途中的我国也不例外。作为基本国策，在我省有扎实行动，只不过十多年时间，矛盾成堆在所难免。因此，营造综合环保优势属于当务之急，刻不容缓；在某种意义上，环保是名正言顺的一号工程。

环保的极端重要性，表现为关系到最广大人民的根本利益。人人处于环境而非真空中，随时吸气，每日饮水，气和水的质量影响和决定着人的健康、命运和存亡。大家惊恐地感到，在平均寿命延长的同时，某些恶疾如癌症的发生率有增未减。何况，环境的劣化不仅威胁当代，而且危及子孙，确是百年和千年大计。

环保的非常复杂性，表现为涉及生产和生活的所有方方面面，系统而非单一。经济发展、社会进步和生活提高是人们的共同追求，但是在此进程中，却带来对环境的破坏及其种种负面效果。昔日文明的发祥区变成了今天生态的不毛地，就是无法挽回的教训。经济增长越快，损害环境也越严重。大城市有病，又延伸到农村。福祸转换，近在顷刻。罗马俱乐部敲响了警钟，提出零增长建议，非危言不足以耸听。

环保的十分艰巨性，表现为一定要有高度重视、大额投入和坚持不懈的共同努力。环境恶化是隐蔽的，直觉只能触及表面和枝节，人们往往陷于麻木，不能及时地觉察到。污染易，治理难，要付出人财物力的成倍代价,筹措要下很大决心。这又不是个别专业部门所能承担和奏效的,必须所有部门密切配合、全力以赴并持之以恒。整治环境,难题众多,难点密集,不能掉以轻心。

这几年来,我省的环境保护工作取得很大成绩。也要看到,仍是任重道远,与形势和要求对照,还有不小的差距。一种评价:局部有所改善,总体还在恶化。即便算是苛求,也该居安思危,正视有所不足,呼唤迎头赶上。特别是面对两个"率先",应当树立更高标准。无论是全面建设小康社会或基本实现现代化,保护环境都是发展中的硬任务。不妨肯定:没有环境保护就没有全面小康,更没有现代化。我省作为先发展和较发达的地区,破坏环境的因素比别地多,保护环境的任务比别人重。因此,"率先"也要"率先"在环境保护的各项工作上。把环保作为一号工程,因为这是全面小康和现代化的一个当代世界不能或缺的公认标志,否则会使整个小康工程和现代化工程黯然失色。同时也要看到,在经济发展和社会进步的基础上,保护和治理环境的有利条件很多,所以,营造综合环保优势不仅是完全必要的,又是完全能够实现的。

党的十六大提出要"树立全民环保意识"。这代表了先进文化的前进方向。衡量人的思想道德水平和科学文化水平有很多尺度,环保意识是其中一个亮点,反映了一种世界观、人生观和价值观,显示了一种知识积淀和文化底蕴。在这方面开展深入广泛的宣传教育,引导人们关注环境,一言一行都有利于环境,是精神文明建设的重要内容,是提高人的素质和实现人的现代化的必由之路。

十六大提出要"搞好生态保护和建设"。这代表了先进生产力的发展要求。发展生产力如果不能优化环境,就会失去其先进性。为此,必须因时因地制宜,在生态保护和建设上开拓创新,并落实为各项有效对策,如净化水源、控制空气污染、防止噪声扩散、培育和推广绿色食品以及创办生态示范区、优美乡镇、卫生城市等。这要靠科技研发、法制规范、行政监管、市场引导和人才支撑,来不得半点虚假和浮躁。

环境保护是综合工程,既是人居环境,又是投资环境,归根到底是为了促进经济、科技和社会、文化等可持续发展。发展是我们党执政兴国的第一要务，环境是其前提和保障，列在先位，理所应当。营造综合环保优势，率先全面建设小康社会和基本实现现代化就大有希望了！

（原载《太湖论丛》2003 年第 1 期）

保护紫金山

写下这个题目，处于两种思绪：

一是在早春，结伴看梅花。人山人海，有喜有忧。喜的是南京有此自然胜景，整个生态环境良好，给人们以安全感；忧的是游客竟这样多，不知道紫金山能否承受，给人以危机感。之所以有后一种感觉，还是由于这里在开发，除了原有的若干建筑外，这几年又增加了偌大的会议中心和不止一处的新型住宅，悄悄地改变了它的原貌。

二是在《中国青年报》上读到一篇《重归香格里拉》，说的是云南迪庆州德钦县，在自然保护区有一片100平方公里的原始森林，为了解决县里上千干部的开支问题，决定砍伐；此事为"民间环保英雄"奚志农所知悉，到县、州、省奔走呼吁，没能制止，最后奔波到北京，得到科学界、舆论界支持，负责同志批了，还答应每年拨给这个小县1100万元，才保护下来。

南京是座特大城市，附近还没有原始森林，但是有紫金山，堪称"南京之肺"。当然，也不仅是紫金山，整个南京的绿化早已驰名中外。但是，人口在增加，城市要建设，势必会有矛盾。如能两全，诚属最佳；实在不行，谁服从谁？这在市长和市民、官员和学者之间往往发生歧见。前几年，为了交通，要砍些树，至今评价不一。最近，南方一张报纸旧话重提，谈到过去砍3000棵大树，近来又从江西山中移植7000棵大树，本地媒体当即转载，令人岂不心烦？

发展经济，或者还有改善人民生活，与保护和改善生态环境，有时确有鱼翅和熊掌难以兼得的困难。这个矛盾，实质上是当代与未来的矛盾、祖辈与孙辈的矛盾。这里，不存在能否解决好、处理好的条件，而是一定要解决好、处理好的任务。实践表明，只要端正观念，认真研究，总是有办法的。最近几年，在这个古老的城市，广场密布，绿地蔓延，老百姓不再说怪话，进而有赞扬，反映了持科学态度，走群众路线，为人民谋福利，没有克服不了的困难。

保护和改善生态环境，应当是基本实现现代化的标准和标志之一。过去限于诸多因素，不能因陋就简，有所凑合。在缺乏经验时，走了弯路，不妨引以为戒。而今，总体上达到了小康，全面建设宽裕的小康社会，就不该降低要求，而要提升其位置，列为大战略之一，务必实现可持续发展。

应当承认，在这方面，与发达国家相比，尚有不少差距。如纽约，人口比我们多，而保留一个中央公园，面积比我们大；东京也是人口集聚，而在皇宫内外，郁郁葱葱，四季常绿。再看欧洲，德国除柏林外，基本上都是中小城市，森林中的城市，城市中的森林，达到了人与自然的融合。另一方面，也有一些发展中的国家，森林资源严重破坏，生态环境非常恶劣，城市虽大而污染特别厉害。何去何从，我们在比较中自会得出结论，选择对策。把紫金山看作是整个城市的原始森林，并对其周围和市区进行全方位的保护。推进城市化，提出做大，做强，做优，做美，都令人鼓舞；或者再加一个"做绿"，更会使人感到放心。与此相应，城市定位可有多种，如表述为绿色城市，或许比花园城市更有深意，南京是有条件的。至于具体部署和对策，如是否从草切入，草木结合有了小树，要不要有大树；人均绿化面积要有多少，要不要有人均树木指数，都可研讨。在一系列考虑中，保护紫金山是重中之重，要中之要，千万不能有所疏忽。要有一串措施，从统一干部认识到宣传群众、教育群众，直至制定法规，都要一著不让，次第实施。

从南京到全省，从紫金山到别的山、别的水，与其说是形势很好，不如说形势严峻，与其说已有对策，不如说亟待加码。保护和改进生态环境是大事，又是长事，既要加大力度，还要持之以恒。因为这不仅为了保护我们自己，更是为保护和造福后代！

（原载《百家湖》2001 年第 5～6 期）

不宜多搞重化工的十点理由

最近掀起"重化工热"以及相继而来的争论，是我国经济发展到现阶段的一项重要选择，关系到今后的增长思路、结构格局、国际分工和投资、消费的取向。所以有此课题，主要论据是有人认为工业化工进入了中期，参照西方哪个经验和学说，在过去发展以轻纺为大宗的制造业后，重点转向重化工有其必然性，不能绕道前进。但是同时，也有另一种不以为然的说法。笔者倾向后一说法，认为从我国实际和当代潮流出发，不宜强调和多搞重化工，理由可举十点如次：

首先，对于当前工业化阶段的界定，笼统地判断为中期是简单化的。从世界各国看，传统工业化的历史已经终结。我国从第一个五年计划提出工业化后，逐步造成了相当的工业体系；接着的措辞是工业现代化，纳入"四化"即现代化的框架。改革开放以来，以工业为主体的第二产业加快发展，在整体经济中占到一半左右，沿海发达地区更高。多数认为，已经基本上或总体上实现了传统的或称第一轮的工业化。接着的是新型工业化即第二轮的工业化，其特征是与信息化相结合。在某种意义上，工业现代化特别是新型工业化，实质上含有后工业化的色彩(信息产业又称第四产业)。应当认为，传统工业化已经过去，新型工业化起步不久，要有区别，不该混淆。

其次，我国的工业化，不同于西方发达国家走过的路和发展中国家正在走的路。两者的区别，一般是优先发展轻工业，而我们基于当时的国际形势，参照前苏联经验，为了加速工业化进程，一开始就是采取优先发展重工业的战略，并持续不断。这是有效的，虽然付出了重大代价。最近20多年来，在重轻农转向农轻重的基础上，一度强调轻工业的“六个优先”，而实际上则是轻重并举。长期以来的产业结构正是这样，始终是轻、重工业或生活资料、生产资料工业大体上平分秋色，略有波动，幅度不大。这是基本上合理的，不存在轻工业优先发展，到一定阶段再来强调重化工要“跟上”或“补课”的历史任务。

第三，当代世界的工业发展趋势是高新技术挂帅，重化工已经不占制高点。姑不讲英国的工业化，美国曾经以钢铁、化学和汽车、机械制造为几大产业，这在二战后就有逆转，信息产业后来居上，随即成为主导产业和支柱产业，其比重不断攀升，而汽车等工业则在衰落。有人还举日本为例，多年来相对低速，也反映了不能再靠重化工来支撑大局或摆脱危机。这不是说不要重化工，正是表明它不能再当新型工业化的主角，并且发达国家在向发展中国家转移，形成一种梯度分工。我们如果过分强调发展重化工，在人力物力有限的条件下，难免会影响高新技术产业应有的更好成长。

第四，拿中国现实的工业结构来看，重化工的比重并不嫌低。如上所述，经过优先发展重工业和后来的轻重并举，重化工已经有长足发展。尤其是钢铁、石化和一般机械制造，不仅有了相当规模，并在世界领先，与国内的整个经济体系比并不滞后。突出的如钢产量，多年前已占世界第一，近年来更有超越，其地位与GDP比不嫌低而是偏高了。化学和石化工业也相类似。问题是产品质量和工艺落后，今后要着重于以高新技术进行改造，提高档次，弥补缺门，实行进口替代，而不是一味地扩大规模、增加产量。有人指出，当前有特殊动因，如房地产和城市建设以及高速公路正处于炽热状态，其中不无泡沫，一旦有所降温，对重化工的需求可能退潮。

第五，中国的资源、能源相对短缺，发展重化工的潜力有限。这也涉及到国际分工，中国应当和可以成为制造业基地，但是不该强求成为重化工基地。钢铁工业是如此，优质铁矿石基本上靠进口；石化工业也是如此，石油进口将占全部耗费的一半甚至更多。当前电力供应不足，刺激煤矿开发过度，去年产量已近20亿吨，并导致运输瓶颈，使整个经济的弦绷得越来越紧。如果进一步大力发展重化工，还将翻番，前景有点不堪设想。有人还谈到土地，也是稀缺资源，而发展重化工占用更多，其结果同样是严峻的。

第六，扩大就业是民生之本，这也不能靠重化工来找出路。中国的产业选择，还要充分考虑怎样利用丰富的劳动力资源，提高就业率，控制失业率。因此，在培育高新技术产业化的同时，必须适当保留和继续发展劳动密集型产业。重化工并不适应这个要求，与其多搞重化工，不如多搞一般制造业，无论对国计或对民生，难易和得失大不一样。对此取舍，应当慎之又慎。再从国内外市场看，制造业是内外皆宜，重化工归根结底要为消费服务，面向出口等于出口自然资源，对我国也不利、不划算。

第七，发展重化工，当前主要来自政府行为，难免有盲目建设。有人认为，发展重化工是市场选择，已遭驳斥。虽然在一时供不应求和价格上扬、回报丰厚的驱动下，私营企业也曾热衷于搞重化工包括小钢铁、小煤矿，但是急功近利，稍纵即逝。真正有所规划并大力推动的还是各级地方政府，并与积极的财政政策和经营城市以及开发后进地区相结合，很容易一哄而起，决非长远之计。汽车工业是一例，短短几年，兴起了一批中小型企业，规模不经济、竞争则过度，目前出现了全行业亏损。钢铁、化工如果大发展，出于行政冲动，前景也堪虞。

第八，重化工的投资，风险很大。继上面的问题而来，重化工投资大、获利不一定大、回报周期比较长，不能博得民间资本的青睐。于是，主要靠两种来源：一是资本市场的直接投资；二是政府动员的银行贷款。前者的实践表明已经到了尽头，股市连年下滑，与这类企业的客观环境和主观操作分不开；后者也是岌岌可危，不少成为不良资产，最后要靠财政补救。这在体制上很可能走回头路，不利于市场经济体制的成长和完善，而有可能跌入新的陷阱，几年后又不得不转制，使原始投资荡然无存。

第九，对生态环境的冲击。此事不言而喻，但是有人偏偏置若罔闻。重化工包括火电，危害环境十分严重，无法治理。珠三角和长三角如南京，化工厂云集。周围土地已不宜种植粮食和蔬菜，并导致癌症频发、不断升高，不抽烟的也患肺癌是其明证。办化工厂，海外愿投资，不仅是产业转移，也是污染转移。台湾不许王永庆办塑胶厂，印尼要把纸厂办到中国来，都有此一动机。何况，这些企业虽有一定的治污设备，而为了降本增利，不少是虚设不开，应付检测而已，这在苏南不断发现，成为公开的秘密。

最后，还有一个布局问题。重化工不宜多搞，不等于不要再搞，而一定要讲究合理布局。各国有两条原则：一是靠近资源；二是远离人口密集地。前者关系成本，相差达一二倍；后者危害群体，不可不防。当前的矛盾是沿海发达地区想办并有条件，而内地条件不够也不能多办。这要由有关部门作出统筹规划，对全国作出合理安排，力争两全，以免造成错失，挽回就不容易了。

（原载《市场周刊·研究版》2005年第3期，另发《经济日报》）

讲点理论

实践是发展真理的惟一源泉

今年是真理标准讨论的20周年，也是党的十一届三中全会召开的20周年。20年来，改革开放在解放思想、实事求是的认识路线指引下得到推开，也在实践中得到发展。实践不仅检验和矫正了原来已有的若干观点和理论，又发展和创造了原来没有的若干观点和理论。江苏20年来的改革开放和现代化建设，正是在邓小平理论和党的基本路线指引下，解放思想，实事求是，在实践中不断创新和发展的结果。

拿乡镇企业这个新生事物来说，它完全是广大农民的创新。原来也有一种理论，城市办工业，农村办农业，城乡有区别，工农要分开。群众并不按照这个理论去办，而是走另一条路，在农村办社队工业——乡镇工业。实践证明，这样做的好处很多：既发展了工业，又促进了农业；既为剩余劳动力找到了出路，又致富了农民；既巩固了集体经济，又容纳了多种所有制经济共同发展；既是加速经济增长的有力杠杆，又是增加财政收入和出口创汇的有力支柱。乡镇企业的异军突起，所以称"异军"，指不同凡响，超越了前人和洋人的实践经验。在此基础上，农村工业化、农村城镇化、农民工人化、城乡一体化、农业现代化和农村现代化等一系列新概念、新术语和新观点、新理论源源而来，都是实践发展真理的可喜成果。

拿对外开放来说，外国也有过经验和理论，而在中国怎么办，照抄照搬是不行的；国内开放后，经济特区等先行一步，可供借鉴，而在江苏怎么办，还得靠自己在实践中勇于探索，敢于创新。如全国办了一批开发区，各有特点，大多靠国家批准和支持，是成功的。昆山办开发区，靠的是“自费”，并且紧傍县城，滚动前进，与别人不同，也是成功的。全国的保税区，一般都在沿海，有其区位优势，发挥了积极作用。张家港也办保税区，紧靠长江，有不同的区位优势，同样发挥了积极作用。可见，真理不是固定的、单元的，而是在实践中发展的，丰富多彩。江苏经济的快速发展，以乡镇企业和外向开拓为第一次、第二次机遇，都有自己的创新，检验了真理，又发展了真理。

当前，改革开放和现代化建设正在大踏步地继续前进。前进中碰到新问题是必然的，有的还相当困难，难就难在没有现成的解答方案。怎么办？惟一的出路是进一步解放思想，在实践中不断创新。如国有企业和乡镇企业的改革，史无前例，被称为“跨世纪的难题”。现在，抓大正在试点和扩大试点，放小已在不同地区先后推开，取得明显进展，有的开始见效。当然，实践又不是一次就能完成的，已有的经验有成功的，也难免有某些偏差。重要的是必须在实践中给以检验和发展，最终到达真理的彼岸。

邓小平提倡和肯定的解放思想、实事求是的认识路线正是这样，不能为传统理论包括外来理论所束缚，而要在“实事(践)”中“求是”，即获得真理。为此，要鼓励大胆探索，允许自由思考，提倡不拘一格，坚持百家争鸣。邓小平理论在江苏的实践中已经开花结果，循着20年来的道路继续走下去，江苏的明天一定会更加美好！

（原载《新华日报》1998年10月22日）

劳动价值论的理念创新与政策整合

一、劳动创造价值的内涵和外延有了演进

当前对马克思主义的劳动价值论实际上有三种评价：一是“过时论”，或认为本来有缺陷和不足；二是“固守论”，认为要发展，其实并未超越马克思已经说到的种种；三是“动态论”，在充分肯定的前提下，随着实践给以发展。笔者认为，第三种评价是历史的、科学的。

马克思的劳动价值论博大精深。追本溯源，从农业社会到工业社会，既尊崇生产劳动，也重视非生产劳动；在以直接劳动为基础时，不忽略间接劳动。进一步深化，对体力劳动和脑务劳动、简单劳动和复杂劳动、活劳动和物化劳动、抽象劳动和具体劳动，甚至有形劳动和无形劳动、有效劳动和无形劳动都有一定的阐述，不仅反映当时的实际，并对未来有所预见和设想，是不该抹煞的。有人提出，马克思着重的是价值论，不是劳动论；把劳动论与价值论分开，违反了马克思主义的真谛。

也要承认，从马克思到现代，经济和社会、科学和管理包括营销，都有了加速的发展，不同于农业经济以劳动力和土地、工业经济以资本和设备为主，生产力的要素增加了、比重消失了。马克思也重视科学技术，但未提到第一生产力的高度；也重视管理，但分为双重、一半是为了加强剥削，没有追踪市场经济越发展、经营管理越有决定性作用。所以从今日展望，停留于原来的劳动价值论，已不能充分解释新的经济现象、市场现象和企业现象。在新经济条件下，传统的生产要素包括土地

等自然资源和劳动资源以及资本和传统技术不再稀缺，稀缺的是技术创新和管理创新、经营创新及其载体或称人才。

还要看到，对马克思的劳动价值论，传统理念不免偏颇，特别是只承认生产劳动和体力劳动创造价值，而无视其他劳动的价值创造。如讲劳动人民，局限于工人和农民；先是把知识分子附属于资产阶级，后来才“提升”为工人阶级的一部分；更不用说对非公有制经济及其经营管理者的一笔抹煞了。知识分子要劳动化，即从事体力劳动；私营企业主要脱胎换骨，才是“自食其力”。这对劳动价值论的认识，局限太大。而今要发展，内含拨乱反正和纠偏改错的意思。

二、从劳动价值论到收入分配论

如果说劳动价值论主要是一种理论和概念，其中有价值观；那么转化为实践，首先碰到的是收入分配论。马克思当年也是这样演绎的。但是，传统的理解进一步简单化，不仅把价值创造局限于生产劳动、直接劳动和体力劳动，并且把其他劳动的参与分配都归纳为来自剩余劳动尤其是表述为剩余价值，并贴上“剥削”的标签，一棍子打扁了。

在这方面，与一切理论和概念都有其时代局限性。同样，马克思的某些阐述未能适应未来的发展。他强调劳动的一元性，而后来劳动的发展，其内涵和外延是越来越多元化。因此，沿袭传统理论，把萨伊的劳动、土地、资本三位一体的分配论认定为庸俗经济学。其实，萨伊又何尝没有时代局限性，仅限于三者，把科技或科技劳动、管理或管理劳动置之何地？

劳动价值论与收入分配论密切相关，前者是因，后者是果。但是，两者既有联系、又有区别，不能混为一谈。目前要分析的，在生产力不发达的情况下，劳动力是生产力的主要要素，强调只有体力劳动创造价值，其他生产要素参与分配，基本上是剩余劳动或剩余价值的转化和割让，大体上说得过去，八九不离十；而随着生产力发展，生产要素不再限于劳动、土地、资本，劳动的内涵和外延不同于过去，资本与经营管理的关系越来越复杂，传统的理念亟待调整。姑不说资本的社会化，仅从第三产业的不断成长并在国民经济中所占比重渐居首位看，所谓非生产劳动和服务劳动创不创造价值，多年来引起争论，确有其时代意义。否则，就劳动价值观，生之者寡，分之者众，主客易位，道理上说不通。

劳动创造价值与要素参与分配，也是既有联系、又有区别。当前在讨论中，有三种说法：一是狭义的劳动价值，坚持只有活劳动创造价值；二是泛义的要素价值论，认为不同要素参与生产、流通和服务，都创造价值，公务员也不例外；三是折中的或变通的价值论，认为活劳动必须与物化劳动和其他要素相结合，先进的技术和技术设备与经营管理才能创造更多的有效价值。第三种说法有新意，还待深化探索。

现在的提法，在坚持按劳分配的同时，容纳了按生产要素分配，具体列出按资（本）分配和按技（术）分配。严格而论，什么是劳、什么是资、什么是技，也待进一步明确细化。如私营企业主的经营管理，属劳还是资；技术劳动和技术产品（专利和设备），又有不同属性。这也都待深化探索。

三、政策整合中若干具体问题的商榷

理论归根到底要为实践服务，否则是空谈，难免会误国。当前所以应当在劳动价值论上有所突破和创新，也是由于传统的理论和概念落后于实际，拖了实践的后腿。所以，理念创新必须落实到政策整合，才能有利于生产关系的调整和生产力的发展，有利于推进经济、政治、文化的现代化。这里，正在逐步成为热门话的，试举若干如下？

所有制结构多样化后，存在不存在“剥削”？这首先是对私营企业主，实行按资分配，是不是剥削或要不要、能不能提剥削。如果还认为是剥削，这个词长期来已经搞得太坏了，就会影响其积极性，甚至使不少人因而却步，或给以歧视，不利于经济和社会稳定。何况，私营企业主有其两重性：一是从事经营管理或兼技术劳动，所得也是劳动收入；二是拥有资本，投入生产、流通、服务，发挥不同作用，若无回报，又会限制其合理和节约利用。此外，从全社会看，除企业资本外，越来越多的人有越来越多的储蓄获得利息，或从事股票经营（炒股），以及其他投资活动，包括居者有其屋的升值，算不算不劳而获或剥削呢？另一种说法，从原始公社进入奴隶、封建和资本主义社会，剥削是一种历史进步，今天未能免俗，不妨为其正名，即“剥削有功”。

对私营企业主的社会职能，如何定位；称不称资本家或资产阶级、资产阶级分子？早在社会主义改造基本完成之日，连同“文革”后的为地主摘帽，旧的剥削阶级已经退出历史舞台。今日的私营企业主和拥有较多存款、股票、房产的人，只要是合法所得，先富起来，应当给以鼓励。再用传统的阶级分析，就会自觉或不自觉地强调阶级矛盾和阶级斗争，显然是倒退了。所以，还是应当少讲阶级，多讲阶层，按照社会职业来定人的身份为宜。私营企业主，作为有中国特色的社会主义建设者，名正而言顺；至于是不是劳动者，如可以评为劳动模范，也有利于调动一切积极因素。不然的话，谁愿戴那顶破旧的帽子。

对这些人的报酬，怎样量化？看来，只要是合法经营，同样要实行多劳多得才是，不宜过分限制。不限于私营企业主，对从事其他资本经营、土地经营（种田大户）和技术经营者，也该给予激励，而不要加束缚。延伸到国有企业的经营者，过去规定不超过职工平均工资的三、五倍，导致人才流失或“五十九现象”，表明是不可取的、行不通的。至于对知识阶层，从事技术开发，不论是自主创业或在企业、学校、研究单位甚至机关，也要实行按劳、按技分配，采取多种分配方式。当前所以还有思想障碍和政策障碍，主要仍是平均主义的流毒没有肃清，要继续做好理论、宣传和教育工作。

这样一来，会不会造成贫富差距的两极分化？现实已经提出这个问题，基尼系数已经偏高。对此，也必须有所对策，无非是两头：一是在税收等政策上进行调节，实行累进的企业和个人所得税并适时开征遗产税等；二是加快推进社会保障制度，从城市到农村（如浙江和江苏的少数地区），并在就业、就学等方面给人们以平等竞争的机会。提倡职工持股，分享企业效益，更是走向共同富裕的必由之路。这同样是体现创新的劳动价值论。

（原载《经济学家》2002 年第 2 期）

关于基本经济制度的三点探索

什么是社会主义？对其任务和目标，邓小平作了科学的界定，是对马克思主义、毛泽东思想的重要发展。进一步具体化，落实到社会主义初级阶段的基本经济制度，表述为“公有制为主体，多种所有制经济共同发展”，首次提出于党的十五大，十六大又重申并续有解释和规定，则是邓小平理论的重要发展。这是一个新课题，是今后长期坚持的根本方针，在理论上和在实践上值得认真领会和仔细探索。

一、多种所有制经济并存的现实条件

关于社会主义基本经济制度的认定，不仅在理论上有重要位置，并且对实践有指导作用。较长时期以来，从前苏联到新中国，都曾把坚持公有制（分为全民所有制和集体所有制）作为一条原理和原则，进而在此基础上演化出计划经济和按劳分配，构成社会主义定性的三大标志。与此同时，把非公有制经济、市场经济和按资分配等作为对立面，列入资本主义范畴，为社会主义所不容。正是在这种传统观念的驱动下，推进对农业、手工业和资本主义工商业的三大改造，以建立社会主义的基本经济制度。发展所至，强求“一大二公”，农业合作化拔高为人民公社化，个体和私营经济彻底消灭，还要到处“割资本主义尾巴”，并扩大到政治、文化等领域，不断达到社会主义本质的纯洁化和绝对化。

实践证明，与主观愿望和意志相违，这不是解放和发展生产力，恰恰相反，是束缚和破坏生产力。虽然，在此进程中，几位深知国情的领导人主张适当保留非公有制经济，实行“大计划、小自由”，反对以平均主义扭曲按劳分配，但是未成气候，还受到批判和抵制。直至改革开放，拨乱反正，有所突破，集中反映在这三个方面：先是个体经济、后是私营经济有所恢复和发展；计划经济为主而辅之以市场调节，直至两者的结合；按劳分配不是平均主义，也不是惟一的分配方式。随着改革深化，对个体、私营经济肯定其“有益”，承认是“补充”，有些地区发展更快，在数量比重上超越了公有制经济；传统的计划经济体制为社会主义市场经济体制所取代；按劳分配外，允许和肯定按资本、技术等生产要素分配。综观整个经济体制改革，所有制结构调整、计划为主转换为市场经济、多种分配方式并存，三维构建的主要框架。其中，公有制为主体、多种所有制经济共同发展是经济基础，所以称为基本经济制度，表明这是社会主义初级阶段的特征；市场经济和按要素分配（劳动力也是要素之一）是其必然衍生。“个体、私营等各种形式的非公有制经济是社会主义市场经济的重要组成部分”，更把所有制结构与市场经济体制直接联系起来。

在社会主义初级阶段，为什么必须坚持公有制为主体、多种所有制经济共同发展？对坚持公有制为主体，容易理解，自《共产党宣言》以来，一贯认为，这是与私有制为主体的资本主义基本经济制度的原则区别（资本主义也有某种形式和一定比重的集体经济和国有经济）。江泽民同志说过：“如果失去公有制经济的主体地位和国有经济的主导作用，也就不可能建设有中国特色的社会主义。”这是对马克思主义的继承，十六大又明确“必须毫不动摇”。对另一个“必须毫不动摇”，即发展非公有制经济，坚持多种所有制经济共同发展，有过各种解读，见诸各种报刊、专著和现行教科书，还没有统一的说法。总的是应当从社会主义初级阶段的实际出发，囿于当前社会生产力的发展水平不是很发达而是很不发达或不很发达，于是应当允许其存在，发挥其作用，鼓励、支持和引导非公有制经济发展。具体分析，能否列出以下几个现实条件：

1. 作为一个农业大国，农业还是小生产方式。中国经济的第一特征是农业占大头，不仅建国前是这样，建国半个多世纪以来，总人口的大多数还在农村从事农业。推进工业化已有多年,工业化的历史任务还未完成;农业现代化也处于中途,生产方式没有根本转换。这样的生产力状况,应当和可以实行一定的合作化,提高其组织程度,以适应市场化、国际化和科技进步的要求,但是程度有限。回顾历史,初级社有某种成效,高级社就不行了,公社化更是灾难,退到"三级所有、队为基础"仍未退够。当前坚持以家庭承包经营为基础、统分结合的双层经营体制,不排斥有集体因素,而总体上看,却是私有因素居多,并在不同地区也不相等,与规范的公有制有很大区别。

2. 工商各业的发展,以中小企业为多,劳动密集型又占相当比重。这在对私改造时已经明白,全国的私营企业屈指可数,绝大多数是中小企业和个体经济,实行国有化是勉强的,连同合作化,都未显示其优越性。这也是生产关系与生产力的不对称,如小商店、小饭店甚至理发店也挂国营招牌,岂非笑话。特别是多数产业,包括传统制造业和服务业以及运输、建筑等业还是劳动密集型,缺乏先进设备,搞大和搞公,不能调动劳动者的积极性,终于导致职工吃企业的"大锅饭"、企业吃国家的"大锅饭"。

3. 由计划经济转向市场经济,促进了所有制结构的多样化。传统观念把公有制经济作为计划经济的基础,排斥市场经济,理论上似乎说得通,实践上终于行不通。斯大林承认商品交换,却限于两种公有制之间,思维和政策仍是僵化的。我们的改革,从计划转向市场,采取渐进方式,当时有好处;只是每走一步,都感到单一的传统公有制与市场经济格格不入。非公有制包括不同于传统公有制的乡镇企业的崛起,从体制外到体制内,既呼唤着市场经济,而市场机制的萌生,也呼唤着非公有制经济。实践告诉人们,市场经济与单一公有制的相容度也有限。走向市场经济,在某种意义上,有赖于多种所有制特别是私有经济的拉动和示范。

4. 对外开放,特别是引进外资办"三资"企业,进一步打破了公有制的垄断。改革与开放相互促进。开放从扩大对外贸易切入,无论出口或进口,与外商打交道,按国际惯例办事,不仅促进改革,走向市场化，也促进所有制的变迁。特别是引进外资，建立外商独资和中外合资、合作企业，都是所有制结构的突破和演进。允许外资企业进入，没有理由不允许私营企业兴起。这在特区和沿海地区开了先河，非公有制企业蔚为壮观，昭示着多种所有制经济共同发展的势在必行。

5. 非经济产业同样不能由国家包办。所有制结构的变迁、调整和优化，其实以农业为先行，接着以工业为大宗，而以服务业为尾板。广义服务业或第三产业包括科学、教育和文化等产业，同样有一定的经济性。在经济产业得到快速发展后，对这些产业的需求和供应也大量增长，导致相似的矛盾，就是不能再由国家或政府包办下去了。特别是高科技一类，民营企业介入后，显示了活力，于是延伸到其他产业纷起效尤，一发而不可遏，由被动到主动地开放也是大势所趋。

此外，中国是大国，发展不平衡，不同地区有不同的优势、劣势和经济发展的路径。从全国看，先发达地区的非公有制经济发展也着了先鞭；而另一方面，次发达和欠发达地区的经济发展更有赖于非公有制经济的加快发展。这都表明，仅靠单一的公有制经济是独木难支，只有多种所有制经济共同发展才是众擎易举。不同所有制经济各有长短，互补互助，众志成城。这样来看待基本经济制度，确是惟一可行的最佳选择，其理由并不深奥，一语就能道破。

二、两个“毫不动摇”和混合经济格局

从单一的公有制经济演进为多种所有制经济共同发展，基本经济制度的内涵和格局发生了根本变化。对这种演变，人们的认知有一个适应过程。十六大报告提出必须坚持两个“毫不动摇”，确有针对性。因为在对待公有制和非公有制经济的问题上，确实存在某种不同的理念和观点，是不坚定的和动摇的。

一种是传统观念的遗留影响，在一定程度上把非公有制排斥在社会主义的基本经济制度之外。在个体、私营经济开始恢复进而发展到相当规模时，曾经有人惊呼资本主义卷土重来，似乎有“复辟”或“和平

演变”的危险。这不是大多数。相当多数人则把发展非公有制经济看作是“补充”，只是权宜之计，最后还是“消灭私有制”，否则算什么社会主义。随着时光过去，目前仍持此见的人越来越少了，至于能否“毫不动摇地鼓励、支持和引导非公有制经济发展”，还要假以时日。

另一种是新的时尚，不全是从西方来，看到公有制尤其是国有企业改革迟迟未能到位，信心逐步丧失。不仅是理论工作者，还有实际工作者，说法和做法多种多样。如公开提倡民营化，主张国有经济退出所有竞争领域，肯定国家一级可以保留少数国有企业而地方就毋须保留，认为既不要讲姓“社”、姓“资”，也不要讲姓“公”、姓“私”了。进一步延伸，如在理论上，有人讲产权要明晰，只能人格化，也就是私有化；在实践中，有的地方规划在几年内，国有股减持到零，或者以不再保留公有制经济为近中期目标。还有其他种种，如鼓吹补资本主义的课，声称马克思从来没有讲过公有制而该重建劳动者个人所有制，或者以西方为参照系而建议把国有、公有制比重降到相同水平，等等。看来，按照“毫不动摇地巩固和发展公有制经济”的精神，上述观念和行为都要有所纠正。

坚持公有制为主体和发展非公有制经济，两者是统一的，并非对立。看现实，13 年来，虽然国有企业户数从 10.23 万减少到 4.68 万，而其工业增加值却从 3985 亿元增加到 14652 亿元，固定资产值从 7033 亿元增加到 39588 亿元；在关系国家命脉的重要行业和关键领域占支配地位，如石化、石油、电力、汽车、冶金、铁路、兵器、船舶和航空航天等都在 60％以上到超过 90％。与此同时，个体私营经济年增长率在 20％以上，个体工商业由 1978 年的 14 万户、15 万人到 2001 年底增加为 2433 万户、4760 万人，注册资金为 3436 亿元；私营企业到 2001 年底已有 203 万户、从业人员 2714 万人，注册资本 18212 亿元；个私合计，所创国内生产总值已占全国约 30％，东部沿海省市可达 60％以上。这都证明，如十六大报告所说：“各种所有制经济完全可以在市场竞争中发挥各自优势，相互促进，共同发展。”

这样发展下去，展望未来，将会形成什么格局？一种看法，公有制为主体，在产值或资产上表现为数量占大头；这是不切实际的，几年来有进有退,总的是国退民进、私进公退。而当前流行的看法,则是非公有制经济要占上风,除外资企业外,私营经济有可能不断扩张。不少地方的中长期规划着眼于此,认定私营经济是新增长点,在其所占比重上相攀比、争高低。这同样是不切实际的,而是以近年来的新现象预测今后趋向,把一时的动态与长远的目标混为一谈。

多种所有制经济,内涵极其丰富,并在不断演变。参照统计目录,结合实际情况,不妨列出:(1) 国有经济,包括独资、控股和参股,国家和地方;(2) 集体经济,包括城镇大集体和合作经济,除乡镇企业外,还有供销合作、信用合作;(3) 个体工商户,遍及二、三产业;(4) 私营经济,包括独资、合伙和股份制企业;(5)"三资"企业,即外商独资和中外合资、合作;(6) 农村经济,除家庭经营为主外,还有国有和集体农场、种田大户以及新的合作组织和技术、购销经纪人等。此外,还有不少交叉性和边缘性的组织形式,如股份合作制(也有合作股份制)、社会基金制以及农业产业化经营中的"公司+农户"、"龙头企业+专业合作社"(乡镇上的河南南街、江苏华西,有人说是集体雇佣劳动制,另属一格)。大而分之,公私两类;细而分之,百花齐放。

看来,国有经济不管怎样进退,总要控制国民经济命脉,并不断壮大,发挥其优越性;集体经济的萎缩是暂时的,为了实现共同富裕,终将得到政府培育和群众拥护;个体经济也有群众基础,是扩大就业的主要门路;私营经济有其独特活力,与市场同增长,还有很大空间;外资企业方兴未艾,实力雄厚,来日不可限量;农村更是广阔天地,能人辈出,大可创新。共同发展的格局,公有或私有为主,未能尽其奥妙;从长计议,判定为很可能是混合经济占胜。或者说是两头小、中间大:两头是指纯粹、单一的公有制和私有制经济,中间是指公私混合、结合的混合经济。

混合经济有两个层面:宏观层面,意味着多种所有制经济共同存在、共同竞争、共同发展,有分工又有合作;微观层面,表现在各种经济主体中同时含有多种经济成分,最典型的是股权多元化的股份制公司,也是现代企业制度的代表形式。混合经济也称混合所有制经济,突破了单一公有制和单一私有制的局限,实现了不同所有制经济的融合,兼有各种所有制经济的优势，并互补其缺点，有利于内部制衡，动力特强、活力特旺。把混合经济作为社会主义初级阶段基本经济制度的宏观构架和微观柱石，也是顺理成章、无可厚非，能够获得多数人的赞成，避免产生不同误解。其实，这与当代世界的大趋势也相衔接，从大处看是一种资本的社会化、集团化和大众化，从远处看在走向共同富裕，防止两极分化。

三、重温毛泽东的四句名言

十六大报告对基本经济制度，要求"坚持和完善"。坚持是个方向，完善要有对策。报告对此有系统的论述和规定，主要是两方面：一是对国有经济，要继续调整其布局和结构，要深化国有企业改革，进一步探索公有制特别是国有制的多种有效实现形式，并深化集体企业改革，继续支持和帮助多种形式的集体经济的发展；二是对个体、私营等大量非公有制经济，要充分发挥其重要作用，在市场准入、投融资、税收、土地使用和对外贸易等采取措施，并依法加强监督和管理，还要完善保护私人财产的法律制度。每一项都是大文章，有其深刻、广泛的具体含义，要经长期努力，才能克奏朕功。其实，在农业和农村以及对外开放方面，同样与基本经济制度有关联。如推动农村经营体制创新，增强集体经济实力，建立健全农业社会化服务体系，都要萌生和构建各种所有制形式的农村经济。对外开放也一样，特别是"引进来"，逐步推进服务领域开放，并与国有企业改组改造结合起来，形成一批有实力的跨国企业，其所有制形式或许更多。

为了完善基本经济制度，在对策设想上，回顾和总结历史经验，容易联系过去的一些成功之处，不妨重温毛泽东曾经讲过的四句名言，从中得到不少启发：

"公私兼顾"。过去讲这句话，历史背景是建国之初，在大力培育、扶持和发展国有经济和公有经济的情况下，并没有忘记和去掉私营经济。所谓兼顾，含有大体平等的意思，不分主次，表示了充分重视私营经济的积极作用。只是不久，就实行对私改造，化私为公，很快消灭了私有制。实践证明，这不是真正的社会主义，脱离了当时的生产力发展水平。经过二三十年的曲折过程，实行改革，调整和优化所有制结构，把多种所有制经济都纳入社会主义初级阶段的基本经济制度，走了一条正、反、合的辩证法路径，实践又一次验证了真理。虽然，现在不同于过去，生产力大发展了；但是，仍旧处于很长时期的社会主义初级阶段，私有制经济也要大发展。针对当前还有对公有制有怀疑、对私有制有偏见的某些争议，重申“公私兼顾”，或许是合理的、必要的、有益的。用这样的观念制定和实施政策，不偏不倚，稳当妥贴，有利于基本经济制度的坚持和完善。

“劳资两利”。劳资关系，从传统的阶级斗争观点看，属于对抗性矛盾，只有斗争，没有统一。当时讲这句话，实在难能可贵，并且与前一句话相配合，促进了生产力的恢复与发展。在对私改造后，资——资方、资本家、资产阶级成了革命的对象，即使人还在，也认为改造难，始终是批判的靶子。而劳——劳方、劳动者、劳动人民尤其是无产阶级和贫下中农，成为国家主人翁和全民所有者，虽然其经济状况改善不多。30年河东，30年河西。随着私营经济的再生，劳资双方又回到了现实的舞台。怎样相处？煞费斟酌。有人用老眼光，念念不忘“剥削”；有人换了一副眼镜，讳言这两个字。在实际生活中，并不是没有冲突，如在利润与工资、社会保障和劳动安全的关系上，怎么办？想来想去，最好还是“两利”最好，既考虑投资者的收益、经营者的报酬，又考虑劳动者的分配。作为人民内部矛盾，处理好了，调动一切积极因素，结果是“双赢”和“群赢”。

“城乡互助”。城市与乡村的关系，实质上是工人与农民的关系，占总人口的绝大多数，当然是内部矛盾，一定要处理好。有人指出，过去说的是“工农联盟”，做的是“一国两制”，城乡隔绝，互不通气，农民要跳出“农门”是很难的。这有一定的国情制约，以往确实是谁也解决不了。讲“互助”，意思是到了，不等于有办法。现在经过改革，虽然有的涛声依旧，毕竟有了逐步松动，从“盲流”正名为“农民工”，以及推进城市化或城镇化，农村剩余劳动力的非农化转移步伐加快。讲互助，日子越来越近。当然，还有不少工作要设计、要执行。十六大报告在“经济建设和经济体制改革”一节，首先讲“走新型工业化道路”，接着讲“全面繁荣农村经济”，给人们特别是广大农民以鼓舞和希望。解决“三农”难题，既靠农业、农村和农民自己，又离不开城市和工人、市民；解决城市和工人、平民问题，同样离不开“三农”。互助是惟一良方。

“内外交流”。当时受到封锁，讲这句话只是一种意图，无法充分兑现。现在不同了，面对全球化大潮，又加入 WTO，开放度越来越高，不仅是国内市场国际化，更是国际市场国内化，内外交流越来越畅通无阻。然而，这不是简单事、容易事，有其复杂性、艰巨性。谈到基本经济制度，也与此相联系。外资企业在中国，同样纳入了基本经济制度吗？看来以不否定为宜。列宁曾经把对外合作企业当作“国家资本主义，具有社会主义因素”；我们赞成“不问所有，而求所在”，是一个道理。外资引入中国，不必追究其动机是为了赚我们的钱还是帮助我们发展经济，客观上是融入了社会主义现代化建设的伟大事业，有利于发展中国的生产力。这样认知，就能大开国门，促进内外交流。解放思想，开拓创新，应当有这样的视角、视野和气魄。

坚持和完善社会主义初级阶段的基本经济制度是一个新概念，必须创新理论、创新对策、创新体制，不能凭本本思考，切忌引经据典。基本经济制度具有基本性，统率和指导方方面面，决定其他各种次层的经济制度，并与政治制度、文化制度都有直接、间接的联系。坚持和完善这个基本经济制度是全面建设小康社会和基本实现现代化的支撑。围绕这个新概念，有一系列的理论亟待探索，有一系列的对策亟待设想。其中不无难点，如怎样保证多种所有制经济的平等竞争，怎样在充分发挥市场机制作用的过程中搞好宏观调节使能各得其所，怎样防止由此而形成社会阶层的收入分配差距不致过大，而每一步进展、每一项突破，都有助于开创中国特色社会主义事业新局面！

（原载《财经问题研究》2003 年第 9 期）

试论集体雇佣劳动所有制

2月12日的《南方周末》转载了《检察日报》1月27日钟朋荣的文章《南街村的秘密》，在承认该村经济发展快、村民致富的同时，揭示其秘密在于："这种经济模式从本质上讲是南街村凭借其对生产资料的所有权无偿占有外来打工者的剩余劳动"，"如果说南街村是共产主义，则他们是建立在无偿占有外来打工者的剩余价值基础上的共产主义"。当然，这种共产主义要打引号或问号。

这类经济模式已非南街村个别的了，如全国闻名的天津大邱庄、江苏的华西以及珠江三角洲的不少点，虽然打的旗号不一，本质上并无两样。这些村办的是乡镇企业或称村办企业，归类为集体所有制经济，有的改革为股份合作制，绝大多数没有放弃公有制的身份，也有一部分是"经营者持大股"或属于联户办。看来对这类经济形式，应当正名为集体雇佣劳动所有制，是传统的集体所有制的衍生和转换；某种意义上可认为是集体所有制——作为公有制的一种形式的异化。

这是一类新的经济模式，其产生有客观的历史背景，在现阶段是必要的、有益的，也毋需界定为公有制的补充。论其历史功绩，大体上属于异军突起的乡镇企业的一族，不难举出好几条，特别是发展了经济，发展了生产力；巩固和壮大了集体经济；增加了就业岗位，促进了农村剩余劳动力的非农化；以工建农，推动了当地农业的现代化建设和村镇建设；最后是致富了农民，从解决温饱到实现了小康和小康后。从其发展过程，还该肯定是乡镇企业发展的必然结果，在充分吸收当地农村劳动力的基础上，应当和能够吸收外来打工者；这样企业增加盈利，源自剩余劳动创造的剩余价值,也顺理成章。这部分剩余价值归企业所有、集体所有,除了用于企业扩大再生产外,还用于社区建设,并分配给社区居民(作为集体产权的所有者),都讲得通。至于怎么分配、分配多少,各地做法不尽一样。南街村等的这一部分较多,占社区居民收入的较大部分,被认为是按需分配或集体供给制。其实在乡镇企业较发达的地区,不同程度地存在类似现象即"以工补农",不仅是职工的工资收入,并有居民的企业利润收入,只是不如南街等村的数量较多、份额较大而已。

揭示这种本质,明确是集体雇佣劳动所有制,内含剩余价值的转移,或者称为"无偿占有",并不意味着该予否定或贬斥。道理很简单,因为对个体、私营经济也采取允许、鼓励和引导的政策,怎能排斥集体雇佣劳动所有制呢?再说也是符合"三个有利于"标准的。

问题在于:如南街村所标榜,算不算共产主义呢?或者如大邱庄、华西所声称,算不算共同富裕呢?南街村的发展是靠上万名打工者创造的大量剩余劳动,当地村民是集体老板,打工者是集体雇工,相互之间是雇佣和被雇佣的关系。于此可见,虽然在分配上采取平均主义原则,不是按劳分配,也不能说是按需分配,实际上是按所有权分配即按资分配。存在这种雇佣劳动关系和按资分配,理所当然地不该与共产主义混为一谈(正如不能离开公有制为主体,靠发展非公有制来实现共产主义一样)。

从其他一些类似的典型村来看,讲共同富裕,在集体雇佣者来说,似乎是在逐步实现;但与被雇佣者联系起来,显然是不对称、不平等的。虽然在这些先富起来的村,办企业发了财,一般对被雇佣者优惠有加,给以适当高的工资和福利;而与雇佣集体比,则不能不有巨大反差。多年来的报导反映,在那些典型村,有的不分男女老少,即使常年不劳动,年终决算时就能不劳而获几万元;或者是实物分配,从粮油、住房到家电甚至汽车,不问是否实际需要,都是按人头或户摊上一份。不难理解,这对一部分人是先富了或共富了,而从总体看,却是无法整合的,并且带有两极分化的味道。因此,靠这类模式,存在雇佣集体和被雇佣集体,不可能全面致富,更不可能解放全人类。

进一步要探讨的,对待集体雇佣劳动所有制,应当采取什么样的政策？过去与一般乡镇企业同等对待,比对国有企业有优惠处,如减免税收,有利于企业发展,也有利于村民致富。现在看来,市场经济呼唤平等竞争,不宜区别过大,使这部分剩余价值为那些村民所独占。是否可以考虑,与对待其他公有制和非公有制经济一样,对企业和个人(企业职工和村民)都该按章征收所得税,毫不例外。采取这种再分配政策,符合“效率优先、兼顾公平”的原则。在社会评价上有必要正确报导这类模式的本质,既要与形式主义的东西分开,指出有其局限性,更不要宣扬什么共产主义,以免在理论上导致混乱而正视听,目的是有利于这类模式的健康运行和合理发展。

(原载《经济学动态》1999 年第 6 期)

全面评价私有经济

近几年来，个体经济和私有经济在我国得到长足成长，为国民经济的发展带来强大动力，在经济的持续快速增长中扮演了一个重要角色。这符合20世纪中叶后主导世界大多数国家和地区的发展潮流，从资本主义的西欧如英国和前苏联，特别是在一些解体的东欧国家。其结果，始不论意识形态，一般以正面居多。我国的国有经济和公有经济，原来政企不分，存在不少痼疾，在进行战略性调整和改制、转制后，以温州为模式，连同广东顺德和山东诸城的经验，在多数省市推广，基层通称民营化，部分专家早有鼓吹，走的是相似的道路。所不同的，中央讲对非公有制经济要支持、引导和管理，而地方政府的用词往往是大力发展民营经济，态度更加积极。这些成果应当肯定，虽然先后听到一些不同声音，如对私营企业和企业家有无"原罪"、转制中国有资产有无流失等，但是大势所趋、大局已定，不该再有折腾了。

除了用词之争外，对私有经济在现阶段的功能和贡献，朝野都看得清楚。首先是与原来的国有企业和集体企业相对照，自主经营权比较充分，内部机制比较灵活，在追求利润最大化的前提下，讲究成本——效益关系，相当程度上防止和减少了生产、经营和投资的盲目性。其次是基本上成为市场主体，在市场竞争中促进了资本、技术和土地、劳动力的商品化和市场化，为社会主义市场经济的改革和发展起着基础性作用。另如扩大商品和服务供给以适应不断增长的社会需求，增加就业和税收并使社会财富大量积累等，更是人所共知、毋庸赘言了。

但是，发展私有经济有没有副作用或负面效应？人们有所感觉，只是难以启齿,有意或无意地回避了。这与在推进市场改革中,有些人讳言市场并非万能和也有市场失灵之处,很相类似。最近,读到上海人民出版社推出魏伯乐(德)等主编《私有化的局限》的译本,感到有所触动。正如 6 月 2 日《文汇读书周报》发表刘昶的书评中开章明义地指出:“这是一本每一个关心改革过程中自身利益和公共利益的中国人都应该读的书。”我认为,领导层和有关部门浏览一下此书,对私有经济获得全面评价,也不无启示。

私有化的局限是什么?该书指出有四方面:一是从经济层面上看,私有化以提高经济效率为目的,但是,相应的社会成本也增加了,甚至会超过企业得到的收益,如就业歧视和失业的增加,对资源和环境的过度开发,所提供产品和服务的质量下降而价格上升,等等;二是从社会层面上看,会加剧社会的贫富分化,导致社会的不安和动荡;三是从政治层面上看,会削弱政府及其维持社会公平的能力,由此侵蚀民主参与的重要地位;四是从文化层面上看,可能侵蚀普遍的文化价值观念,使其屈从于商业利益的需要。

该书讨论的是全球范围内私有化的经验教训,没有关于中国的案例。但是,适当联系中国实际,在肯定私有经济发展的正面外,也要关注其负面。这是经济、社会和政治、文化学者义不容辞的责任以及有关领导和干部不能不留意的现实。最近,有人提出对发展和改革开放的某些反思。起先,有人认为是倒退,后来也同意反思了。所举案例和问题,与私有经济相关的,至少有如:

私有经济在增加就业的同时,还有就业歧视和扩大失业一面。如在公有企业转制中,往往出现大量裁员,特别是廉价买断工龄,把原有职工推向社会;这些企业的编制,不少改变了“三个人的活五个人干”的旧传统,实行“五个人的活三个人干”的新办法,使加班加点盛行,还不发加班费。

私有经济图近利,缺远谋,对资源和环境缺乏保护。这在山西和其他地区的煤矿、金矿等开采中已是屡见不鲜;防治污染不力、不到位,或者虽有治理设备而不常开,只是应付检查,在沿海地区更是常事。环保的缺失，私有企业甚于公有企业，尤以中小企业居多，难度甚大。

私有经济在经营上，不正之风也难抑制。这有很多表现，除破坏知识产权如盗版外，假冒伪劣产品的泛滥，特别是假药和假烟、假酒的盛行，流通不止，价格虚高，不少出于私有经济包括地下经济。

私有经济在劳资关系上，不少地方渐趋紧张。这是指工资不经谈判，实行霸王条例，以致10多年来，一般劳动者的收入基本未动；社会保障未能普及，福利设施多不周全，以及矿难频发，不能不认为与此有关。

私有经济加剧贫富分化，差距越来越大。这个矛盾，近年来表面化，除了其他因素外，私有经济的迅速发展及其内部分配的不公、不均，也是举足轻重。有人提出，主张效率与公平并重，有人反对，肯定差距还要扩大；中央提出更加注重社会公平，但是具体对策亟待规定和落实。

私有经济带来不同的价值观和道德规范，也有消极一面。正如有人片面提倡西方经济学，把人定性为“经济人”，以追求经济利益的最大化为人生目的，导致一系列的后果。当前社会的奢靡之风，黄赌毒愈演愈烈，源自一部分富人而殃及全民，某些私营企业家是始作俑者。

还有其他，涉及腐败和政治体制，欲说还休。

《私有化的局限》本是提交给世界的著名思想库——罗马俱乐部的报告。这份报告有大量的实证和案例、数据，非常客观。有人认为，罗马俱乐部不免危言耸听，而实践证明，如果不听其言，常会后悔莫及。

介绍和推荐此书，决非反对发展私有经济，而是希望大家对私有经济有一个全面评价，防止只知其一、不知其二。此书也提到，世界各国推行私有化（其实当代已经很少例外），其结果并不一样，繁荣昌盛和惠及全民的只是少数发达国家和所谓福利国家，多数国家发展不快，少数国家发展了而贫富两极分化。我们作为社会主义国家，以科学发展观为统领，以构建和谐社会为目标，以共同富裕为终极归宿，并且不公开标榜私有化，如何实现全面小康和基本现代化，应当走中国特色社会主义之路。可以借鉴别人，但是必须经验和教训并重，不要学歪、走偏了！

（原载《太湖论丛》2006年第3期）

鼓励发展规范化的股份合作制

党的十五届三中全会通过的《中共中央关于农业和农村工作若干重大问题的决定》谈到股份合作制时提出："以农民的劳动联合和农民的资本联合为主的集体经济，更应鼓励发展。"这是值得仔细领会和对照执行的。

关于股份合作制的性质和作用，在当前乡镇企业改革中，理解不尽一致。有人认为是股份制的一种，含有合作制的成分；有人认为是把股份制适当融入合作制。笔者倾向于后者，认为股份合作制应当落脚在合作制，这是一种集体经济，也可以称为合作经济，是区别于社区集体所有的另一种集体经济。其特色是劳动联合和资本联合相结合。其优点是实行民主管理，实现内部制衡；按劳分配和按资分配并存，使劳动者在积极生产的同时，更加关心经营效益。

股份合作制，如《决定》所说，是"改革中的新事物"。在劳动联合和资本联合相结合的基础上，再加上股份制，有利于吸收更多的直接投资。它可以有多种多样的具体形式，以适应不同情况和不同企业，即：除乡镇企业外，国有中小企业和城镇集体企业同样适用。

但是在改革实践中，真正把股份合作制作为一种集体经济来推广应用的，至今还未得到共识。笔者在苏南调查访问时了解到，"我们这里，规范化的股份合作制很少"，甚至"一个也没有"。

为什么会这样？听来有三种理由，都是值得商榷的：(1)"职工普遍持股或多数持股，股权又大体相等，这是吃大锅饭。"这是误识。"大锅饭"是指分配的平均主义，不问多劳、少劳或不劳都同酬，挫伤劳动积极性。股权的相对普遍化，与包产到户一样，不算是“大锅饭”，而为共同富裕准备条件；何况，在股份合作制内，按劳分配是职工收入的主要部分。(2)“股份合作制只是过渡，股权流动的结果必然是越来越集中到少数人手里，逐步演变为股份制。”这也是误识。合作经济的性质原来不同于股份制，资本联合含义与“持股”也不完全相同。虽然，现在改革不同于原始集资，可以有不同形式；但是原则上，应当要求多数持股，不希望股权转让和集中。(3)“经营者持大股是最根本的，劳动者分散持股与此有矛盾。”这里，对“经营者持大股”使经营者成为所有者、两权合一是否不利于经营者选择、流动和替换姑置勿论，股份制本身点之一是建立内部制衡机制，规范化的股份合作制也有利于建立合理的治理结构，何况还具备民主管理的功能。

当前出现上述倾向，决非偶然。流行一种说法，认为十五大是第三次思想解放，表现为不问姓“公”姓“私”，“三个有利于”标准也就是同样精神。这些说法，在党的文献上找不到根据。相反，在十五大和十五届三中全会的文件上，仍旧写着“公有制为主体”的字样。对此置若无闻是不对的。对股份合作制，不妨有多样形式，有的或许是“合作股份制”(落脚在股份制)；但是，《决定》提出“更应鼓励发展”的集体经济，难道不值得一试吗？

(原载《江苏社会科学》1998年专辑)

警惕新自由主义的影响

所以出现和存在若干矛盾和问题，仅用经验不足来诠释是不够的。这不排斥有新自由主义对改革的影响。前两年展开一场讨论，获得了一些结论，但是，停留在理念，没有结合实际，于是还是言者谆谆、听者藐藐。没有人公开承认新自由主义，却是我行我素，潜移默化，导致上述严重的后果。直至最近，还有人公开说，批判新自由主义可能错了，其潜台词是主张奉行新自由主义。我们批判新自由主义，不否定其有一定的合理成分；但是整体地看，它与马克思和社会主义不能合辙。主要表现：一是"华盛顿共识"与"北京共识"是两个本质不同的共识；二是社会主义市场经济与非社会主义市场经济也有不能抹煞的区别。反映在改革的某种迷失上，可以略举一二：

一曰私有化。虽然没有人敢打此旗号，更不会形诸笔墨，但是口述心领，却非少数；也有故弄玄虚，妄称民营化或非公有化。见诸行动，说法更多，如"公退民进"、"（公有经济）退出竞争领域（市场）"等。主要是通过改制、转制，公然主张"卖光"，从集体到国有，从中小企业到大集团公司，从经济单位到学校、医院和其他事业。更多的是暗箱操作，限期完成。内行人称，这比前苏联的"休克疗法"（据说又是上了美国学者"颠覆"的当）和英国的撒切尔夫人，有过之而无不及。

二曰原始积累。表现在劳资关系上。世界历史，前期是彻头彻尾的雇佣劳动，伴随着超经济剥削；后期是经过斗争，劳资谈判并订合同，旨在缓和阶级矛盾，对工人有所让步。据说，我国处于前期，不能"超越卡夫丁峡谷"。因此，虽有《劳动法》和《企业法》，却没有贯彻执行和监督检查。最低工资线是虚设,加班加点普遍而偿付加班费的不到1/3(报载)。以致10年来,物价上涨多,工资上涨少,多数是未动,有的还下降。一些地方政府着眼于“大力发展私营企业”(中央文件不这样说),职工怪话是“嫌贫爱富”,而部分学者肯定要有“原始积累”,无异于初生的资本主义。

三曰完全市场化。这是针对宏观调控而言,流行的说法和做法是“宏观调控是中央的事,地方政府管不着也犯不着”,“大家下,正好让我上,这是一条重要经验”。经济过热从投资膨胀起,“投资饥饿症”久治不愈;具体途径表现在低水平重复建设,仍在愈演愈烈,新兴的是汽车、石化和钢铁;结果是物价稳步上涨,反正受害者是低收入者和弱势群体。特别是房价,听任房地产商炒作和某些媒体、学者助阵,地方政府在中央表态前显得暧昧,表态后显得无措。对谋财害命的假医假药也一样,媒体借广告牟利,政府视若无睹、出手无力,受害者投诉无门。

四曰全球化。世界舆论,批判占75%,赞成的25%是少数发达国家;中国在发展中国家之列,有人却附和后者。拉美有教训,我们有些人仍尾随,科学发展观有要求,但一些地方却不响应,到处是片面追求招商引资和加工出口,只问“所在”,不问“所得”,把利润拱手让给外国人,满足于表现数字、为洋人打工,所谓“选资”,仍让位于来者不拒和多多益善,包括转移污染和能源多耗的重化工一类项目。也不敢与小国韩国比,不敢讲世界通行的“管理贸易”和“适当保护”。

(此系摘要,原载《“刘国光旋风”实录》,中国经济出版社2006年版)

打造诚信经济和诚信经济学

诚信——诚实和信用,无疑是褒词,出现在语言和文字、会议和文件、平面媒体和广播、影屏以及网络上的频率越来越高。这是好事,从一个视野表明经济发展、社会进步和人文升华;但也引起困惑和忧患,人们谈吐中的谴责往往甚于首肯。诚信的运行,遍及经济、政治、文化等诸多领域,各有不同的内涵、规范和机制。这里,主要从经济的角度和经济学的观点,在众说纷纭中,尽可能梳理出若干粗线条来。

诚信是经济发展的灵魂

诚信的概念,由来久矣。两千多年前,孔子就说过"民无信不立";传统道德浓缩为"忠孝、仁爱、信义、和平",信和义并列其中。唐朝的《贞观政要》,专门有一章是《论诚信》。中国从大陆到港澳台,有不少关羽庙,尊为关公关帝,与孔子平起平坐,称文武双圣,不是颂其武功,而是赞其信义;并在酒楼、茶馆、企业和人家也供关羽,与财神老爷毗邻,表明既要发财,又要生财有道,显示义利相成的文化脉承。诚信,甚至被选为高考的作文题,一份得满分的写了关羽的赤兔马。

经济学家张维迎 2001 年 12 月 13 日在北京大学讲演,谈到豆腐坊的故事,农村习惯于赊账,每月或半年结一次账,相互有信用。杂文家牧惠在 2002 年第 9 期《雨花》上发表文章,题目是《水浒气与诚信》,评说从李世民到"四人帮",似有今不如昔之叹。

笔者认为,诚信是经济发展的灵魂,千百年来,不绝如缕,才支撑起我们这样一个泱泱大国，在历史的长河里逶迤前进。论过去，大到一个朝代，小到一个地方，只有树立诚信，经济才能正常运转，逐步发展；相反，一旦丧失诚信，从根本上打乱了社会秩序，生产、流通、分配和消费、积累各个环节都失序，整个经济不能不陷入难拔的困境。所以在《论语·颜渊篇》中，子贡问孔子："足食、足兵、民信"这三项，如果万不得已，该先去掉哪一项？孔子答：首先可以去兵，其次可以去食，绝对不能去信。

建国以来的半个多世纪，几经变迁，诚信仍在。只是在多一点的时候，经济发展就顺利一点、快一点；在少一点时候，经济发展就停顿甚至倒退，必须迅即纠正。"大跃进"的浮夸风和"文革"的假、大、空，正是反证。

改革开放以来，经济发展蒸蒸日上，无不有诚信呵护。小到一个商品，能够畅销，占领市场，靠的是货真价实；中到一个商场，能够吸引顾客，近悦远来，靠的是童叟无欺；大到一个地区，由欠发达到较发达，由落后到领先，由贫穷到富裕，由默默无闻到驰名中外，靠的仍是诚信。

不妨就近举例。在江苏省，乡镇企业异军突起，遍地开花，经过大浪淘沙，至今成为大器的，如江阴的几个上市公司、张家港的几个企业集团，都是迈正了步伐才兴起的。昆山的自费开放，吸引外资在沿海地区位列前茅，也是由于坚持开放政策，取得外商信任，才久盛不衰。超市办了许多，苏果形成独大，"无假货"的承诺和兑现是制胜法宝。

举远的。如已公开报道和议论：浙江、福建在好多年前就有一批专业市场，吸引了远近顾客，只是假冒伪劣不少，缺少回头客，难成大气候；认识了这点，纠正了偏差，不久就打开新局面，生意越做越兴隆。广东的潮汕地区，曾经失信于外商，使投资者裹足；后来猛醒了，下决心改正，逐步提高了吸引力，前景开始变好。

这都告诉人们：经济发展，不管是企业或地区，除了硬件即躯体要强壮外，必须有健康的软件，其中灵魂是诚信，得之则昌，失之则败，也是一个反复论证了的硬道理。与此相联，还有其他说法：诚信是品牌，诚信是文化，诚信是无形资产，诚信服务是最佳服务，诚信管理是企业管理的核心，诚信是城市竞争力的支柱，等等。据悉，近来的工商登记，企业名称取诚或信的不在少数，企业文化中把诚信置于突出部位，可见这是人心所向、大势所趋。

估量失信之危害，追究失信之根源

诚信的缺失，已如过街老鼠，人人喊打。大家揭发种种不诚信的行为和现象，达到深恶痛绝程度，归根到底，由于这是一种社会公害，其危害至深至广。简而言之，可以触及经济、政治和社会三个方面。

诚信是市场经济的基本准则。市场经济是通过竞争来优化资源配置的，否则就不会有其动力和活力。但是，竞争一定要公开、公正、公平，必须以诚信为本。离开诚信，陷于不正当竞争，就会导致市场无序、机制无效，不是优胜劣汰，促进向上，而是劣胜优汰，发展受阻。也可以说，没有竞争就没有市场机制，没有市场经济。企业的发展，要讲以最低的成本获得最大的效益，而在不正当竞争的条件下，诚信企业的交易成本特高、最终效益特差。对消费者来说，没有诚信为保障，其利益必然受到损害，从而限制其消费，影响市场的旺盛。信用包括四类主体，指政府、企业、银行和个人。任何一个主体的失信，都会扭曲整个经济的运行。有人估量，由于商品伪劣、合同违约、欠账不还、偷漏税款等，各种直接、间接损失，相当于国内生产总值的10%左右。也就是说，如果坚持诚信，经济运行通顺，经济增长率就可能有更大增幅。

诚信是政治的形象。诚信的信，含义广泛，从信用、信念、信心到信仰。不讲诚信，不仅是经济问题，也是政治问题。且不说政府如失信于民的后果，整个社会的任何不诚信、欠诚信事，人们往往归咎于政府的失职。一个地方，如乏诚信，同样会带来不良影响。在全球化时代，国家和政府的竞争力，诚信是一个重要指标，权数较大。曾经有所谓“三信”危机之说，表明了诚信是政治砝码。

诚信又是文化的内核。文化似乎抽象，具体化为思想、道德、伦理，衡量的主要标志之一是诚信，反映了群体的根本素质和社会的进步程度。在某种意义上，诚信又是检测文明发达的尺度。这不是静态的，而是一种循环，由经济、政治、文化合成，对社会起到导向作用。如不及时解决，诚信或不诚信，作为一种正文化或负文化，将生生不已，优化或劣化全社会的进程和结果，是历史性的。

在诚信问题上，有人说，中国还有不够，外国也不完善，包括发达国家。这不是把别人的毛病来遮自己的丑，而是指出诚信与不诚信的消长有其艰巨性和复杂性。也有人说，拿发达国家与发展中国家比，包括我国，差距还是明显的，举例之一是在他们那里的假冒伪劣商品比较罕见。这又说明，诚信与发达程度，或者说与现代化水平是正相关。我国当前的不尽如人意之处，正是发展中的必经过程。

在这个前提下，追求诚信缺失的根源，则有几点：

经济上，正处于转轨期，市场经济体制不够完善，机制不够健全。传统的计划经济体制，强调集体利益，否定个人利益，抹煞个人追求利益的愿望，表现为一种呆板的、机械的诚信。采取市场取向改革，唤醒个人积极性，在利益驱动下，容易出现不规范行为，任其滋长，就与诚信背道而驰。具体地说，关键是产权制度不明确，市场法则未建立，社会监管欠严格，中介机构待成熟，往往诱发急功近利，使不诚信经营的机遇多、成本低，就有部分人士趋之若鹜，甚至“逼良为娼”。再者，信息资源不足，信息流通不畅，使诚信评价不易，也与经济发达的现阶段有关。

政治上，也是改革没有到位，政府职能在转换，法制建设在途中。市场经济是法制经济，政府职能有监管市场，目前都未到位。廉政建设和反腐败斗争的任务还很繁重。正如有人所说，当前还缺乏一个有利于诚信、使老实人不吃亏的大环境。

文化上，则在提高全民素质。诚信是文化概念，属于道德范畴。依法治国与以德治国相辅相成，推进精神文明建设正是诚信的根本。在不诚信的种种事中，当事人不少的文化水平和道德水平偏低。

推进诚信建设的路径

面对现实,认知诚信缺失的危害和根源,不是容许听之任之,而是必须巩固和发扬既有成果,进而积极推进诚信建设。这涉及物质文明、政治文明和精神文明建设的众多环节,集中到一点,就是要建设诚信经济。具体路径,探索和建议已有很多,略述几点:

——全面贯彻"三个代表"重要思想,加强全民的诚信意识。广泛开展宣传教育,使大家认识到诚信建设是促进和保证先进生产力发展的支撑,是发展先进文化和提高文明素质的核心,是维护最广大人民根本利益的大事。从改革开放和现代化建设的角度看,诚信是构建市场经济体制的基石,是扩大开放,应对入世的名片,也是实现现代化的杠杆和标志。

——在社会立德的同时,国家要立法,行业要立规,并坚持严格执行,惩治失信行为。市场经济是法制经济,也是道德经济,两者的结合点在诚信。无论民法、刑法和行政法,都有诚信内容。关于市场经济法律体系,已经初具规模,如《合同法》就有多项。但是徒法不能自行,贵在有法必依,违法必究。与法律并行,行规行约也很重要,是不同行业必须遵照执行的行为规范。

——构建社会信用管理体系,培育和发展信用行业。这是指企业资信调查业、个人信用调查业和商账追信行业、信用保险业、信用培训业以及信用管理咨询业等。要规范资信评估和评级,有明确的方法和标准,树立其权威。要有相互配套的市场中介机构提供优质服务。要建立企业和个人的信用档案,把失信者列入"污点名单"("黑名单"),防止失信行为的再犯。建设信用市场,这是一项系统工程,要有符合我国国情的模式选择。

——推进信息化,充分运用现代网络技术,提高市场竞争的透明度。一切欺诈行为的得逞,往往来自相互方的信息不对称,并导致市场暧昧,竞争不公开也不公平。信息技术和信息产业的发展,为此提供了有利条件，应当充分运用，达到诚信资源共享。这就要准确记录、建立企业信用的数据库，并上下贯通，形成包括大部分“经济户口”的数据传递系统，进而分层、分类披露，向社会提供信用和信息服务。这同样是为了激励守信者，惩罚失信者，做到奖惩分明，降低守信成本，提高失信成本。

整顿市场从抓诚信入手，并对不同部门有不同重点。大力整顿和规范市场秩序，以打假为中心，应当长期坚持，一着不让，不断深入。这在不同部门和行业，各有重点和要害。如在商业要抓商品和服务的质量和价格，反对缺斤少两和承诺不兑现；金融业要抓信贷的真正信用化（不排斥必要的抵押和担保），尽量减少种种不良资产；税收部门要抓依法纳税、依率计征，既不允许逃漏偷拖，也要防止收过头税；建筑、土地和采购等部门要抓招投标的公开化，杜绝黑箱操作。还要整顿各类媒体，反对假广告和有偿新闻。

——开展群众性的诚信活动。已有不少有效经验，如中国质量万里行、百街万店无假货活动、行业创建活动示范点等，必须持之以恒，不要半途而废。最近，全国工商企业发起诚信宣言活动，应当成为又一壮举。还有的地区提出价格诚信倡议，都要给以支持和配合，开创一种生动活泼的诚信新局面。

诚信建设，通过市场，又不能没有政府推动，目的在于通过经济、政治、文化等手段，着力构建一个诚信环境。人们注意到，温州提出“打造诚信温州”后，浙江提出“打造诚信浙江”，其他地区响应纷纷。有人认为，首先要打造诚信政府，然后才能打造诚信企业，进而再打造诚信个人。

诚信的经济学思考

实践呼唤理论，实践导致理论，实践检验理论。诚信是经济活动、经济发展的产物，贯串于经济领域的方方面面，涉及经济建设和经济工作的许多环节，自然地和必然地会引起和激发经济学的思考。古典经济学就谈到诚信，现代经济学有专篇，不仅在外国，也开始在中国。

亚当·斯密在关于真善美和假丑恶的种种论述中，很早就谈到正义和信用，即"信用媒介说"，认为正义、信用和其他美德的重大区别在于：对违反其他美德的现象可以通过规劝和说法来纠正，而违背正义，反其道而行的人则会受到报复，付出代价，即"多行不义必自毙"。在他的重要著作《道德情操论》中，指出经济活动是基于社会习惯和道德之上的，如果离开这些习惯和道德，人们之间的交易活动就会受到重大影响，交易的基础就会动摇。

后来的学者，从经济学、社会学、社会心理学、组织行为学、文化与经济研究等不同学科，提出不少关于信用、信任、诚实、正义的定义。克雷普斯强调在市场契约不完全条件下，买卖双方的行为调整，经过交易重复发生，发现"声誉"的破坏有损今后的利益，就会肯定建立"声誉"可以减少市场交易费用。阿克洛夫著名的"柠檬市场"表明，如果卖者不能从向其声誉投资行为中得到好处，他就缺乏足够的动力向市场提供高质量的商品(如柠檬)或服务。索尔曼和其他人明确指出，信誉和信任降低了交易成本，这是个人与其环境达到一致的一种节约交易费用的工具，又是保证合约实施的一种重要形式。

近来引起关注的是福山所著《信任》一书，他强调文化因素对于经济发展的重要性，认为建立在宗教、传统、历史习惯等文化机制之上的信任程度构成一个国家的社会资本，一个国家的信任程度高低又直接影响企业的规模，进而影响该国在全球经济中的竞争力。这位祖籍日本的美国学者，先人一步地指出，信任问题是各国经济增长的重要决定因素之一，该书的副标题是"社会美德与创造经济繁荣"。

我国的经济学家张维迎有另一种解释，他不赞成对诚信危机停留在道德义愤的局面，而认为实际上可以从产权制度上找到答案，就是"无恒产者无恒心"，也无信用，发生了短期行为，限制了自由竞争，必然导致市场秩序混乱。他认为更重要的，信任往往是人们理性选择的结果，在重复博弈模型中，人们追求长期利益会导致信任的结论，简言之，就是重复博弈产生信任。另一位学者郑也夫推出我国研究信任问题的

第一部著作《信任论》，吸收了多种学科的营养，认为在人类社会发展的不同阶段，在不同的社会文化环境中，信任的结构、特点和形成的根基很不一样。传统社会以私人信用为主，现代社会则更依赖于系统信任或社会信任。

诚信经济和诚信社会的建设，要借助于诚信理论的继承、发展和创新。其中重要的，是建立一门诚信经济学，正需我国学者的打造。研究、开发和打造诚信经济学，不是技术经济学，不同于政治经济学，而是与伦理经济学相交叉、互联动。对此，寄厚望于年轻一代的新生经济学者们！

主要参考资料：

1.《笔谈信任的破坏与建立》，《博览群书》2002 年第 5 期。

2. 陈东琪《重建社会信用体系》，《西部发展》2002 年 9 月号。

3. 茅于轼《社会信用与经济增长》，《特区经济》2002 年第 9 期。

4. 张维迎、柯荣住《信任及其解释：来自中国的跨省调查分析》，《经济研究》2002 年第 10 期。

5. 顾纪瑞《信用是市场经济的基石》，《江苏商论》2002 年第 10 期。

6. 胡振民《认真实践“三个代表”，大力加强诚信建设》，《经济日报》2002 年 8 月 26 日。

7. 刘彦广、王薇薇《“国家立法，行业立规，社会立德”——国家工商总局市场规范管理司司长张经谈信用机制建设》，《经济日报》2002 年 10 月 30 日。

8. 王少冗《如何构建中国信用管理体系——访中国市场学会信用学术委员会委员蒲小雷》，《经济日报》2002 年 11 月 29 日。

（原载《金融纵横》2003 年第 1 期）

第三编

外篇(跳出经济学)

国之四维：经济、政治、文化、社会

古语有云："礼义廉耻，国之四维"，这是就道德层面而言。就整个国家来说，国之四维应是经济、政治、文化、社会四个方面，构成一个系统、一个总体。十七大报告中提出经济建设、政治建设、文化建设、社会建设，各有其内涵、任务和对策，为中国特色社会主义勾画一幅鸿图，使我们广开眼界，活跃思路，值得深思熟虑，据以指导工作、规范行动。

"维"，原本是一种向度。宽是一维，长是一维，高是一维，从点和线延伸到面和立体，形成三维的空间；再加上时间作为四维，囊括了世界万物。任何事物，基本上是多维的，人类活动也不例外。国之多维，主要在经济、政治、文化、社会，囊括了生产力与经济基础、上层建筑和意识形态，别无遗漏。小康和现代化，不外是推进这四维的发展，大多有其量化指标。"以人为本"，人的存在、成长和活动，都在这四个领域，甩不掉，跳不出，离不开。

四维理念的形成，有其逐步形成的过程。从革命到建设，最早集中在经济建设，发展也主要是经济发展，所以是硬道理。因为不抓经济建设，不抓经济发展，不解决温饱，其他都谈不上，建设和发展不起来。但又不能局限于和停留于经济，必须相应地建设和发展政治、文化，以适应广大人民在物质生活基础上不断增长的政治生活和文化生活的需求。"三维"在十六大以前就提出并明确了，现又增加了社会。狭义的"社会"指经济、政治、文化外的一切，广义"社会"，把这三维也包容在内，终于形成国之四维。全面小康的更高要求，现代化的宏伟目标，定位于经济富强、政治民主、文化繁荣和社会和谐，一着不漏，是非常完美的（另有国防建设和党的建设，与经济建设和政治建设相交叉）。

初学十七大精神，笔者对国之四维，略有一点粗浅的心得，简述于此。

其一，四维各有分工，处于不同位置，担当独特功能，都是国家建设和发展不可或缺。从长期看，经济建设是中心，经济发展是基础，没有经济建设和经济发展创造强大经济实力和经济财富，为其他建设和发展提供物质支撑，政治、文化和社会建设都难以有效地进行和发展。因此，一定要尽先求得经济又好又快发展。但是，光经济也不行，还要保障人民权益，调动群众积极性，扩大社会主义民主；还要加强文化建设，以提高全民族文明素质。与此同时，要加快发展社会事业，体现公平正义，改善民生，使发展成果为全民共享，促进社会和谐。

其二，四维不是孤立的，相互之间相辅相成，具有互相促进和互相制约的互动效应。如上所述，不发展经济，另三维也不能顺利地发展和进步，然而，经济发展也有赖于其他三维的配合和支撑。经济的发展和改革，有利于政治的发展与改革；同样，经济改革又要求政治体制改革相适应。当前政治体制改革呼声日高，不仅是民主政治建设的需要，也是经济发展的要求。只有集思广益的决策科学化，以及市场经济的法制化、规范化，经济才能健康发展。文化发展的功能，在经济增长越来越依靠科技进步后，其贡献与日俱增；同时，人民在物质生活改善后，对文化生活也有越来越旺的期待。这些，都延伸到教育、卫生等社会事业的发展，就业、分配和社会保障制度的完善，有着更为迫切的要求。

其三，处理好四维关系，重在全面协调和可持续发展。科学发展观的基本要求就在这里。不仅讲经济社会发展必须协调，促进现代化建设的各个环节、各个方面都要协调，诸如城乡发展、区域发展、经济社会发展以及人与自然和谐发展，都涉及政治、文化和社会诸方面。十七大还提到中央和地方关系以及个人利益和集体利益、局部利益和整体利益、当前利益和长远利益等必须统筹兼顾，就不只是经济问题，还有赖政治、文化和社会的视角，才能促进全面协调和可持续地发展。

其四，落实四维的互动发展，要求各部门和地方的实际工作都必须顾大局、识大体。很多年来，条条专政和块块自主的余风还未完全消尽，国家的宏观调控常受“博弈”，经济偏热一再出现。十七大进一步强调宏观调控，也不仅是对经济建设，还包含了在政治、文化、社会建设上维护“全国一盘棋”的要求。同样，必须解放思想，坚持改革开放，其领域也不限于经济；政治体制和文化体制（包括科学、教育体制以及就业、分配、社会保障等）的改革都要进一步深化和完善。

最后，讲到人，讲到人的本质，人的活动，面对四维，应当更新观念。市场经济环境中，人在作出贡献的同时取得相应的回报，是应该的。但按流行的一种说法：人都是“经济人”，人生目的主要是争取个人经济利益的最大化。这就是片面误导，其后果是，巧取豪夺、贪污腐败、物欲横流、道德滑坡。应当认识人的多维性，除经济属性外，人还是“政治人”、“文化人”和“社会人”；人有其政治意愿、文化追求和社会责任。这样，人人对四维建设有更大贡献，也能得到四维的更多回报。

四维建设，面广量大；四维发展，任重道远。十七大对这四方面都有专门篇幅论述，有不少创新的见解和对策。面对新时代和新目标，我们意气风发、斗志昂扬，坚信四维并举的美好景象终将圆满实现，中国特色社会主义终将胜利成功！

（原载《唯实（执政能力）》2008 年第 2 期）

积极推进经济发展与社会发展的联动

温家宝同志在《牢固树立和认真落实科学发展观》的讲话中提出："经济发展是社会发展的前提和基础，也是社会发展的根本保证；社会发展是经济发展的目的，也为经济发展提供精神动力、智力支持和必要条件。"对前两句话，大家已有充分理解，没有经济发展就没有社会发展，社会进步要靠经济增长来保证，两者之间有类似源和流的关系；对后两句话，过去强调和宣传得不够，除了也知道社会发展对经济发展的反作用外，为什么还说社会发展是经济发展的目的呢？

社会发展包括两个方面：一是指科技、教育、文化、卫生、体育等社会事业的发展；二是指社会就业、社会保障、社会公正、社会秩序、社会管理、社会和谐等以及社会结构、社会领域体制和机制完善等。不妨认为，前一方面是硬件，比较实，容易看得到、摸得着；后一方面是软件，比较虚，不能仅凭直观来认识、衡量和评判。在某种意义上，经济发展主要是手段，而其出发点和归宿则在社会发展和社会进步；离开了社会发展这个基本目的，经济发展就失去了本质意义。

经济发展与社会发展，始终相辅相成，有一定的同步性与联动功能和联动效应。但是，在经济发展的初始阶段，往往又难以避免重经济发展而相对地轻社会发展的自觉或不自觉倾向。明确以经济建发为中心，把发展经济作为我们党执政兴国的第一要务，毫不意味着可以漠视或忽视社会发展。改革开放以来，经济快速增长，带动着社会事业的相应发展和社会各方面的进步。只是总体地看，感到存在“一条腿长，一条腿短”的问题，社会发展在某种程度上相对滞后于经济发展。

在此时刻，中央提出坚持经济社会协调发展，有其针对性和现实性，是非常必要的。也就是说，在坚持以经济建设为中心、保持较快速度的经济发展的同时，必须加快社会发展，以跟上经济发展的步伐，实现两者之间的联动。这不仅是为了更好地促进经济发展，如提供更多更好的科技成果和人才，还是为了进一步造福人民，使从解决温饱、实现总体小康，走向全面建设小康社会。

积极推进经济发展与社会发展的联动，实现两者之间的协调，是一项巨大的系统工程，涉及物质文明、政治文明和精神文明以及生态文明的方方面面，要有整套的对策及其贯彻实施。当前和今后应当关注和努力的，至少有以下若干要着：

首先，牢固树立和认真落实科学发展观，实现全面、协调、可持续的经济与社会共同发展。要切实纠正重经济、轻社会的片面发展观，特别要扭转片面地、孤立地追求经济发展速度而忽视经济发展质量的、单一的 GDP 情结，扩大视野，充分认识经济与社会的内在联系，为此而作出全面的统筹安排。这是与时俱进的大转变，从理念、政策到具体措施都要有求真务实的开拓创新。

其次，坚持“以人为本”，关怀最广大人民的根本利益，办好就业、分配和社会保障三件大事。这三件事，既是经济工作，又是社会工作，要靠各方的协同。就业是人生之本，要尽一切努力广开就业门路，尽量减少下岗，包括企业改制中的“内退”和“买断”，并加强培训，扩大再就业。要理顺分配关系，在鼓励一部分人先富起来的同时，防止差距过大（当前城乡差距已居世界之最），把基尼系数，与失业率一起，控制在社会可承受的限度内。要逐步扩大社会保障的覆盖面，直至包括农民的绝大多数，特别是失地农民和农民工，为困难群体解除后顾之忧。这些，不仅为人民造福，也是为保证社会安定，应当纳入政绩考核的重要标准。

再次，大力增加投入，进一步发展科教文等社会事业，发挥其积极作用，并提高人民的精神生活水平。对这些事业，20 多年来的发展要有适当评价，并正视其不足，加大财力、物力、人力的投入，加强其发展进度和力度。科技是第一生产力，要作为重中之重，增加投入，增加产出，缩小与当代世界水平的差距。教育发展不仅在数量，更在质量，要在提高全民素质的基础上，不断提供各方面亟需的各种人才。文化也是动员力量和享受手段，要走产业化、市场化之路，而重点在发展科学的、民族的、大众的文化事业，克服其腐朽和低俗一面。这些，不仅是为人民的精神消费，又是对经济发展的要素支持和市场扩容。

最后，正视各种社会问题，坚持社会改革，实现社会整合。人们看到，在当前转轨期，社会问题丛生，显得越来越复杂多变，亟待有力对策。传统的社会秩序正在解构，新的社会格局正在打造，如何促其优化，要有整体安排，涉及人们社会生活的众多层面。整个社会局面，基本上是安定的，又不能不警察其潜在矛盾，包括黄赌毒的蔓延滋长，要靠教育、管理和法制来解决，努力竭止其消极影响。这都要推进深入改革，培育健康的社会机制，促进社会的全面发展和进步。此外，保护和改善生态环境，实现人与自然的和谐，达到可持续发展，也是社会发展的重要标志。这方面难度大，刚刚破题，任重道远，不容乐观和懈怠。

经济发展了，人们对社会发展的需求越来越大、越高；同时，经济发展又为社会发展创造着越来越好的条件。关键在于我们的认识和行为，必须符合新形势，明确新使命，采取新举措。应当相信，积极推进经济发展与社会发展的联动，是能够做到并取得成功的，而其结果，则是为人的全面发展提供良好的经济环境和社会环境。推进这项工作，政府有职，人民有责，共同完成此一宏伟的历史任务！

（原载《改革与开放》2004 年第 4 期）

审视经济走向和社会整合的几个问题

面对当前的经济社会形势，出现几种不同剖析：有人认为是平稳较快发展，"十一五"有了好的开局；有人认为是矛盾急剧暴露，处于十字路口。各有理念、数据和实证。看来，应当积极思考，审慎解读，并创新对策，持续奋进。

值得倾听的理论动态

近两年来，理论界比较活跃，开始形成新的热点和新的组合，试举有关几例。

一是对改革的反思。最早从马克思经济学的边缘化引起，随即接触实际，涉及市场经济有无"社""资"之分、效率与公平的关系以及要不要坚持公有制为主体等。起先，有人提出反思改革就是反对改革，后来同意反思而观点不一，最后多数认为此一争论源于利益集团的分化。双方都主张深化改革，但在指导思想上略感暧昧。

二是对发展和改革重点的转换。在坚持以经济建设为中心的前提下，有人认为，经济问题已经大体上明确，当前和今后的重点或难点将转换到社会问题和法制或宪政问题上来。自命的主流派人士也提出，自由主义除政治、文化外，经济主要是市场化和私有化、民营化，社会主要是公平化，两者之间有冲突，必须认真处理。

三是对发展前景的评估。向来一致看好，肯定快速增长还能保持10年、20年、30年，届时总量可赶美、人均可超英。近年来新兴的"极限说”，认为按照当前的高能耗和高污染，再翻一番、两番，即使节约20％或更多，世界也难以承重，国内也难以治污。这在国外同样有异议，有的称“黄祸”，罗马俱乐部表示担忧，而国内感受相对淡漠。

四是对当前的忧患。在一次研讨会上，有人提出朝野的分歧是官方叫好，学界称危。其实，有关部门也有发觉，指出增长速度偏快，投资规模偏大，消费趋向偏冷，结构调整偏慢，物价涨幅偏高，招商引资偏多，自主创新偏弱，总的是转变增长方式停留于口头，防治重复建设始终未见成效，恶性竞争仍无法制止。

五是对中央与地方的博弈。这个问题过去有人提过，近来更有呼喊，集中为宏观调控未能到位。与上一忧患相联系，表现为各省确定的经济增长率普遍超过中央预期，投资增长率更是大幅超过经济增长率，产业结构不尽符合产业政策，并在物价指数、能源消耗、土地征用上申报不实。改进政绩考核机制，建议不少，采纳和实施不多。

必须关注的潜在变数

对 2006 年下半年和今后的经济发展，有人认为，存在若干不确定因素或称变数。

一是世界经济有无突发事件？这是指中东包括伊朗，至今动荡不安，如有进一步逆转，影响石油价格，我们难免被动。

二是人民币汇率和银行汇率会有多大变化？总的趋势是稳中有变，积小变为大变，汇率升值对我国外贸尤其是出口，不能不产生一定影响；存款利率也有提升压力，外币利率和贷款利率差额已经过大。

三是证券市场和房产市场能否稳住？这两个市场带有不同的虚拟性，容易产生泡沫，政策支撑不一定有效，而其变化过大，对各方面包括消费都有制约。

四是工资提升对出口竞争有无削弱？几年来一般职工尤其是打工者的工资水平基本不动，造成所谓廉价劳动力优势。近年来，出现“民工荒”，导致工资适度上升是合理的。这与销价和成本、利润将有联动。

亟待缓解的社会矛盾

人均GDP1000～3000美元是社会矛盾的暴发阶段，当前表现在贫富差距的扩大，基尼系数突破警戒线，引发一些问题。

一是就业。登记失业率外，调查失业率不低于7%～10%，连同农村的隐性失业率至少达20%。农民工进城，使失业现象进一步表面化。昆山推行“零失业家庭”，是当前全民就业的一种替代模式，要总结推广。

二是社会保障。目标是全覆盖，包括农村。似乎不易，但据计算，这几年财政收入增长快，其实有条件做到，占预算总支出比重不会高于多数发展中国家。关键是认识和决心。

三是收入分配。这几年处于自流，特别是缺乏统筹，以致矛盾突出。对策是在普遍提升中，一定要保证低收入者收入的增长不低于中等收入者，企业内部也是如此，这才是共享发展成果。

四是劳资关系。这几年有偏失，产生“仇富”和“嫌贫”情绪，必须坚决督查有关劳动法和企业法的实施，实现“劳资两利”。

坚持落实的既定任务

有些工作，规定明确，重在落实，要靠持之以恒的督促和检查。

一是教育。教育公平是社会公平的根本标志。至今仍存在读书难和读书贵，根子是对乱收费未制止，要有更硬的措施，实施修改后的《义务教育法》。有条件的地方普及12年义务教育，推行高等教育大众化，加强职业技术培训。要做的事很多，必须一抓到底。救助贫困生，更要有一套办法。

二是卫生。人们意见最大，要有断然措施，如杜绝“红包”，保证穷人包括农民小病可治、大病有“包”。医疗改革，从降低收费切入，至今还是“雷声大，雨点小”，应当加大力度，尽快到位。

三是住房。温饱之后，住房优先。要有强力措施，特别是对贫困户要有特殊政策，保证人人达到小康水平。

四是农民工。问题存在已久，有所对策，未臻完善，必须使之落实，由点到面，享受全民（不仅市民）待遇，逐步变成市民。

五是建设社会主义新农村。比过去“三农”的重中之重又有进一步提高，体现出多年来的重工轻农、重城轻乡，到了非纠正不可的时候了。此事涉及面广人多，有相当难度，应当在指导思想上有根本转变，舍得出力花钱。重点不在苏南的锦上添花，而在苏中、苏北的雪中送炭，这也是缩小城乡和地区差别的根本之道。并村不是唯一办法，已经出现不少问题，招致民愤，不容固执。一定要防止搞运动和强迫命令、形式主义以及政绩工程。

（原载《领导理论与实践》2006 年第 4 期）

当前中国社会阶层的演进及其整合前景与对策思考

阶级分析是马克思主义、毛泽东思想和邓小平理论考察世界、解剖社会和指导工作的基本立场、观点和方法，随着时代进步，时至今日，应当在继承中有发展。按照江泽民同志“三个代表”的要求，研究当前中国社会阶层问题，有着重大的理论价值和实践意义。

社会阶层的演变是一种时代进步

改革开放 20 多年来，经济发展，社会进步，阶级观念也有了很大变化。怎样描述和概括，党和政府以及理论界、社会人士都给以关注和探讨，先后有过各种看法和意见。基本共识是：到了建设时期，不同于革命时期的要分敌我友，阶级基础和群众基础都扩大了，广大人民都是社会主义的建设者。

在当代中国，社会阶层包括哪些、怎样界定，目前尚无大家公认并反映在党和政府的重要文献上。最近，中国社会科学院课题组推出《当代中国社会阶层研究报告》(社会科学文献出版社，2002 年)，吸收了若干成果的精华，有相当的代表性。这个报告划分出“十大阶层”：国家与社会管理者，经理人员，私营企业主，专业技术人员，办事人员，个体工商户，商业服务人员，产业工人，农业劳动者，城乡无业、失业和半失业人员；并按照其拥有组织、经济、文化资源的多少和有无，划分为“五大社会经济等级”：社会上层，中上层，中中层，中下层，底层。

社会阶层划分标准与传统的阶级分析不同。阶级分析以对土地、资本等生产资料的拥有与否和多少以及相应的收入来源为惟一尺度，给每人“家庭出身”和“本人成分”两种不可分割、难以改变的身份，并具有不同的政治等级；阶层划分基本上以社会职业为尺度，连同对不同资源的占有状况，并且是开放、流动、可变的，总体上无贵贱之分。

从大体上是“两个阶级（工人、农民）”和“一个阶层（知识分子）”到目前的多种社会阶层，这个演变反映了时代的进步和人们认识的求真。阶级的分化和细化，社会各阶层的传承和演进，标志着传统社会向现代社会（包括农业社会向工业社会）转换，产业结构越来越多样化，社会分工越来越多样化，导致社会职业也越来越多样化，特别是派生出新的社会阶层并不断成长。按着这个脉络，人们感到在跳动的，一是先进生产力，一是先进文化，打造着新生阶层，提升着传统阶层。在此进程中，改革开放是动力源，为先进生产力和先进文化的发展扫除障碍、开辟途径，培育了一代新的阶层。随着社会阶层的演进，同时形成各种利益群体，有差别就有矛盾，而在相互依存、关联和合作的条件下，根本利益又是一致的。这是分析现有社会阶层得到的简单结论。

转轨期社会阶层结构的阶段性局限

当前中国社会阶层的结构形成，作为时代的产物，与现代化和工业化、城市化、市场化、全球化、信息化的趋势是基本对应和相称的。但是也要看到，目前正处于转轨期和发展中阶段，在观念上、体制上、组织上还受到传统的约束，存在既有合理的一面，又有不合理的另一面。应当在充分肯定其进步的前提下，正视其阶段性局限，从而为筹谋社会整合明确思路，寻觅对策。

首先，总的结构形态还是金字塔形，不是橄榄形。社会学者认为，现代化的社会结构，其成熟性和稳定性表现为两头小、中间大的橄榄形，不同于近代化前的上尖下阔的金字塔形。中国的传统社会属于后者，少数人冒尖、多数人垫底。这20多年，结构有变化，一部分人先富起来，大部分人有所提升，但是总的说来，如上述研究报告指出：该扩大的阶层没有扩大,该缩小的阶层没有缩小,中间规模过小。

其次,资源配置和收入分配的机制不够健全。过去仅着眼于土地、资本等传统资源,目前演化为经济或财富、文化或知识两类现代资源以及行政管理,在社会成员之间如何配置,亟待有新的机制,但目前还处于从计划到市场的过渡期,或称双轨并存。更直接的是分配方式,无论是按劳分配或按生产要素分配,前者才开始摆脱平均主义的束缚,后者更在探索和试验中,都欠完善。由此而来的评价,或称不公,或称不均,前者指过程,后者指结果,都有一定依据。这是可能导致社会不稳定的重要因素。

第三,富裕群体和困难群体的并存与矛盾。任何社会,人以类聚,都分强弱。过去讲阶级斗争,现在讲阶层合作,核心在于怎样处理富裕群体和困难群体的关系。目前的矛盾,从表面看,是富裕群体不大而势太强,困难群体很大而势较弱;进一步追究其原因,来自资源分配机制,如富者不都是靠合法经营,贫者也不都是由于劳动欠勤奋。

第四,社会阶层之间的流动还不畅通。改革前职业由计划安排,并且一定终身,城乡和工农之间更是相互隔离的。改革以来,开始松动,人们不满足于铁饭碗,有选择金饭碗或瓷饭碗的愿望和机会。但是相对而言,其自由度仍有限,如农民进了城,被叫做农民工,与市民在择业上仍不一样。

最后,就业和就学的权利还不平等。社会阶层以职业分,进入不同职业领域,而今还是门槛有高低,甚至身份也不同,这是导致分配不公和强弱势异的根本。近几年来,用人制度有所改革,特别是对人才的供不应求,形成卖方市场,使英雄有施展身手的用武之地。进一步求索,则是就学机会还不平等:义务教育基本普及,还需“希望工程”补充;而高等教育成本越来越高,某些英才因此被拒之门外。

这些问题的存在,无损改革开放 20 多年来中国的显著进步和辉煌成就;表明,经济发展和社会进步都是一个长远的历史过程。当前我国尚处于社会主义初级阶段,现代化建设也才解决人民群众温饱问题和总体上实现小康。所以社会阶层的演进,只能说是开始呈现现代社会结构及其阶层序位的雏形，只有认清这些阶段性的特征和局限，才能解放思想、实事求是地去推进社会整合。

社会整合的现代性和社会主义特色

现阶段的基本任务，集中在推进社会主义现代化建设，具体目标表述为富强、民主和文明，遍及经济、政治、文化三大领域。这都与社会阶层的演进和整合息息相关。因为社会阶层的形成和划分，归根到底来自经济、政治、文化三大资源的合理配置及其不断优化。社会整合要讲现代性，不妨以发达国家为参照系，吸收人类文明的优秀成果；但是同时，要讲社会主义特色，不能一味摹效，自觉或不自觉地追求西化，错认为某国模式是尽善尽美了。因此，在推进社会整合中，若干问题值得商榷：

什么是橄榄形的社会阶层结构状态？在各个社会阶层的划分方案中，大多有上、中、下层的不同层次，主要是经济等级，也有关政治和文化。所谓橄榄形，并不意味着就是中层的扩大和上、下两层的缩小。不少方案也提出中间层或中产阶层，认为理该是社会的中坚。对此，要作具体解剖，不能一概而论。对照社会主义的共同富裕宗旨，中间层应当是一部分人先富以后，带动更大部分人也脱贫致富，成为社会的“众数”。所以，照搬传统的中产阶层或中产阶级概念，或有不当，至少是不准确、不精确的。与此相应，致富在现阶段，还该以脱贫为起点，而不是着力于培育超过平均富裕程度的富裕阶层。在政治上和文化上也相类似，努力使众数与平均数接近。不言而喻，着力点在下层，当然对上层不是限制，但不排斥要有适当调控。

怎样对待不同资源的合理配置？传统社会的阶层划分，以土地、资本等经济资源为依归，实际上也有政治资源和文化资源的追求，因为经济基础与上层建筑是联动的。现代社会的阶层演进，对待这三种资源，要有新的评估。一种划分，把国家和社会管理者放在首位，或许是迁就现实，并有传统遗痕，不该是长远之计；参照现代社会，体现社会主义初衷，官员是公仆，权力属人民，管理不外是服务。因此，阶层划分，主要资源应当只有经济和文化两种，并随着知识经济和知识社会的到来，逐步向后者倾斜。这在当前已见端倪，文化层次渐与社会层次对称，与贫富层次也相呼应，显示了“尊重知识、尊重人才”的真谛。相反，如果仅是突出财富资源或管理资源，走远了，其后果不堪设想。

怎样处理收入分配的效率与公平的关系？在发展中阶段，强调效率优先并兼顾公平，并无不当。因为只有先把蛋糕做大，大家才能分享增多。但是，关注效率较易，尽管也有不尽完善之处；而兼顾公平较难，何况两者是互为成本的。所以，在发现差距较大，低收入者队伍越来越多时，适当调整效率与公平的关系，调整按劳分配与按要素分配的关系，显得重要而紧迫。经济改革是利益关系的调整，一定要使多数人得到实惠，并让获益多的阶层承担相应的成本。公平的含义是公正和平等，必然有差别，但不能过大。

怎样关注困难群体？当前社会阶层演进中出现的问题，最突出的是困难群体，并且人数相当多。既有其历史原因，也有体制原因和区位原因。困难群体中以工人、农民居多，他们都是“基本群众”和“领导力量”、“依靠力量”，都是国家和企业的“主人翁”。近年来，困难群体受到党和政府以及各界人士的关注，并且采取了不少扶贫救困的措施；只是由于面广量大，在发展现阶段，始终是任重道远。

依靠什么力量和机制来推进社会整合？现在搞市场经济，很多方面靠市场机制，但是仅靠市场调节，社会整合的过程更长，发达国家有这样的历史，发展中国家有这样的现实。所以作为社会主义国家，既要依靠市场，发挥市场的积极效应，在竞争和合作中调动各类群体自我发展的积极性，又要在市场外，补市场机制之不足，实行有效的公共政策，加快社会整合的步伐。例如对困难群体的救助，他们自己的力量有限，远离资源配置中心，更要有政府的支持。所以推进社会整合，沿着社会主义道路，固然有其客观规律，也不能没有人们的主观能动性，党和政府责无旁贷。

回顾和前瞻的对策评估和建议

研究社会阶层问题，目的是为了推进社会整合，通过社会制度的改革和创新，逐步调整传统和现阶段社会阶层结构中的落后面，最终形成有中国特色社会主义的现代化社会阶层体系。在此过程中，党和政府制定和实施社会政策，发挥主观能动作用，是举足轻重的。

社会政策不是孤立的，与经济政策、文化政策相互联系，遵照党在社会主义初级阶段的基本纲领和基本路线，应当充分体现“三个代表”的要求。讲发展，在物质文明建设上就是要发展先进生产力，在精神文明建设上就是要发展先进文化，而其目的，都是为了维护、谋求和增进最广大人民的根本利益。制定和实施社会政策，同样要回顾历史、前瞻未来，在总结经验的基础上，努力开拓创新。当前研讨的热点，大家建议的亮点，主要有下列诸方面：

——以发展为主题，以富裕社会各阶层为归宿。现代化的经济目标是富强，富民强国、强省。发展是主题，富民是其出发点和归宿，两者是统一的，但也不无制约。如果只求发展，不能处理好增长和效益、积累和消费的关系，人民得不到相应的实惠，就不利于社会各阶层的成长。发展是社会整合的前提，同时要明确：经济社会发展的成果一定要为全民共享。

——建立和完善科学合理的资源配置和收入分配的机制。以职业分工为标志的社会各阶层的划分和演进，取决于资源配置和收入分配的体制，应当列入经济、社会体制改革的视野和议程。这里说的资源，是指以先进生产力为代表的经济资源和以先进文化为代表的知识资源，在配置过程中，收入分配是重要杠杆。分配方式日趋多样化，目的在于按劳分配要有利于调动脑体劳动者的积极性，按资本、技术等生产要素分配要有利于充分发挥资本、技术的积极作用，有利于发展先进生产力和先进文化。在初次分配后，还要重视二次分配，达到效率与公平相结合，协调不同社会阶层的利益关系。

——让一部分人先富起来，培育和壮大中间层。共产党的宗旨在富民即实现共同富裕，但是不可能齐步走，一蹴而就。让一部分人和一部分地区先富，正是必经步骤和阶段目标。为此，要允许、提倡和鼓励通过合法经营（包括资本经营和技术经营）而致大富，这方面的政策设计还待完善；但是重点在让更多的人也逐步致富，不能致大富也可致中富、小富。培育中间层，使其不断壮大，使整个社会阶层呈橄榄形，该是实现现代化和共同富裕的终极目标。

——关怀和倾情困难群体，让工人、农民普遍得以勤劳致富。这要有一系列措施，不仅是落实几个“必保”、加快建立和普及社会保障制度，在公共财政中提高其比例，还要在扩大就业和再就业方面花很大力气。

——就业、就学上实行公平方针，并逐步做到区域平衡和城乡一体。社会阶层的分化，导致某些困惑、埋怨和不安，究其根源，与提供的就业、就学机会不公有关。一定要尽快建立新的就业体制，领导干部实行公示制、经营者实行聘任制，都是良好开端。但是，就业者本身素质不同，档次有异，来自不同学历，还有必要深化教育体制的改革，在巩固和提高义务教育的基础上，努力降低社会和家庭的教育成本，最后实现职业教育的普及化和高等教育的大众化。在此进程中，还要推进区域之间的共同发展和协调发展，并推进城镇化（不仅是城市化）和城乡一体化，逐步缩小区域和城乡之间社会阶层的差距。

——正确处理新时期的人民内部矛盾。阶级斗争是敌我矛盾，社会各阶层都是建设者，在分工合作中也有矛盾，则属人民内部矛盾，也要重视并加以协调。其中，干群关系十分重要，一定要加强廉政建设；不同所有制经济有公私关系和劳资关系，一定要兼顾和两利；各行业都要讲究职业道德，崇尚诚信，使商德、医德、师德、艺德等昂扬起来。以德治国与依法治国相结合，社会整合不仅有规范，并有取之不竭的动力源，既有现代性，又有中国社会主义特色。

（原载《党建导刊》2002 年第 8 期）

培育和谐的社会风气

党的十六届四中全会通过的《决定》，把构建和谐社会，与市场经济、民主政治和先进文化一起，作为加强党的执政能力建设的主要任务，其意义十分深远。实现这个目标，不仅要党和政府的宣传教育、提倡鼓励、政策调引和管理创新，还有赖于全社会的配合和广大人民的响应。其中，培育和谐的社会风气，也是不可忽视、不能缺乏的重要一环。

提出构建和谐社会，有着充分的迫切性和针对性。应当认为，改革以来的 20 多年，与过去强调阶级斗争的时期相对照，社会风气有了明显好转。但是也不能否认，当前社会还存在着不够和谐的气氛，具体表现在暴力行为频繁发生，人际关系相对锐化，常见的如为了某些小事而导致争吵和打骂以及语言的粗野等，与全面小康和现代化的目标背道而驰。这有多种原因，特别是社会公平和正义未得保证，部分弱势群体受到歧视，感到委屈。另一方面，则反映了和谐风气未得弘扬，亟待鼓吹，求得树立、推广和普及。

培育和谐的社会风气，首先要强调安定团结不仅是社会进步的重要标志，更是推进经济、社会和政治、文化建设的前提、基础和动力。任何破坏安定团结的行为，都会带来一系列的消极效应，损害人民的根本利益。在这方面取得共识，大家身体力行，即使人民内部矛盾始终存在，有时难免剧烈，都能得到正确的处理和解决。

在此前提下，倡导相互尊重，表彰诚信相处，有利于协调各种人际关系。改革以来，社会阶层日益演进，利益关系越趋复杂，只有相互尊重，才能求得协调和融洽。过去搞革命，在你死我活的斗争中，难以讲温良恭俭让;现在搞建设,和平发展,回归温良恭俭让是有利无害的。这是公共道德的应有之义,要不要大不一样。

在当前发展进程中,必然有先有后、有强有弱,怎样做到先进照顾后进、强者帮助弱者,从认知到行动,形成一种和谐风气,至关紧要。特别是在一部分人先富起来后,更多的人群在走向宽裕之路的今天,贫富分化,差别扩大,一定要调节其利害关系。对此,既要防止仇富心理,更要反对欺贫,从而形成扶贫济困的时尚,才是和谐的正道。

培育和形成和谐的社会风气,是一种道德规范,又是一种法制秩序。这要加强和改进管理,更要优化激励和服务,在党和政府引导下,充分发挥各种社会组织和企业、学校以及家庭的功能和作用。各级领导要以身作则,坚持群众路线;各类媒体要发扬正气,排除邪气。这样,形成一套社会机制,社会风气就能改邪归正,不断上升。

人们对当前社会风气存在隐忧,必须正视,不能讳避。同时要有信心,随着经济、政治、文化建设的发展,有利条件不断成长,整治不良风气,树立和谐风气是可望成功的。当然,这要做艰辛、繁重的工作,坚持不懈,终将胜利!

(原载《领导理论与实践》2004 年第 6 期)

教育公平:和谐社会的重要砝码

和谐社会要讲公平即公正和平等,没有公平就会导致一系列不和谐的情绪、氛围、冲突。什么是公平?有种种感觉、理解和诠释。

社会公平和社会和谐,渗透于经济、政治和文化等各个领域,并落实到人民生计即就业公平、分配公平和社会保障公平,杜绝任何歧视。而从整个人生过程看,教育是贯穿始终的重要环节,影响最为深远。换句话说,教育公平是和谐社会的重要砝码,在相当大的程度上决定着每个人的成长,决定其劳动、工作、服务的能力和水平,以及对社会的贡献和回报,并表现其人生价值。再换句话说,教育公平就是为每个人提供公正和平等的成长机会,付出多大的努力就能获得多大的、基本相称的回报。这也是其他公平得以实现的前提和基础。没有教育公平,其他公平都被扭曲或架空,也谈不上什么起点公平、过程公平和结局公平。发展成果为全民共享,教育公平是一把钥匙。

教育公平是一个大课题,古今中外还未彻底解决。有人认为,古代的科举制度含有教育公平,其实那时真正享受教育机会的只是一部分人,有其阶级障碍;有人认为,现代发达国家已经达到了教育公平,进一步深究还有不少地方都未到位。我国过去有大批教育家和教育救国论者,从孔子到一代代仁人志士直至武训和陶行知,也只是特立独行,未能使教育渐至普及的程序,教育公平一直只是理想和憧憬。

新中国建立后,对教育的重视日益提升。科教兴国作为基本国策,教育更是科技创新的柱石,从扫除文盲和普及义务教育到大力发展中等教育和高等教育,一步一个脚印,人所共睹,举世瞩目。恢复高考以来，短短30年培养的各类人才，为经济社会的发展提供了智力保证。当前，无论是大中小学生，绝对数和相对数，都居世界前列。

但是，对照教育公平的目标，距离还相当遥远。近年来对教育问题的争论，其焦点正在教育公平。从财政预算的教育资源配置看，80%用在城市，农村只花20%，导致城乡教育发展的两极分化。仅9年制义务教育，大片农村尤其在中西部，不同比重的农民子女未能享及。中等以上学校的收费，不管是法定标准或择校等乱收费，造成因教致贫或把贫困生排斥在校门外。统一高考，貌似公平，因底线不同，地区之间分数悬殊，都有背公平精神。在2000多万大专院校生中，20%为贫困，其中7%～8%为特困，生活水平并涉及学习水平也大相迳庭。与医疗、住房一起，读书难、读书贵成为新的"三座大山"之一，其诟病更属三者之首。教育改革的进度和达标度，该以教育公平为标杆。大致有下述若干对策思路：

首先，对义务教育，在免除学杂费基础上，进一步的要害在平衡教学水平，包括增加中西部教师的收入，吸引和动员优秀、合格的教师和师范生去填平低谷。

其次，对中等教育和职业教育，在严格控制收费标准的同时，还要尽快给来自城乡的贫困生，包括农民工子女，以适当的支持和帮助，消除一切因贫撤学，做到"一个也不能少"，并逐步把义务教育从9年延长到12年。

第三，对高等教育，虽不能做到普及化，也要逐步做到真正的大众化，使有志升学者的大部分可望如愿以偿。在此进程中，必须尽快调整录取分数线，如对来自在不发达农村的学生适当加分，或许是纠正不公平的必要之举。

第四，做到上几点，需要大量投入，争取两三年内教育支出达到占GDP4%左右的世界平均水平。这要靠财政支出，在节约行政费的基础上，把教育支出列在公共服务的优先位置；也还要辅以社会支持责任，让丛飞和李瑞环一类助学者越来越多，成为企业和公民的一份责任。

第五，还要不断加强职业培训，作为转型期的一项特殊战略，不仅为需求方增加供给，弥补结构性缺口；更为因教育不公平、欠公平而带来的失学、失业者力争有所补救，达到事后的相对公平。

此外，关于教育改革的深化，以教育公平为主线，有不少问题亟待研讨。如把应试教育转向素质教育，可能更有利于教育公平；在推进教学平衡中，要不要保持重点，才能促进人才辈出；与此同时，对少数天赋特厚的学子，可否开辟一定的捷径。教育公平的目标，重述一下，无非是给全民以公正、平等的教育机会，激励每一个人从少青年时代起就努力成长，卒达不同程度、不同性质、不同专业的有用之才，齐心合作，为中国特色社会主义现代化事业作出更大贡献！

（原载《改革与开放》2007 年第 12 期）

涉猎文化

重视大众文化

"三个代表"中的先进文化，江泽民同志在"七一"讲话中说，就是有中国特色社会主义的文化；并沿袭毛泽东在上一个世纪 40 年代的表述，用了"民族的"、"科学的"、"大众的"三个定语。可见，大众文化在整个文化体系中居于极其重要的位置。

但是在某种程度上，人们在理解先进文化时，往往侧重于高雅文化或精英文化，而把大众文化有意无意地放在次要或从属的位置。这有一定道理，只是不完整，导致文化发展抓住了一方面，而容易丢掉了另一方面。

什么是对应于高雅文化和精英文化的大众文化或称"俗文化"，当前有多种不同解释，如"来自广场而非庙堂的民间文化"，"广受欢迎或者众人喜好的文化"，"伴随着城市化、工业化的出现而产生的城市工业文化"，"商业消费文化"，"来自人民的文化"，等等。也有人认为是区别于欧洲传统的美国通俗艺术的美国文化的代名词，属于资产阶级的国家意识形态，以标准化、陈腐老态、虚伪浮华为标志。毛泽东还说过是"无产阶级的、革命的、普及的、面向工农兵的文化"。简而言之，大众的文化，就是老百姓的文化，来自人民大众、为人民大众所接受和喜爱的文化。

随着经济发展和社会进步，广大民众对文化的需求越来越多、越来越高。解决温饱、实现小康后，物质生活继续改善，文化生活逐步凸现，在大众消费中的比重不断提高。物质生活在满足生存需求后，进入享受阶段；而文化生活，几乎一旦列入议事日程，就与享受和发展密切相关。无疑，这也有一个从普及到提高的过程；那么，首先渴望的是大众文化。阳春白雪的适应面由小到大，下里巴人则天然地有其大众性。

市场经济作为意识形态的合法性被确认后，市场体系渐次完善，除了商品和生产要素等经济市场外，还诞生了文化市场，其内含越来越丰富。市场要有消费者和购买者，文化市场也不例外。不言而喻，文化的市场化，只能以大众文化为支柱。仅靠高雅文化，曲高和寡，形不成大市场。媒体常冠以“大众”两字，广播和电视的听者、观者要成“众”（听众、观众），更不用说球迷和追星族都是一个又一个社会群体。离开大众文化，文化市场难免是冷落的，或者只能是“有场无市”。

文化市场产生文化产业，成为继第二产业之后兴起的第三产业的一个成长型产业，同样必须以大众文化为主体。产业形成的条件之一是规模化。大众文化的本质是规模生产、规模经营，不同于精英文化的只能是小批量，很难取得规模效应。以出版物为例，从报刊到书籍，发行量大的都在适应大众消费为前提；尤其是学术著作甚至纯文学杂志，销量难增反减，而大众读物则愈销愈盛。如果没有大众文化，文化产业不容易露其头角。在文化走向产业化的进程中，精英文化却退至边缘。

但是，在不少知识分子被汹涌而来的大众文化浪潮要蒙了的同时，他们要问：大众文化是先进文化吗？或者说，有其现代性，还能有其先进性吗？事实确是错综复杂的。正如雅文化不尽是正文化一样，俗文化更有其负文化含量。传统的判断，雅文化与俗文化是两个等级：前者是严肃的，领导时代潮流；后者是庸劣的，有其落后度和腐朽度。然而，按照此一逻辑，前者要弘扬，后者要淘汰；那么，大众既不可能一下子吸纳雅文化，在与俗文化隔断后，也与整个文化远离了。这是绝对行不通的。可取之道，除了推进雅文化的大众化外，当务之急还是必须提升俗文化的品位，其中有精华要弘扬，有糟粕要改造。

当然，对大众文化，还要立足于当前的经济、社会、文化发展阶段，有一个实事求是的积极评价。回顾历史，大众文化的载体何在？不在

《四书》、《五经》，虽然其影响深远；相比之下，大众执着的，有如几大古典小说，包括《水浒》、《红楼梦》、《西游记》和《三国演义》；放眼世界，大众文化涌出什么？不在一批诺贝尔奖获得者，而在美国如好莱坞的若干经典影片，也将传世。有人认为，这些大众文化，无非是“拳头加枕头”。但是，以金庸和琼瑶为代表，也一脉相承，即使褒贬互见，谁能否定大众的爱好呢？再广义些，什么茶文化、酒文化和社区文化、家庭文化、企业文化大多与俗文化靠近，能够一概排斥吗？

提出上述情况和意见，总的是希望：重视大众文化！重视目的在于培育大众文化、升高大众文化、弘扬大众文化，促进大众文化的健康发展，为发展有中国特色社会主义的先进文化打下基础，构建框架，并形成规模，攀登高峰。

关于大众文化，当前在理念上和实用上，存在不少亟待探索的难点和热点。如对“雅俗共赏”，有人认为要做到、能做到，有人持否定态度；如对评价标准，有人坚持“有益”，有人满足“无害”。这些，有的要从长计议，有的要付诸实践。关键在于重视大众文化，总能使文化大众化，大众文化化，使文化走向大众，大众获得文化。这与社会主义先进文化的面向世界、面向未来和面向现代化是完全合拍和并行不悖的！

（原载《领导理论与实践》2002 年第 4 期）

发展先进文化　构建和谐城市

一、构建和谐社会　城市肩挑重担

和谐是什么？和谐是一种文化、一种精神，贯串于经济、社会和政治的方方面面。这些方面都有矛盾，在不同时期有不同的处理原则。《共产党宣言》中提出："代替那存在着阶级和阶级对立的资产阶级旧社会，将是这样一个联合体，在那里，每个人的自由发展将是一切人自由发展的条件。"这是指未来高级社会的目标模式，我们还不可能很快实现。但是，作为一个努力方向，不再强调阶级斗争，则是无疑要遵守和坚持的。

文化或精神是什么？已有多种诠释，本质地看，应当是一种价值观。和谐也是这样。和为贵，是其高度概括。按照这种精神和原则来判断是非、得失和成败，不难理解，和谐社会是一个先进社会、理想社会、高级社会。在和谐社会前冠以社会主义，表明社会主义的追求，从初级阶段开始就要走向和谐之路。否则，背道而驰或有所偏离，都不是社会主义。这也是最广大人民的根本利益所在。保持党的先进性和提高党的执政能力，都必须服从和服务于人民期盼和谐的良好愿望。

所以构建和谐社会，一定要以树立和谐的价值观、培养和谐意识、加强和谐理念为出发点和归宿。经济是和谐经济，政治是和谐政治，然后，社会是和谐社会，而文化是和谐文化则渗透到一切方面。先进文化和落后文化，积极文化和消极文化，正文化和负文化，善文化和恶文化，都能对照和谐与否来给以分别。

在二元结构的情况下，城市先行，农村随后，两者之间不无参差。构建和谐社会，城市肩挑重担。构建和谐社会，首先落在城市。在某种意义上，构建和谐城市具有第一性的地位。城市又有大中小之分。城市越大，也越复杂，对和谐的追求更紧迫。城市先导，城市和谐否，决定着农村能否和谐起来。当然，没有农村的和谐，也不可能会有城市的和谐。城乡之间的和谐有大局性和整合性。

文化有地域性，和谐则有普遍性。无论是吴越文化、楚汉文化或金陵文化，都与和谐相链接。因为在不同地区的文化体系中，和谐总是一条红线，综合着和协调着众多的差异、对立和斗争。南京已是我国的特大城市之一，不管面对多少问题，都只有通过和谐，才能找到最佳的出路。

二、构建和谐社会的本质：从以人为本到科学发展观

和谐社会的正式认定，虽然为时不久；而其酝酿和准备，却非一日之功。新中国成立以来，经过恢复经济和开始大规模建设，有过一段辉煌。党的八大路线和提出正确处理人民内部矛盾，明确不再搞群众运动，是适应潮流的一大转变。遗憾的是，后来历史走了弯路。党的十一届三中全会拨乱反正，否定阶级斗争为纲，回归以经济建设为中心，开辟了一个新纪元，直至以构建和谐社会为己任，是顺理成章的。

应当肯定，最近几年来，构建和谐社会跨出了一大步。

“以人为本”，是构建和谐社会的本质和核心，属于一种先进的人本文化和人本价值观。对此有一种通俗解读，认为以人为本就是把人当作人来看待。似乎浅显，而对照历史，却是一语破的。这就是一切从人民的利益出发，尽一切可能适应和满足人民不断增长的物质和文化需要，促进人的全面发展和全面享受。有些过去讳言的真理，如人性、人道、人权、人情、人品、人格等，都是以人为本的应有之义，不再冠以资产

阶级的定语。

以人为本，要求尊重人、相信人、维护人，达到人与人的和谐相处，理顺人际关系，调适内部矛盾。和谐社会除了与自然的关系外，大量的是人际关系。过去把人分为两种：红与黑，各有四五类，相互对立和冲突。现在，随着经济社会发展，阶层分化，职业众多，相互关系越来越复杂。但是，本着和谐原则，不同人群之间是平等的。作为一个社会，和谐就是和平、平等与公平、公正。大家碰到的，从官民、党群关系到城乡、地方关系，从脑体、劳资关系到贫富、老少关系，反映在权力、财富、知识资源的拥有上不一样，都必须妥善处理，达到和谐。如官与民、资与劳、富与贫，强弱不等，差别明显，更非调适不可。近年来，济弱扶贫之风渐兴，象征着社会进步和文化振兴。

从以人为本到科学发展观，进一步具体化。科学发展观的基本主线是全面、协调、可持续，正是构建和谐社会的核心内涵。提出五个统筹，旨在正确处理这些关系和矛盾。城乡关系居首，实质是工农关系；地区关系突出，反映多数人的贫富差距；经济与社会关系，涉及所有人的成长和福利。这些关系极其错综，要有全面观，要有协调办法；否则，作为硬道理的发展会有障碍和阻力，难以永续。科学发展观，归根到底是一种价值观，要为所有人谋利益，不停留于让一部分人先富起来。全面、协调、可持续，三者合成一种总体的和长远的文化观、价值观。发展不限于经济和物质文明建设，政治文明建设和精神文明建设，或者再加生态文明建设，同样要讲科学。这些，首先集群于城市。城市和谐了，全社会是不难和谐的！

三、发展先进文化　推进和谐社会构建

构建和谐社会是目标，还不是现实，不能满足于已有进步和成绩。相反，提出这个目标，又意味着当前社会存在某些不和谐或不够和谐之处。对此，一定要有忧患意识，正视不足，才能有针对性地加以克服，努力转化为相对和谐、比较和谐、不断和谐。

大家已经发觉和警觉的，首先是贫富差距包括城乡差距在进一步扩大，弱势人群有增未减。讲基尼系数，官方和学者不尽一致；讲人均收入，三比一或二比一，算不算悬殊也难定。不妨改用其他指标来衡量，如人均储蓄，从城乡和地区看，可能已是七比一甚至十比一；再如人均财产，差距就更大了，有赤贫者，有亿万富翁。还有以当年农民收入相当于过去市民收入的年份比，也从相差七、八年扩大到十年以上，并在继续拉大，而不是有所缩小，使农民要追上市民就更难了。物价指数的上升，尤其是基本生活资料，对富人和穷人，影响大不一样。

其次是劳资关系。似乎是新问题，其实是老问题，客观存在，多年回避。如果说新，新在公有制企业大量改制或者叫做“民营化”后，面广量大，越来越凸显。从用人、工资、加班、社保到“炒鱿鱼”，到处有呼喊，始终未解决，如职工的工资水平，一直冻结未动，而大小老板则连续翻番。什么《劳动法》、《企业法》，有法不依，劳动者的权益得不到保证。拿农民工的工资被拖欠来说，已经放到桌面上，开了会，发了文，而“跳楼秀”仍在频频演出。

讲到群众意见，姑不论上访，城市建设造成的拆迁户和企业改制带来的被买断者仍有反映直至只能在网上透露外，广大消费者对假冒伪劣产品的愤慨也是愈演愈烈。特别是对假医假药，近年来广告铺天盖地，从广播到电视，不是没有较好的（多数也言过其实），而是虚伪的不在少数。于是有不少上当受骗，甚至耽误治疗而死。他们写信、投诉，没人支持，媒体更是沉默，因其获利重于正义。有关部门似有感觉，也发过文，无济于事。说白了，这是丧尽天良的谋财害命，中国又是世界第一。

所以出现一批不公平、不公正、不公开的坏事，来自思想教育和法制监管的不力。一般群体所受影响，大众文艺起的作用很大。这几年，帝王将相占领屏幕和舞台，给人们的深刻印象是皇帝万岁，英明公道，竭力吹捧专制和人治。有关部门不闻不问，似乎认为这有利于稳定人心，让老百姓自得其乐一下也好。有识之士人微言轻，徒呼奈何。

此外，如黄赌毒屡禁无效，矿难、车祸和自杀在国际领先不退，都使人不得不忧国忧民。

社会在进步，也难免有逆流或倒退。总的是一股文化潮，相互激荡。解救之道在于发展先进文化，抑制腐朽思潮，首先要把城市搞得和谐一些，构建和谐社会才能前进并有公认的成果！

（原载江苏省社科院《咨询要报》2005 年 6 月 9 日）

文化建设的历史渊源

——读《江南才子与民族精神》

才子，与佳人并称，历来是人们羡尚和讴歌的对象。才子出在何地？大家又把眼光投向美丽富饶的江南，所谓一方水土、一方人物。这里不仅出文人墨客，也出状元和清官甚至儒商。但是，到底有多少人物、多少事迹、多少遗风，许多人说不清楚。曹济平、吴惠风、韩龙瑶三位教授推出《江南才子与民族精神》一书，列为《江南经济社会发展研究丛书》第二辑的一种，适应了长期来的此一愿望，读了深感津津有味，有助于了解文化建设的历史的渊源。

然而，这是他们为自己出了难题。才子和江南都是习惯语了，对其概念和地域如何界定，要费一番功夫；再与民族精神联系起来，还得花一番探索。本书的绪论即从此入手，使本书不仅是名人辞典或手册，而上升到人文科学的研究成果。江南，泛指长江以南，尤其在下游，这是约定俗成的；才子，向来众说纷纭，不限于文人，演化、扩大到各界豪杰，也有道理。至于民族精神，更是价值标准，指一个民族产生和积累的共同文化。尽管这样判断或会招致异议，但是总比笼统的解释要明确、准确、正确得多。

按照这样的标准，本书筛选出的才子是一个群体，从文学家、艺术家到政治家、思想家和实业家。江南素称经济发达、人文荟萃，上下几千年，涌现出众多才子，现在排入 328 人，只能是其荦荦代表。共分六个时期：汉魏晋南北朝、唐宋元、明朝开国至中期、明朝后期至清初、清代中期、鸦片战争至“五四”运动。纵而观之，一脉相承，优秀的文化传统由来久矣，才子正是历史的载体。从他们身上，放射出始终不灭的民族精神，显示出一股强大的凝聚力。读后，油然而生自豪感、兴奋感和信念感。

以不到30万字的有限篇幅，描述300多位才子的风采和容貌，要有精炼的笔触。看来，人物是形象化的。在每一个时期，按照时代特点，分为若干类，如早期的王充、葛洪等为"潜心著述、开拓进取"，中期的刘宗周、瞿式耜等为"国家兴亡、匹夫有责"，后期的章炳麟、秋瑾等为"献身革命、矢志不渝"，真是群星灿烂，相映成辉。其中，狭义的"才子"，主要指文采风流，如从王羲之、陆游、唐寅、李渔、袁枚、刘鹗到柳亚子，更是代有辈出，不免挂一漏万。再如张翰、范仲淹、沈括、王守仁、徐霞客、翁同龢、盛宣怀到蔡元培，也是不拘一格，各领风骚。百花无比鲜艳，百鸟相互啼鸣，江南这块宝地，孕育了多少才华、多少美德、多少谋略。没有这些底蕴，就不会有今天的兴旺和繁华。

写才子、抒精神，要有耐人咀嚼的可读性。每一个人物，短短几百字，除了介绍其生平外，重要的是突出其不同于众的精粹。这对文人，引其脍炙人口的诗句，举其流传百代的名篇，并不很难；而对其他多样多类的英雄，如于谦、邓廷祯等，自有可歌可泣的壮行，令后人刻骨铭心。这本书，发扬这些民族精神，又不失为爱国主义的好读本。

最近，党中央召开十四届六中全会，把精神文明建设提高到更加突出的地位。精神文明建设，除了思想道德建设和教育科学建设外，文化建设是重要方面。《公报》说："文化事业要深深植根于人民群众的历史创造活动，继承发扬民族优秀文化和革命文化传统。"《江南才子的民族精神》一书，符合和体现了此一要求，值得推荐给广大读者，将对新时期的精神文明建设作出一份贡献。

（原载《名镇世界》1997年第1期）

百年时尚:文艺

百年前即 20 世纪初,晚清文艺可以说是集封建文艺的大成,并带有半殖民地色彩。文学主要分为韵文(诗词)和散文,当时人才辈出,龚自珍、林则徐留下无数警句,南社网罗了一大批诗人,鼓吹反清和民主、自由;广义的散文不仅弘扬了桐城派,出现了梁启超那样的大家,并且继承古典优秀小说传统,出现了《官场现形记》和《二十年目睹之怪现状》等白话文本,同时翻译了《茶花女遗事》和《黑奴吁天录》。徽班进京后,吸收昆曲和其他地方戏,京剧应运而生,有大批名角,生旦净丑,流派纷呈,倾动朝野。1907 年,留日学生欧阳予倩等组成"春柳社",演出《黑奴吁天录》和《热血》等,实是近代话剧的嚆矢。当时的书画界也很热闹,有人开始借鉴西方油画的风格。

五四运动开辟了现代史的新纪元,又是一场文学革命。胡适、陈独秀等先后发难,在反对旧道德、提倡新道德的同时,也反对旧文学、提倡新文学,并反对文言文、提倡白话文。文学的主要形式是小说和诗。1918 年 5 月,鲁迅在《新青年》上发表《狂人日记》,是我国文学史上第一篇现代白话小说;后来又有《药》、《一件小事》,特别是《阿 Q 正传》,树立了不朽的丰碑。郭沫若等组成创造社,他的《女神》宣告了新一代诗风的开始。写小说的,还有俞平伯、叶超钧(圣陶);并有李大钊、鲁迅的杂文,鲁迅、周作人的散文;沈雁冰(茅盾)、田汉、郑振铎、熊佛西等还编话剧并组织演出。五四的文学革命有辉煌成果,在思想上和艺术上都是空前的。再后,传世之作不胜枚举,至今脍炙人口的如巴金的长篇小说《家》、《春》、《秋》,曹禺的剧本《雷雨》、《日出》以及郁达夫、沈从文和女作家冰心、丁玲的作品相继问世。在此期间，电影传到了中国，音乐和绘画也刮来了西风，传统的戏曲和民间文艺同样历久不衰。

值得大写的是抗日战争时期和当时解放区的文艺活动和文艺建设。“九一八”事变爆发，救亡的呼声响彻神州。雅文艺暂时沉寂，大众文艺勃然兴起。一出街头小戏《放下你的鞭子》，激动了千百万人民。田汉作词、聂耳作曲的《义勇军进行曲》和《毕业歌》更是越传越广，前者终于成为新中国的《国歌》。在游击区和抗日根据地，不仅有民歌改编的如《浏阳河》、《十送红军》以及赵树理的《李有才板话》等大众化作品，还有气势澎湃的《黄河大合唱》。歌剧《白毛女》在土地改革中的动员功能非常有力，《小二黑结婚》又对破除包办婚姻起到巨大作用。在国民党统治区，抗战胜利后有揭露黑暗和向往光明的文艺作品，如马凡陀的诗集《山歌》、陈白尘的话剧《升官图》以及《古怪歌》、《团结就是力量》、《山那边呀好地方》等新歌，一直唱到全国解放。在此期间，杰出的电影有《一江春水向东流》和《乌鸦与麻雀》，至今仍有保存和复映价值。此外和此前，在沦陷区，张爱玲写了多篇小说，至今为人津津乐道；在香港，金庸等在传承中开创武侠小说新篇，博得大量读者，不少作品陆续地搬上了银幕和电视。

中华人民共和国的成立，为社会主义文艺事业开辟了新时期。在国民经济恢复的三年和第一个五年计划之初，广大文艺工作者充分发挥了创作和演出的积极性，文艺作品犹如潮涌。在“为工农兵服务”的号召下，不少作品体现了政治性与艺术性的统一，并紧紧配合当时的各项运动，如江南土改中的《啥人养活啥人》和抗美援朝中的《志愿军军歌》以及《歌唱祖国》等，风行一时。稍后，出现一批革命现实主义与革命浪漫主义相结合的小说，至今仍旧有读者的如《青春之歌》。老舍的《龙须沟》，歌颂新社会，反响很大。在此期间，京剧得到呵护，地方戏得到推广。新老艺人，从梅兰芳、周信方和新凤霞都不断推出新老剧目。书画界的齐白石、徐悲鸿，雕塑家刘开渠都显示着才华。

但是也要看到，从批判电影《武训传》和俞平伯的《红楼梦研究》开始，“左”的东西开始抬头，文艺界的生气渐泯，郭、巴、曹、老等或者搁笔，或者勉强写了一些苍白的作品。在胡风事件后，接着是反右，直至“文化大革命”，百花凋零，百鸟齐喑。以后只剩下八台“样板戏”和《金光大道》等个别作品，确是史无前例。对“样板戏”，有人基本肯定，也非江青一人之功；同时有不少老干部和老知识分子却不忍再听，有人说过：听到样板戏，想起那时期，不免心有余悸。

党的十一届三中全会以来，文艺事业蓬勃发展，并出现了不少新景象，总的是贯彻为人民服务、为社会主义服务和“双百”方针。据统计，全国文艺刊物有几百种，近几年每年出版长篇小说有上千部，电影和电视剧也有几千集之多。当然，内容和形式多种多样，评论随之而有分歧。一种说法是多样性有了，主旋律不响。在汗牛充栋的小说中，多数人肯定的并不很多，当代文学史提出的，从汪曾祺、高晓声到贾平凹、王安忆，各有几本代表作；还有几本反腐小说，老百姓点头，有些官员冷对。新诗一度可称兴旺，从郭小川、李瑛到北岛、舒婷，朦胧诗曾领风骚，不久又趋消寂，反而是旧体诗写的人越来越多，虽然好的嫌少。歌曲则越唱越多，除民歌和美声外，港台的通俗歌曲占了很大市场，招致“追星族”丛生。电视在一定程度上取代了电影，电影院不卖座，导演从一代很快延续到五代、六代，在海外得奖，而在国内观众也有限。戏曲有恢复，老戏剩下一些折子，新戏逐步增多，有一部分新老观众。舞蹈也多样化，有少数民族的，又有芭蕾和国标以及霹雳舞之类。书画和雕塑，老一代不多了，新生代已不少，而达到大师级的尚需假以岁月。总之，人们的文艺生活，作为全面小康的标志之一，确实有了显著提高和充实。只是面对五彩缤纷，似该允许各取所喜，不宜强求一律。是不是有负文化，有不同的评价，如对所谓“美女作家”的作品，有人认为在用身体写作，不登大雅之堂；有人认为不妨开放、容许，因为有读者、有效益。对当前的文艺时尚，评论界莫衷一是，或许是正处于转轨期，有待引导和调控。

文艺包罗万象，时尚不断翻新。上下百年，浓缩为此短文，难免挂一漏万。然略顾过去，也有助于正视当前及展望未来。

（原载《银潮》2003 年第 6 期）

我爱魏明伦

最近，文坛掀起一阵砍伐风。原来，严肃认真的文艺评论很不够，嬉笑怒骂的文人调侃也不妨，只是最近这阵风不同寻常，从对作品到对作者，具体分析不多，棍棒交加不少，似乎比大批判还要大批判。棍棒所及，有文坛前辈，从鲁迅、郭沫若到金庸；还有后辈名人，其中之一便是魏明伦。

多年来，对这位“巴蜀鬼才”，肯定和赞扬的少，否定和指责的多，似乎有了共识。那么，翻一下案，也未尝不可。但是读到有些文章，如《文学自由谈》2000 年第 3 期的一篇半（一篇是《枪挑魏明伦》，半篇是《收租院、魏明伦及其他》），却感到不仅要打倒在地，还要踢上几脚，不亚于当年红卫兵小将。批判的内容，除了提到荒诞川剧《潘金莲》外，主要是两件事：一件是魏明伦以骈体文作《赋》；另一件是拟了一副长联征对。指出他唱川戏出身，小学都没有毕业，以此考新一代文人，是在搞复古运动，甚至想用八股文来“开科取士”。

大批判的基本手法是“攻其一点，无限上纲”，至今还是阴魂不散。“血统论”早已消亡，唱戏出身与大学毕业该平等对待。就创作成果看，形式应当或至少允许多样化。没有谁，包括魏明伦，主张复古，再用文言文特别是骈文；但也有人，包括魏明伦，欣赏旅游胜地文化景点中的对联。坊间出版物，也有古文，连同八股文和楹联，不等于主张“开科取士”。在作家队伍空前膨胀的今天，有个别人，即使偶然写一篇或几篇骈文，即使偶然出半副或几副对联，我们也应当采取宽容态度，也算是百花丛中的一朵，何必去口诛且笔伐呢！

问题不在于文艺方针和政策，而在读者的反应。魏明伦的作品，不多不少，不拘一格，读者有不懂和不喜欢的，这是一方面；另一方面，也有懂的和喜欢的，还有一知半解的。后者或许是少数，只要有人要读，其书销售不以几十万计而仅以千百计，就是批准了作品，批准了作者。

这少数人中有我。作为读书，开卷有益。从鲁迅、郭沫若到金庸，从卫慧、棉棉到魏明伦，都值得看看。其实不仅是我，还有年老的和年轻的，既不拒绝荒诞川剧《潘金莲》，也不拒绝骈文和对联。

批评者认为魏明伦是英雄末路，美人迟暮。但众人皆曰杀，我意独怜才。“八千女鬼，两轮日月，双人匕首”，我爱其文，我爱其才，我爱其人！

（原载《开卷》2001 年 12 月）

门外说礼

——“礼学与中国传统文化”国际学术研讨会上的感言

承邀参加这次盛会并隆重庆祝家叔沈文倬的九十华诞，感到非常荣幸。家叔舆家父是同父异母所生，年龄相差36岁之多。家父生于1881年，与鲁迅、蔡锷同庚；家叔生于1917年，仅大于我10岁。长幼两房，以“礼”、“乐”两字分称。故乡江苏吴江的芦墟镇旧居，在《吴江老照片》上称“沈氏过街楼”，门墙砧刻，似是“礼乐传家”四字(“文革”中被水泥涂抹)。前几年家婶去世，之先他们已过蓝宝石婚(70周年)；去年，我们也过了钻石婚(60周年)。60多年前，我曾从家叔学古典文献，并拜谒过曹元弼前辈。忆昔思今，不胜兴奋。参加此会，也想说说，只是专业不同，文史修养很薄，门外放言，定有不当。先讲几句，作为开场白话。

关系国之兴亡

礼，在丰富多彩的传统文化和道德体系中占有极其重要的统领地位。我在读小学时，记得几句：“礼义廉耻，国之四维；四维不张，国乃灭亡。”以礼为首，以耻殿尾，与我们当前倡导的“八荣八辱”，好像有点识礼知耻的一脉相承和相互呼应的渊源。

说到礼，由来已久，被认为是太古的事。其实，作为一种文化，不仅是理念和知识，而且是行为方式和风俗习惯，始终在传递、变化和发展。我们说历史流逝，比喻为水，本质是源远流长。西方有人认为，历史都是现实。今天从昨天、前天来，抽刀斩断不了水。研讨礼学，不仅是发思古之幽情，同时是正视现实，展望未来。

前些时候，不少有识之士研讨科举。虽然评价和观点不一，有人肯定，有人否定，但是共识之一是科举使传统文化得以保存、弘扬和承继下来。五四运动打倒孔家店，举起民主、科学大旗，总的是进步，却也有得失，付出了代价。最近有人重提国学和儒学或儒教，多数赞成，很有道理。

《三礼》或曰《礼经》在“六经”内，包括《中庸》、《大学》，是“四书”和“五经”的有机组成部分，也是传统文化的载体。礼和教结合，并称礼教，是一种教育内含、教育模式和教育制度。古代政治体制，长期设六部，礼部除掌典礼、祭祠外，后管贡举，兼了教育部的功能，其贡献不容忽视。百年来，仁人志士主张“教育立国”，我国以“科教兴国”和“人才强国”为主导国策，都表明了教育是大计，关系国之兴亡。

规范和体制

礼是什么？内含甚广。宏观和广义而言，是指一种社会规范；微观和狭义而言，是指一种道德标准和行为原则。

《礼记》的《礼远》篇，记儒家学者与孔子问答，郑玄注是“以其记五帝三王相变易阴阳转旋之道”，用今天的话就是经国济世之道。其中反映了儒家理想，从“天下为公”到“（礼运）大同”。后来有人补充“天下为家”和“小康”。此一思想，从洪秀全、康有为、孙中山后，邓小平也接受了。

礼的小解，作为仪式，所谓繁文褥礼，越来越不受欢迎。但是美国人类学家克利夫德·格尔茨认为，这是一种“文化表演”，是社会生活中一种最直接、最可观察到又最具生动性的行为，同时也是诸多文化观念的象征承载体，诸如生死观、伦理观、禁忌观、时空观等观念都汇集于其中，揭示仪式中所蕴藏的种种观念，就是揭示某一时代的某种文化和某个社会的价值体系。

作为道德，有人分解成：明礼、礼貌、礼让、礼节、礼仪、礼制等，认为是中华传统文化的突出精神，是社会交往之道即人际关系之道。好礼、有礼表现为礼貌，不是生活小节，而是中国人立身处世的重要美德，是人与动物相区别的标志。无礼和失礼，是素质低下的显露，扩大为社会风气的败坏。

于此可见，讲礼不讲礼，与讲理不讲理一样，都是大事情。我们讲礼，应当成为一种严格的社会规范并形成一种社会制度、体制和机制。

礼与法的互补

想起两句话："礼不下庶人，刑不上大夫。"对付官与民有两种不同的手段和工具：对上是礼，对下是刑；上不用刑，下不用礼。其实只是讲讲而已，以分贵贱。在实践中往往徒礼不能自行，对上层也得用刑；而对下，尽靠威吓不能解决全部问题，不能不靠教化即所谓"齐之以礼"。

与此相联，想到古代治国，还是两条腿走路即礼与刑并重。所谓"儒表法里"，不外这个意思。以礼治国是表面的，讲得好听；以刑治国是内里的，"政权即镇压之权"，与列宁、斯大林、毛泽东、林彪有共同语言。

时至21世纪，仍旧要讲法治。与过去的法不同，法制与民主互为表里，主要不在镇压，而在保护民主，连同自由、平等和人权。但是，以法治国或依法治国外，不能丢掉以德治国，两手抓，物质文明建设与精神文明建设并重，后者包括思想道德建设。不能丢掉以礼治国，同样是这个道理。当前的荣辱观教育，其现实意义正在此。

以人为本，重在提高人的素质，促进人的全面发展。遵纪守法，以礼为先。邓小平提出培育"四有"新人，其一是有纪律。遵纪守法，应当从礼切入。如人人讲礼貌，社会和谐就有了底线。

失而求诸野

礼的传承和发展，与革命相似，不是平坦的直路，而必然有曲折，虽然前途光明。综观历史,从失礼到失国、亡国,案例不鲜。最近不少专家研讨明史,殷鉴不远;这次在杭州开会,想到南明,也感在眉睫之间。

“礼崩乐坏”是亡国之音,是一种警报,也是一种提醒。

于是想到当前的忧患思绪。众口齐呼:世风日下,道德滑坡。果真如斯乎?也不尽然。看到一本书,有人进行道德调查,初步结论是:改革开放后道德水平越来越下降了吗?同意与不同意的比例十分接近;共产党员能起到道德示范作用吗?实际情况不容乐观:最重要的公共道德是什么?多数人选择的是“公共场所守秩序”;有关中国传统道德的总体评价?肯定者占绝对多数;“人的本性都是善良的”?72%的人同意;……

看来,悲观中有乐观,忧患中有信心。不能一概而论,要作具体分析:年长与年幼,城市与农村,东部与中西部,强者与弱势群体,特别是富人与穷人,官与民,差别不少。有人认为,“礼失而求诸野”。贪官多,不是“无官不贪”;奸商多,不是“无商不奸”。但是,见义勇为,当仁不让,大量的在寻常人。在此讲讲,借题发挥,不尽是礼的问题,却多少与礼有关。

呼唤礼的回归

今年是“文革”开始40周年和结束30周年。想到当年批孔,抓到一个靶子叫“克己复礼”。那年,我下放在苏北农村,县革委会宣传组叫我去向贫下中农骨干讲讲。什么是“克己复礼”?通俗地说,就是孔子要别人克服自己的坏心思,恢复到礼教上来;有人就问:这有什么不对!

今天,拨乱反正,能否为“克己复礼”平反一下。对这四个字,历来注释很多,我的通俗化,肯定不是正解。但是,呼唤礼的回归,大方向不会错。有人对国学教育进入课堂和教科书,认为语文教育是文化教育,文化教育是历史教育,历史教育是道德教育。很对!但是,教育对象不限学生,而是大众,尤其是掌握权力、财富和知识资源的上层。

关于礼,这个名词的使用频率太低了,我们应当提高其频率,扩大其声响，让人们看得多、听得多、想得多也说得多。在学术上，要把三礼文本及其相关文献从古代法制史、风俗史、社会文化史的资料转化为史学、文学、艺术学、教育学、伦理学、政治学、法律学的内涵。1988 年，世界各国的诺贝尔奖得主在巴黎集会，各抒己见，会后发表《共同宣言》，内称："人类要在 21 世纪生存下去，必须回到 2530 年前中国的孔子那里（一路发展下来的儒学中）去找智慧。"可能言重了，听听有启悟。

门外说礼，难免浅薄；老叟放言，定有荒唐。敬请批评指正，谢谢！

（原载《礼学与中国传统文化》，浙江大学古籍研究所 2006 年 6 月）

协调“三个文明”与构建和谐社会的三点看法

物质文明、政治文明、精神文明的建设是相互依存、相互促进的。其共同目标，可以认为是最终构建和谐社会，也是“两个率先”的重要标志。这个命题，覆盖面广，内含丰富，几乎无所不容、无所不涉。从我国的城市化角度出发，该议之处也很多。本文拟选若干问题开，提出三点看法。

一、“三个文明”是和谐社会的支撑

和谐社会建设与经济、政治、文化建设的关系十分密切。在某种意义上，没有经济、政治和文化建设，也就不可能建设和谐社会。能否认为，“三个文明”正是和谐社会建设的前提、基础和支撑。在“三个文明”取得巨大成就的今天，提出和谐社会建设，也是题中应有之义，顺理成章。

经济建设始终是中心。抓好经济建设，促进国民经济的平稳较快发展，不断改善人民生活，走向共同富裕，才能逐步解决经济不发达带来的各种矛盾，推动和保证社会的和谐化。当前社会的不够和谐，很大程度上来自经济欠发达和不平衡。如城乡差别、地区差别和方方面面的贫富差别，表现为还有相当部分的弱势群体，生产和生活都有一定困难，只有发展经济才能使其缓解、达到协调。经济与社会的不够协调，反映在教育、卫生等社会事业的相对滞后，存在着读书难、看病难，根子也在前者的制约。随着经济发展，广大人民渐渐富裕起来，社会和谐就有了物质条件，不少问题可望迎刃而解。

政治建设正在顺利推进。政治建设，以民主和法制为核心，实际上是调整、优化和确立党和政府与人民的关系。处理党群关系和官民关系的基本原则是民主集中制，并以法制给以规范，实现依法治国。做到这点，党和政府与人民的关系理顺了，达到安定团结，社会和谐就有了政治保证。和谐社会除了人与自然的和谐外，更多的在人与人的和谐，包括工农关系、劳资关系、脑体劳动者关系以及贫富关系等，其中有经济关系，更有政治关系，一定要处理好。处理的基本原则是平等，相互尊重，相互照顾，达到强不欺弱、弱不仇强。人际关系理顺了，内部矛盾调适了，社会也相应地和谐了。

文化建设也是一个大课题。精神文明建设，对物质文明建设、政治文明建设是知识资源，更是道德资源，缺失后会有种种冲突，健全后才得和谐协调。文化的诠释有多种，简言之，则是一种价值观。这与和谐社会相沟通。历来倡导的“和为贵”，是一种价值观和意识形态，是一种智慧，也是一种社会气氛。先进文化和落后文化、正文化和负文化、善文化和恶文化，区别的重要标准之一在于是有利于还是不利于社会的和谐。和谐社会需要和谐的社会风气，这属于道德规范和法制秩序，归根结蒂取决于其文化含量。如果说，经济建设是和谐社会建设的硬件，那么，文化建设连同政治建设则是和谐社会建设的软件，相互配合，缺一不可。

建设和谐社会是一个长远目标，又有其近期要求。不能急功近利，轻言当前社会已是基本上和谐了。相反，还是应当正视前进中的问题和矛盾，保持足够的忧患意识和必要警惕。居安思危，旨在求安防危。不要讳言当前存在的不和谐现象，这在经济、政治、文化外，另有其社会范畴。人们越来越感到不安的，如车祸、矿难、自杀和他杀以及黄赌毒，都与和谐社会极不相称。克服这些不良现象，避免其持续增长，有赖于经济、政治、文化建设的推进，也要有更多的、有效的社会对策。

于是引起我们思考的，在讲究经济政策和政治、文化措施外，还要有一系列的社会政策，并与经济、政治、文化的对策结合起来，周密设计，认真实施。建设和谐社会，任重道远，而在经济、政治、文化建设的强大支撑下，同步发展，终将玉成。

二、城乡统筹是城市构建和谐社会的重要任务

“三个文明”与和谐社会，体现在科学发展观要求的五个统筹发展之中，首先是城乡关系的协调。构建和谐社会是一项系统工程，贯串众多方面，对特大城市来说，城乡和谐处于重要位置。

这是由于城乡关系涉及面广，涉及最广大人民特别是占人口多数的农民。当前存在所谓“二元结构”，包括经济、社会和政治、文化，城乡之间和工农之间有着根本性的差别，并从差别延伸为冲突，爆发种种矛盾。调适这类人民内部矛盾，逐步缩小矛盾，直至最终使二元结构得到基本消除，仍是长期的历史任务，成为社会主义和共产主义的终结目标之一。为此，我们要付出持久的努力，并从现实出发，尽量做到使城乡、工农之间的矛盾有所钝化而防止其锐化。许多大城市的一个“老大难”问题，就是市区发展快，而县域经济相对滞后。

应当承认，提出协调与和谐，决不是说这些要求已经达到和实现了，而是确实还有不够协调与不够和谐之处。这有很多表现，如收入分配的城乡差别，横比大概是两到三倍，竖比大概是10至15年，目前，这种差别还在进一步拉开。从基础设施、公共服务到环境保护以及关系城乡居民生存、生活和发展的，包括居住条件、教育、保健和文化消费，差距也是明显的。至于在精神上和观念上，市民歧视农民和进城的农民工，同样是由来已久，迄今未止。

所以进行城乡统筹，通过协调发展，实现城乡社会和谐化，亟待党和政府加强和改进领导，发挥各有关部门的主动性和积极性，并调动全社会的力量，让广大人民参与其事，才可望改变现状，开创新局面。其中，在工业化和新型工业化以及城市化的进程中，就有很多工作要做好。

就我国的城市化来说，这几年成绩巨大，有目共睹。但是也有反映，主要来自以百万计的农民和农民工，他们感到城乡差别没有缩小而是拉开，城市建设和城市发展的成果没有使他们得到应有的分享份额。归根到底，这是在城乡资源的使用和分配上，缺乏城乡统筹，而是较多地偏重于城市，忽略了乡镇和农村。教育资源是这样，八成投于城市；城镇建设资源也是这样，城市份额过大，农村分摊偏少。这在有的地方已经整改，把这方面的投资作了比较平衡的分配，如城区一半、郊区一半，也提高了投资效益，体现了对城乡居民的兼顾和公平。

所以产生重城轻乡的指导思想，流行的一种说法是只要推进城市化，就能使农民变市民，从根本上解决"三农"问题。这种说法有一定理由，但是并不完整。因为缩小城乡差别要假以时日，消除二元结构更要靠不止几代人的坚持，在可以预期的将来，农业、农村和农民始终存在，城乡差别始终存在。在构建和谐社会的伟大事业中，城乡统筹也始终是不能回避的任务，并且应当放在重要位置。这是为最广大人民谋取根本利益的关键性环节。

三、积极培育和谐的社会风气

构建和谐社会，与市场经济、民主政治和先进文化一起，作为加强党的执政能力建设的主要任务，其意义十分深远。实现这个目标，不仅要党和政府的宣传教育、提倡鼓励、政策调引和管理创新，还有赖于全社会的配合和广大人民的响应。大处着眼，小处着手，积极培育和谐的社会风气，对人口聚集的城市来说，也是不可忽视、不能缺乏的重要一环。

提出构建和谐社会，有着充分的迫切性和针对性。应当认为，改革开放以来的20多年，与过去强调阶级斗争的时期相对照，社会风气有了明显好转。但是也不能否认，当前社会还存在着不够和谐的气氛，具体表现在冲突频繁发生，人际关系相对紧张，常见的如为了某些小事而导致争吵和打骂以及语言的粗野等，与全面建设小康社会和实现现代化的目标背道而驰。这有多种原因,特别是社会公平和正义未得到保证,部分弱势群体受到歧视、感到委屈。另一方面,则反映了和谐风气未得弘扬,亟待提倡,求得树立、推广和普及。

培育和谐的社会风气,首先要强调安定团结不仅是社会进步的重要标志,更是推进经济、社会和政治、文化建设的前提、基础和动力。任何破坏安定团结的行为,都会带来一系列的消极效应,损害人民的根本利益。在这方面取得共识,大家身体力行,即使人民内部矛盾始终存在,有时难免剧烈,都能得到正确的处理和解决。

在此前提下,倡导相互尊重,表彰诚信相处,有利于协调各种人际关系。改革开放以来,社会阶层日益演进,利益关系越趋复杂,只有相互尊重,才能求得协调和融洽。过去搞革命,在你死我活的斗争中,难以讲温良恭俭让;现在搞建设,讲和平发展,回归温良恭俭让是有利无害的。这是公共道德的应有之义,要和不要大不一样。

在当前发展过程中,必然有先有后、有强有弱,怎样做到先进照顾后进、强者帮助弱者,从认知到行动,形成一种和谐风气,至关紧要。特别是在一部分人先富起来后,更多的人群走向宽裕之路的今天,贫富分化,差别扩大,一定要调节其利害关系。对此,既要防止仇富心理,更要反对欺贫,从而形成扶贫济困的时尚,才是和谐的正道。

培育和形成和谐的社会风气,是一种道德规范,又是一种法制秩序。这需要加强和改进管理,更要优化激励和服务,在党和政府引导下,充分发挥各种社会组织和企业、学校以及家庭的功能和作用。各级领导要以身作则,坚持群众路线;各类媒体要发扬正气,排除邪气。这样,形成一套社会机制,社会风气就能为之一变,使正气上升,邪气下降,邪不压正。

当前人们对社会风气存在隐忧,对此必须正视,不能讳避。同时要有信心,随着“三个文明”建设的发展,有利条件不断成长,铲除不良风气与树立和谐风气是可望成功的。

（原载《民主》2007 年第 5 期）

服从多数，兼顾少数

——试探和谐社会的一条民主法则

传统的民主集中制有一条公认的法则，就是少数服从多数。这对决策，无论大小，一概适用；否则，在不同意见时难以拍板，成为议而不决，定会误事。从政治民主、军事民主到经济民主，此一法则已经通行，成为共识，并延伸到群众团体、股份企业和社区活动，可以肯定是必要的常规。

进一步思考，少数服从多数如果固定化、绝对化、机械化了，有没有副作用和不够完备之处呢？很可能是有的。至少有两点：一是真理有时在少数人手里，一旦被多数否决，就被埋没，不知何时才能再露；二是即使多数有理，少数同样可能有某些合理成分，被排斥了十分可惜，不能使多数裁决更加完善。因此，在运用表决机器前，如能充分商量和适当妥协，或许是明智的。相反，任凭多数压倒少数，往往产生不同程度的片面性。

人们的意见之所以存在分歧，来自多种原因，如不同经历、知识和思维方法，而更多的是利益关系，导致有所偏颇甚至对立。科学的问卷调查，总有不大不小的百分点，一致赞成仅是例外或假象。特别是在当前转轨期，利益关系多元化、复杂化、碎片化，不同观点和不同倾向更是客观存在。面对此一趋向，如何处理多数与少数的关系，不能采取简单的方式和方法。尤其是在双方或多方势均力敌的情况下，要49%服从于51%或两个33%服从一个34%，始终是不幸的或荒唐的。

于是想到，在不摈弃少数服从多数的基础上，能否重视和关注少数的意见和利益，强调一下对少数必须兼顾。除了允许少数保留意见和可以继续申诉外，还要充分考虑其局部和个别利益，并在对策上有所安排。“一人向隅，举座为之不欢”，这个说法，有其道理，何况有时不止是一人，即使1%，也是一部分、一大群。

构建和谐社会，实质是协调各方面的人际关系、主要是利益关系。科学发展观除人与自然的和谐外，城乡、城区和经济社会的协调，无不落实到人与人的基本利益。所以，多数人和少数人，也是一种无法回避的人际关系，一定要安排好、协调好。常说的贫富关系、劳资关系以至官民关系，给以量化，就有或多或少的不等。即使在同一社会阶层，利益关系同样不尽一致。这都要求，决策程序只可能是少数服从多数，而其民主法则，还应当兼顾少数，使其合法利益同样得到尊重、保护和增长，有利于各尽其能、各得其所。兹事体大，关系到最广大人民的根本利益，是我们党的宗旨和承诺。如何落实，遍及各个领域，亟待有进一步的试验和探索。

（原载《学习与传播》2007年第2期）

经济民主可以先行

在改革开放跋涉30年以后，政治体制改革应当有实质性的起步了。政治体制改革或称政治文明建设有多维内含，而其第一关键词不能不属于民主，并称的法制是其呵护，决非制约。但是，当前还有若干思想障碍和理念误区，特别是必须避免混乱和保持稳定。怎样突破？不少方案是吸收经济体制改革的经验，走渐进之路，拒绝一次性、大杂拌的“休克疗法”。这已成为共识，基本上无异议。

但是，怎样渐进？从何切入，打开僵局？却有不尽相同的创意，如从党内民主到党外民主，从基层民主到高端民主，从单位民主到整体民主。已在实验，步子不大。能否换个角度，先从经济民主着手，可以先走一步，再延伸和扩充到政治民主。

经济民主，实际上是经济改革与政治改革的临界点，以经济改革为基础，自然地渗透到政治领域，使两者互动，相辅相成。它有悠久的传统，在延安时代就有三大民主（政治民主、经济民主、军事民主）的实践，一度卓有成效。它也符合经济改革的其他原理，包括有序推开、不断深化和群众得利、上下结合等。从经济改革到政治改革，经济民主是一座桥梁，由此及彼，因势利导，顺其自然，瓜熟蒂落。

经济民主，核心在各级政府的财政预决算，必须有一套民主化的周密程序和体制、机制。这不是从零开始，白手起家，而是已有规定，促其前进。民主，作为人民的权利和权力，有人演绎为知情权、表达权和适当参与决策权，已得肯定，只待落实，具备了可信度和可行性。具体表现为公开、公正、公平，从提高财政预算的透明度开始，经过各级人民代表大会的审议，不仅大呼隆，更要细节化；并监督其贯彻执行，对决算也同样认真对待。在此过程中，应当还有广大公民的参与论证和适当表决。从另一方面看，又是纳税人行使其公民权，保证取之于民、用之于民，使发展成果为全民共享。特别是在财政职能及其体制改革中，从吃饭、建设转向公共服务，更有其必要性和耦合性。不言而喻，这对防治腐败和消减浪费，同样不可缺失。

从对政府的经济民主做起，推广到企事业包括学校、医院的经济民主，上行下效，是顺理成章的。通过这些改革，更有利于培养和弘扬民主风气和民主习惯。推而广之，无论在基层或高端，官与民得到磨练，进而开拓更广大、多维的民主改革和民主建设，条件会越来越完善，步伐会越来越稳健。与此同行，有关经济法制和整个法制体系也将越来越健全，是毫无怀疑的了！

（原载《学习与传播》2009 年第 2 期）

杨柳依依

——《李商隐评传》再版代序

书面已经泛黄的《李商隐评传》，放在杂乱的案头上有半年多了。去年，应杨夫人陈曼璐和他们的女儿杨晓冬之约，知道这本书将再版，要我写一则序，我是非常愿意而又相当惶恐地接受了的。所以愿意，因为人生难得一知已，老杨与我可谓知已，虽然相见恨晚；所以惶恐，不仅由于我对诗只是一个爱好者而不是内行，更由于感到其人其书的分量沉重。于是，几番犹豫，几番搁笔，甚至想在他逝世三周年之前写出，也因岁末事繁而错过，心中充满自责。

我与老杨相识之时，彼此都已年过半百和近花甲。70 年代末，胡乔木同志主持从中国科学院社会科学学部划出来的中国社会科学院工作，忽然想出向全国公开招考招聘，那是既无前例又无续举的一次特殊机遇。老杨和我分别报名，一起被录取为副研究员。他在文学研究所，我在经济研究所。他知道后，写信给我。我回信中，附了四首述怀诗。不久，得到他的和诗：

似水流年莫驻留，弦歌不辍复何求？
长安传报题名纸，献赋子云已白头。

关山迢递路重千，梦别江南何日还？
早许丹心酬盛世，敢恋微躯惜馀年！

昂扬晁贾意相通，一念苍生一悯农。
经济文章均报国，何妨异曲调同工！

雪压风欺事异常，群英奋力斗冰霜。
神州此日春明媚，冠盖京华会众芳。

读到他的和诗，我不禁莞尔，似乎见到了范进中举；但至后阙“雪压风欺”，想必定有经历，不禁黯然，给以无限同情。这一代老知识分子，即使“早许丹心酬盛世”，还不免有一段坎坷，我同样有切身体会。

京华相会，专业不同，却都住在石景山。笔耕之余，出外散步，晤谈就增多了，了解也加深了。

他生于1923年，长我四岁，后来在通信、留条中戏称为“年兄”“年弟”。他是浙江义乌县人，父亲是乡村私塾老师，这对他自幼打下古文学功底有相当影响。原名思熙，号春台。16岁考入湘湖师范，17岁开始在金华出版的《东南日报》、《正报》等发表杂文和文艺评论，笔名有杨柳、高阳等。后来就用“杨柳”这个名字。姓“杨”的人取“柳”为名是很自然的，在他之前有位电影明星，在他之后有位电视台广播员。但是，那两位都婀娜俊俏，这一位则白发苍苍，我认为有点名不符实，他坚持说：“不在外表而在内质。”

21岁后，他考入中央大学中文系，又转到政治大学新闻系，系统地涉猎和钻研先秦诸子，撰写了20多万字的《先秦游士研究》；接着，完成长篇小说《梦痕》，又仿《聊斋志异》形式用文言写成短篇小说集《望乡斋述异》。25岁时，通过毕业论文《先秦诸子研究》。同年，考入中央大学政经研究所国际政治组，并选修文学院课程。那两年，致力于《水浒》、《聊斋》、《红楼梦》的研究。新中国成立后，曾应聘赴东北工学院任语文科主任、讲师。1952年，通过硕士论文《国家承认的理论与实际》，分配在无锡纺织工业学校任语文学科主任。接着，先后完成译著《当代英雄》、《渔船》和《漂泊者》以及专著《水浒人物论》等。1956年，调入苏州高级中学任语文教研室主任。随后陆续完成专著《〈水浒〉的思想与艺术》、《聊斋志异研究》、《论现实主义》、《更多更好地塑造工农兵英雄形象》和译著《南来的风》以及一些文科教材教法研究和教学参考资料。1962 年，参加中国作家协会江苏分会，当时苏州参加作协的只有寥寥几位；同年，聘为政协文化工作组成员。《聊斋志异研究》出版后，还翻译为俄文出版，汉学家罗果夫通过中苏友协来信给以高度评价。十多年中，发表文章数百篇。

40 万言的《李商隐评传》动手于 1957 年，到 1962 年脱稿，历时 6 年之久。1964 年，江苏人民出版社转交中华书局上海编辑所审稿。不久，“文革”的风暴卷地而来。时在苏州市三中任教的杨柳同志首当其冲，以他的众多著作和当时二级教师的较高职称，被打成“反动学术权威”，并下放当“农民”，实属理所当然。未及出版的数百万言著述都被抄走，荡然无存，不仅是他个人无法挽回的损失。所喜的是《李商隐评传》冻结于出版社，却得幸存。

他对在“文革”的遭遇，谈得很少，更少怨言；后来我从苏州的同志中了解，深感惊愤，并对他的宽忍大为不平。“文革”终于成为一段痛史。他从农村回到苏州，供职于苏州师范，有句：“八载红心播越土，满头白发返吴门。”《李商隐评传》从满层尘封的旧稿堆中检出，又经修改，在 1981 年末由江苏人民出版社出版，初版 10500 册。我是他的首批赠阅者之一，扉页有他劲健的笔迹，今日再读，顿觉伊人宛在，风采犹存，不胜怀念！

这本书我读过两遍。最近，我又翻阅，感到：第一，他掌握了大量素材，理出了头绪；第二，开创了一种体例，以史为经，以事为纬，思想与艺术并重；第三，有独特见解，尤其对一些千年的疑点和难点如《锦瑟》、《无题》等篇，进行了有益探索；第四，笔尖醮着感情，叙述深入浅出，读者易被打动。掩卷沉思，不免遐想，如果义山复活，或者会说：“识我者，杨柳也！”

《李商隐评传》是他写作和研究的一个高峰，但不是终点。回到苏州不久，完成 20 万言的《写作讲话》，省定为大专教材。去北京后，60 岁开始了第二个春天，不仅参与了国家规划的多卷本《中国文学史》课题组，承担了盛唐那几章，并且到处参加学术会议，不断拿出成果。在此期间，他诗兴蓬勃，常有新作见示。从“万代安危萦抱负，一生得失付云烟”和“赖有平生豪气在，登攀喜值岁峥嵘”等句，可见一斑。结合中国文学史的研究，对唐诗进行分类，包括赠别、抒情、山水、景物、边塞、悯农、讽刺、爱情等，编为《唐诗选粹》10 个分册，各 300 首左右，合占全唐诗的十七分之一，详加注释，是一项大工程。1986 年，与夏祖耕、陈健勤合作，编成 30 万言的《中国历代咏史诗选》；1987 年，与骆祥发合作，出版 30 万言的《骆宾王评传》；1988 年，编撰《中国文学大辞典》；1990 年，参加编撰《中外名诗赏析大典》。从这笔流水帐，证实了他信守“敢恋微躯惜馀年”的自我承诺。这时，他已经 70 岁了。

我回到南京工作后，与他见面少了；但是每年去北京，总要专门拜访他。几次晤谈，他常拿出累累文稿，讲述自己的写作计划，包括准备写唐代四位诗人的评传等。我们也曾抬杠，有时在赠诗中戏谑。鉴于他的健康状况，劝他冬季来南方避寒，他称住在石景山的优点之一是靠近八宝山公墓，我就说：“青山处处埋忠骨，何必苦恋八宝山。”他心动了，1991 年后常住苏州故居。1992 年，国务院授予杰出贡献奖，享受特殊津贴。那年 11 月，中国首届李商隐学术研讨会召开，被选为李商隐研究会顾问。12 月 13 日，突发心脏病，未得抢救成功。我是事后知道的，连挽联也来不及送，只能心祭一番。

《李商隐评传》得以继《聊斋志异研究》再版，是他的夙愿，只是无法告慰他于九泉之下。要我写序，其实是赶鸭子上架。我想对此书的评价，自有遗文在，读者尽可品味，毋需借助我的笨嘴拙舌。趁此机会，讲讲他的简历，追忆他孜孜不倦的治学精神，对中青年不无启迪。前几天下了暴雪，现又过了“雨水”，杨柳快要萌生嫩芽，记得《诗经·小雅·采薇》有云：“昔我往矣，杨柳依依；今我来思，雨雪菲菲……我心伤悲，莫知我哀。”恰为此景此情作了真实的描绘。

（原载《苏州杂志》1996 年第 4 期）

《外边的世界是精彩》序

有幸读到本书校样，确是先睹为快，既是读得通顺的快，更是美不胜收、给人以快乐和愉悦。

我辈喜欢读书，不是为千锺粟或颜如玉，恰是读一本书无异于闯进一个新的世界，感性形象扑面而来，理性思维浸润心扉。读出国访问归来的作品，把读者带进了现实世界的某国某地，如《镜花缘》所记，都是景物新鲜、启迪新颖。这本20多万字的书，篇幅不大不小，内含广泛丰富。6个国家，美国和加拿大是发达的，韩国和新加坡是新兴的，泰国和越南是发展中的，连同附录的香港特别行政区，东西南北中都有了。有宏观，对几国概况进行综述；有中观，就一个领域、一个部门进行剖析；有微观，在一个企业、一个农场进行速写。三次产业都遍及了，有农业及其产品加工；有工业中的传统行业如汽车，也有高新科技行业如互联网；还有服务业，从交通、商业、金融到饮食、旅游、房地产。进一步细化，有股市、期货直至花卉、水产。除收入、消费外，另有人口和文化、教育等。有统计数据，有典型案例；有评价，有对策。读后，感到闻所未闻，也可以说是见所未见，结果则是知所未知，增加了知识和学问。像是品尝美食，不仅解我饥饿，而是享受佳味；并且不是拼凑的"大杂烩"，而是精心烹煮的"佛跳墙"。

开放以来，外国人成群结队地进，中国人争先恐后地去。都是好事，打破了封锁和闭关，内外沟通，使洋人了解中国，国人了解世界，彼此开了眼界，有所发现，有所省悟，有所惊喜。"外边的世界是精彩"，这个结论不是溢美之词，而是实事求是的赞叹。留学、经商、考察和旅游、探视,多种动因,一样收获。进而写成文章、录成音像,即使拍成照片,都使人体会到咱们共处的地球既大又近,既多样又一体。Internet 把地球浓缩成了一个"村"。

仅讲出国回来后写的文章和书,大体上有两种:一种以游记为代表,偏于形象描述;一种以考察报告为代表,重在理性思维。本书不同于两者,其特色可以说是理性思维的形象化或形象描述的理性化。如书名副题——"六国经济观察纪实"所示,这是一本既观又察、并以纪实为主的读物;在此基础上,也有由表及里的探索、研讨和建议。可以作为旅游纪事,可以作为考察报告,可以作为访问笔录,可以作为信息蒐萃,也可以作为研究心得,并兼有这几类文体的复合功能。因此,常人读了不觉深奥,专家读了不感浅略;同行读了很有裨益,隔行读了也有借鉴。

做到这样,并不容易。强调纪实,是调查的起点,立论的础石,也是学者的基本功。全书约有 80%以上的篇幅是摆事实,不到 20%的语言是说道理。摆事实,除了二手资料,更重要的是一手信息,要靠腿勤、手勤和口勤。本书言之有据,少数来自会议和官方材料,多数来自亲访。这是一种实证方法,不是先有概念和结论去找论据,而是论从事出,颠扑不破。作者深入现场,不耻下问,务求掌握真相,并及细微。到工厂或商场,属于常规;去了一次再去一次,执着才能深入;有的要赶早市,有的要熬子夜,则是刻意追求,一着不让。高速公路是旅途必经,作有心人,才能见别人所未见。研究互联网,自己每日操作若干时,才感受其影响之大。作者到一国一地,时间有限,要花很大辛苦,并有广阔的眼界、敏锐的目光和独特的视角,方能得此硕果。这是一种职业道德,也是一种严谨学风。培养这种素质,成为习惯,要靠毕生孜孜不倦的努力,决非一日之功。

有了这种功力,于是大中见大,小中也见大。如美国的互联网和汽车都是大产业、大题材,省市已有多种论著;在本书有大块文章都是近 2 万字长文,从历史到现实,从实践到经验,娓娓道来,不断深入,使外行藉此入门,内行有充实和提高。又如对新加坡的厂商公会(SMA)和泰国的兰花培植工厂，两文都不过一二千字，把一件事说清、讲透，读了颇感满足。特别是分析一个小型企业的会计报表，其详其细其深其专，足以增长见识。无论大题小题，不管长文短文，写到这种地步，都是大手笔，显得游刃有余。访外文章本是望远镜，这里又是放大镜和显微镜，使人叹为观止，咀嚼不尽，回味无穷。有的不妨作为范文，值得中青年学者和其他学者揣摩，从中懂得不拘一格的创新术。

有了这种功力，于是推陈出新，不落凡套。本书抓住新亮点，阐发新观念，给人以新认知、新思路。如对纽约股市，大家关注，不限股民，介绍文章已多；本书着重于最近动向，详述细析，从中窥测到世界经济风云。又如对房地产，正是当前热门话题，出国考察频繁，一般有所了解；本书从多伦多到新加坡，有针对性地进行比较，进一步扩展了思绪。对越南经济，大家生疏；本书以边境贸易为切入点，反映该国情况，联系更多方面，为读者开了新页。此外，如与韩国经济学教授黄义钰的晤谈，对我国经济学的发展，同样可供参考。这又告诉人们，调查研究的诀窍无它：一是寻觅新命题，二是挖掘新情况，三是得出新结论。本书的各篇不在低水平上重复，就能不同凡响，也是理论工作者和实际工作者的共同追求。

读了本书的基本体会是：大千世界，百舸争流，各有优长，值得互补。了解、接触进而借鉴、吸纳、移植域外文明，对建设国内物质文明和精神文明完全必要，不可或缺，否则就会陷于闭目塞听和孤陋寡闻而落后于当代知识社会。发达国家固然在科学技术和市场经济上积淀深厚，我们应当取其长、补我短；发展中国家无分大小，处于相近水平，面临共同课题，更该加强交流。本书意图也在这里，决非坐而论道。

邓小平早说过，“必须大胆吸收和借鉴人类社会创造的一切文明成果”。我们也做了些，对经济发展和社会进步都有推动。但是，尽管过去了 20 年，对大多数同胞，包括各门学者，总的还是知之不多，用之尤少。读了本书，深感要有更大的开放、更多的引进；引进越多，得益也越多。然而同时，又感到有些人，不是多数，仍旧有意无意地拒绝学习他人的长处，认为那是“西化”；或者还停留于上世纪的“中学为体、西学为用”,局限于科学技术,排斥了更多知识。我们反对“全盘西化”,也不赞成把学习洋人都戴上“西化”的帽子;我们赞成学习先进的科技,也不反对借鉴市场经济的许多东西。本书所说,大多是别人的成功之处,符合上述精神。有人会指出,为什么不揭其短,为什么不扬我长?古语有云:“莫道人之短,毋说己之长。”看来,以人之长,补己之短,就能克服不足,天天向上;而以己之长,比人之短,滋生了自足感,则会盲目自满,止步不前。

顾纪瑞教授是一位勤奋严谨的经济学家。如葛兰西所说,属于有机的知识分子。特别是尊重客观事实,给以科学评价;积极认识世界,为了改造世界;头脑保持冷静,感情蕴藏炽热。正是这样,近年来动了手术,处于亚健康状态,依然不断观察,不断学习,不断思考,不断写作。多次出国,不是旅游,而是工作,甚至去美国探亲养病,还做了大量调查,写出多篇宏文。文如其人,都是走出象牙之塔的产物,富有生气、灵气和正气。李商隐有诗:“天意怜幽草,人间重晚晴”,对纪瑞是很好的写真。岑参有诗:“今年花似去年好,去年人到今年老”,上下句对调,不妨移赠纪瑞。我们都已老了,不敢说志在千里,总以蜡炬成灰自励。大家弘扬这种精神,对社会尽力尽责,算是不虚此生。

纪瑞嘱我写序,佛头着粪,愧不敢当。近几年来,承学界不弃,常有类似托付,本来有求必应,写了一些应酬文字,包括书评。后来有诤友指出,不该曲意“包装”,就一概婉辞。但有保留,读到好书好文,不免心动手痒。嘱为本书写序,实是受宠若惊。只是勉为其难,写成了读后絮语,没有做到系统地撷其精华,尚请阅者见谅。

(原载《外边的世界是精彩》,经济管理出版社 2000 年 9 月版)

江村调查待薪传

——评介《江村——江镇》

金秋季节，民盟中央等单位在吴江召开费孝通教授学术活动60周年研讨(欢聚)会。会上，费老热情地表示了对他姊姊费达生当年支持的感谢，称赞了高德正、王敏生、杨晓堂等领导同志发展乡镇企业的伟绩，最后还提到了钱一舟主持“江村——江镇”课题的成果。在此以前，江苏省社科联和江苏省小城镇研究会在南京举行同一主题的座谈会，不少同志提出，费老的江村调查起于60年前，新中国成立后再访、重访江村有20次之多，绵延不断；现在费老年事已高，此一事业亟等薪传。在吴江会议上，海外学者也认为，《江村经济》是人类学和民族学的宪章和里程碑，坚持60年的连续调查更是学术界罕见的创举，并问：这一工作能否继续下去呢？

吴江市政协主编的《江村——江镇——庙港发展的脚步》，以江苏省哲学社会科学“八五”规划的此一课题为依托，由中国文史出版社发行，作为向“江村调查”60周年的献礼，对上述问题作了有益的试答。

这个课题和这本书洋洋30万言，明显地以《江村经济》为范本，意思是为江村调查提供后续。当年，费老描述的“江村”是我国近代受工业催生的农村典型，为世界了解旧中国开了一个窗口。台湾的学者谈到，那里大学也用这本书，只是把作者删名为“费通”，可见其影响之广远。今天，我国社会主义建设正处在由农业社会向工业社会、传统社会向现代社会的转型期。同时面临着许多新问题。这项追踪研究，时间上从解放前延伸到建国后和改革开放后，空间上从“江村”(开弦弓村)扩大到“江镇”(庙港镇)，勾画了漫长和宽深的面貌，把此一窗口开得更大了。无疑,费老家乡的中青年社会学者和实际工作者敢于肩此重任,精神可嘉,其理论意义和实用价值不言自明。

这项研究的内容丰富、层次清晰、结构有机,达到了历史与逻辑的统一。全书既有两篇总论,又有五篇十二节分论;既有经济,又有社会;既有事件,又有人物;既有描述,又有评论;既照顾全面,又突出重点。纵横交错,动静结合,融成一体,蔚为大观。至少有两大特点:一是引用了较多的历史文献,为现实分析奠定了比较依据,也挖掘了江南文化的厚积底蕴;二是包罗了更多的现实资料,以绝对数和相对数系统地揭示了该村、该镇的发展轨迹,也透露了未来前景的粗线条轮廓。

这项研究在方法上,本着唯物论和辩证法的原则,力争沿袭和弘扬费老的优秀学术传统,较熟练地运用了诸如采访法、实验法、比较法和历史档案法、参与观察法、综合评估法等,使理性与实际、广度和深度、一般与个案相结合,增强了研究的科学性、艺术性和可读性,给读者以说服力和可信度。这些,符合费老一直关注农村发展的"动力与问题",并在不少方面为解决这些问题进行探索和设计。

我国当前正在为全面实现小康而奋进,苏南更在开始迈步走向现代化。读了本书,眼前涌现出一派生动景象。可以想见,把费老开辟的此一调查研究事业继承下去,坚持不懈,不断出成果,如果再搞上几十年,这对中国和世界的社会学建设和社会发展将是多么辉煌的贡献。同是吴江人士的我,殷切希望家乡的领导能够关心此一工作,并有一批中青年社会学者能够接过这个火炬,一代一代地传递下去,让真理的光芒熠熠不息。

(原载《名镇世界》1996 年第 6 期)

坚持和发展马克思主义经济学的中国化

——《刘国光文集》十卷本评介

2006年末，在中国社会科学院主持下，中国社会科学出版社编印发行了十卷本《刘国光文集》。这是对刘国光学术成果的一次系统、全面的汇合和整理，不仅积累和保存了一份富有价值的传世资料，有利于传播和传承他的经济学思维，也为记录和研究我国当代的经济发展提供了一份历史信息，是中国当代经济史和经济思想史的一套有用的参考文献。

刘国光教授是中国社科院的原任副院长，曾任中共中央候补委员和全国人大常委，现任中国社科院特邀顾问和首批学部委员，是我国当代著名的经济学家之一，在国内外享有卓越声誉。他出生于1923年，已届84岁高龄。他先后就读于西南联大经济系、清华大学研究生院和莫斯科国立经济学院研究生院。全国解放前，在天津南开大学经济系和"中央研究院社会研究所"从事教学和研究。新中国成立后，历任中国科学院经济所学术秘书兼财金组代组长、中国社科院经济所国民经济平衡组（今宏观室）副组长和副所长、所长以及国家统计局副局长。在60年的学术生涯里，特别是十一届三中全会以来，他与广大的经济界理论工作者和实际工作者一起，坚持与时俱进，开拓向前的马克思主义，对我国的经济建设和改革开放持续不懈地进行理论的探索、创新与实践的策划、建议做出杰出贡献。在2005年与薛暮桥、马洪、吴敬琏一起获得首届"中国经济学杰出贡献奖"。

刘国光的经济学研究领域有相当的广度、深度、细度和力度。其重点是宏观经济，包括经济发展战略和改革模式，并涉及一些部门经济学和区域经济学，可谓"著作等身"。他先后出版专著、主编和专题文选、文集40多种，以及发表论文、报告、演说、访谈等以千篇计，共近2000万字，其中自撰超过1000万字。这本文集聚拢的是后者，剔去重复和内容大致相同的文章与少数应酬文字，共收入559篇，480万字，分为10卷。

文集以时间为序编排，大体能反映他的基本思维脉络及其演进轨迹和结构框架，可以分为四个阶段：

第一阶段，从上世纪50年代到60年代初期。收入本文集的论著，最早主要是研究社会主义再生产理论和国民经济综合平衡问题，以及介绍前苏联、东欧的经济和经济学。在此期间他参加土地改革和农村调查，陪同孙冶方到苏东访问，并参与孙冶方组织撰写的《社会主义经济论》。这被称为刘国光第一次创作的井喷时期，多篇文章已结辑为专书，连同译著，本文集仅酌列各项代表作，并未求全。"四清"期间，经济研究所内开展对孙冶方、张闻天"反党集团"的批判，刘国光与孙尚清、董辅礽等也被划入"一伙人"。至"文化大革命"，他与其他学者都搁笔十多年之久。

第二阶段，从20世纪70年代后期到80年代。在真理标准讨论和解放思想号召下，刘国光发表了越来越多的系列文章，其中心是经济发展战略和经济改革模式，以及其他有关的经济理论和经济问题。他主持编写《中国经济发展战略问题研究》和《中国经济体制改革的模式研究》两本书，后者被评选为"影响新中国经济建设的10本经济学著作"之一。他为这两本书所撰的"代序"即综述，辑入本书，除对经济发展战略和经济改革模式进行较早的概念界定外，着重于经济发展的总战略和经济改革的总模式及其多项具体战略和具体模式，创见颇多。在此期间，对新老发展战略的比较、计划与市场体制的消长、中央改革文件的阐述和当时经济形势的解析、国外经验的介绍以及宏观调控、企业改革和价格改革、流通、信贷、分配等专题都有专文。另外，为深圳、海南建立经济特区的调查和咨询，在对外开放上有不少新思，从1985年在深圳建议"要更多地发挥市场调节的作用"到1988年初在海南提出"建立社会主义市场经济体制"当时都是鲜见的提法。其中不少理念和设想，先后为决策层借鉴和采纳。

第三阶段，从20世纪90年代到21世纪初。刘国光的视野又进一步地开拓和精密化，其主线是把发展与改革结合起来，继续阐发 80 年代中期就已率先提出的两种模式转换，即经济体制由传统的计划经济模式转换为社会主义市场经济模式，经济增长由传统的粗放模式转换为集约模式，并再次强调改革要稳中求进，发展要讲究质量、效益和结构优化，改革与发展要双向协同。在中央明确以建立社会主义市场经济体制为改革目标前后，他有反复的、不断深入的理论诠释和对策建议，包括对社会主义市场经济的一般共性和制度特性的认识，不赞成“趋同论”，旗帜鲜明地提出在坚持市场取向改革的同时必须坚持社会主义方向，反对完全的私有化和完全的自由化。在此期间，经济屡经波动，他对宏观调控进行深入浅出的科学阐释，对财政政策和货币政策有详细论述，直至“微调”、“软着陆”以及治理通货膨胀、防止通货紧缩，并在中国社会科学院历年的经济形势分析会上和蓝皮书中做出评估和展望。他还对全方位的对外开放、区域发展和城市发展、农业发展、生态建设以及金融和利率、汇率等问题发表自己的看法和想法。

第四阶段，进入 21 世纪以来。刘国光一方面仍旧关心宏观形势，另一方面，与 90 年代后期衔接，更加关心人民生活，把就业、收入分配和消费、内需问题列入研究对象，提出进一步重视社会公平和强调让发展成果为人民共享的主张。这在《八十心迹》和中国经济杰出贡献奖颁奖大会上的答辞中都有充分表达。刘国光与不少公共经济学者一样，在宣传党的方针政策、肯定巨大成就的同时，也实事求是地正视而不回避前进中的潜在矛盾和困难；在坚持以经济建设为中心的前提下更加关注社会发展，与中央提出科学发展观和构造和谐社会是一致的。他在 2005 年 7 月发表对经济学教学和研究的一些看法，提出要恢复马克思主义经济学的主导地位，正确运用西方经济学，并坚持社会主义市场经济的正确改革方向，引起了一场大讨论和反思，被称为“刘国光旋风”，对深化和完善改革无疑有其积极效应。其中几篇主要论文和解答，列为本文集的“压轴戏”，反映了他坚持和发展马克思主义经济学的一贯追求。

对刘国光经济思维的评价，经济学界较早就有肯定的议论。约在

10多年前，有人认为，他是发展的“宽松学派”和改革的“渐进学派”的主要代表，从一个侧面表明他的学术特征。“宽松”，指的是发展必须为改革提供有利环境即保持供给略大于需求的“买方市场”，反对片面追求过快的增长速度，以促进改革的逐步深化。“渐进”，指的是改革必须有统一规划，相互配合，有序推行，反对一哄而起，彼此攀比，并影响平稳、健康、协调和永续发展。发展与改革是互动的，体制改革与增长方式转变相依存。他在许多文章中反复强调这个精神，可以说是言之谆谆，苦口婆心，并在长期实践的经验教训中一再得到验证，有的已经成为经济界的共识和定论，更可见其当初创意，实属难能可贵。

最近有人提出，对当前中国社会科学思潮分为几派，把以刘国光为代表的理论体系归属为“新马克思主义派”，可能获得学术界多数的首肯。换句话说，他始终坚持和发展马克思主义经济学，并努力使其中国化，从中国的实践出发，为中国的实践所用。从本文集不难发现，刘国光学贯中西，过去熟悉西方经济学，随即深谙马克思主义，并且孜孜不倦，关切留意当代东西方的发展动态和理论演变，如他自己在一篇文章中所说：“两种经济学在我身上交错并存。”但是，都不是采取教条主义的态度，而是有所取舍，有所突破，有所结合，有所创新。不妨认为，他的经济学思维有三个来源：一是马克思主义的基本原理及其立场、观点、方法；二是西方经济学的一些精华，拿来为我所用；三是更重要的，落脚于中国经济的伟大实践。如论发展战略，是以马克思的生产力理论为基础，又借鉴西方发展经济学的某些新观点，归根结底，不离开“人口多、底子薄”的基本国情。又如论改革模式，从生产力生产关系的相互协调出发，对市场经济体制有充分阐发，又竭力纳入中国特色社会主义建设的现实轨道。他敢于前瞻，如最早提出计划体制该以指导性为主，受到批判，不折不挠。又善于回顾，直面现实中正反两方面的经验。所以到他暮年，进一步强调马克思主义的主流性，同时强调对人类进步文明成果的引进，特别呼吁坚持改革的社会主义方向，体现了上述的“三位一体”。有人说他否定和反对改革，只要对本文集有所浏览，或者翻阅目录标题，就毋需一驳了！

本文集问世不久，已经得到积极回响。在本文集出版发布会上，就有同志指出：我国理论工作者可以从刘国光同志身上学到很多、很重要的优秀品质。首先一个是，刘国光同志时刻用马克思主义的立场、观点、方法来解决中国经济的现实问题。这对中国共产党人来说是至关重要的，没有这一条，我们就没有立足之地。学者坚持马克思主义，在马克思主义时兴的时候很正常，关键是马克思主义不太时兴甚至边缘化的时候，敢不敢站出来坚定驳斥反马克思主义的一些东西。一些同志相信马克思主义，但缺少刘国光同志的勇气。还指出，刘国光同志的文章朴实无华，把深奥的经济理论分析得简明好懂，深入浅出，这种优秀的文风值得专家学者们学习。会上还有人提出，刘国光同志文如其人，不仅学问做得好，而且为人也特别好。他严于律己，宽以待人，长期钻研学问不为名不求利，谦虚谨慎，以人民利益为重。

这套《刘国光文集》，不同于过去出版的《刘国光集》、《刘国光选集》和《刘国光自选集》等，那些都只是非常简短的选辑；但又不是《刘国光全集》，它未包括日记、笔记和书信、讲稿等一般全集应有内容，也不是他发表的文章的全部汇编。本文集只是力图尽可能集中他的主要论著，避免沧海遗珠，力求使读者能了解刘国光教授一以贯之的立场、观点和方法，贯彻始终的经济思维。这些文章绝大多数已经公开发表过（含内地和海外报刊），编入的多篇重要文章以《刘国光自选集》为范本；也有个别重点文章按原稿重排，与公开发表的略有不同。在编辑过程中，除在文字上按照现行国家标准和写作规范进行必要的技术处理外，都以原件为准，毫不增减其实质意思。除去全部重复或大部分内容雷同（如论社会主义市场经济问题）的予以删削外，还有少数几篇难免有角度不同的交叉。前已述及，文章编排以年月为序，但有很少几篇因种种原因未能查到原写作日期和发表报刊，只好推测一个时间进行排列，可能稍有出入，甚至倒置。文集最后附有年谱摘要和编著目录，以供参考。

（原载《经济研究》2007 年第 2 期）

李国鼎与《国鼎丛书》

随着海峡两岸经济、贸易和文化、学术交流的开展，李国鼎先生的名字、经历、业绩和策划逐步为大陆有关人士所了解。特别是在1993年《国鼎丛书》开始出版发行和李国鼎首次来大陆访问后，进一步了解其人其事从而借鉴台湾经济建设经验的愿望也在升温。

东南大学的著名校友

在东南大学的《校友通讯》上，发表了一篇《杰出校友李国鼎先生》，作者是其侄李永泰，现任该校国鼎图书室负责人。

李国鼎是南京人，1910年初出生于南京汉中门的一个寻常百姓家。他父亲在这里与人合伙开一爿旱烟店，算是小商人。他小学读的是南京高等师范附小，中学读的是钟英中学。16岁时，考入东南大学，先念数学，后转物理；20岁毕业时，东南大学已经改名为中央大学。先生聪颖好学，在中学就是活动分子。大学阶段，曾任《中央大学物理学会手册》主编，并参加创办《科学世界》杂志。1930年，受他哥哥李小缘(全国解放后任南京大学图书馆馆长)影响，在《图书馆学学刊》发表《西洋杂志之沿革》的长篇编译文章，显示了知识面广的优长。

大学毕业后，先在钟英中学教书。后在金陵女子大学任数学和物理讲师；结识宋竞雄女士，到1938年结为伉俪。

1934年，他以高分考取中英庚款公费留学，进剑桥大学，在两度获得诺贝尔奖金的卢瑟福主持的卡文迪许实验室从事放射性研究。后来，在皇家学会蒙特实验室考夫饶克领导下研究超导现象，成为中国研究超导的先驱者。他的研究报告曾在英国皇家学会会刊发表。回忆这段学历，他认为最大收获是得到科学方法的训练，终身受益匪浅。

1937年抗战爆发，李国鼎归国抗日。在他回到南京时，日军已经占领上海，于是到武汉大学任教授。1938年去防空学校，到贵阳花溪任照测总队修理所所长。接着到资源委员会资渝炼钢厂任工务组主管，转入工业行政，实践了炼钢、轧钢技术和工厂管理。3年后，调到资源委员会工业处负责下属各钢铁厂的生产协调。1945年日本投降，到上海筹建中央造船厂。1948年7月，到台湾的基隆造船厂工作，1951年任台湾造船公司总经理。

1953年，征调到台湾“经济安全委员会”任工业委员会委员，博得台湾经济起飞的最早策划者尹仲容的青睐，并从此进入台湾工业和经济工作的决策层。1958—1963年，任“美援运用委员会”秘书长；1963—1969年，任“经济合作发展委员会”秘书长、副主任委员；1965—1969年，还任“经济部”部长；1969—1976年，改任“财政部”部长；1976—1988年，任“行政院”政务委员，负责“应用科技研究发展小组”。1988年时已臻78岁高龄，退休后任“总统府”资政，一直到现在。从50年代末到70年代，正是台湾经济迅速发展时期，李国鼎发挥了重要作用。

离开大陆45年之后的1993年，李国鼎到大连参加一个国际学术讨论会，顺便回到他的家乡南京，重访母校东南大学和南京大学，应聘为名誉教授。他在学术讨论会上作了介绍台湾建设经验的报告，还谈到海峡两岸的经贸关系问题，全文发表在《改革》杂志上。

台湾经济发展的智囊

台湾成为亚洲“四小龙”之一，李国鼎与尹仲容、赵耀东等先生一起，被认为是主要“功臣”。对此，有关报刊先后有所报道。1994年10月，东南大学召开“两岸工业经济与技术合作”研讨会，台湾“中华经济研究院”政策研究顾问叶万安先生作了《李国鼎先生与台湾经济发展》的报告(原文将发表于深圳的《开放导报》)。

叶文认为,李国鼎从1953年到1988年退休,一直居于台湾经济发展的决策核心,历年来台湾经济发展的策略、政策、措施,即使不是先生决策,也是他的建议,甚至由他亲自推动。他的一生,不仅与台湾经济发展密不可分,而且同步成长,可谓是权威的见证人。对李先生的特质和事功,叶文归纳为五条:

一、科技官僚的典范。李先生是科技出身,早年心仪于欧美科技进步与国家的现代化,工作务实,不好高骛远,一向主张在适当时机,采取适当政策。他心胸开阔,经常于听取各方意见后,再作决策。他办事讲求效率,绝不拖泥带水。他进取心强,不断汲取新知,并加以传播。他的观念领先于一般人,经常提出前瞻新看法,推动新制度、新计划。他有锲而不舍的执着精神,尤为识者所敬佩。他的这许多技术官僚的特质,少涉政治,与一般行政官僚不同,正是效率较高、错误较少的关键所在。

二、出口扩张与奖励投资。李先生在1954年即建议扶植民营纺织工业成为未来外销的主力。1956年研拟第二期四年计划时,不再强调进口替代工业的发展,代之以出口工业的政策。到1986年,则策划、推动电子资讯(即信息)产品出口。此一政策,不仅解决了当时严重的失业和贸易逆差问题,也奠定了日后工业进一步发展的基础。在此期间,先后拟定《十九点财经改革方案》和《奖励投资条例》等,对台湾经济发展的贡献极巨。特别是为积极推动出口、简化设厂和出口手续、减轻出口负担,除全面改善投资环境外,还建议创办“出口加工区”,并在1966年正式成立高雄出口加工区,为世界首创。由于绩效良好,后又增设两个,为其他国家纷纷仿效,目前已达209个,成立了全球性的“加工出口区”协会,在十周年大会时特颁奖李先生,酬谢其非凡构想和成果。

三、技术密集工业发展与科技发展方案。台湾虽然迟至1981年才正式进入积极推动技术密集工业发展阶段,但实际上,李先生早于第一次石油危机后，即主张发展能源密集度低、附加价值高、污染低的技术密集工业。他在1976年底担任“应用科技研究发展小组”召集人后，就策划这项工作，并负责研拟《科学技术发展方案》。执行结果，有如1982年修订《方案》，列出八大重点科技，全面推动；1980年成立的新竹科学园区，到1993年底就有150家厂，当年营业额为49亿美元；还聘请海外资深专家，对台湾科技发展方向予以评估；等等。他还建议设立“资讯工业策进会”、“电子研究所”、“工业材料研究所”、“机械工业研究所”等，对发展这些工作很有作用。因此，他被当地的科技产业界尊称为台湾的“科技之父”。

四、人力资源的规划与教育政策的调整。李先生注意到台湾自然资源有限，唯人力资源相当充沛，有效运用是一大课题。对此，他指示成立“人力资源小组”，拟定和完成《第一期人力发展计划》并连续实施，成为各期经建计划落实的主要原因之一。他也重视教育，尤其是发展职业教育和技术教育，办了一批专科学校和“台湾工业技术学院”，形成体系。目前，高等职业学校与一般高级中学之比为7∶3。他还建议在有关大学除增设硕士、博士班外，并增设研究中心，培植高级人才，提高科研水准。

五、“第六伦”的倡导。所谓“第六伦”，就是在传统的君臣、父子、夫妇、兄弟、朋友五伦之外，把个人与社会的群己关系作为“第六伦”。目的是在加强科技发展、促进产业升级的同时，针对伦理道德没有随经济快速发展而现代化的问题，提倡重视人际关系和社会行为的规范化。为此，他先后写出多篇文章，希望成为国民人格中不可分离的部分。虽然，他诚恳呼吁，而社会未有相当反应，叶万安认为是台湾的不幸。

叶文提出，李国鼎先生对台湾经济发展的贡献，还有“尊重市场机能”、“重视政府功能”、“重视资本形成”、“重视经济与社会的互动”等。他也谈到，台湾经济发展有负面经验，并不源自李先生的主张，而是其主张未能落实的结果。

《国鼎丛书》的编纂和出版

李国鼎先生在治理繁重政务的同时，孜孜不倦于著书立说。根据东南大学国鼎图书室收藏的目录，至少有1500篇，其中英文约300篇，累计达数百万言。这些浩瀚的论述，有的是综合性，有的是专题性，包括不同时期的总结文件和不同地方的演讲报告，领域颇广，含义颇深，反映了台湾经济发展的主要过程，既有成功经验的概括，又有某些问题的检讨。但是，已经编纂成书出版的，只有少数几种，其他多数散见于各类期刊和报纸，不易窥及全豹。

为了介绍和研究台湾经济成长的情况，供大陆经济建设参考，并促进海峡两岸的学术和文化交流，作为李先生家乡母校的东南大学，在取得李先生同意和支持并经有关部门赞同后，决定编纂《国鼎丛书》。此举的宗旨，是由于我国改革、开放以来，亟需了解发达的、后发达的和发展中的国家、地区的经济建设和经济发展的经验教训，为制定自己的对策寻找有益的借鉴。特别是1992年春邓小平同志考察南方发表重要谈话，指出“必须大胆吸收和借鉴人类社会创造的一切文明成果”，并提出“比如广东，要上几个台阶，力争用二十年的时间赶上亚洲‘四小龙’”。择定以社会主义市场经济体制为改革的目标模式，进一步强化了面向当代世界、广搜博采的必要性和迫切性。而赶“四小龙”，首先要从了解和熟悉“四小龙”入手。在“四小龙”中，台湾和港澳更与大陆息息相通，倍感亲切。台湾几十年的实践，无论是农业和工业、商业和外贸、财税和金融、科技和教育、人力开发和资源管理、政府计划和企业经营，都有不少独到之处，在李先生的文章中有多角度、多层次、多方位的反映。于是，与各方面磋商，罗致一批专家、学者，组成《国鼎丛书》编纂委员会，承担李先生著作在大陆出版的代理权，委托东南大学出版社出版发行。显然，这是一项有相当规模的学术工程，在大陆和台湾出版界协作关系不断发展的今天，有一定的开拓意义。

《国鼎丛书》的编纂原则和计划是：凡已成书出版的，作为单独立册的基础，并采撷有关文章，适当补充替代；凡未集纳成书的，进行分类，分题汇编，整理成册，力求连贯和系统；凡以英文出版或发表的，组织翻译校对，成为中文版。在编纂中，尽量保持原貌，仅在具体用语上略加技术性处理，使更符合大陆读者的阅读习惯。初步打算，约分 15 册左右，每册 20—30 万字，由相关学科的专家分工负责，先出总论，后出分论，从 1993 年上半年开始，争取在二三年内出齐。结合编纂出版，还将由该校台湾研究所组织一些课题研究。

《国鼎丛书》在 1993 年出版了《台湾经济高速发展的经验》和《台湾经济发展背后的政策演变》两册，1994 年上半年出版了《台湾经济发展中的科技与人才》和《台湾的人力资源与人口问题》两册，主编者有冯沪生、孙锦祥、茅家琦、胡执中、陶勃、王荣年、何立权等教授。已付排印将陆续出版的还有《台湾的工业化》、《台湾的财政金融和税制改革》和《台湾的对外技术合作与外资利用》等。

李国鼎先生为《国鼎丛书》各册写了《自序》，首先提出"在大陆出版我的著作，是我始料未及的"。他说："就经济理念和规律而言，和其他学科一样，是没有疆界的，对它研究的收获与成果本是人类共同的财富，应为人类共享。"还说："当前大陆经济振兴，采取改革开放的政策，加速由农业社会向工业社会转变，从而为民造福，因此，需要分析世界上各种成功和失败的经验，结合自己的情况，予以借鉴。"他在访问母校时，看到一二分册的封面图是高雄加工区，表示高兴，认为这是非常有意义的事，讲了"整个台湾经济自 1965 年起是出口导引其发展。……目前大陆发展出口当然要紧，但更要紧的是沿海各省发展的同时，也要注意与大陆内地的平衡、中央和地方的平衡"。要言不繁，充分流露了这位老人对大陆经济发展的肯定和关怀。

（原载《书城》1995 年第 2 期）

《经济千字文》自跋

承《江苏经济》杂志徐山瀑主任和编辑部各位同志的厚托，试写《开篇献辞》，上了马后，欲罢不能，牵延竟达三年之久。画了句号，再为我编印这本小册子，既感谢又惭愧，有些心情亟待说说。

年纪越来越长，文章越来越短，这个反差很有趣味。摆脱行政事务和离休以来，转瞬已逾 10 年。如何排遣老景，出于习惯，还是笔墨耕耘。所不同的，过去多写遵命文章，现在多少有自主权；过去不免冗长是尚，现在可以信笔涂鸦，随兴纵横。这段时间，除了迎风编著几本书和每年还不能不推出几篇 5000 字以上的所谓论文外，主要是一些经济和非经济的随笔和散文，从千字到二三千字，每月约在 10 篇左右。其中正儿八经的，就是为《江苏经济》献丑。集成一册，深感大题小做，总是眼高手低；长话短说，总是意犹未尽；下笔有限，难免挂一漏万；既要不违主流，就很少个人独见了。

岁暮反思，50 多年里，不少文字随流而逝，乏善可陈。但是从近年所作，主客观发现有个苗头，渐向弱者倾斜，较多地为这个最需救助的群体呐喊。当年投身革命，原旨在为穷人谋善境。当前已有翻覆，而新格局始终是差距不断扩大，冲淡了欣喜，益增着忧患。作为经济学者，不仅要探索发展轨迹，更应当十分留心人民疾苦，并为之不平、不满、不安。否则即失职，内心有歉疚。因此，虽然余生有限，此志不容稍懈，一定要“拼将老命诉民意，誓为工农大声哗”！

这本小册子，在正篇 37 则外，还从近两年为《江苏建设》、《名镇世界》等所写“卷首语”和为《工作与学习》所写系列文章以及在其他报刊发表的短文中酌选一二，作为附篇或副篇，表示一下自己的关注所在。以人为本，同样是爬格子匠的一个本份。过去奉行不足，今后能否来得及努力弥补呢？

在这本小册子后，正在自助编印一本《轻描淡写集——沈立人自选短文》，包括经济外和少数未能发表的杂文。两册基本上不重复，而主线是相通的。动机和目的无它，都是只想赠人留念，盼能获得批评，匡我不逮。临笺神驰，深知如果晚不闻道，终不瞑目，向马克思也交代不了的！

（原载《江苏经济》杂志社编印，2004年5月）

往事历历

弹指四十年

读了《苏州杂志》创刊号上程宗骏同志的《“国华大楼事件”真相》一文，不禁勾起了作为群社当事人的我们对往事的回忆。现在把它写出来，既是作为四十周年的纪念，又是对《“国华大楼事件”真相》一文的补充。

1948 年 11 月 20 日在国华大楼当场被捕的除我们三人外，还有李培华、章长风、邱隐帆、邱永沅、陈希敏。此外，由吕某招供而受牵连的非群社社员朱熙钧亦被逮捕，共 9 人。

我们第一批 7 人被押解常州后，“审问”了一次，不久就转到南京，由“首都高等特种刑事法庭”审理。第二批被捕的 10 人，加上当时扣押在苏州 2 人，由苏州“城防司令部”审讯，史若平、朱熙钧、凌镇涛、计振华等受了电刑。然后从苏州解到无锡，随即从“无锡指挥所”也转到南京特刑庭，吕某也押来，一起 20 人，我们关押在特刑庭的看守所，在离新街口不远的羊皮巷，是当时关押公开的“政治犯”的地方。在这里，遇到了一批“知名人士”：例如被称为冯玉祥的“红色牧师”余心清（新中国成立后首任典礼局长，后任国务院副秘书长），还有民革的梁蔼然（解放后是全国政协委员），民主同盟的作家骆宾基，“五二〇”学生运动的朱学成、李斐、华彬清，以及“十地委”的张达平等，他们向我们介绍这里号称“羊皮大学”，意思是一个锻炼革命者的特殊场所。

这是一个陌生的地方，但是踏进铁门，即给我们以无比的亲切感。

我们是半夜到的，人们早已入睡，当听到我们进监门的声音时，他们齐被惊醒了，隔着栅栏投来无数关怀的目光和热烈的问话。我们来不及带被褥，大家就挤着抵足而眠，程伯皋穿得单薄，天凉发抖，骆宾基脱下棉袄给他披上，有人送来干粮和咸菜，原来是前东吴大学学生在去四明山游击区途中被捕的程曦、程旭兄弟，也是苏州人。我们似乎到了"解放区"，周围都是自己人，一见如故，毫无隔阂。这里有地下党员，有民主党派人士，有"被俘"战士，有进步青年，都不分彼此地融合为一个整体，是共同的理想和事业使我们在这样一个不平常的环境里相聚，顿觉情深如海，并且把个人的得失、忧虑都净化了。

说也奇怪，在外面，我们感到很不自由，被捕后进一步失去了人身自由，但是到"羊皮大学"竟然获得了另一种精神上的"自由"。在志同道合的"难友"群里，相互之间推心置腹，什么话都能讲，虽然在敌人眼皮下，只要背着看守，也能读到从各种渠道偷偷送来或买来的进步报刊，我们没有与世隔绝，相反，对革命形势的发展了如指掌。有谁接见亲友，首先传递捷报，解放大军已把红旗插到了那里，引来一阵悄悄的欢呼。有时看守们发觉了愕然地问："你们高兴什么？"对，我们没有悲伤、没有叹息，只有对胜利的不断庆贺。

物质生活是艰苦的，一天两顿掺沙子的黄米饭，每顿每人一只小碗，辅以浮着几张菜叶的汤。才下肚就饿了，因此不敢多动。家里送东西，主要是食品，只求数量，不讲质量，或者送些钱来，每星期可以买一次大饼山芋之类。不管是谁的，大家一起吃，提前享受一下"共产主义"。粗粮粗菜，好像是从来没有品尝过的美味佳肴。清洁卫生也不能讲究了，门口一个尿桶，整天吐着"芬芳"。尽管你多么注意，不用几天，就会在自己身上找到虱子——我们为它命名"革命虫"。

坐牢不是休息，每天上、下午各有一次"放风"，大家到小天井里漫步，与不在一间号子里的同志相识、交谈。李培华和曹璟同志借口看病，也能在极其简陋的医务室里相见，谈上几句。谈的内容，很少是过去，更多是未来。"解放后干什么？""搞文艺、搞经济、还是再念书？""不，我想当兵，去解放全中国！"白天，多数人交换看书，沙牧是学徒出身，就抓紧学文化，张玉熙跟梁蔼然学英文，还有人读英译本的《资本论》。一个共同的信念是：坐牢不问长短，不浪费时间，抓紧读些书，如能活着出去，正好用得着。黄昏气氛有点寒森，计振华、桑润身就引吭高歌，使气氛变得舒畅，值得一提的是，不少人会唱《国际歌》，是在"羊皮大学"里学到的。章长风原来是艺声歌咏团的成员，他在狱中自编自谱了《囚徒歌》送到苏州，艺声歌咏团组织了演唱，引起极大的震动，激励了青年的进步之心。

我们在"羊皮大学"与苏州仍然有所联系。被褥是盛国龙的弟弟盛国良等送到的，带来了很多同志平安无事的消息，还接来信，混过检查，暗示有人已经到"那边"去了，给大家以极大喜悦。一次，苏州艺声歌咏团的朋友们举行义演，把得到的钱买了一堆食品，由沈铁候亲自送来，我们分给了全室的所有难友。沈立人的爱人也是群社社员，在被"通缉"，借他姊姊的名义来接见了，铁门铁锁，隔不断两地的革命情谊。

"特刑庭"的检察处开了两次庭。开庭，给我们以相聚的机会，关在"候审室"里载歌载舞，把法警们弄糊涂了，也有的说"他们学生都是这样"。现在，还保留着一份三十七年度起字 444 号的《起诉书》，日期是 12 月 6 日，在"犯罪事实"栏写道："组织团体，以企宣传匪化，颠覆政府"，"除搜集宣传书报外，并集有苏州交通、工厂、青年团体、学校、人物、地方反动武力暨特种情报等各项情报，及有关地图多幅，为施用暴动方法夺取政权之用。社员登记表上填明加入原因及目的，为人民的解放运动而奋斗……无条件奉献于我们的信仰者、解放中国人民的中国共产党，并拥护毛泽东主席。"接着在"所犯法条"栏写道："构成刑法第 101 条第一项及戡乱时期危害国家紧急治罪条例第二条之罪"。有趣的是，在《起诉书》的末尾加了几句："惟被告等均系青年，因环境冲动而盲从结合，亦未忘情中国强盛与复兴，与置国家民族于万劫不复者有间，其情节不无可原。"即使有这几句，经过"特刑庭"的审判，我们仍被判处有期徒刑 7 年，仅邱永沅因为只有 16 岁，减为 5 年。

7 年？何用 7 年，最多 7 个月，就要换朝代了。有个星期，有钱买不到大饼，看守偷偷地告诉："大饼都用飞机装了去空投。"这就是淮海战役。捷报不断传来，我们似乎听到了长江北岸的隐约炮声，瞧见了大军南进的雄健步伐。1949 年元旦，传来了蒋介石下野求和的消息，看守们的态度忽然大变，前倨后恭。过了几天，整个"羊皮大学"迁往老虎桥监狱，又过了几天，监狱的人员开始疏散，要我们自己轮流派人去烧饭，于是吃得饱了，汤里也有油了。但是展望未来，存在着三种可能：一种是他们把我们放了；一种是解放军来解放我们；另一种是他们逃跑前把我们机关枪点名杀了。大家作了几手准备，有的写下遗书，以不能目睹全国解放和参加国家建设为终身大憾，日常的议论则集中于两点，如能出去，尽快到解放区，找党；或者在白区找到党，就坚持斗争到天亮。

三种可能，一个现实。在李宗仁担任"代总统"后答应释放"政治犯"，其实仅限于象我们这些关押在公开司法机关里的，大概有 200 人左右，关在秘密特务机关里的都没有放。那年的旧历除夕，即离"国华大楼事件"正好 70 天，"特刑庭庭长"石美瑜分批向我们宣布并说："你们出去后，希望为国共的和平出力。"我们表什么态呢？我们是以胜利者的身份和抱着准备继续战斗的决心走出了老虎桥的铁门。直至前几年，从《参考消息》上看到已经移居美国的石美瑜先生又一次发表了类此精神的谈话。这次，我们确实表示欢迎了，希望他"为国共的和平出力"，更欢迎他来南京，期待着 40 年后的重逢。

走出了老虎桥的铁门，南京城已是一派"树倒猢狲散"的末日景象。我们到亲戚家拿了四块"大头"(银元)，在夫子庙卖了多余的衣物，准备下一天买火车票回苏州。吃了"年夜饭"后，不觉来到新街口观光，寂静得相当凄凉，只有二、三个地摊点着蜡烛在叫卖以刊登内部消息为主的《新闻天地》等杂志。黎明之前，我们不用买票，挤上了乱糟糟的火车，到傍晚才抵苏州。

不久，我们与太湖游击队接上了关系。盛国龙、沙剑刚、方钧贻等即输送去太湖游击区，在西山、光福从事地下工作，史若平等去解放区；程伯皋、沈立人等多数同志留在城里按照党的布置开展地下的新民主主义青年团的活动，以迎接解放。

解放以后，群社的五十多名社员，都在各条战线上，为社会主义建设贡献自己的力量。其中的大多数,都已参加了中国共产党。在纪念国华大楼事件四十周年的日子里,值得怀念的是,当年被捕的计振华,已经不幸故世了。

(原载《苏州杂志》1989 年第 3 期,与程伯皋、盛国龙合写)

在迎接解放的难忘日子里

今年是建国60周年的大庆，也是苏州解放60周年的大庆。一个甲子，在历史长河中仅是一瞬间，可我们共和国却取得了史无前例的发展和进步。拿个人来说，当年还是刚谙世事的青年，迄今已是走向耄耋的老人。想起60年前那段迎接全国和苏州解放的日子，红红火火，始终浮在胸怀，难以忘掉。

当年，我们一批学生和职工，在中国共产党的影响下，读了一些进步书刊，目睹反动统治区的种种现实，先后启发了投身革命的意志和愿望。在某种机遇下，搞了一个秘密组织，取名"群社"，进行一些反蒋活动。可能是由于缺乏经验，终于被敌人破坏，有20人被捕，解到"首都特刑庭"，被判5～10年的有期徒刑。随着形势的胜利，蒋介石宣布下野，李宗仁接着谈和，我们以公开的政治犯身份得释。经过一场严肃的考验和锻炼，有人立即去解放区，多数回到苏州(吴县)，继续寻找党的关系。

正在此时，新四军太湖留守处接到江南办事处的指示，在扩大农村武装斗争的基础上，要求开展城市工作，迎接解放。当时，太湖游击队在西山的同志又与群社隐蔽去西山的成员有了联系，连同在狱中认识的太湖游击队被捕者介绍我们的具体表现，太湖留守处主任薛永辉决定接受我们；此时，又当中央发布《建立新民主主义青年团的决议》，薛永辉决定在城里建立地下团，并在太湖接见了程伯皋和我，交代两项任务：一是迎接解放；二是培育干部。

在当时白色恐怖下，广大青年向往革命，不顾艰险，同国民党反动派作斗争，迎接苏州解放。因此，地下团发展顺利，短短两个多月，在学校和社会发展团员超过100人，并在附近黄埭和吴江芦墟各吸收一、二十人。主要工作是：(1) 组织学习，印发毛主席的《中国革命与中国共产党》和《新民主主义论》、《论联合政府》(摘要)等文件，以及自编的《团讯》、《工作与学习》，通过自阅和3人一组的讨论，着重于提高觉悟，初步树立革命人生观。(2) 开展宣传，根据听录延安广播，编发油印的《新民主报》和其他宣传品，传递和散发，后又接办太湖游击队的《大众报》，扩大影响。黄埭和芦墟也主动编发《民报》和一些材料。(3) 调查和搜集情报，主要是搜集机关分布、军警布防和交通路线、电讯设施等，并掌握中统、军统在苏州的机构、人员和派系，还在十梓街警察分局"偷"到一张苏州城防图，在江阴顺德乡了解长江南岸的驻军情况，经整理后及时送到游击队。(4) 外围活动，利用学校的学生自治会和社会上公开的文艺团体(如大地图书馆)，并组织读书会、歌咏队、办墙报、跳秧歌，教育和团结更多青年群众。

到了1949年4月上旬，解放军即将渡江，薛永辉召开会议布置工作，程伯皋去参加，接受了新任务，回来随即执行，大家不分日夜，紧张地忙了10多天。为了适应形势需要，薛永辉交待，可以用"太湖县政府驻城办事处"名义，便于与当时城里的上层分子和有关单位联系。还临时成立半公开的"青年先锋队"，最后扩大到有400多人。当时的具体活动，主要是：

1. 护校和护厂等，在几个有团员的单位，开展得比较好。如在汽车公司就控制了10多辆大客车，听说国民党军队要来抢用，立即把轮胎全部拆掉并放气。苏州师范等与地下党一起，全体师生都参加护校，夜里值班，万无一失。

2. 与商会的几个头头开始接触(地下党也在做工作)，了解并推动他们组建工商自卫队，筹集部分军粮。他们让我们住在"游民习艺所"，作为联络点，有利隐蔽，相对安全。

3. 以"驻城办事处"名义，拟了信件，发给有关单位，宣传党的政策，要他们保管好档案和财产，等待接收。阊门外有个流氓头子想夺工商自卫队的枪,我们发信警告他,使他不敢妄动。

4. 为迎接解放军进城,组织欢迎,在几个学校排练了歌舞特别是秧歌舞。还在姚文言家里集中10多位团员,连夜印出解放军入城的革命宣传文件,并写了大量标语。那天自晚达晓,大家情绪十分热烈。

苏州解放那天,事情更多。上半夜已闻炮声,就布置10多个团员到各城门外潜伏,准备为解放军引路。解放军一进城,有"青年先锋队"与工商自卫队一起站岗,帮助维持社会秩序。特别热烈的是在几条大街上,与群众一起,苏州中学和苏州师范等几批团员学生率队载歌载舞。还有几个小组上街贴标语和海报,宣传党的政策。与地下党负责人联系后,同意在中山堂亮出"太湖县政府驻城办事处"牌子,接待各方人士来访,大多是国民党的不同机构,要他们等待接收。在玄妙观设广播站,大声宣读政策文件。十兵团进城后考虑要布防,我们提供了图表供参考。

此前,做了一些策反工作,如联系游击队王哲纯争取了国民党团管区团长郑甘党的起义。4月20日,以驻城办事处名义,由沙牧与东区工商自卫队副中队长联系,要求控制好武装,做好城区解放的接应,并控制了消防车。4月26日,解放军已到了城外,当时,齐门城楼上还有国民党一个连,架着机枪,紧闭城门。他们佩戴"青年先锋队"臂章与守门连长谈判,说服了连长愿意投降,放下武器。当时,接收机枪四挺,自动步枪40多支,冲锋枪七八支和炸药两箱。齐门城门由工商自卫队和青年先锋队控制,随即打开城门,迎候解放军。

此外,吴县黄埭和吴江芦墟的地下团员也做了不少工作。黄埭团员与当时我们的武工组联系,收缴了企图逃跑的自卫队枪支;芦墟团员向群众宣传,保持了社会稳定,等待和配合解放军进驻。两县成立人民政府后,不少团员率先参加了有关工作。

记忆是老人的宝贵资源,60年过去,我们都老了。苏州解放日登记,这个系统的地下团员有140人,连同黄埭、芦墟共170多人。除40多人参加团训班外,还有参加华东军政大学、苏南公学和南下工作队、西南服务团的,大家走向祖国的四面八方和不同工作岗位。在建国40

周年、50周年时，举办了党史资料座谈会和纪念活动。2008年10月又一次聚会。全体老战友，已有40多人去世，20多人失去音讯，还有联系的恰好100人。大家交流有几种情况：有人参军，内有卞庭玉、葛鹤年在战斗中牺牲成为烈士，还有海陆空指战员，包括团、旅、师级；有人从苏州市团委分流到各级党政机关，有的担任高级法院副院长和市级副秘书长以及局、处长；更多的在科研和文教单位，有中国第一代的核工作干部和大中小学教师、音乐学院院长以及总工程师、新华分社社长、中国科学院分院副院长以及研究所所长、出版社社长、总编。不少同志在平凡工作中有不同贡献，获得劳动模范和先进工作者称号。引以自豪的，没有发现一个贪官污吏，也未有一个暴富者。在老有所养、老有所乐外，还有发挥余热，在担任工程评审和咨询以及著书立说。大家谈到，苏州解放日写标语，内写"人人有饭吃，人人有工作，人人有书读"以及民主、自由、平等之类口号，有的已经实现，有的还待努力，总之是一息尚存，此志不懈。

（原载《烽火岁月》总13期，2009年）

慈母泪

妈妈老了，妈妈走了，留给孩子以无穷无尽的思念。这种思念，饱含了对无私母爱的追忆。在我妈妈的慈爱中，有比一般母爱更为珍贵的精神力量，鼓舞着我前进在人生的道路上。

1948年，我因参加学生运动，被学校开除。不久，在苏州参加了一个秘密的进步组织“群社”，随即因组织被破坏而遭逮捕。

我们是分两批被捕的。在被解到南京羊皮巷的“首都特种刑事法庭看守所”几天后，一个夜晚，第二批被捕的同志也解来了。我见到了史若平、方钧贻，他们告诉我母亲也被捕了，与曹璟关在一起，并留在苏州，不知道释放了没有。第二天，从女监辗转传来一张小纸条，是曹璟写给我的，大意是：“我和你母亲关在一起。她是一位好妈妈，为你骄傲。我已认她为干妈，不知道你是哪年哪月生，我们是姐弟相称还是兄妹相称？”在秘密工作状态下，我与曹璟从不相识，见到纸条，倍感亲切。

约在半个月后，母亲来探望我们，谈到曹璟，但对她自己被捕的经过却只字不提。直至我们在那年除夕，因李宗仁搞假和平而得到释放，回到苏州后才知底细。我在十年动乱中因曾被捕而受“审查”，每天写“交代材料”，有“造反派”追问母亲被捕一节，我是这样写的：

“我的母亲是什么人？在我因‘群社’事件被捕并解离苏州后，她随即也被抓去，在敌苏州城防司令部，与其他群社成员关在一起并受审。一个姓毛的军法官问她：你的儿子有哪些朋友？她答：不知道。毛指着他人问她认识哪几个？她答：一个也不认识。敌人对史若平、计振华等用电刑，我母亲就骂：国民党这样对待青年，怪不得丧尽人心，一定要失败。那个姓毛的被骂火了,喊着:你这个老太婆像共产党,你不要命了,你不想活了!他要对我母亲用电刑,方钧贻等说我母亲有心脏病,才未用刑。"

这些情况,不是母亲告诉我的,而是史若平、方钧贻在"羊皮大学"时向我说的。

母亲告诉我的是另外一些事。她在被捕后,与曹璟一起,相互照顾,情同母女。几天后,正下着大雨,敌人把曹璟等带走了,捆了的行李放在屋檐下。母亲心里很急,问一个看守人员:"曹璟哪里去了?"那个看守用手作开枪的姿势,暗示被枪毙了。母亲就大哭,继而料想我也可能遭到同样命运,越哭越厉害。哭了很久,几个看守来拿行李,才说没有枪毙,而是押解到另一个地方去了。

过后,敌人又来审问,并说:"你的儿子没有枪毙,只要你把别人说出来,我们就不枪毙他,还可以放出来。"经受了亲子被捕之痛的母亲仍旧坚持不说。过了几天,敌人不得不把她放了。母亲告诉我,那几天的日子是非常非常难过的。大家都说母爱最伟大,我却体会到在慈母的泪海里含有比母爱更伟大的精神力量!

我们组织的群社,常在我家开会,母亲是知道的。开会往往很迟,一到半夜,她就熬些粥给我们喝。被捕那天晚上,我出去未回来,她估计出了事,把我藏在密室中的一些宣传材料都处理了。天亮后,敌人又冒充是我的"同志"向她要我的书信等,母亲从他们的气质料定不是好人,没有上当,使他们终于露出真相,并把母亲也抓去。我们被释放后,随即接受前中共太湖工委的指示,在苏州发展地下的新民主主义青年团。母亲仍然支持我们,帮助我们。那时,曹璟决定去解放区,来向母亲告别,母亲说:"如果年轻30岁,我和你一起去。"

40年后,到1988年11月,群社的老战友在苏州重聚。曹璟又谈起那时问我是哪年哪月生的事,原来她还是我的干姊姊。今年清明,我到杭州去看曹璟,认识她爱人史莽,像亲戚一样亲热。她又忆起当年旧事,是终生难忘的。

母亲姓卢名翠琼,生于1889年,江西南昌人。在北伐战争中,我父亲曾任江西省峡江县县长，母亲是当地的小学校长。1962 年去世，当时正值三年困难时期，弥留时喃喃自语："日子会好起来的，只是我看不到了。"

母亲是平凡的，但又是伟大的，她留给我的精神力量将世代长存！

（原载《献给母亲的歌》，江苏少年儿童出版社 1993 年版）

仅从诗信觅泥鸿

南社的人和事，亟待钩沉。前辈早谢，第二代后裔如我也不多，都达耄耋，现存的皆为第三四代。但是，我们对百年前事也非亲历，所闻记忆有限，难以详述。大概在十年前，曾写《龙圣公略传》，基本上靠当时叔伯的诗和信来找线索。本文也一样，仅能从可见的少数遗诗和旧信，寻觅若干残泥鸿爪，略识一斑而已。

先严沈龙笙（龙生、龙圣、文杰），生于1881年，号鲁迅、蔡锷（松坡）同庚，籍在吴江芦墟，与黎里只隔汾湖。他是我祖父的长子，母亲是南莘塔迮鹤寿五代孙女。6岁入私塾，18岁考上秀才。祖父要他读书，是为了做生意（开咸货店），常受官府欺侮，希望儿子做官。资本与权力结合，是封建社会的传统，迄今未绝。时在清末，局势动荡，父亲做过"七品小京官"，并进苏州的中西学堂，再去北京大学读法律和法语，师事江庸。可能也在此时，参加了同盟会（国民党）。

南社成立于1909年，沈龙笙是最早一批社员之一。从文献看排序，有两种版本：一是第六，紧靠陈、高、柳及其两位夫人之后，有误；一是第十六，与芦墟几位相联，属实。我在上次查阅南社和柳亚子等诗文，发现不少踪迹。记得柳亚子诗句，有"芦墟无沈不成村"、"五凤齐鸣"（指芦墟有五位姓沈的参加南社，即沈眉若、沈颖若、沈咏裳、沈咏霓、沈龙笙），还有单独赠诗，首句是"沈郎吾老友"。叶楚伧也有唱和，一首是送沈龙笙、夏光宇去北京，引用荆轲故典，有"萧萧易水寒"语，不知是什么背景和使命（此诗未列入叶园编的《叶楚伧诗文集》，对照南社资料，漏失尚多）。

现在我手头只有一本《吴江沈氏长次二公剩稿》（沈有美编，社会科学文献出版社 1994 年 2 月版）。所谓“剩稿”，薄薄一本，从书内看，曾有两次遭劫：一次是 1927 年，“清党事起，余馆黎里殷氏被查抄。馆主将文字有干时忌者悉数销毁。而余之乙丑、丙寅两年诗稿，玉石俱焚……”一次是 1938 年，“七月七日劫火毁庐井藏书积稿尽付一炬”。但从有余的剩稿看，两位叔伯与先严的文字交往还较频繁，只是找不到沈龙笙的唱和与来函了。

从两沈的诗和信看，大部分在沈龙笙去江西任峡江等县知事（县长）前后，内容集中在他的为官清廉。如 1919 年，沈眉若有《除夕得沈龙笙（文杰）自江西寄诗即次其韵》，内开：“应官衙听鼓，忆友驿传诗”和“三年当践约，相见不嫌迟”；1920 年有《又赠沈龙笙》，内开：“西江江水比官清”，“一官落拓邑安浦，不羡嘉禾大绶章”；1921 年有《龙生约游豫章，诗以诺之》，内开：“西江江水比情深”，“穷士天下思治计，宦游地远爱乡音”；还有《正月十七日颖与应祥、龙圣诸君子太尉之游》，“余以病未与，作诗送之”等等。

与沈颖若的往来也不少。在《焚余集遗稿劫后拾零》中，1917 年有《久不得龙笙信寄怀一事》，内开：“不见故人久，山河音问疏，……日长衙退早，寄我数行书。”接着又有《寄龙笙江西》两首五言长诗，内开：“少时每戏君，比之好女儿，宁知鸿鹄志，不为燕雀窥，负笈远游学，十载志不移，春风马蹄疾，两度游京师，学而后入政，一官峡江驰，峡江号强悍，君曰我能治……刘宠选一钱，杨震凛四知，冰心贮玉壶，清不受尘缁，……百年两廉使，辉映分之湄（指芦墟曾出清官陆耀）。”后有《与沈龙笙书》，是一封长信，内开：“知服官以来，清廉自矢，舆论翕然。吾儒作事，毕竟与俗吏不同。使君于此不凡矣。吾乡虽处僻陋，素乏闻人……汾湖秀气，必有所钟，继起者非君而谁？”这些话语，或有过誉，但在老朋友之间，勿需客套，当有所据。印证我幼从父教，深恨贪官污吏，再读上述诗信，具体形象又重现在眼前。

从上述线索引申，使我追忆及有关父亲和南社人员的二三往事。对沈眉若，我没有印象了。对沈颖若，我一度接触过。那是 1937 年后，抗日战争爆发,我家"逃难"到芦墟小住。沈颖若正租住在我家(三风堂旧址)。我刚10岁,从他学古诗文,每天上一课,下一天背,并出一题,作文后由他评改。前后只几十天,留下一个私塾老师的循循善诱,十分慈祥。前年,我随周明善、夏复春(南社早期社员夏应祥——长次公也有多次诗酬——之孙女)去芦墟找到一位久未谋面的表兄,表嫂竟是沈颖若的女儿。

我叔父沈凤笙(文倬)与我父异母生,只长我10岁。他从事古典文史,由沈颖若启蒙,后又师事金天翮(松岑)和曹元弼。现在还是浙江大学(原杭州大学)的终身教授。2008年4月9日《光明日报》在《走近大家》栏有整版报导,题为《沈文倬:为往圣继绝学》。金天翮也是南社成员,与我父熟悉,我在1945年早婚,他是我们的证婚人。回到我父亲的事。从他自述,辛亥革命后,从京返沪,与柳亚子、姚鹓雏等一起参加邵力子主持的《太平洋报》,同时还有叶楚伧等,时在1912年春,不久改为《民国日报》,是当时国民党的重要宣传阵地。他与我讲过,叶楚伧出手快,往往是一边喝酒,一边写社论或时评,酒才喝完,文已成篇。报社还有苏曼殊、李叔同,似乎也参加南社,后来成为两个特殊的和尚。最近出版的《炎黄春秋》(2009年第六期)刊有《李叔同与〈太平洋报〉》,也述及此,并突出了李叔同"热心支持女学教育"。

我父亲同样支持女学。在《民国日报》后,先后考取县长和法官,分发江西,做了三任知事。在峡江较久,创办女子学堂,由卢翠琼任校长,不久结婚,翌年(1927)生下了我。当即随师北伐,叶楚伧任江苏省建设厅长时,他是主任秘书,夏光宇是技术科长。"四一二"事变,叶楚伧在上海,沈龙笙代厅长,公开发表了辞职信。不料叶已跟蒋,在归宁的火车上见报,回去把沈免职。父亲暂时避居芦墟,也是我第一次返乡。以后,改行当法官,从吴县地方法院推事做起,经浙江省高等法院推事、庭长,抗战前夕到南京最高法院,才算是简任职。

沈龙笙一度在国民党属左派。北伐前,他在北京,曾在一个法语学校教法文,为赴法勤工俭学的学生教学。他记得的有陈毅,比较活跃,但不记得邓小平等。本来,他也想去法国,为办学的李石曾留下。他学了英、德、日、俄等语。全国解放后，在苏州图书馆当义务工，编外籍图书目录，这是后话。

我还想到的，上世纪30年代前期在杭州，一次夏光宇（时任铁道部技监）夫妇来，我们在家里设宴接待，相当热烈。1948年，我在东吴大学因参加学生运动被"劝令退学"，父亲写信给夏（时任京汉、粤汉铁路局长），他立即要我去，为我安排工作，我没有去。抗战胜利后，国民党"还都"，父亲与叶楚伧通过信，不久叶去世；新中国成立后，父亲与柳亚子也通过信，稍后柳也去世。父亲去世于1960年。南社情缘到此告一段落。

（原载《南社钩沉》，山东画报出版社2009年10月版）

互补是福

5 年前的 1995 年，已是我俩的“金婚”；5 年后的 2005 年，将是我俩的“钻石婚”。我俩结婚于 1945 年，当时十八九岁；现到世纪之末，都已是七十三四岁的人了。

我俩是中学同学，相识相知，恋爱的过程并不轰轰烈烈，却也能走到一起，成为一家。但是老同学们认为，我俩在性格、兴趣和特长上，相异甚远。怎么办？靠互补。只要志同道合，互补就能造福。

老沈喜弄笔头，而写的字实在蹩脚；老宣写字不错，风骨不亚男子。“秃笔涂鸦，素手清稿”，自 1946 年以来，老沈发表杂文、散文和理论文章数百万言，90%都是老宣誊抄，直至电脑问世，她才光荣“退休”。

老沈是结巴，接电话，期期艾艾，并乡音难改；老宣会讲普通话，而且伶牙俐齿。于是打电话，如拜年，就由老沈开个头，接下来都由老宣代劳。传统是男主外、女主内，我们家不一样，“外交部长”是女性，或许不逊于奥尔布莱特。

老宣饮食挑剔，牛羊狗肉和乌龟、甲鱼都不进嘴；老沈百无禁忌，什么都照单全收（患糖尿病后才有忌）。偶然同席，相互调剂，美食都是双份。唯有肥肉如蹄膀，两人都喜欢，往往争夺，却原来是怕双方多吃了于健康不利。

老宣未老先白头，老沈过了古稀才见华发；于是老宣染发，一年四次，消除了反差。老宣患严重骨质增生，步履艰辛，老沈始终健步如飞，于是老沈一人外出，都挤公共车，省下钱来，与老宣同行，不惜打的费。顺便说一句：老宣胖，老沈瘦，合坐三轮车，不挤也不离。

大家都有嗜好：老沈看小说，古今中外都爱；老宣听戏曲，京昆锡黄（梅）不舍。老沈会着棋，老宣打麻将。这是各取所需，互不干扰。还有，老沈不能喝酒，几十年来毫无进步，老宣则是“三两、四两不醉”；因此如同席，互补一下，倒也能应付得过去。

写此文，也是先商量一下，然后老沈说，老宣写，相当于声控电脑打字的速度。互补是福，因为合作出威力，1+1>2。

（原载《当代老同志》2000 年第 11 期，与宣镜渊合写）

在“私淑党员”的日子里

老年人常怀旧。怀什么？在建党80周年的日子里，对个人来说，最难忘的当然是回忆自己的政治生命旅程。各人有各人不同的经历：或者顺利，甚至没有达到规定年龄，在特殊情况下，提前被吸收为预备党员；或者晚成，由于种种原因，追求了大半辈子，才最后实现了夙愿。我属于后者。不同的是，自命“私淑党员”，前后达30年之久。今天每每想到此事，总是倍感欢欣、自慰和自得。

“私淑”二字，出于《孟子·离娄下》：“予未得为孔子徒也，予私淑诸人也。”意思是没有成为孔子的徒弟，但是心里以孔门弟子自居。后来演变出“私淑弟子”一词，表示一种敬仰而不得从学只能自我归属于师门的心情。

我出身于一个旧知识分子的家庭。读书求知，得到启蒙；目睹现实，激发正义。与其他进步青年一样，信仰共产主义，并在学校投身于革命的学生运动，直至被反动派逮捕判刑。在国民党假谈和平时获释后，参加了地下团。但是由于有“海外关系”等，未能及时解决组织问题，以致在历次运动中还受到审查。查我在解放前写的日记。在1948年我曾在日记中写有“私淑党员”的字样，领导要我解释这是什么意思？我答：“我没有入党，先以党外布尔什维克的标准要求和勉励自己，故称‘私淑党员’”。

“私淑党员”，可以自封。但是，要求入党而未能入党，这滋味却不好受。我在1950年打过入党申请报告，当时作为积极分子送去参加整党学习；随即调动工作，来不及履行手续。后有规定，到一个单位至少要经过一年，才能吸收入党。不久来了一个又一个运动，对社会关系复杂的同志的入党要求越来越严。但在每次运动后我仍旧打报告，并且年年写思想汇报，反映自己的志愿，接受组织的考验。

“私淑党员”，是不是真的以党员标准指挥自己的言行？这在和平时期，难以衡量和检测；但在关键时刻，也就会显露出来。“文革”中，到省级机关五七干校，我因被捕过，在“清队”之列。那年发大水，我们从江浦老山林场去滁河抗洪筑堤，已是半夜，忽然听到一声巨响，原来是不远处破堤了。记得是“工宣队”负责人说要组织突击队，喊着“共产党员站出来！”有的党员站出来了，也有的以不会游泳为借口，没有站出来。我怎么办？我既不是党员，又不会游泳，但是我没有犹豫，立即站了出去，并且抢在前面。当时，没有人阻止我或“揭发”我不是党员。我们跑步到决洪口，人力已难挽回，最后撤了回来。这是一次，在众目注视下，我不认为是“冒充”了党员，因为我是“私淑党员”，临危之时不能不带头。

另有一次，在1976年，唐山地震，我临时被抽在省防震办公室。那时工作紧张，日以继夜，大家一样辛苦。一天晚上，据各方反映，预报可能会发生地震，中心或许在泰州。怎么办？我建议，最好有人赶去泰州，既能掌握第一线动态，又表示出省政府的关注。谁去？我不顾身份地说：“我去！”领导同意后，便给我开介绍信。谁知，开介绍信的同志，在我名字后的括弧内，习惯地留注“共产党员”字样。写介绍信的同志知道我非党员，但在当时形势下，似乎又不便划掉。我也来不及更正，拿了介绍信，乘上吉普车，只花两个多小时就到了泰州，恰好当地的警铃响了，十分危急，后来却没有震得起来。这次“冒充”党员，虽然是组织上的事，但与我的“私淑”正相一致，我就“当仁不让”，做了应当做的事。

我到1979年才“正式”入党，至今党龄不长。但从“私淑”算起，30年自命“党外布尔什维克”，20年才是真正的党员。前者勉称思想上入党，后者则是组织上入党。1987年，我被选为党的十三大代表。

（原载《当代老同志》2001年第6期）

从民国公馆想起的一些南京旧事

南京曾是国民(党)政府的首都,虽然时间短暂,从北伐到抗日战争(1927—1937)和从抗战胜利到逃出大陆(1945—1949),前后不过15年,并且一直处于动荡不安之中;但是与南宋、南明一样,多少留下若干遗迹,供后人凭吊和唏嘘、叹息。其中之一,所谓民国公馆,略具特色,已在修复待存,成为一道金陵文化的风景点线。

这引起了我偶然的回忆,并想起一些有关的南京旧事:

已是抗战前夕的1936年,我父亲从当时的浙江省高等法院一名庭长调到国民政府的最高法院任推事即法官之职。办公地点就是现在的中山北路101号,门面和内屋的基本面貌,80多年了,依稀宛然,在访查南京大屠杀事件中还常考证。我家也即迁来,并觅址于相距不远的鼓楼四条巷花园村5号。

当时称花园村,不同于现在的什么什么花园是小区中的住宅群,而仅是一排几座单独房屋,勉强可与别墅比拟。我当时才10岁,印象是一幢三层楼,楼下是客厅和餐室,二楼是主卧,三楼是辅室;四周空地不多,有些花草;厨房在后,内有一套锅炉,冬季取暖。几年前,曾去寻找,找到了,未进去。现在是省级机关宿舍,可能住了一家厅局级干部或两三家处级干部,生活条件和环境不算太好。

我还记得,当时父亲的每月工资是大洋300元,相当于正教授。租赁此房,月租为55元,超过工资的1/6,占相当比重。当时没有公车,自己雇一黄色车上下班接送,月付10元。两者相加,住和行约达收入的1/5以上。相比之下,现在高级干部如退休的吴仪自报月收入在万元左右，如也以 1/5 即 2000 元租房，在北京只能租到三室两厅，不如南京花园村那套。正如现在的大学教授所说，与过去比，眼下的高干、高知，工资水平应属偏低或基本恰当。

民国公馆，以颐和路一带为代表，是当时的顶级人物或至少是部省级官员，属于特任，正部长月薪为 800 元。其次为简任，自部次长以下，包括最高法院法官和部下司局署级，月薪为 300～500 元（部次长最高为 680 元）。前者人数少，后者也不多，但在老百姓都另眼相左了。现在搜罗民国公馆，除颐和路外，鼓楼一带，延及高楼门、傅厚岗以及长江路周围，尚有多处，在不在保护之列，可以作些调查研究。至少，也可列为民国建筑，房龄都属耄，在国外和我们的古城古镇，有其一定的旧居价值和历史遗产意义的。

（原载《金陵晚报》2008 年 12 月 24 日）

罗湖桥畔的思绪

随着香港回归的日益临近，经常念及那个宝岛，而涌现在梦中的，不是彼岸的高楼林立和车水马龙，却是隐隐约约的罗湖桥。罗湖桥，牵动着我这个古稀老人的无限思绪。

知道罗湖桥，作为我们的南大门，大陆与香港之间的通道，是很早以前的事。目睹此桥，脚踏此桥，则在建立经济特区之初，已是80年代了。

那年，我参加中国社会科学院的一个小组，去深圳考察、调查和接受咨询。一天，访问海关，到了罗湖桥畔，站在分界线的此端，心里有一种特殊的滋味。想到百年前，彼岸还是炎黄国土；而此刻，一步跨过去，就等同于“出国”了。眺望两侧，一面是现代化的国际都会，一面是破土不久的大片工地，前景尚待筹划。一国两制，两种风貌。如何评说，不免感慨万种，心潮起伏。凝结到一点：终有一天，香港要回归，“国境线”要消失。

90年代初，有机会去香港参加会议，决定从深圳走，目的是从罗湖桥上走过去。时在周末，往来人士如云。我们一伙办了出关手续，推着行李，漫步而前。到了桥畔分界线处，不免踟躇，咫尺之遥，分为两个世界、两个天地，岂非历史开的玩笑！

那时，经过10年开放，深圳已经从一个边陲小镇发展为中等城市，现代化程度在国内领先。听说有这样一个故事：我们这边，有位老同志看到深圳有点象香港，黯然泪下，认为搞了几十年，搞出了资本主义；那边，有位老先生从台湾来，专程到桥头看深圳、看大陆，发现大大变样，也泣不成声，感到祖国伟大。

我那时是第一次去香港，在心情上，不同于去别的国家。不仅是由于香港靠近大陆，更是由于从来没有把香港看作是国外。然而也要办出关手续，总觉得有点异样。与10年前比，深圳成长了，大陆发展了，与香港的经济往来日益密切，不再有屈辱感或自卑感。同时，香港回归已有了时间表，增加了亲切感和喜悦感。于是，推着行李，是昂首阔步地跨过去的。从香港返回，也是同样心情，犹如回家，罗湖桥只是一道低低的门槛。

整个80年代，差不多年年去深圳，特别是有时坐火车，车站附近就是海关大楼，不止一次地联想起罗湖桥。惦记着，盼待着，计算着，1997年后，虽然过关还有一定手续，毕竟不同于过去了。过去到深圳，研究的是深圳经济社会发展战略和有关问题；这几年研究的，转向香港回归后，如何进一步密切港深关系，达到互利互补，共同发展。研究这些，作为国内经济问题，顿觉距离消失，更能看得清晰，摸得厚实。

1996年7月后，香港回归进入不到一年的倒计时。罗湖桥，又在梦中屡次涌现。今年年末，将去香港开会，仍从罗湖桥过，到了桥畔，会有新的心情。更期望着，到1997年回归后，再去香港，或者至少再去罗湖桥。到时，站在桥畔，心情将一定是幸福感、自豪感。香港回到了祖国母亲的怀抱，罗湖桥不再是什么分界线，正是香港与祖国血脉沟通的捷径。

不知道为什么，每逢想到香港，脑中显出的标志总是罗湖桥。是我，站在桥畔，充满着实现了几代人夙愿的无限欢愉、无限兴奋！

（原载《当代老同志》1996年第11期）

林语堂故居

在台北访问，从故宫博物院出来，驰车往阳明山公园。途中见到有林语堂先生纪念图书馆，想顺便去看看。哪知一进了门，就被吸引住了，几乎花上两小时才匆匆离去。

林语堂生于 1895 年，先后在上海圣约翰大学读文科，在美国哈佛大学研究比较文学，获硕士学位，在德国两所大学研究语言学，28 岁时获博士学位。以后当过大学教授，创办过《论语》、《人世间》、《宇宙风》等杂志，写过《吾国与吾民》、《生活的艺术》、《瞬息京华》等书，被称为“幽默大师”。晚年住在台北，1976 年去世，享年 82 岁。现在的纪念图书馆即其故居，林语堂静悄悄地安葬在后院。

这是一个东方四合院与西式回廊相配的庭园，以蓝色琉璃瓦为屋宇，又有拱门和廊柱，洋溢着古典美。据说，这是先生自己设计的，并自己描述为：“宅中有园，园中有屋，屋中有院，院中有树，树上有天，天上有月，不亦快哉！”其实，园中还有假山和鱼池，先生喜欢坐在池畔石椅之上“持竿观鱼”，垂而不钓，曾言：“能闲人之所忙者，方能忙人之所闲。”

原来的客房和厨房，成为图书资料室，陈列了先生的著作及其珍藏的书籍 2000 多册，还有当代作家研究先生的资料，全部采取开架式阅览。我在 1948 年曾为《论语》半月刊写过《论慈善是一种罪恶》，居然找到了。

宽敞而明亮的客厅按原样摆着先生生前用过的各种家具和餐具。挂着先生手书的匾额：“有不为斋”。所谓“有不为”者，意思是在世界上，有些事情是他不屑做的。餐桌椅也是先生设计的，椅背都刻有一个“凤”字，代表夫人廖翠凤的名字，显得鹣鲽情深。壁上有林语堂的油画像，同张大千的合影，还有宋美龄绘的“兰花小品”。

原来的卧室，保留生前旧貌，简单而朴实。在一张单人床边，工作人员向我们介绍，先生曾经说过：“世上所有重要发明，不论科学的或哲学的，其中十有九件都是在清晨二点到五点间，蜷卧在床上时所忽然想到的。”这博得我们会心的微笑，因为大家也有同感，只是有人的文思和文感到来迟，直至早上 7 点左右醒觉之后。

先生的书房里，保留有《林语堂先生当代汉英词典》的手稿。他早年曾编《开明英文读本》，是当时最受欢迎的初中英文教科书，后来又重编《新开明语堂英语读本》。同时，他自己发明了“上下形检字法”，并改良“国语罗马字注音”。编纂《汉英词典》，先后经六年之久（1967—1972），认为是自己的“登峰造极之作”。

夫人的卧室，辟为文物陈列室。最使人注目的，是先生发明的“明快打字机”。他从 1917 年发表《汉字索引制》开始，经过 30 多年的研究，到 1948 年才试造成功。这种打字机的特点，键盘上都是部首，每字只要打首笔和尾笔两键，就能从窗格上看到同类上下形的八个字，再加以选择，确是“人人可用，不学而能”。墙上有他女儿林太乙操作打字机的照片，林语堂站在机旁，手持烟斗，态度安详而得意。

林语堂写作一生，研究发表不绝如缕，中外著作 80 余种，成为沟通中西文化的名人。在他书房的桌上，放着生前用过的笔、名牌和放大镜。还有张群送的压纸石，上面刻着《不老歌》：“起的早，睡的好，七分饱，常跑跑，多笑笑，莫烦恼，天天忙，永不老。”先生可能身体力行，才得长寿，笔耕不止。

（原载《新华日报 · 新潮》1998 年 11 月 25 日）

美丽三亚　避寒仙境

“美丽三亚，浪漫天涯。”这是海南省三亚市向群众征求创意和票选后得出的“名片”，富有当地特色和诱惑力。

今年是海南建省和成为我国第五个也是最大经济特区的 20 周年。20 年前，我参加中国社科院的调查咨询组，到海南岛来了一个多月，对它有比较系统和细致的认知。关于海南的定位，曾有以工农业为主还是以旅游业为主的争议，最后的结论是热带农业、石化工业和旅游业并重，其前景很可观。最近三年冬季，我来三亚，进一步欣赏到它的美丽，越来越体会到这是全国最好的避寒胜地，堪称仙境。老人又不限于老人们如候鸟，从北京、上海和新疆、黑龙江以及其他省市包括南京蜂拥飞抵，使三亚和整个海南的严冬变得十分热闹。最近，媒体纷纷报道海南，有的标题用上“四季如春”和“春意常在”等字眼，画龙点睛，逗人向往。

三亚的美丽，首先在于气候，常年的波幅很小，冬季也在摄氏 20 度到 30 度之间。与另一些避寒地如昆明、厦门、珠海相比，大致要高出 5 度左右。今年年初那场暴雪，显得更像两个世界。去年在三亚，人们常穿短袖短腿的沙滩服和短袖衬衫，今年换件长袖衬衫就够了。别处天寒地凉，此处风和日丽。三亚这几年的兴旺，高楼耸立，游客潮涌，就是凭借气候的优越，并导致房地产商的青睐，房价直逼京沪，购房者也纷至沓来，因为有其投资和升值保障。

三亚的美丽，当然主要在美景，除自然禀赋外，得到了不断开发。过去的景点，人们熟悉了天涯海角和鹿回头等，现在落为小菜一碟，而大菜一年比一年多。天涯海角，针对内地而言，除南沙、西沙外，这里是国家的最南端，名副其实，每天仍有数以万计的游客，来此展望浩渺的南海，感到心胸开阔。更脍炙人口的是三大海湾：牙龙湾、大东海和三亚湾，其中牙龙湾更以白沙著称，为大连、青岛和北戴河所不及。建省后第一任三亚市长江上舟博士原来留欧七年，踏遍地中海沿岸，认为无此风景，仅有美国的夏威夷才能相比。其实，在沿海泳场外，别类景点已经层出不穷。从南山到西岛，旅游部门的单子上有10多行，每行有一日游，二日游，三日游。最有特色的，一是苗寨、黎寨，少数民族有特殊风情；二是大大小小的温泉，尤以小鱼温泉（温泉中有小鱼）使人惊奇。还有一些历史古迹，仅有少数文化人去凭吊苏轼、海瑞了。正在筹建的，如一个龙虎园已有老虎300只和鳄鱼一万条，规模在海内罕见。不言而喻，从三亚到海南全省，都在两三小时行程内，著名的五指山和猴岛以及红树林、火山口公园等，足以使游客盘桓多日。

三亚的美丽，不能不提到美食，与美景相联，是各旅游地的一条成熟的经验。三亚的美食，原来有两大类：一是海产品，从海鲜水产到其干品，相对价廉，不少餐馆只收加工费，赢得食客盈门，尤其是傍晚最盛，直至深宵；二是水果，这里有热带品种，在传统的香蕉、西瓜、椰子等外，近几年的芒果、木瓜以及莲雾等也增产，同样价廉，如无籽西瓜和木瓜每斤只1～2元，还有一批加工物如咖啡和椰奶、椰粉等。与此同时，各省区的美食也先后落户到海南并以三亚最齐全，粤菜占主位，川菜、湘菜和沪菜相配合，还有津、浙的包子和扬州炒饭等，不用说南京咸水鸭，为旅游提供了不能或缺的整套服务。

冬季的三亚，最缺乏的是严寒景象。不论是牙龙湾或三亚湾，从晨到暮，沙滩边聚集了各色人群，占多的或许是老年，有的白发婆娑，有的红装素裹；有的腰腿犹健，有的推着轮椅；有的看书，有的下棋；有的交谈，有的沉思。椰子林下的这批老人，给人们以小康感和幸福感，无疑在享受晚年，堪以潇洒和浪漫相称。也有不少青壮辈来旅游或度假，要活跃得多，男女和小孩在海里翻腾，更添青春气息。

看来，在全面建设小康社会的进程中，人们解决了食、衣、住、行等生存问题后，旅游、度假、休闲、养老、疗治等享受新事将列入议事日程，避寒和避暑的要求也该考虑了。避暑习惯稍早，避寒则才兴起。避暑地方较多，在北方，在山间，在海隅。避寒地方较少，在南方，更突出在海南，三亚尤其是聚焦之处，得天独厚，兼有碧海蓝天，生态环境至佳，食品俱少污染，现在还是一个绿色仙境。怎样进一步开发完善，并能统筹兼顾，让中等收入者以及低收入阶层首先是工农中的部分中老年也得以参与此乐，应当有所思考了。

（原载《名镇世界》2008 年第 5 期）

玫瑰有刺

浮夸就是一种腐败

想写这个题目，是几年前的事。起初感到，似乎只是工作作风不正，与经济研究和经济决策何关？重新考虑，还是大有关系。这几年来，大家重视数据，写文章要有实证资料，决策要对形势进行分析，引用一批数据，心中才踏实些。但是，万一数据有误，就难说了。我也不止一次产生过疑虑，例如对工业产值的增长率，曾经高达 20%或更多。增长的是什么产品？参照主要产品的产量，超过 20%或更多的寥寥可数，大宗产品只增长 10%左右，还有一部分是低增长零增长甚至负增长。于是，心里不免有点儿虚。

带着这个问号，先后请教过搞数量经济的学者和搞实际工作的干部。是老朋友，推心置腹，才有恍悟。学者们说，搞过一些模型，引用大批数据，发现矛盾百出，例如经济效益江河日下，有的已无法解释，最后发现，原来是产值有水分。干部们更了解实际情况，笑我有书生气。有次陪北京一位专家跑跑，他问这问那，发现对不起头，别人终于交底，念了一段顺口溜："农业瞎报，工业虚报，人口瞒报，投资漏报，腐败不报。"这些说法，可能绝对化了，使他听了大吃一惊。我也如雷震耳，回来后专门问一位前任的统计部门负责人，他也不胜感慨；并且表示，广大统计干部是努力的，但也难啊！

纸总包不住火。去年下半年来，舆论界开始揭露浮夸风，《经济日报》还辟有专栏，先后曝光了形形色色的弄虚作假。有关部门随即有所对策,邹家华同志指出,浮夸虚报是经济领域中的一种腐败;农业部发了通知,专门针对乡镇企业,坚决制止虚报、瞒报。这都反映:一是浮夸之风虽起于青萍之末,后来已经迅速蔓延,成了气候;二是此风决非小事,危害甚大,不能等闲视之;三是要煞此风,仅靠内部谈谈或发个文是不够了,必须引起社会重视,给以有力的监督。这鼓励了也鞭策了我,应当从学术和理论的角度来探索浮夸风的危害、根源以及制止此风的对策。

浮夸之风的危害主要是:(1) 歪曲对形势的正确分析和判断,本来应当一是一、二是二,现在无论虚报或瞒报,都是脱离实际,这是造成一系列后果的前提。(2) 如果夸大了成绩,会导致过分乐观甚至盲目乐观,容易引起扩张冲动,把经济搞得过热。(3) 如果缩小或掩盖了前进中的困难和问题,就会影响对这些困难和问题的及时防范和觉察,往往要付出更大代价。(4) 前两种情况虽不一样,但是都必然影响及时和正确的决策,使国家不能适度调控,最后是扰乱了正常的经济运行。(5) 上述作为的结果,不仅使整个经济发展和改革、开放受到影响、蒙受损失,而且会直接、间接地损害广大群众的切身利益。(6) 广大群众对实际情况是了解的或总会了解的,发现浮夸,产生不满,将在不同程度上损害党和政府的威信和形象。(7) 浮夸本身是腐败,又为其他腐败行为提供条件,并造成上行下效,更多的人说假话、报谎情,从中谋利;使不少坏事靠它粉饰和流行。(8) 浮夸的结果,获得好处的只是浮夸者,所谓“干部出数据,数据出干部”,但是靠浮夸升官的干部是好干部吗?不问可知,其危害就更深远了。

此外,作为理论工作者,面对浮夸之风,同样蒙受其害。某些数据出自权威部门,不可不信,又不可全信。据以论道,得不到正确结论;要搞清楚,不能不花大力气,甚至劳而无功。

浮夸之风从何而来,知情人言之凿凿,其来龙去脉是清楚的。首先是考绩不明,发生误导。特别是重赏之下,必有勇夫。虚报产值是提拔捷径,瞒报人口是荣誉所归,多报或少报盈利或亏损更是左右逢源。一个乡镇的产值上了几亿,不仅能获得巨额奖金或轿车之类,还能进入市、县委，晋升县处级，其诱惑力是难以抗拒的。其次是相互攀比，水涨船高。本来，部门、地区之间的规模、条件、潜力和机遇不尽相同，增长有快有慢，总量有大有小，不尽是主观努力的差异。现在通行简单化的互比，有的还沿用“大跃进”的做法，使实事求是的干部也不得不违心说假话，不夸白不夸。有人诉苦，叫做“逼良为娼”。再者，从报喜不报忧或多报喜、少报忧开始，发展到上下同心，形成了“浮夸利益集团”。一位副市长曾对我说，明知下面报来有水分，我们也不好办，怕打击其积极性；后来只能以官僚主义对付浮夸，反正多报成绩，对我也没有坏处。想起此事，我是不寒而栗，忧患意识顿生，“心中好比滚油煎”。作为党的理论工作者，如果缺乏与浮夸之风斗争的勇气和责任心，实在愧对自己的党性和良心。知我罪我，其唯《春秋》！

可以欣慰的是，现在从领导到群众，都开始认识浮夸之风不可长。不少同志提出建议，主要有：其一，加强思想教育，使广大干部牢记和发扬党的实事求是的优良传统和作风，深刻认识浮夸的危害；其二，明确浮夸是一种腐败现象和腐败行为，认真执行《统计法》的规定，对任意夸大、缩小和擅改统计数据，屡教不改的，必须给以严肃惩处；其三，健全考绩机制，规范政府行为，制定衡量干部的德才标准；其四，深化改革，完善统计制度和调查研究方法，使各级领导部门可以科学地掌握实际情况，免受浮夸之欺。可以相信，与任何不正之风一样，在社会主义制度下，发扬党的政治优势，浮夸是没有市场、没有前途的。

（原载《社科信息》1995 年第 4 期）

如是我闻

退款的代价

老朋友赵某，孙子入小学，出资 4000 元。赵某读报，感到不合规定，向领导部门反映了，得以退款。二年过去，孙子成绩不佳，赵某找校方谈，答曰："此事，你总不能再向上面反映了吧。"赵某始知其所以然。

红包传授法

另一友钱某，儿子生病要动手术。有经验的人告：给个红包，比较可靠。钱某不知怎样传授。别人教他一法是与操刀者及其助手一一握手，掌中有红包，握手就能交。钱某练习多次，终于熟练，果然能行。

比较利益

又一友孙某，任某局副局长，年龄到 58 岁了。组织上找他谈，提出两个方案：一是到 60 岁退下来，仍是副局级；一是先退居二线，给巡视员名义，可以享受正局级待遇。孙说要回家与其妻商量。所谓商量，原来是算两笔账：一是再干两年副局级，可有多少好处；一是提前两年并在以后享受正局级，可增加多少收入。比较结果，其妻曰："你身体虚胖，还是现实一些，不要什么正局级吧！”

有偿不新闻

小友李某，任某报记者。一次到某市采访，了解某厂明盈暗亏，庙穷方丈富，写了一则新闻。回来向副总编汇报，副总编说：“市里已经打了招呼，此事不宜报导，以免影响该市形象。”不久，有人托小李朋友转送红包，代该厂表谢意。

上清下不清

某市拆迁，朋友周某也在其中。换房何处？要有选择，竞争甚烈。周某找到主管其事的某主任，答应给以某处，地点适中，设计合理。周某表示感谢。某主任说：“不要谢我，只要对经手操办的某同志表示一些意思就可以了。”

我比你知多

不正之风盛行，所闻怵目惊心。一次正遇纪委副书记，笔者认为，知情不报，也属自由主义，想向他反映一二。他说：“你不要谈了，我知道的比你多得多。”还叹了一口气说：“你不知道，我们也难办啊！”

（原载《随笔》1997 年第 6 期）

从“信骚扰”看学术腐败

腐败之风愈演愈烈还是有所收敛？在学术界，答案也属于前者。仅从已经一再揭发的“信骚扰”看，数量越来越多，参与单位越来越广，花样也越来越翻新。不少学人每天收到一大叠，超过其他书信、报刊之和。

最初，始作俑者，大多是以汇编文集、文选为名，说是大作某文已经入围，即将出版，但要汇去几百几十元。文集或文选的名称越来越辉煌，不惜冠以“新世纪”、“经典”等顶级用语。

接着，是以选上某文为依据，召开学术会议和座谈，地点在风景区，还到边境考察，发纪念品。当然，要会务费至少二三千元。

再次，就是告知评奖。某文已列入一等奖或二等奖，发给证书和其他奖品，要收成本费数百元；也有结合开发奖会，地点在风景区，收费就更多了。

复次，则是以某文为借口，通知将选入全国或世界“名人录”一类，相应地收费若干。

最近，还有邀请为特约研究员、客座教授或某学会、研究会理事等。但是，不仅不给你报酬，还要你每年交费数百元。

此外，更有其他形式，如要你出国考察或参加调查等，说法不一，相同的是都要收费，并且不在少数。

奇怪之一是：过去大多出自一些名不见经传的单位，使人难以置信；后来却有全国性报刊、著名院校和研究机构出面，有的还有名人题词，似乎堂而皇之，我道不孤。

奇怪之二是:确实有人愿作黄盖,书也出了,会也开了,奖也拿了,只是开支都由公家报销。有人甚至据以评职称,不知情者信以为真,知情者难以置喙。

奇怪之三是:明明是个骗局,也有人揭发了、怒斥了,而有关纪检、监察和出版等主管部门却掩耳不听、闭目不视,任其蔓延扩散,“信骚扰”始终未得制止。

有人认为,这是另类腐败,与一般欺诈无异,不宜于与学术挂钩。但是,出自有关学术单位,又以学术界人士为对象,怎能不算是学术腐败的一种呢?

(原载《杂文报》2001 年 11 月 30 日)

从胡万林事件想到的

大快人心事，揪出胡万林。这个“神医”，屡施骗术，谋了许多财，害了许多命，终于落入法网，可谓恶贯满盈。但是经过一番曲折，引起人们一番警思。

胡万林之所以得施其骗，靠某些地方官的保护和卫生部门的纵容，也靠某些新闻媒体的宣扬包括柯云路以作家身份的吹捧。没有新闻媒体的炒作，不会欺人欺世到如此猖狂的地步。但是，新闻媒体炒医、炒药，不仅是胡万林等少数，而是多得很。从某些报纸的广告和新闻看，医药进步实在惊人，不少疑难杂症甚至绝症，似乎在中国都先后攻克了。并不否认，其中确有创新和进展，但是讲得过头，神乎其神，就让人难辨真伪了。例如癌症，当代世界还在攻坚，而某些广告却说有把握治；另如高血压、高血脂、高血糖和骨质增生等常发病，很多老年人为之苦恼，现在医学只能控制调节，而某些报道却说有办法根治。甚至如白癜风，笔者的朋友有患者，向他介绍某地某人说能治，他一一试过了，结果并未有明显改善。

假医假药之害，甚于其他假冒伪劣产品，搞得不好，贻误时机，人命关天。为此而花掉一笔不小的冤枉钱，尚在其次。虽然，有的地方和部门有所注意，并时常开展清查，但是总的说来，有关规定并未贯彻执行，假医连同假药之风还在蔓延滋长，甚至愈演愈烈。某些报纸上成篇累牍地登载有关广告和新闻，令人真假莫辨；某些广播电台也是医药广告铺天盖地，从早到晚不绝于耳，令人不得不信。相比之下，胡万林事件被淹没无闻了。

胡万林事件应当引起卫生部门的重视，对此进行一次清查，以净化医药市场，保证患者安全。有关部门和单位也该自律自查，有没有被非法行医者所利用。更值得提出的，所有新闻媒介必须提高警惕，遵守广告法的规定，端正职业道德，以免为虎作伥。只有取缔、惩罚和杜绝了各种各样的胡万林人物，发挥医药界的正气，正当的卫生保健事业才能健康发展。事关千百万群众的切身利益，希望新闻界能够从胡万林事件认真吸取有益的教训，对社会承担严肃的责任。

（原载《新闻通讯》1999 年第 4 期）

造庙造佛热应该降温

在世纪交替之日，经济转轨之期，兴起这样那样的热潮和热浪，为特殊的时代增添了一份热闹。在色彩缤纷的旅游热里，悄悄地有一股造庙热和造佛热，是值得注视的。造庙，先是恢复名山古刹，后来就进入了城镇；造佛，先是海外订购，后来转出口为内销。这些既有民间自发，也有社会集资，并且越造越多，越造越大。不仅贫困地区不乏此举，甚至在起步迈向现代化的地区，某县某乡规划尽国内所有著名寺庙而缩微之，某市某镇为造远东第几的大佛而公开举行典礼仪式。

任何"热"的兴起，决非偶然。这些"热"，不都是好事，也不都是坏事，亟待具体分析，然后区别对待。否则的话，听其一哄而起，蔚为大观，缺乏引导和调控，就会演变到不可收拾，坏事固然更坏，好事亦能变质。

但是，任何"热"的兴起，靠一批热心人，又莫不有其堂皇的理由。从有关文件和宣传品看，造庙和造佛的缘起和宗旨是煞费苦心的，从弘扬民族文化到维护宗教自由，从开发旅游资源到充实休闲生活，从扩大对外开放到创造经济效益，都符合党的方针、政策和政府的法令、法规，真是振振有词，无可厚非。

果真如此吗？却又不尽然！

造庙和造佛"体现宗教自由"，不错。所以，在佛教胜地造庙和造佛，应当允许并适当支持。但是，应当不应当大肆提倡，似该郑重，因为从面上看，处于发展阶段，还是百事待兴，资金紧张是制约条件，不容挥霍浪费。只讲文教事业，如学校有危房、图书馆买不起书，这与造庙、造佛比，孰更紧迫，不问可知。花上百千万元造庙和造佛，岂是当务之急？

“搞好旅游休闲”，不错。在走向小康途中和臻达小康之后，人们需要旅游、需要休闲，这将成为一大产业。但是，姑不论其发展将有一个逐步增长的过程，特别是如何发展旅游事业、安排休闲生活，是大有讲究的。我们不禁止人们到庙宇去发思古之幽情或在佛尊前顶礼膜拜，然而到处是庙是佛，把神州大地装点为西方极乐世界，这能够说是引导人们健康的休闲吗？能够说是真正弘扬民族文化和加强精神文明建设吗？

“创造经济效益”，也不错。旅游事业要赚钱，才能自我发展，并繁荣一方一地。但是，经济效益要取之有道，不能以牺牲社会效益为代价。靠越来越多的人烧香拜佛而带来所谓繁荣，不仅是一种比“泡沫经济”更虚无的“烟雾经济”，就在当地也不会形成良性循环。因为思想上“出世”了，还有营造地上天堂的积极性？

上述另一方面的理由，本来卑之无甚高论。只是读到一位首长在一次造佛会上的讲话，使我大为疑惑。他除了肯定造佛不属于封建迷信活动外，还说什么这对“净化人的灵魂”大有好处。难道我们的高级干部也认为马克思主义不管用，不得不乞助于释迦牟尼佛和观世音菩萨？当然，愿他只是一时失言，出了洋相。但也警告我们，当前的造庙、造佛热已经冲昏了某些同志的头脑，其中潜伏着相当深刻的危险性。治本之道在于让这些不该热起来的“热”逐步降温；而更好的办法是少造一些庙和佛，多造一些学校、图书馆和科技活动中心。

从造庙、造佛热说开去，我们应当从中得到有益的启迪。有的同志曾经认为“热”是新生事物，“热”是群众要求。不能这样一概而论。从经济社会到文化各领域，兴起一种“热”，可能是新生事物，也可能是沉渣泛起；可能是群众要求，也可能并不代表群众的根本利益而暂时骗得了群众的错爱。重要的是必须以冷静头脑对待热潮、热浪，并且见微知著，辨明是非邪正，不要赶潮迎浪，等到热得酿成不良后果了再去亡羊补牢。

（原载《新华日报》1995 年 9 月 23 日）

“黑哨”的联想

随着足球的盛行及其职业化、商业化，足球成为有利可图的产业，足球运动员和教练员、裁判员成为先富起来的社会群体的一部分。但是与之俱来的，就是所谓“黑哨”和“假球”等。终于闹大了，爆发为多年执足球牛耳的大连万达队声称要永远或暂时退出中国球坛——很是沸沸扬扬了一番，才息事。

本来有一种看法，体育竞赛是最公平、最透明的，既有不断完善的“游戏规则”，又有经过实践选拔的裁判员并辅之以越来越先进的工具，如电子计时器和录像，还有客观而投入的广大观众包括球迷。于是联想我们的其他事情，例如任用干部，如果也能与竞赛一样，通过公开的竞赛来取舍，达到优胜劣汰，并鼓励大家在提高工作能力和工作效率上下功夫，岂不很好，有助于吏治廉明和社会进步。至于怎样实施，似乎比体育竞赛要复杂一些；有的地方采取公开招聘的办法，实是一种有益的试验。

但是，“黑哨”事件给我们猛击一掌。原来，体育竞赛也多种多样，如田径、游泳、举重和射击，硬碰硬地一决雌雄，很难有半点虚假，于是出现了一批有真本领的人才。然而在其他体育领域，从体操、跳水到各种球类特别是身体接触多的如篮球、足球，裁判就起很大作用，只要在关键时刻如罚不罚点球，算不算越位，稍有倾斜，就能决定全局的胜败。因此，除了场上功夫，还要有场外功夫，否则容易受到暗算，输得不明不白。

如何防止和纠正这个可能有的怪现象，值得深思。看来要多管齐下，除进一步完善竞赛规则外，一要培育德才兼备的裁判员，真正主持公道；二要让观众适当介入，因为群众的眼睛是雪亮的。联想到用人制度也是如此，一要掌握用人权的人事组织部门一定做到绝对公正、绝对廉洁，杜绝卖官、买官现象；二要给人民群众以考察、评议和最后的决定权，邓小平曾经谈到的普选制是颇有远见的。

（原载《唯实》1999 年第 3 期）

拒骗的成败

在这骗子还未绝迹的世界和年代，人生道路上，难免总会与骗子邂逅。这是一场智商和经验的角斗，被骗者不常胜，而是有成功也有失败。80 年代初，南方才开放，人们惊叹那里有很多新人新事，出乎意料和想象。一次，漫步在花城街头，忽然有人打招呼，说是地上捡到了金戒指，问我怎么办？随即回答："去交给民警吧！"他转身走了，不知是否交了公。哪知在同一天下午，在另一条街上，又有人打招呼，又捡到了金戒指，使我恍然大悟，这里边有花样。不久去经济特区，有人骑自行车擦肩而过，漏下一卷钞票，外边一张是 50 元的。连呼："你掉了钱"，他竟不顾而去；顿然懂得，这又是圈套。从而体会到，只要不图非分之财，拒骗是容易的事，不会上当。

但是道高一尺，魔高一丈。后来在沿海等地市场买衣服一类商品，讨价还价，虚头很大，就有受骗的事。一次买一条裤子，要价 120 元，还她半价，后以 80 元成交，似乎不贵。问到当地人，认为最多值 50 元。再去找老板娘，她也承认而不退，学着打一句官腔："你就算付学费呗！"相对一笑，友好告别。上一次当，不一定学到一次乖。这几年来，商店常打价格战，什么"惊爆价"、"跳楼价"，打到三折、两折，都是明码。工商部门不管，作为消费者、顾客或"上帝"，不由得不信，也趁机去捞一些"便宜货"。最后知道，其中有真有假，有实有虚，说是"跌进了血本"，其实还是"千做万做，蚀本生意不做"。这是商品市场，营销之道，不择手段，何止"三十六计"。

但是流风所至，什么事情都商品化、市场化，令人无法捉摸。又一热点是医疗保健，随着小康和老龄化，生病求医问药的人越来越多。有些疑难杂症，正常的治疗没有解决，旁门斜道层出不穷。从大众媒体看，医药广告也成了热点，广告词也分外诱人，从“癌症≠绝症”到“百天治愈××病”，“一个疗程包你断根”再到“××病有了新对策”等，给人以我国医药事业近年来有大发展、大进步的感觉，对百病都能妙手回春了。实际情况却不一样。有位朋友生白癜风，非常苦恼。我听了广播，看了报纸，几处都宣称有效、有把握。于是向他推荐、介绍，原来他都试过，白费几千元，而症状依旧；再问“专家”，答有95%治愈率，而他正在另外的5%内。类似遭遇，比比皆是，令人啼笑皆非，而报纸电台，至今鼓吹不息，也没有人查处。看来，拒小骗有可能，碰到大骗、高骗，人生不受骗几次是根本不可能的！

（原载《东方企业家·文化生活》2002年第9期）

不切实际的大胆设想

——评张五常先生的“三个取消”

张五常先生是身居香港、誉及大陆的著名经济学家。出于对中国经济的关怀,先后发表过不少见解,有的颇具理性,有的仅是直觉。后者如最近在内地演讲时提出“中国急需解决的三个问题”(见 2001 年第 7 期《城市经济导刊》),即“三个取消”,值得给以评说。

一是要取消所有外汇管制。在这方面,本已列入金融改革的议程,并在稳步推进,如将允许外资银行来华,有区别地开展某些业务。但在当前,还有适当限制,特别是没有实行人民币的自由兑换。这有明确目的,是为了保持金融市场和外汇市场的基本稳定,在迎击世界金融危机的考验中证明是完全正确的和必要的。即使“入世”,也只能有步骤、有选择地开放,而不是立刻无条件地取消一定的管理;否则,那会引起汇率的大幅波动,或许给投机者以机会,却给整个经济带来振荡。有人认为,我国已有雄厚的外汇储备,可以保证汇率稳定。其实不然,日本就是反证。一旦出现那种情况,再来采取其他紧急措施,必将处于被动,是不可取、不可行的。

二是要取消户口管制。过去存在严格的城乡分割户口制度,有当时的历史背景和种种原因。总的说是利弊参半,出于无奈。改革以来,渐有改观,出现了民工潮,正在朝着积极方面发展。审时度势,各地都在改革旧制,允许和鼓励农民进城。但是,按照各地不同情况,还有一定条件,特别是必须在城镇有相对固定的就业岗位和住处。经济发达地区,条件逐步放宽,符合改革的渐进原则。能不能立即取消所有户口管制?张五常先生以日本和香港为例,都是过去的事。正视当前,不仅香港，包括其他发达国家和地区，户口管制始终存在，并且相当严格。中国如果不顾条件，彻底开放，民工潮转化为大量盲流，决非城市化的有效对策，也不利于农村劳动力的有序转移。各地对此采取既积极又慎重的办法，应当肯定其成效。

三是要取消海关。也就是说，允许人力资源的自由进出口。世界各国都有海关，在关税不断降低直至接近于零，人员进出口尽量放宽也不是毫无限制，对走私和偷渡都要严格监督。所以，即使中国放开，别人不放开，那有什么用？这几年来，关税已有大幅下降，“入世”后还将进一步下降，但不等于可以不要海关，如果走到别国前面，就会受到外部限制。张五常先生企图为中国策划一条“走出去”的绿色通道，似该向外国和外地呼吁，估计也是缘木求鱼，不可能被采纳。以此呼吁中国取消海关，不免是找错了对象。

作为经济学家，要有大胆设想，更要从实际出发。我们坚持解放思想、实事求是，就是本着以上精神。当代世界有一股自由主义经济思潮，发达国家更以自由贸易为标榜。我们不反对有此追求远景，并反映在不少学者主张不要再讲什么适当保护。但是环顾全球，发达国家如美国和日本以及西欧，保护主义并未消声绝迹，贸易战也不断如缕。香港或许是硕果仅存的世界自由港，产生了张五常先生的设想是有来由的，我们给以理解；而对中国大陆，认为“急需解决”，则是一种理论泡沫，虚拟成份显得太多了！

（原载《城市经济导刊》2001 年第 8 期）

信笔由之

多难兴邦

平安是好事，给人们以幸福；但也是坏事，久而久之，失去了抗逆能力，一旦发生灾难，应变无方，损害特大。灾难是坏事，给人们以损害；但也是好事，增强了抗逆能力，一旦降临灾难，应变有道，损害特低。多难可以兴邦，坏事变好事，获取了奋发有为的积极效应。

灾难给人民以锻炼。平安时代，大家过着太平日子，安居乐业，精神处于松懈状态，前进的动力是潜伏的。发生灾难，起而应变，把各方面的主动性和创造性都调动出来。灾难不分彼此，必须团结起来，于是一方有难、八方支援，万众一心，众志成城。这是一种伟大的精神力量，只有灾难才能高度凝聚，充分弘扬。人性善良，人情真挚，社会公德和个人美德，都在灾难压力下得以淋漓显著。

灾难给国家和民族以考验。平安时代，党和政府的工作顺利清淡，无为而治似乎也行得通。发生任何灾难，起而应变，才要下大决心，用大力气，党的领导和政府职能经受着严峻衡量。以人为本，由口头、文件变为行动和作为，公开暴露在光天化日之下，要求身体力行，说到做到。人道主义，平时可以争论，此时无法回避；人权理论，原来或许淡化，此刻定要首肯。

灾难给人民和政府以无穷的精神力量。从历史遗承到核心价值观，在灾难面前，由抽象转为具体，迅速升华到一个新的平台。就是依靠这个无比强盛的精神力量，不仅战胜灾难，更可贵的是在灾难之后进一步推动着经济发展、社会进步和文化繁荣。

灾难也给人民和政府以旺盛的物质力量。人力、物力、财力，一度集中于抗灾救难，才真正感到，几十年来的积聚已经有多么深厚的基础。而在应对灾难的过程中，得到进一步挖掘和配置，通过进一步突破陈规，改革开放，创造了新的丰富经验。

今年从特大冰雪到特大地震，是新中国成立以来的空前灾难；但是通过艰苦应对，终于取得全面胜利。我们不仅增强了灾难意识，更加增强了应对灾难的实际本领。把这场灾难中表现出的精神力量和物质能力持续运用于今后的经济、社会、文化等各项建设中去，一定会开创新局面。那么，灾难不能损害我们，却会充实我们的精神世界和物质世界，造就大量的各界优秀人物。正如大家期待，风雨过后，阳光灿烂，新中国将在这场拐点后，开辟一个新阶段。灾难无情人有情，让我们重新认识自己，让世界重新评价中国。化悲痛为力量，多难之后，邦国愈兴！

（原载《学习与传播》2008 年第 3 期）

敬畏自然

经济在发展，社会在进步，科技在创新。从现象看，似乎人类在不断征服自然，成为世界的主宰。但是另一方面，少数有识之士指出，自然对人类的挑战也与日俱增。怎样处理好人类与自然的关系即主观与客观的关系？长期以来，存在一种误识——所谓“人定胜天”，以人的主观英雄主义来对待客观世界，导致越来越多的措施酝酿着潜在的危机。未来派学者，从罗马俱乐部开始就警告过人们，有的甚至预言，人类将在几十亿年之后地球毁灭之前，自己先行消失。这不是危言耸听，而是有科学根据的。

看来，我们应当抛弃“人定胜天”的狂妄，采取另一种谦逊的态度即“敬畏自然”，乖乖地服从自然规则，才能逐步取得自然的宽容和谅解，最终达到“天人合一”，即人与自然的协调与和谐。科学发展观有此一条，应当是人类的终极目标，决定着我们未来的命运。这一条最重要、也最难，必须付出最大努力，否则就不能实现可持续发展，人类真会同恐龙一样灭绝。

这几年来老天好像发怒了，自然灾害愈演愈烈。天灾，其实是人谋不臧的一种反映。无论是地震、洪涝还是干旱，作为一种地质和气候运动，应当是可测的；而我们的科学研究大大落后了，始终处于无知和半无知水平。抵抗这些灾害，要做很多工作，要求我们未雨绸缪。但是我们花的力量不够，投入太少，以至建筑物达不到防震七级的等级，防洪防涝一般是 50 年一遇、最多 100 年一遇的标准。挫折和损失告诉我们，面对老天爷，我们切不可自以为是，更不能有丝毫骄傲或侥幸。唯有恭恭敬敬，怕它、服它，决不去冒犯它，顺天之意，信天之道，努力使自己逐步取得与自然和谐之功。

如果说真的有什么“坏事变好事”的话，在自然灾害频发的今天，有很多经验要总结、教训要吸收。敬畏自然，把握天道，“诚惶诚恐”于它的巨大威胁，以几倍、百倍的功夫做好各项工作，特别要致力保护环境、修复生态、防治污染、节能减排以至戒烟、禁酒、限塑等自我矫正行动。只有这样，人类在自然面前才会有越来越多的话语权和主动权。转变既有藐视自然的态度，正视并遵循客观规律，人类才能正确掌握自己的命运，未来才会越来越美好！

（原载《群众》2009 年第 11 期）

从尊重生命说开去

王家岭矿难的救助，奏响了一曲尊重生命的凯歌。这对全国人民和全党全军都是一次尊重生命的教育，体现了"以人为本"，符合人性、人情、人道和人权的基本宗旨。人或称人民，不分贵贱、贫富、城乡和性别，每个生命都是无价之宝。为了抢救任何一条生命，党和政府以及广大群众，都应当和做到不惜代价，竭尽全力，以保证每个公民天赋的生命权和生存权。这与过去不同，革命时期，以生命求解放；建设初期，还曾视生命如草芥。这些，俱往矣。现在，每一条生命都重似泰山，不再轻如鸿毛。

痛定思痛，从媒体包括网上舆论，都提出和强调了防重于治，在加强事后救助的同时，进一步重视和努力搞好事前的安全和预防。这几年来，随着经济增长，生产事故也与日俱增，矿难等频发。以中国之大，设备技术不够先进，似属难免，无法杜绝。但是，与国外比，我们的生产事故，尤其是矿难，都居全球前列，按绝对数和相对数(以 GDP 或产量为分母)，不仅高于发达国家，也高于世界平均和不少发展中大国。不能不认为，这不是客观规律，而有人谋之缺失。总结经验教训，应当认真筹划，从理念、政策和制度上推动，如取缔无条件的矿点，定期地、不断地进行严密的检查和监督，尽一切可能减少生产事故，把因工死亡的人数大幅度地降下来，使劳动者放心生产，这才是真正的尊重生命。

从矿难说开去，不禁想到，我国的车祸，现在也居世界前列。要不要发展汽车工业和鼓励私人买车，曾有争论，姑置勿议。在汽车大量增加后，怎么防治车祸，各国积累不少经验。我们如何跟上，正是当务之急。近来，禁止酒后驾车，已有行动和一定成效；如何持之以恒，并有更多措施，还待进一步努力。每年车祸死亡人数达10多万之众，如能降低到10万人以下，就是挽救了几万条生命，其理不言而喻，其功不逊于救助矿难。

再想到自杀，当前同样是突出的社会问题。原来，日本自杀率最高，现在由我国驾临其上，取而代之，该是又一国耻。中国特色的自杀是农村多于城市、妇女多于男汉，并且成为中年人的重要死因。除了心病因素外，必须从社会矛盾去研究和解决。有的是贫病交迫（甚至儿子考上大学，导致父母自杀），有的是家庭不和与恋爱冲突，更多的是受到冤曲而未能解脱。近据报导，因拆迁、征地而自焚的惨剧一再发生，如唐福珍事件，令人反思，尊重生命还有死角。

“不自由，毋宁死”以及“生命诚可贵，爱情价更高；若为自由故，两者皆可抛等”传世名言，涉及自由与生命的比较及其取舍，告诉我们，在尊重生命的同时，还要尊重宪法承诺的种种自由。争取合法的自由，同样来自天赋。有人争取自由，意在推动社会进步和政治改革；如果不与响应，反而以此获罪，肯定错了。尊重生命，延伸为尊重自由、尊重人权，毋需多说，只能先作为一种希望和期待吧！

（原载《学习与传播》2010年第3期）

评“三餐一床”

江阴华西的吴仁宝同志有句名言，大意是讲人的生活，一日无非三餐，晚上只睡一床。旨在劝人不要过度追求财富，更多了有何用处。这对当前的奢靡之风，特别是有人为了追求发财、追求享受，不择手段到贪赃枉法、杀人越货的地步，无疑有振聋发聩的积极效应。此话刻在华西金塔脚下，游访者看到，多数有所启悟。如果有人因而迷途知返，更是“救人一命，胜似七级浮屠”。

但是，真的领会此话精神并身体力行，绝非容易，因为人的生活内容，不限于吃和睡（广义或可延伸为“食色性也”）。因此，也有人商榷，认为吴仁宝同志保留了农民意识，满足于小富即安，滞后于时尚潮流。

怎样理解？从摆脱贫困到解决温饱，不再饥寒交迫，有吃有住，“三餐一床”是一道底线。这在当代中国，走出了几千年的积贫积弱，有其里程碑的历史辉煌。但这是万里长征走出了第一步，再从小康到现代化，任重道远。以艰苦奋斗为荣，防止奢侈浪费，始终是必须弘扬的。与此同时，不排斥可以和应当提倡适度消费、合理消费和科学消费，逐步提高最广大人民的生活水平和生活质量，开创健康和丰富的生活方式。

马克思对人类生活的描示，在满足生活必需即维持再生产的基础上，要向享受和发展前进。从解决温饱到丰衣足食，达到了全民小康，开始有享受的色彩；并且，提高文化科学和思想道德水平，搞好教育包括终身教育，就是发展。过去，一度讳言享受，把它视为资产阶级的生活方式，那是苦行僧的误识。社会主义的终极任务是共同富裕，不是当葛朗台那样的守财奴，而要不断改善生活，过着享受型的生活，才为人们造福。

按照上述要求，“三餐一床”的说法，或许只是从现状出发，有其针对性；而从长远看，难免有点保守了。人的生活内容，分为物质生活、精神生活以及感情生活，丰富多彩。“三餐一床”只是基本保证，是不可忽视的重要起点，不是继续努力的中点以至遥远的终点。物质生活也不限于“三餐一床”。“民以食为天”，吃饱了还要吃得好，讲营养，讲美味，当然不是挥霍的大吃大喝。除了住得宽敞外，还要适当美观，卧室之外有书房和休闲室以及必要的绿地。吃、穿、住外，用和行要有所讲究。精神生活或文化生活，更有广阔空间，流行的旅游只是其一，已非“三餐一床”所能囊括。再如教育、保健和文娱、体育等，涉及越来越完善的电脑等视听设施，尤在“三餐一床”的范围之外。

改善生活，扩大消费，这是发展经济、社会、文化的出发点和归宿，也是其不可缺少的动力源。在正确评价吴仁宝的名言之余，不妨想得更多一点、更远一点。

（原载《百家湖》2007 年第 8 期）

也说中国表情

《读者》(原创版)2008年2月刊有罗西《中国表情》一文,在肯定日本人的清和、美国人的生动、西欧人的优雅后,认为中国人却大部分表情僵硬——不生动,不可爱,不好看;后段虽然也说中国人有微笑,却还认为笑得不如外国人特别好看。这使我联想到同过去读柏杨的《丑陋的中国人》一样,好像咽下了一个苍蝇,非常难受。难受了好久,仍旧要吐出来,一吐为快。

应当不否认,中国人的表情,过去确曾有过生硬,冷漠甚至带着憎恨。且不说旧社会,积弱积贫已久,多数人笑不出来;就是在新中国成立后,经过多次运动,人性扭曲,表情也难正常。但是谈到今天,还念念不忘昨天,无视已有根本变化,把中国表情定格于老一套,那是大大滞后于现实了。

从今年的两场暴雪和地震灾害看,给人们带来困苦,表情一度是相当严峻的。但是在党和政府领导下,经过大家努力救助,后来和最终的表情就不同了。我们看得到,万众一心,众志成城,广大军民的表情是英勇的;经过救灾,克服灾难带来的困难,群众的表情是高兴的。这才是中国人的真表情,充满了爱心和坚决的信心!

不难记忆,改革开放以来的30年,中国表情终于流露了民族的乐观本性和人格的真实面貌。有人做过一次幸福指数的调查,数据排列出人意外,最感到幸福的竟是刚享温饱的农民。过去愁眉苦脸,如今喜笑颜开,多么灿烂,多么热烈,远远不是含蓄的微笑,这才是现实的中国表情。有人批判“小富即安”,完全不懂得“知足常乐”的和谐人生观,这正是中国表情的哲学思维和价值基础。

农民外，还有群众，其中相当部分是小孩和老人。小孩的表情天真，作为祖国花朵和“小皇帝”，他们是天之骄子，最快乐，最无愁，脸上一直挂着笑，不同于某些发展中国家的儿童。老人的表情成熟，有所养，有所医，还有所为，更有所乐，沉着中流露出满意。

至于青中壮年，追求事业，追求财富，追求爱情，也追求时尚，表情逐步与国际接轨，说生动有生动，说优雅有优雅，说幽默有幽默，说狂妄有狂妄，就是缺少冷漠，缺少僵硬。其中也有弱势人群，如待业、下岗和农民工，但是在找到工作，分到廉价租房甚至补到拖欠工资、拿到生活保险费时，表情也是可喜、可爱、可亲的。

中国有13亿人口，社会分化，表情不一。总的说来，随着经济发展，社会进步和民生改善，各种表情还在变，越来越好看。即使有人还面带愁容，相信会逐步消解。旧的表情在褪去，新的表情在涌显，几句话还说不清楚、画不像哩！

（原载《东方企业家》2008年第5～6期）

问情为何物？

看到一篇同题文章，深感意犹未尽。一个情字，古今中外有千万抒述，至今仍留下无限空间，等待着进一步开拓。这里，姑从不同视角，略说梗概。

原来有种说法，认为万物之灵的人，不同于其他动植物，特征在有感情。科学实验和直接观察给予推翻。不仅动物一般有情，猛如狮虎，弱如羊犬，既有亲情，也有友情，某些表现不亚于人类甚至更深、更纯；就是植物，有人认为也非无情，如并蒂花、连理枝，为人们所况比和不及。

那么，人的感情，究竟内含如何、表现怎样，是值得探讨的。人情不外三类：一是亲情，以血缘为纽带，特别在父母子女和兄弟姊妹之间以及"一表三千里"；二是爱情，在男女之间，从夫妻扩散到婚外，从百年缩短到一夜；三是友情，包括同乡、同学和同事等统称同志，非常广泛，但是亲疏有别，从相逢到相识、相知，处于不同层面。

人情是人性体系的重要环节，与人道相通，与人权也涉及。但在不同体制，会有不同遭遇。如强调阶级斗争，就只有阶级情，没有无缘无故的爱和憎，甚至提倡划清界限和大义灭亲，一切感情都要为政治让路，蒙上意识形态的迷网。改革开放以来，拨乱反正，在或明或暗地恢复人性论即把人作为人来看待的过程中，人情也得到了某种程度的承认。

情，除了有生理基础外，主要是一种心理状态。不仅是亲情和爱情，就是友情，也以两情相悦即情投意合为前提，并以志同道合为条件。

这区别于其他生物的出于本能，而属于社会和文化范畴。同时，往往还有其经济性即利益性，是共同体，感情才能建立和增长；相反，一旦在经济上发生利益冲突，明智者或会善于调适，否则常会损及感情，甚至动刀动枪。这被认为是道德滑坡导致感情流失，引起“人情薄若纸”的喟叹。

情的复杂性，荟萃于男女之间。情与爱、情与性，成为文学艺术创作的永恒主题，长盛不衰。此中，有苦有乐，有悲有喜，真是一言难尽，万言难述。在传世名著中，这类题材占最大比重，也拥有最多读者。一度给以摈弃，即形成文艺史的断层和空白。情与理、情与法，曾经被认为有对立，同样是误识，会引起误导。理论或理智，如果与情对立起来，难免是歪理；合情合理，才是正途，也合人性。“法律不外乎人情”，说到点子上，可惜的是还未得到应有的弘扬和落实。固然，两者之间有时会有抵触。好像是孔子曰“出乎情，止乎礼”。旨哉斯言，表明他不是假道学，正是性情中人，并且这样对待和处理，人际关系就和谐了，情与礼得到两全。

构建和谐社会，人的情感生活应当得到尊重和保障，防止以情害礼和以法害情。兹事体大，本文只能点到即住。

（原载《百家湖》2006 年 12 期）

同学情浓

人是社会动物，与其他结群动物比，或许是社会感情更深、更长。我们相信，人比其他动物，不仅智商高，情商也高。这表现在人的一生要结识很多朋友，种下很多感情。而在所有朋友里，同学往往是最好的朋友。

不久前，参加母校（苏州东吴大学）100 周年纪念活动，见到差不多半个世纪前的老同学。当时青春焕发，今日华发萧疏。不少已是似曾相识，要从挂在颈项里的名牌才识清是谁。同学关系有别于其他社会关系，就是完全平等，不分贫富贵贱。与过去一样，都是直呼其名，连称老某也感到别扭，更不用讲先生和女士了。倒是偶然还会叫一声小张、小李，接着才恍然大悟，忘记了年龄。相反，想起绰号，立即上口，倍感亲切。当年有两位调皮王，一叫“拆天”，一叫“拆地”。“拆天”来了，已是 70 多岁，谈到“拆地”不知去向，大家怀念不已。大家都已离退休，至于过去当过什么首长、什么老总、什么专家，谁也不再问及和提到，因为我们只是同学，几十年前是同学，几十年后仍是同学。

大学里的同学，多数还有联系或了解，至于中学和小学里的同学，时代更久，往来更稀，但是想念却更殷切。偶然碰到，就有说不尽的话，虽然谈的都是老话了。一次，碰到一位中学同学，不讲别的仅是回忆老同学的名字，七凑八凑，居然把一个班级 50 多个名字基本上凑全了，感到十分高兴。那个中学是苏州的崇范中学（现名景范中学）。范就是范仲淹，曾留下“先天下之忧而忧，后天下之乐而乐”的格言。我们上课的教室，挂了“后乐楼”的横匾。共同记起一位出自大族的女同学贝念哲，作文很好，常被宣读，描写莲藕有“西施之臂，比干之心”两句，至今勿忘，可惜她已早逝。发现还有两位在北京，找到了下落，有回去京，不找别人，就找同学，回忆故乡故人故事，有说不完的共同语言。

再往前推，小学里的同学，有的像是历史或梦幻了，但也记忆犹新。那时我在杭州，同学中一位叫王毓莹，离校后仍通信，直到解放前，先后几近10年。其他同学，记得起名字的还有10多位，音容笑貌，犹在眼前，虽然已是60多年前的事了。前几年，在报上看到介绍心理学家茅于燕的事迹，是桥梁专家茅以升的女儿。想起了，可能是小学（杭州弘道女中附小）同学，坐在我桌前，常回过头来向我借橡皮用。后来又从《人物》读到关于她的通讯，有张照片，圆圆的脸，就肯定了。想写信去，但不知道她还记得我否（那时我的学名是沈新民）。

学校生活，对人的一生，影响很大。同学之间，也是如此，相互影响，潜移默化。就是离开学校之后，有的成为同事，或者在相同、相近的工作部门和工作领域，往往也会保持亲于旁人的社会关系。有没有更亲的关系呢？也有。我和我妻，就是中学时的同学，虽然当时异性同学往来不多，但日常月久，相互之间是充分了解的。于是，另有机缘，一拍即合。由同学而成一家的现象，越来越多，实践证明是一条合乎情理的正常渠道，只要不妨碍学习就行。在校的同学们，谅能赞成拙见。

（原载《新华日报·新潮》2000年10月16日）

与女对弈

有人感到奇怪，下棋竟也列为体育竞赛的项目之一。体育本以体为主，是体力的竞争，斗智的成分有但偏弱，然而下棋，贵在斗智，似与体力无关或少关。说有什么共同点，无非都是竞争或竞赛，有个胜负之分，并通过群赛而产生冠亚军，从地区、国度到世界。

有人感到更奇怪的是，下棋竟也有男女之分。体育竞赛分男女，因为男女体力不同，即使体重相等，始终是男胜于女，这在多项纪录，都有明显的差距存在。但是下棋，或再连同桌球等少数非体力项目，也有男女之分，依据何在？反驳者举例，如同台竞棋，男选手一般占优势。有人进而反问：难道男人的智力真的强过女人吗？当然不是。

这里，谈谈敝人的最近遭遇。

我是一个业余的中国象棋爱好者，棋龄超过70年。读小学时就开始学棋。这在当代，也是常见，作为开发幼童智力的途径之一。开始，先父让我车马炮；不久，从让马、炮到只让马或炮；进而不让子到只让先以至互为先。从屡败屡战到有胜有败，我已是中学生了。同学中有同一“嗜好”者，每日做完功课下几盘，并从凭经验到看棋谱，彼此棋艺大有进步。

全国解放后，忙于工作和运动，对下棋“金盆洗手”，不知不觉就半个世纪。一次与一位女同志出发，坐火车要一天一夜，她说用下棋来消遣时间吧。开局一试，她不堪一击，实力相差在让车、马、炮之巨。但我也宝刀老了，失去当年的感觉，如在雾中。

离休以后，别有志趣，不在下棋。今夏，结伴20余位到北方避暑。

内有一位老太太，不仅是位乒乓名将，据说其棋艺也属上乘，不少男同志都败在她手下。偶而触动了我的神经，不嫌冒昧地向她挑战。哪知连续三局，第一局我未胜，第二局她未输，第三局我求和她不肯。名不虚传，我服气了。

再想，败给女将，又不服气。接着下了十局，仅胜两局，输了七局，和了一局。相比之下，有所进步，给我信心。研究原因，找到她的长处，也发现她的弱点。更关键的是，我老伴点出，下棋要看棋，不要看人，看人走了眼，棋就会输掉。于是，我聚精会神于棋局，不看“野眼”，果然拾起了感觉，连胜三局。再下一局，还是我胜。

古话说，“好男不与女斗”，男人们向来认为，男强女弱，胜不足荣，败则可耻。特别是在此种场合，容易心有旁骛，不能专注，就难免遭滑铁卢。败棋不在棋中，而在棋外。若不犯此错，专注棋局，靠智商、斗志和灵活与对方较量，无论赢输双方皆心服口服。

（原载《百家湖》2007 年第 1 期）

扪心有悟

经济学者的社会责任

在党和国家的工作重点转向以经济建设为中心后，经济学工作日益显得重要，经济学者的队伍也越来越大，并得到政府、社会和企业的尊重和尊敬。这对于经济学者来说，是一种可以施展身手的机遇。但是，经济学者也应当意识到自己担负的社会责任。虽然经济学者是一大群体，内部也有分工，但总的来说，其承担的社会责任主要如下：

一、倾心经济建设，积极出谋划策

经济建设是全党、全民的大业，经济学者更应当以此为重任，在其宣传、教学及理论研究等活动中，都不能离开经济建设这个中心。搞经济建设，虽然可以借鉴国外的经验，但必须从我国的国情出发，走出一条自己的路。实践需要理论指导，否则就会有盲目性和随意性，出现或大或小的失误。改革开放以来，经济理论发挥着重要的作用，无论从计划经济到市场经济，从国有经济到混合经济，还是从单纯的按劳分配到按劳分配与按要素分配相结合，都离不开理论对实践的指导。当前，为了达到全面小康和基本实现现代化的目标，经济学者要更加倾心于经济建设，努力做好党和政府的参谋和智囊库，继续出谋划策，充分发挥自己的聪明才智，多出优秀的理论研究成果。

二、注视经济形势，警示发展忧患

实践表明，经济发展不可能是一帆风顺的，总会或早或迟碰到一些障碍，发生一些挫折。因此，在经济发展过程中，经济学者应当居安思危，保持忧患意识，经常分析经济形势，以便及时发现矛盾，及早克服困难。比如，有些地方政府部门出于政绩偏好，夸大正面效果，回避负面影响，或者囿于局部，不能从宏观角度洞察整体，以致出现片面追求速度而忽视和降低质效，重复建设、投资饥饿而导致经济过热，行政分割而拒绝区域整合等问题。对于出现的经济问题，经济学者要目光敏锐、头脑冷静，运用理论武器敢于直言、发出警示；若甘当风派，一味趋附，那就是渎职和不作为了。

三、向往共同富裕，探索有效途径

有人提出经济学研究的任务有二：一是经济发展；二是经济分配，让经济发展成果造福于广大人民。这话很有道理。什么是社会主义？邓小平归结为共同富裕，体现了“以人为本”。一部分人先富起来后，大部分人均有得益，但在程度和份额上有所不同，有一部分人甚至出现损益或相对和绝对贫困。这种现象已引起人们的关注，有人认为已出现了两极分化的迹象。因此，研究共同富裕的有效途径，应当成为经济学研究的重点课题之一，经济学者要勇于承担这个课题的研究。目前已有经济学者从理顺分配体制、处理好效率与公平的关系、初次分配和再分配、基尼系数的计算和现状及其警戒线等视角，对这个课题进行了研究。但是，开展这个课题的研究，并不是仇富，而是悯贫；不是回归平均主义，而是要防止贫富差别的扩大。

四、关怀弱势群体，声援工农群众

在市场化、全球化、工业化和城市化浪潮的冲击下，社会阶层不断演进，始终有强弱之分，特别表现在贫富上。弱势群体包括城市中的无业、失业和半失业者；农村里的纯农户、失地农民（农民工）。工人和农民作为基本群众也逐步在弱势化。弱势群体基本上不拥有权力资源、财富资源和知识资源。经济学者应当关注弱势群体，倾听他们的呼声，通过调查研究，提出有效解决弱势群体问题的对策建议。

五、宣扬经济伦理，提倡诚信之道

大力宣扬经济伦理、提倡诚信，是经济学者责无旁贷的职责。经济学者在为企业服务、培育企业文化时，应当宣扬经济伦理，推动企业讲诚信、讲文明、树新风，从而打造诚信企业，帮助企业家快速成长。

六、普及经济学知识，搞好宣传工作

介绍和普及经济知识、提高广大人民的经济素质，也是经济学者的职责。随着经济的发展，广大人民群众希望了解经济，需要获得更多的经济学知识；同时党和政府颁布的各项经济政策和措施，也需要让人民群众所知悉和理解，以便更好地得到贯彻执行。这就要求经济学者做好宣传、解释工作，通过出版书籍和报刊，介绍和普及经济学知识，让广大人民群众了解和掌握更多的经济学常识。

七、创新经济理论，适应时代潮流

与其他人文科学比，经济学的体系庞大、内涵丰富，这要求经济学者花气力、下苦功研究经济学，只有武装自己、不断更新，才能咨政和育人。对于博大精深的马克思主义经济学，要在继承中不断发展，避免教条化；对于西方经济学要弃其糟粕，取其精华，为我所用。经济学者要力争经济理论及其研究方法的与时俱进、开拓创新，这样才能不辱使命，推动经济学向前发展。

八、扩大经济理念，发展交叉学科

经济学与社会学、政治学、法学等的关系越来越密切，相互渗透，形成了很多新的学科，如在人文领域有教育经济学、卫生经济学等；在其他领域有信息经济学、数理经济学、生态经济学、环境经济学等。经济学者应主动推动交叉学科的发展，使经济学更加丰富多彩，涉及的领域更加广泛。

总之，经济学者只有尽到自己的社会责任，才能在建设社会主义物质文明和精神文明中大有作为，为促进经济学的发展作出更大贡献。

（原载《南京审计学院学报》2007 年第 4 期）

经济学家:弱势群体的代言人

经济学家或经济学者(经济学工作者),其社会职能或职责是什么?这要从经济学的研究对象和任务说起。有多种说法:马克思主义的说法是主要研究生产关系,后来加上与生产力的联系;西方经济学的说法之一是研究稀缺资源的配置,以提高整个社会经济的运行效率。在常人眼里,经济学是研究经济规律特别是经济发展和经济建设的,从基础理论到指导实践。近年来,有两种新的看法:一是研究经济发展和分配,使多数人分享发展成果;二是研究社会主义,归根结蒂在实现共同富裕。赞成这种看法,经济学不仅要研究经济发展,还要研究在发展的基础上为大众所分享,最终到达共同富裕。这就是社会主义经济学的基本性质和任务。由此可知,经济学家的天职无它,既要为经济发展服务,又要为人民富裕服务。富强,作为经济现代化的目标,进而分解为富民强国(强省、强市),符合这个要求,也自然地成为经济学家最大、最高、最广、最深的关注点。

经济学是一门显学、热学、大学,内涵丰富,分支庞杂。经济学家也必须要有分工和合作,不是吃"大锅饭"。除了基础理论和应用经济学,宏观、微观和部门经济学以及跨学科或交叉学科甚至经济心理学、行为经济学都有其专家外,按照服务对象和社会职业有官房经济学家、课堂经济学家、媒体经济学家、公司经济学家、广告经济学家、咨询经济学家、评审经济学家等,反映了形象的多样性。不妨归纳为上、中、下三层:上层为行政机关、为领导决策层献计献策;中层是为社会主要是为企业出谋出计;下层是为老百姓和弱势群体……这就难说了,似乎还缺位。

应当有这样的一部分经济学家，不是接受老百姓的委托和聘请，而是自觉、主动地研究老百姓的情况和问题，其对策也不是主要对老百姓建议，而是向各级政府和社会呼吁。老百姓有多类，社会阶层以收入多少为线，也分上中下三层，其中占人口大多数的在下层，特别是所谓弱势群体，即不是拥有管理（权力）、财富（资本）、技术（知识）三大资源而仅剩自己的劳动力，甚至连劳动力也无受主的无业、失业和半失业者以及相当多数的农民。这部分人，继承了无产阶级和贫下中农的身份，改革开放以来，虽然解决了温饱，进而实现了低水平的小康，但是很难成为先富起来的少数人，并且日益边缘化和相对贫困化，在总人口中占多数，在国内生产总值的分配中占越来越小的比重。当然，党和政府近年来已经开始重视他们的境遇和有所筹措，只是相对而言，与他们所处的经济、文化地位一致，政治、社会地位也是不高的。如在各级人民代表大会里，他们的代表席位有减无增，声音式微。于是，亟需有人代表他们的根本利益，作为他们的代言人。谁来担当这个角色？经济学家义不容辞，因为他们的弱，首先在经济上；了解他们的，首先是经济学家和社会学家。经济学家不当弱势群体的代言人，别人是无法代替的；或者尽管怀着深厚的同情和怜悯，说话不一定能抓到症结。

当好弱势群体的代言人，经济学家要做很多工作，首先是洞悉他们的实际情况。当前信息开放，只要留意，就能得悉。如从有关统计数字，就能掌握有多少下岗者和登记失业率、农村还有多少未能脱贫者和刚脱贫者，是渐增还是渐减；在经济快速增长中，城乡人均收入也有逐年增长，而其差距却在扩大，尤其是欠发达地区。至于在平均数掩盖下，如何分析并计算基尼系数，则要动动脑筋，用用功夫。又如从大众媒体，即使正面报道为主，同时也暴露若干社会负面，毕竟不少矛盾出自弱势群体。拿农民工来说，常是社会新闻的主体，个别的上升了，多数未摆脱窘境，直至“男盗女娼”。最近如孙志刚事件引起对“暂住证”和“收容”、“遣返”的非议，很有典型性。再如网上，涉及有关数据和案例也多，即使有真有假，可以印证筛选。

更重要的,在于做些调查,除有条件搞问卷外,搜集第一手材料是不能忽视的。经济学家有机会参加一些专题考察,信息量会不少。但是,会上所闻,来自各级干部,一定要具体分析,并与其他来源对照,才能获知真相。如对乡镇企业改制,基层干部都唱赞歌,而问及在厂职工,都反映"老板"比"婆婆"厉害,新的劳资关系亟待理顺。其实,在日常生活和社会接触中,经常会发现弱势群体的悲惨世界。如报载,最低工资标准提高了,而在亲戚朋友中听到,不少单位仍有拖欠克扣工资的事;如整顿市容,人所共知有必要,而目睹有人为"市容"而踢翻小贩的小果篮,要不要仗义执言,就煞费苦心了。

当好弱势群体的代言人,其次,经济学家要研究一些课题,领域相当广泛。从大处讲,如对全面建设小康社会和基本实现现代化,很多规定指标有把握达到;但也有难点,难就难在如何切实改善弱势群体的生活质量,缩小城乡和地区之间日益扩大的差别。又如对"三农"问题,始终是热点,经济学家用尽了力气;其中难度最大的,也在农民增加收入,除向非农产业和城镇转移外,纯农户包括种田大户的出路在哪里,明天怎么办。此外,讲到全球化、信息化、城市化等,成就辉煌,前途似锦;而涉及弱势群体,往往是机遇不大,挑战愈烈。

在众多大课题外,进一步具体化到弱势群体,更有一批专题有待攻关。如就业,作为人生之本,悠悠万事,唯此为大;而在中国当前,不仅登记失业率居高不下,隐性失业率更加严酷,并且在经济快速增长中未能缓解。又如城乡居民分配收入,仅讲平均数,逐年增长率低于经济增长率,以致人均收入占人均GDP的比重越来越低,消费率不断降低,改革开放和发展的成本最后都落到弱势群体的肩上。讲到企业管理,面对广大的打工者,无论国有、私营和外资企业,从用工、工时、工资到劳动保护、生产安全,不经谈判或即使谈判,作为国家和企业主人翁,其基本权益的保证程度不高。再讲社会保障体系,对强者无所谓,主要是为弱者雪中送炭,目前也很不平衡,许多人在局外,低水平应当,广覆盖不易。诸如此类,已有研究,但与研究经济发展相比,一直排在后位,与其关系广大人民的重要程度很不对称。

再者，在调查情况、研究问题后，就要发挥经济学家的积极作用，同样要扫除障碍，开辟道路。应当肯定，知识分子不再臭了，经济学家的社会地位日隆，有一定的发言权和参政议政权。但是另一方面，仍是"见官低一级"，特别是好话有人听、忠言还逆耳。重大决策，学者的贡献也有限，可听可不听。特别是涉及弱势群体，本来属于反映下层呼声，听来往往与主流有出入，放在10个指头中一个指头的位置。写文章也一样，为大好形势所淹没，或者被认是老一套，"知道了"就是，很少被注目。从书、刊、报看，似乎顾虑"弱势群体"这个用词会给社会主义抹黑，并且认为要做的都在做，更多的做不到，书生空谈，于事无补。

在此情势下，研究弱势群体问题，不仅在实践和应用，还要在理论上开拓创新。如推进市场化改革，必然导致贫富分化，但是能否防止差别悬殊，并在差别扩大到什么程度时就能开始缩小差别；分配制度多元化，强调效率优先也兼顾公平，其定义和关系究竟怎样，在差别扩大到相当程度后，能否给弱者以更多公平；在发展中国家，搞社会主义，除一般规律外，有没有特殊性，走出一条新路。当前存在一种流行观念，把关怀弱者、强调公平列入"新左派"，其实是不科学、不准确的。确实要有一种学派，着重研究弱势群体问题，从理论到实践，既为这部分大多数人解困造福，又有利于整个经济发展和社会进步。殷切希望有更多的同志参与这个问题的开发，让经济学家成为和当好弱势群体的代言人，一定会博得老百姓的欢喜和高兴！

（原载《江苏经济学通讯》2003 年第 7～8 期）

治学小得

治学之道，四通八达，因人而异，不拘一格。经半个多世纪的跋涉，未能大成，不无小得，无以诲人，仅属自识。

一、勤奋和效率。“业精于勤荒于嬉”，“书山有路勤为径”，乃首要一条。一分耕耘，一分收获。有人一天读书和写作四小时，有人加一倍或两倍，月余就显差距，几年更见悬殊。所以，一定要把功夫用在学问上，不要用在学问外，这是治学与从政、经商的根本区别。当然，又不是“只要功夫深，铁杵磨成针”，那是笨办法；还要讲效率，达到事半功倍，在治学方法上有所探索和寻觅。

二、专业和博学。抓住重点，力求纵深，一定要专业化，才是“专家”，切忌朝三暮四，没有一个择定目标。无论是宏观经济或中外通史，都有特定领域，防止泛而不精。但是，又不能过于狭窄，目不斜视，把自己捆得紧紧；而要由专到博，由点到面，由近到远，适当扩大眼界。这不仅是有关学科，还该在经社法、文史哲以及理工农等整个知识界有所接触，触类而旁通。人生苦短，时间苦少，只有夜以继日，才能专博并进。

三、计划和随意。提高效率，专博并进，治学要有计划，循序迅行。计划有短、中、长之别，月有所计，年有所划，做到由浅而深，由狭而广。读几本书，要分先后；写几则文，要分主次。不能仅满足于“开卷有益”，而要力求得益的最大化。一种安排：每月要读一本新书，经常要看两张报纸（一张大众和一张专业或一张全国和一张本地）并阅三份杂志（包括专业和业外，有条件加一份外文专业）。坚持数年，脑袋就丰富了。当然，又不以此为限，还要在随意阅读中发现亮点，拾遗补缺，多多益善。

四、理论和实际。两者并举，可视专业性质而略有轻重。要多学理论，但不是死读书报刊，必须接触实际、了解实际、结合实际。除了间接接触外，要有直接地调查、考察和访问，不仅找官方和领导，还要与群众包括亲友交谈。实践检验理论，更是理论成长的渊源。特别是经社法，与实际脱节，智慧之花就枯萎了。

五、笔记和写作。过去做学问，做笔记或卡片是基本功；现在不采取手工方式，有上网等多种办法搜集和整理信息，但是还要勤在手上。如每天写日记式的笔记，把阅读心得或研讨结论记下来，日积月累，成为宝库。在此基础上，要勤于写作，不要仅求完成定额了就放松自己，那是十足的雇佣观念和敷衍人生。最好是勒令自己“天天读”、“天天写”，至少每周一篇小文章，每月一篇中文章，每季一篇大文章，每年或两、三年一本专著。熟能生巧，驾轻就熟，总有一天成为写作能手。从必然到自由，写文章不再是苦差使，而是人生一大乐事和享受，直至有炉火纯青之感，下笔有神授之喜。

六、积淀和创新。写多了，写熟了，写快了，就要警惕唱老调子，所谓积重难返，而要突破，力求创新。这既是指题材，更是指观念，还是指研究方法和结构、文字、用语等。年纪大了，不能卖老；年纪轻的，更要创新。经验有两重性，一定的积淀有好处，自满就走向反面。突破和创新，办法是多读新书，多触新事，经常反思，并向比自己年轻的一代学习。做到这点很不容易，我也只是有此心而无此力、无此法，至今还在摸索和挣扎。

七、肯定和否定。要肯定自己有所成就、有所前进，否则会丧失信心。但是，肯定过多，陷于自满，就寸步难进了。所以，一定要在肯定之余，更多的否定自己，看到自己的不足和错误，才能有所深入、有所突破。事物在发展，时代在前进，理论在创新，实际在演变，不能与时俱进，就成为“木乃伊”。

八、自己和别人。“文章是自己的好，老婆是别人的好”，此语荒唐之极，应当倒过来。自己的文章可能不错，但是，别人的文章更有可取之处，必须善于发现和吸收。特别是同一主题，各抒己见，个人与众人比，集思总是广益。所以，要虚怀若谷，有容乃大，不说“海纳百川”，也是“三人行，有我师”。懂得这个道理，参加座谈会，看专题文集，都是“充电”的好机会，借以提高和充实自己，切勿错过了。

（原载《江苏省社会科学院院报》2003 年 3 月 20 日）

从“智库”到守望者

建国60年，对我来说，也分为两段：前30年主要在江苏省计委，从事经济建设的实际工作；后30年到社会科学院，转向理论与实际结合的研究。前30年运动不断，经历“大跃进”，只是参与了第一个五年计划的编制，为后来提供了若干实践体会。

20世纪80年代初，趁改革之风，考进中国社科院，分配在经济所的国民经济问题研究室（前身是平衡组，现在是宏观室）。当时百事待议，中国社科院是中央有数的“智库”之一，承担着改革开放和发展战略的理论探索和对策选择。在刘国光主持下，我参与发展战略和改革模式两本大书的编撰和几个方案的起草以及后来深圳的咨询，增加了知识，开拓了思路，结识了同行。也自主地写了多篇文章，包括提倡社队企业，防止重复建设，构建买方市场和循环经济等。当时感觉，自己的长处是稍有实践经历，缺点是书读得不如人多，尤其是对西方学说知之甚少。后来发现，在北京工作的好处是见多识广，不足是离基层太远。于是，1986年回到江苏，认为省级社科院承上接下，兼有理论与实际结合之胜。

回来以后，如鱼得水。随即应聘为省委、省政府的特约研究员和其他名义，参加和主持若干课题，更加频繁地出席各种经济研讨会，常去调查，应几种媒体写稿，后来还在南京和一些市县以及少数企业当咨询委员和顾问，经济研究的条件和环境都很理想。研究对象，也从宏观深化到中观，以区域经济为重点，并遍及农工商等部门经济。从1986年到90年代中期的10年间，先后发表了十几本著作和几百篇文章，其中获奖和有些影响的，如与吴志亢、徐元明等合写的乡镇企业，与顾松年合写的《江苏经济十年纵论》和《宏观经济分层调控研究》，与刘国光合写的《中国经济的两个根本性转变》等，以及论工业化、现代化和市场经济、对外开放之类，广度有余，深度嫌缺，杂而欠精。

在此过程中，论跟形势，可谓很紧。一度为《新华日报》写经济评论，每旬不少于两三则，赢得虚誉。但是渐渐感到，地方经济的发展，存在片面追求速度和相互攀比，自成体系和结构劣化，相对地忽视民生和生态环境，或者说到而做不到。因此，陆续写了若干不尽合时尚的短篇，如《树立一个新的经济增长速度观》、《治一治脱离实际的攀比风》、《地方政府机制的若干探索》、《加大改革分量，启动结构调整》、《乡镇企业也要上新台阶》、《经济高速增长中若干反差现象》、《浮夸就是一种腐败》等。这些评论，一次听说刘顺元称好，汪海粟也有首肯；但是同时，郁冠同情地告诫，不要再写这类文字，有的领导认为是在对江苏抹黑。我未完全听话，把类似意见投向省外和北京，或者写得曲折和隐蔽一些。

90年代中后期，我已离休，进入古稀之年，摆脱职务，相对超然，但笔耕不止，思考比较自由。在几番经济过热和起落之余，把注意力转向地方政府的经济行为和经济机制。这是在省级单位工作和联系市县调查的感悟。特别是在中央加强宏观调控时，有人认为这是上边的事，与我无关，甚至鼓吹全国要下，我们正好乘势而上，不待"软着陆"，争取"硬起飞"。我写出《地方政府的经济职能和经济行为》，作为个人专著，有一定的自我欣赏。在此期间，还有多则文章，如《端正考绩机制，规范地方行为》、《理论失灵、政策失真和法制失效》等，同样有针对性，与原来的"智库"要求渐行渐远，或者说是换了第三只眼。

进入新世纪，在目睹全国和沿海地区经济持续快速增长的同时，觉察到社会矛盾迅即涌现，从贫富差距的拉大到城乡之间、区域之间都不断分化，对立并有冲突。在昆山调查，他们也承认"发达地区还有穷人"。"孙志刚事件"进一步触动了我，正好有出版社征稿，我顺势写了《中国弱势群体》，推出后畅销，再版，网发、书摘，并有盗版。意犹未尽，两年内续写《中国农民工》和《中国失业者》，旨在救助穷人。曹明看后，赞为改了身份。我自己也不自觉地体会，从“智库”转向守望者，从单一经济走向关注社会。但是，本来还打算写《中国贫困生》，进而归纳为《中国贫富差距》，却因题材敏感、信息负多，行不通了。

跨过 80 岁的门槛，揽镜自怜，承认老了。学学时尚，在 2007 年写了《徜徉人生》，作为八十纪实；2009 年写了《百感文集》，在人和事外，补述某些心灵历程。这两年，见到一批老干部呼吁政治体制改革，成为“两头真”，对我是鼓舞和鞭策。如邓小平说，改革成败决定于政治体制（大意）。2010 年首，再去三亚避寒，就写了《政治改革渐进方略一百条》，除与同行交流外，又作为“上书”，供领导参考。余生有限，在享受休闲、自得其乐外，以费孝通、刘国光为榜样，爬格子不停步。尤其是周有光在百龄高寿后，还关注政治，抒发己见。我是后知后觉，也懂得“朝闻道，夕死可矣！”出于爱民、爱国、爱党之心，在广大工农群众还有困苦、国家制度还落后于时代、党内腐败还存在和蔓延的今天，一批老中青公共知识分子都在奋发，我岂能抛弃马克思教导和理想，处身局外，不闻不问？老人的特点是无欲无求和无私无畏，在我逐步痴呆化的日子里，尚有想念，就该直言，尽到守望者的毕生职责！

（原载《江苏省社科院院报》2010 年 7 月 5 日）

老有所为:构建和谐社会的深厚助力

党的十六届六中全会通过《中共中央关于构建社会主义和谐社会若干重大问题的决定》,为中国发展史添上浓墨重彩的一笔。《决定》代表最广大人民的根本利益,得到了全体人民包括老年人的欢欣拥护,也激发了全体人民包括老年人的无限积极性。共建共享,联系到老有所为,赋予了新的意义和新的要求,使老年一代也成为构建和谐社会的一份值得珍视的深厚助力。

正确看待老龄化社会

与全球一样,中国正在或者说是已经开始进入老龄化社会,甚至其步伐更加矫健。流行一种忧虑,认为这是严重挑战,会不断增加青壮年作为社会中坚的不堪负担。"未富先老"的命题,困扰着党和政府,又使众多经济社会学者疲于索解。这是一种误识。应当正确看待此一时代特征。老年人群体中,固然一部分特别是高龄层终将是纯消费者;但是其中多数,如60～70岁那个年龄段,必须恰如其分地描述为人生的"第二春",能够持续地采用另一种方式为社会作出不懈的努力。

六中全会闭幕不久,全国老干部工作先进集体和先进工作者表彰大会在北京隆重举行。会议在肯定既有成绩的基础上,要求联系六中全会精神,引导广大老干部为建设富强民主文明和谐的社会主义现代化国家贡献智慧和力量。中央负责同志在讲话中提出，坚持把老有所养同老有所学、老有所为更好地结合起来，鼓励和支持他们为党和国家事业的发展继续作出力所能及的新贡献。这是对六中全会《决定》的贯彻，也符合老干部的心愿；同时又不限于老干部，同样适用于老知识分子和老工人、老农民。老有所为，正如《决定》所说，是为了调动一切积极因素，形成促进和谐社会的强大合力。在这个意义上，老有所为，同样是走向和谐社会期待全体人民各尽其能、各得其所而又和谐相处的局面的一个不可或缺的重要环节。

老有所为的主客观条件

提到老有所为，某些人会不屑一顾，认为一批老头老太，不仅年高、体弱、多病，并且理念落后、知识陈旧，早该被时代淘汰，还能有什么作为呢？或者认为，即使还可以做些事，也是微不足道，可有可无，搞不好更是帮倒忙，有害无益！

这是一种偏见和成见，并不符合当代中国老年人的实际情况。

应当看到，当代中国的老年人，通常以男的60岁、女的55岁退休为界，比外国约早5～10年，随着社会进步、医药发达和预期寿命延长，"老"的概念已与过去不尽相同。这些老年人，或早或迟地参加了中国的革命和建设，多数有过为人民服务的志向和实践，大部分是身虽退而心未全退，习惯地总想为国家、为社会继续有所贡献。与此同时，在不同岗位上，他(她)们都有不同的知识素养、丰富阅历和经验积累，有的正是年青一代所未及，可以起到很好的互补作用。还要看到，他们中的相当部分，也是与时俱进，在不断吸收新知识，进一步开拓眼界，可以跟上时代步伐，再创辉煌。所以，对占人口相当比重的老年人不该鄙视，而要重视，携起手来，并肩前进。

最近，《光明日报》刊登由文勇、高天雷的文章，对老年人"献余热"说法提出异议。他们认为，"余热"是指"炭火将尽"、"余温尚存"，容易误导；正确的说法该是"奉献老年人的光和热"。文章述及，美国生物学家德格早就声称,60 岁至 70 岁是人才的黄金时期。无论是科学界、文艺界,老年人的突出成就比比皆是,如恩格斯 74 岁编完《资本论》第三卷;俄国生物学家巴甫洛夫 80 岁以后还搞创作和研究;哥德 81 岁完成了《浮士德》;托尔斯泰 82 岁写出《我不能沉默》,都是不朽之作;毕加索 90 岁还在作画,富兰克林 78 岁发明远近两用眼镜,迄今都在流传。反顾我国,同样不乏其例,一批老专家、老院士都在耕耘不息,谱写光辉人生。至于默默无闻的老年人在各个领域都有作为,更是一言难尽了。

充分发挥老年人的特长

当然,老年人不同于中青年,应当用其所长、避其所短,使他们在众多领域施展身手,不少方面更是年轻人所不及。不妨略举数例:

前面提到老干部,全国至少以千百万计,公认是党和国家的宝贵财富。他们久经磨练,不仅有优秀的品德,并且有丰富的经验,更随着经济社会文化的发展而有所更新和充实。他们在离退休后,不再参与原有工作,但是仍旧关心国家、关心世界,注意现实,在不同情况下有所建议,包括有所批评。听听他们的反映,读读他们的来信,往往会有启发、有创新。不少地方这样做了,对"宝贵财富"有进一步体会。

人数更多的是老知识分子或称老学者、老专家,无论在自然科学和人文社会科学以及教育、卫生、文艺、科研、设计等部门,始终是当代智慧和创新的载体和源泉的有机组成部分,缺少了就会发生断层、断档。已经有人提出,如在医生这行,60 岁退休,正是最有实践经验的阶段,是欠妥的;又如尖端科技,固然生力军在下一代,而老科学家也不能少,新老互补,才能承前启后、继往开来;经济学、社会学、法律学的老教授和老研究员,一直始终在前沿,不断有所坚持和开拓。这些老年人,是党和国家的智囊和参谋;没有他们,文化难以传承,必将褪色。

这里,不能不强调的是还有大量的老工人和老农民,虽然体力不如过去,而同样地以其经验并作为智力,在生产主战场上起着传帮带的作用。在工业、建筑业和服务业战线上,一般劳动力似乎过剩,而高级技工甚至厨师都感不足,老技工成为稀缺资源。在农林牧渔战线上,随着新生劳动力进城务工,转化为农民工,农村的“6038 部队”即老年和妇女,没有放下支工支城的重任。再看城市,从社区到街道,也不乏老年人的身影。

进一步使老年人有所作为

老年人在作为,即使其功绩在统计外或边缘,是不容抹杀的深厚助力。从当前和今后形势看,为了构建和谐社会,老年人可能更有作为,使他们自己和老龄化社会都共享和谐之福。这要在两方面共同努力。

在老年人自己,应当进一步提高共建和谐社会的主动性和积极性。和谐社会以人为本,不仅惠及全民,又靠全民出力,老年人不在外。这要量力而行,也不妨提出尽力而为,把社会需求与本人志趣结合起来。除了“吃老本”外,还要与老有所学结合,增长新知识,提高为人民服务的本领。

在政府和社会,应当进一步重视和珍惜老年人的作用,作为重要的社会资源,做好各项工作。老有所为,以老有所养为前提,近年来有很大进展,但是仍有不够,必须力争尽快完善,包括老有所医、老有所学,必须增加供给,如多办和办好相应的老年人学校等培训机构。最终落实到为老年人提供有所作为的环境和机会,才是真的达到了各尽所能、各得其所。不言而喻,还要弘扬中华民族爱老助老的传统,为老有所为打造良好氛围。这些,都不限于老龄工作部门,而要有关部门齐抓共管,一着不漏。

(原载《江苏老年学研究》2007 年第 1 期)

人生之路

人生——人的生命、人的生活、人的一生，往往挂上"之路"两字，被称呼和描绘为走起、走着、走到和走完一条路。概括为人生之路，确实含有无尽的内涵，值得每一个人，无论男女老少，给以回顾、正视和展望。

人生之路，从襁褓或摇篮开始，以化为灰烬或坟墓为归宿，是一条漫长或短暂、曲折或平坦，既有欢乐又有忧愁的路。尽管在同一历史段和社会域，亿万生灵走向一条大路上，但是遭遇、选择和命运不尽相同，甚至差距很远。这里，有时代的制约，提供大同小异的机会和挑战，也有主观的悉悟，存在相当的能动作用。

人生之路，以童年学步发轫，最早由父母牵着，最后由长者扶着，不久就放开，要自己走了。不同的家庭，不同的环境，走起路来不大一样。但是，随着时代演变和社会进步，以教育公平为契机，以就业公平为条件，以分配公平为杠杆，总的来说，自我选择和自我决策的空间不断扩大。即使在此以前，也有主客观的互动，在某种程度上，命运掌握在自己手里，人生之路靠自己的脚去走。至于大步还是小步，快步还是慢步，各人都有自己的偏好。正是这样，人生才显得丰富多彩，世界才显得流动活跃，历史才显得有广度、浓度和力度。

走什么样的人生之路，怎样去走人生之路，各人有自己的看法、想法和做法。经济学把人定义为"经济人"，都为了追求经济利益的最大化；社会学把人解释为"社会人"，都要与社会相适应而谋取社会整合即社会和谐。这是就大处而言。往昔，革命导师呼吁群众起来打破旧世界、创造新世界，抚育了广大的仁人志士和先进分子；当前，有人号召大家发财致富，既为个人又为整体打造繁荣和幸福。当然，也该允许和容忍有人打自己的小算盘，或者旁观、中立，或者仅图温饱、小富即安。盛传的“熙熙攘攘，皆为利往”，导致人生之路拥挤纷乱，不能说没有一定的片面性和局限性。合理的人生之路可能是应该提倡多元化，实现各走各的人生之路，达到各在其位、各得其所。

现实的人，随着时间移动，都在走自己的人生之路。重要的是：人在途中，不妨有所回顾，以及有所前瞻，总结经验和教训，无怨无悔，有心有志，更好地发挥自己的智慧和力量。应该相信，历史在前进，环境在优化，不同于不合理、不公平的过去世界，展示在人们眼下的，将是一条比较宽广、相对平坦的路。这样，每个人的人生之路也一定会鲜花开放，荆棘消除，越走越有兴趣，越有滋味！

（原载《百家湖》2007 年第 11 期）

年方八十

明明年已八十，偏偏说年方八十。不知谁是始作秀者，但是得到争相效尤。似乎非常荒唐，想想也有意思。虽然到此地步，生命之路即将穷尽；而如同“行百里者半九十”，走了八十年，才开始省悟一些人生。去日不算长，八十岁只是白驹过隙，来日已无多，还有不少事未做、话未讲、题未破、人未识。年方八十，对自己是提醒、鼓舞和鞭策，要有水快流、有劲猛使！

从呱呱坠地、牙牙学语到读书认字、开情明理，不断成长，迄未成熟。八十年来，有得有失，有胜有败，既未成仁，更未成功。总的是走过一条曲折的弯路，进进退退，摇摇摆摆，不能用坎坷、崎岖来给以充分描述。一度是古典主义的精神贵族，曾经是马列主义的狂热信徒，终于是自由主义的野鹤闲云。变幻的年代，动荡的社会，大家都有相似的命运。蓦然回首，岁月愈长，经历愈久，好像丰富多彩，却也浮躁简单。老年人喜怀旧，始终没有摆脱幼稚天真。年方八十，方才启蒙。

八十年来，做过错事，讲过错话，碰过钉子，跌过跟斗。但是无怨无悔，有的只是宽容自己、庆幸自己、勉励自己，因为良知未泯、赤胆未黯。在此期间也做过好事，讲过真话，拒过诱惑，抗过欺诈。但是有恨有叹，恨做得不多，讲得不畅，拒得不坚，抗得不刚，因为私心未尽，利欲未除。年方八十，方才渐觉。

“觉今是而昨非”。总结人生经验，必须借以时日，吸取人生教训，更待日积月累。年方八十，方才懂得人生真谛和世道规律。但是未必真的感其冷暖，度其深浅。看破红尘，要费毕生精力，八十年能达其半，就算不错了。因此,年方八十,尚在途中。还未到站。

年方八十,来日可数。这就该争朝夕,一天当作两天过,一时掰作两时用。以跑代步,以勤补拙。退而不休,离而不隔。与时俱进,与秒同行。年方八十,又是一个新起点,让夕阳与朝阳一样红火,晚霞与晓霞一样灿烂。

年方八十,但像费孝通所说,口袋里只剩 10 元钱了。怎样用好、用完这有限的光阴,处理好老有所为与老有所乐的关系,很不容易,感到艰难。

写遗嘱是身后事,生前还要订规划。哪些事还要做,哪些话还要讲,归根结蒂要落实到人。人生一世,重在朋友,贵在相知。年纪越大,友情越珍。抓住有限时机,把要讲的话向要讲的人讲完,无论恩仇,一生就没有遗憾了。这是年方八十的又一特殊意义,干什么还来得及。靠遗嘱总是言而不尽、挂一漏万的!

(原载《江苏省社科院院报》2006 年 11 月 15 日)

弘扬温良恭俭让

记不清去年或前年，有本刊物开个专栏，向我们这些老人发了问卷，首项是“座右铭”。我毫不犹豫地填了五个大字：温、良、恭、俭、让！

这不是与“最高指示”唱对台戏。革命时期对敌斗争，当然不能讲这五个字，不能在老虎面前装羊。而今搞建设，不再以阶级斗争为纲，大量的是人民内部矛盾，要讲团结，似乎没有比这五个字更好的了。

“温”的意思不尽是温柔。温柔，不仅是一种性格、气质或举止，更是一种崇高的品德。习惯上常将“温”与女性相联系，其实，对男性同样有此要求。否则，只强调阳刚一面，动辄与温柔背道而驰，人际关系就非紧张不可。温柔是人际关系的润滑剂，是搞好团结的粘合剂。列在五字之首，带有前提性和统帅性。

“良”即善良。谈到人性，自古有善与恶之争。我信奉前者，对自己要做善人，不做恶棍；对人也要“与人为善”，首先肯定别人的善性。相反，把别人都看作处处怀有恶意，自己再以恶人之心度之，人与人相互设防，非对立起来不可。人民内部存在矛盾，相互为善，就会趋于缓解，不然的话，矛盾难免激化。

“恭”即恭敬。这也不仅是礼貌，更多的意思是尊重别人，或以谦逊的态度待人。中国自古属礼义之邦，几十年来对恭敬有点陌生了。君不见，在公共场所，一言不合，立即双拳相向，就是由于缺乏恭敬所致。在这方面，恢复一点古风，人与人讲究相互尊敬，才是文明古国应有毋缺的风度。

“俭”即节约，这决非小事。“俭”的对立面是“奢”，两者的取舍，决定着世道的兴衰，不能掉以轻心，而这一点当前恰恰被多数人疏忽了。就个人言，持俭则立于不败之地，求奢则顿开万恶之门；就社会和国家言，俭则兴则达，奢则腐则败。从官员到百姓，人人心中有个“俭”字，中国就大有希望了。

“让”的意思是戒争。与世无争讲奉献，与人无争讲团结，就能导致祥和气氛。这一点很难做到。不讲让，只讲争，追名逐利，一切祸害由此生。这也不否定另一种争，为民争利，为国争光，与人民内部的相让并不抵触。

温良恭俭让作为做人之道，属于传统美德，与共产主义的理想决不相左。弘扬这些传统美德，有利于社会进步，也有利于经济发展，不妨纳入精神文明建设的大框架内。至于对待坏人坏事，自有法制约束，不在此例。

（原载《海霞》1996 年 1 期）

候鸟春秋

大家同样的感觉：夏天来了，烈日炎炎，想到还是冬天好；冬天来了，寒风凛凛，想到还是夏天好。于是，对候鸟生发一种羡慕之心，避暑避冷，何其逍遥快乐！

不料到了老年，自己也效法或者说是变成了候鸟。前年夏天，几位朋友应邀去大连一个星期，躲过了南京一段高温：去年冬天，一家人到海南三亚过春节，最冷的时候不在南京：去年夏天，20多位朋友又一起去大连一个月，回来时南京不太热了。前年冬天，一家人到海南三亚过春节，最冷的时候不在南京；去年冬天，几位朋友又一起去三亚，前后两个多月，到气温转暖了才回南京。有人质疑：飞来飞去不辛苦吗？坦然应答：做候鸟，潇洒走一遭，乐趣大得很嘛！

候鸟品种繁多，不论天鹅或鸿雁，都给人以飘逸和高雅的印象。尤其是鹤类，自古以来就是长寿的象征，所谓松鹤延年。丹顶鹤羽毛丰满，步履轻盈，气宇轩昂，从来没有衰老态。原因和秘密何在？无他，只因为是候鸟，一直生活在不热不冷的环境里，所以永葆青春，健康长寿。

人变成了候鸟，获得同样效果。酷暑和严冷，对老年人来说，正是多发病的季节，轻则易患伤风感冒，重则难免心悸哮喘。但是，作了候鸟，就能避凶趋吉，甚至逃掉一劫。翩然归来，大家都说脸色润了，体态壮了，甚至由衷地用上“越活越年轻”的套话，受之无愧。

过上候鸟生活，老年人别开生面，兴趣盎然。离家远了，或打长话，或发短信，每有强烈对比和意外差距。夏天，南京还是火炉，在大连不睡席子，不用空调；冬天，南京下雪了，三亚总是艳阳高照。这里束手无策，那里下海游泳；这里汗淋淋，那里风爽爽；这里棉衣裹体或单衣欲脱，那里朝晚都是一身沙滩衣服。电话里报气温，相差二三十度之距，俨然两个世界。所谓“环球同此凉热”，完全不是这么一回事，只能表达一种遥远的、美好的愿望。

凑几句打油诗：“避暑可以去大连，夏天就能变春天；避寒可以去三亚，冬天也能变秋天。”候鸟生涯，四季如春如秋，不亦乐乎，不亦快哉。

随着人民生活的逐步改善，从温饱向宽裕、生存向享受发展，南方出现了冬宫，北方出现了夏舍，都是旅游胜地，为人们提供了休养、休闲、休息的场所，前景无限广阔。虽然，当前主要是部分中等收入阶层，不少是先富起来的部分青壮年在这些地区买房、租房，为老年父母改革生活方式，创造舒适条件，尽示孝道。但是，从趋势看，可能过上候鸟生活的，不仅老年人，将会越来越多。已经有人考虑，能否参照曾有经验，在南北若干风景区建一批疗养院和度假村，让更多的各阶层人士，包括工人、农民首先是离退休者，都来过过候鸟生活。此事，非不能也，而可以有所作为！

（原载《百家湖》2007 年第 9 期）

博客是个好玩意儿

电子信息技术的发展为人类生活开辟了一个新天地，在经济、政治、文化和社会等各个领域都有广阔、深远的应用前景。对其前景还难以预测，仅从现实看，电子信息技术已经丰富多彩地改革了大家的思维方式和生活方式，其影响胜过往昔千百年。

现在，越来越多的青年和中老年迷上了电脑。除了工作外，业余也离不开它。其中使用频率最高的，不仅是视听、游戏、通信，更在互联网。上网有往来：来是了解外部的客观世界，往是表达内心的主观意见。后者，当一名博客，队伍越来越庞大，据说中国已有一亿，不久可能占人口的好几成。

互联网作为一个平台，为人民提供了一个自由、平等、民主的空间。虽然就知情权而言，还有不够的种种限制：但是，就表达权来说，则是相当充分的了。从思想自由到言论自由和新闻出版自由，大家尚有不同理解，争论不休。而在网上，天赋的这些人权有了一个载体。人们纷纷扮演博客的角色，因和果都在这里。

博客是个好玩意儿，形成一种无法阻挡的舆论，有其不断扩张的权威力。社会上出什么事，无论大小，只要值得关注，就能在网上引发议论和争论。讲坛、媒体和其他工具，都不如网上来得快捷、全面和周到。特别是人人可以参加，不请自来，有话直讲，毫无惮忌，为别种方式万万不及。

有人或许担忧，这样一来，是不是会搞乱老百姓的思想，导致不安全、不稳定？不会！我们相信，真理不辩不明，对策愈争愈好。各种意见和建议，通过摆事实、讲道理，不判胜负而得出是非，不经表决而得出结论，多数要占优势，少数也有位置。所谓知无不言、言无不尽和言者无罪、闻者足戒，过去只是说说而已，现在通过博客群体的运作，在互联网上终于基本上实现了。

当前，大家关注政治体制改革，追求民主和法治，互联网是一种实验，可能还是一种路径。处于自发，好像不够有序。那么，能否从参与到领导，通过交流，使上情下达、下情上达有一个高科技的渠道呢？应当是做得到的。少数领导人也常上网，听听来自博客的声音；有人有时还在网上对话，是又一种博客。这是新生事物，值得肯定。提倡和总结、推广，成为一种风气、一种模式，开自由、平等、民主之先河！

正是基于这样一种事实和时尚，应当鼓励人人当博客，从知情、表达到适当参与，并为政治体制改革找到新的一种有效的、便利的方式和方法。

（原载《学习与传播》2009 年第 3 期）

享受晚年

人生不是苦役，而是享受。这是革命乐观主义者的人生观和生活方式。

谈到享受，过去有人认为，那是地主、资本家和有闲阶层的专利，与广大人民无缘。那是误识。马克思主义把生活资料分为三等或三类：一是生存资料；二是发展资料；三是享受资料。现代化第一步战略目标是解决温饱，使生活必需品得到保证；第二步战略目标是实现小康，发展资料和享受资料就逐步增加，并且越来越丰富了。革命是为人民谋福利，达到共同富裕，决不是停留于辛勤劳动和果腹御寒，而是要不断提高生活水平和生活质量，讲究享受是天经地义的。

但是，这在过去，确实还不具备条件，讲享受也难。宏观环境是群众生活欠佳，物资供应尚缺；主观情况是收入不多，特别是忙于干革命、搞建设，哪里顾得上自己，更遑论享受了。

改革开放以来，翻天覆地变化，条件不同了。不讲客观，只讲主观，特别对离退休者，卸了担子，进入晚年，应当和能够理直气壮地大讲特讲享受了。《参考消息》2002 年 8 月 12 日的副刊有一组译文，标题就是：《享受人生从退休开始》，深得我心，唤起共鸣。

人生不妨分为几段，从出生到少年、青年，主要是求学，充实知识，掌握为人民服务的本领；中青年到壮年，主要是工作、劳动，不辞辛苦地为人民服务，作出贡献；退休之后，不管事了，决非“坐而待毙”，而该好好地享受一下，也是天职。这是社会的合理回报，因为今天的经济发展和社会进步，不论我们从事的是体力劳动或脑力劳动，都有一份功劳或苦劳在内。享受晚年，问心无愧！

怎样享受晚年？在老有所养、老有所医和老有所学以及少数老有所为的前提下，不要忘记和丢掉老有所乐。

描绘小康生活，流行两句话：吃要营养，穿要漂亮。这不仅对年轻人，更适合于老年。吃得好些，味色香俱全，要以营养和保健为前提。大肉大鱼吃厌了，应当如孔老二所说“食不厌精”，追求少而精。洪昭光教授推荐的“红黄绿白黑”，多系素食，不无片面，可以适当扩充，除花样水果和奇异蔬菜外，还有某些山珍海鲜（保护动物在外），不妨尝遍。穿得好些，在轻松原则下，呢绒丝绸，都该上身。谁说老年丑，照样能显美，就有赖于化妆和时装了。《银潮》开辟《桑榆红妆》一栏，大长老太老头的志气，可见暮霭灿烂，不亚于晓霞艳丽。

社交也是一种享受，西方流行，东方也同。过去忙于工作，老朋友难得晤谈，现在可以补课了。君不见，从老年活动中心到茶楼、酒馆以及歌舞厅，前者以老年为主，中者老少各半，后者也有老年的份。老同学、老同事、老同行，都称老同志，天天或几天一见面，都有聊不完的话。因为阅历已久，积储已丰，天南地北，古往今来，经验教训，感悟所至，都该交流。不排斥谈政治，议时政，歌颂中偶有牢骚，也不怕会有棍子、帽子。相互之间或有恩怨，都一风吹。至于逢年过节，以及六十、七十、八十寿辰和金婚、钻石婚，更该欢叙。这些，都可概括为：不亦乐乎！

旅游更是一种新的享受，过去机会不多，而今可以畅所欲游。近在城内、郊区，远至海外、天边，空间广阔无垠，选择余地极大。古有徐霞客，今属老年人。旅游可以开拓眼界，知道我国之大、世界之奇，出乎想象，出乎意料。在这方面，祖宗留下很多遗产，各地又有锦上添花，都为旅游者服务，老年所占比重不断上升。特别是旅行社专门组织老年游，更是投我之好，得其所哉。英国《观察家报》有次调查，近1/3的50岁以上者和22%的70岁以上者经常旅游，我国不会低于此数。

老年人走不动了，怎么享受？在家，可以看电视、听广播，反正节目和频道越来越多。特别是读书，现在报刊书汗牛充栋，尽可挑挑拣拣。不为千锺粟，不为黄金屋，书中自有精彩和乐趣。如果足能出户，上个老年大学,文史科技,琴棋书画,种花养鸟,都能即知即行,丰富晚年生活,享受人生快乐。

还有人问:享受要钱,怎么办?其实老有所养,基本够了。“儿孙自有儿孙福,不为儿孙作马牛”,留什么遗产,那是老脑筋。东西不贵,物价不涨,衣食所费有限,享受量力而行,又不是追求奢侈,挥霍浪费,对多数老人说,这不是解决不了的难题。

晚年是生命的继续,完全可以过上全新的生活。“安度晚年”是不够了,要“享受晚年”。特别是现在,平均预期寿命越来越长,老年化越来越近,退休下来至少有二三十年之久,人数也已以亿计。尽情地玩,尽欢地享受,正是老年人的权利。充分运用这种权利,无损于他人,还有益于扩大消费,带动经济增长。

范仲淹的名言:“先天下之忧而忧,后天下之乐而乐。”江泽民同志在讲话中也提到过。我们都曾忧过,在天下之先;现在讲享受,乐在天下之后。重要的是转变观念,解放思想,与时俱进,与最广大的人民共乐、共享受,同建一个欢欢喜喜的神州大地!

（原载《银潮》2003 年第 3 期）

晚霞最美

世界是美的。万物皆美，而最美的是人。

有一种误识，认为美在青少年，与中老年无缘。这是一种偏见和浅见。少年与老年，各有其美，程度不同，深度不同。正如晓霞与晚霞都美。两相比较，晚霞更美，晚霞最美。

晓霞是初开的花朵，美在单纯；晚霞是盛开的花朵，美在丰满。初开的花苞幼稚，美在未来，当前还嫌浮薄；盛开的花朵成熟，美在既往，当前已获硕存。正是这样，晓霞令人一览无余，而晚霞令人回味无穷。

美不仅是形象和仪表，更在气质、风韵和品格。前者靠天生，秉赋有限；后者靠修养，越积越厚。一本是小册子，不难翻阅；一本是百科全书，颇耐咬嚼。美有外表和内在、硬件和软件、生态和心态之分，老少年之间的差距很大。老年之美，美在久经磨练，磨去了世俗，练出了超凡。这是沉重的美，越欣赏越有份量。

晓霞是同一的，天天如此；晚霞是多彩的，日日在变。少女无丑，类型可数；老妇皆美，各具个性。前者是短文，尚待续掘；后者是长篇，内含悠久。每一位老人拥有一串故事，每一个故事都留露在今朝。每一个故事又有若干细节，给你惊奇，给你憧憬，给你禅悟。于是，老人之美都具备史诗般和经典性。

岁月无情，对老人来说，美将淡化，但不会褪却。即使是红颜趋暗，依然能想映当年。淡妆浓抹，仍见风流。所谓美人迟暮，无损其蕙质兰心，正像晚霞待降，回光返照，分外迷人。这不是遗憾，正是圆满，谢幕的掌声响彻云霄。

老人之美，不限女妪、兼及男翁。仅从“矍铄”两字，涵及说不完的帅态和酷貌。况诸动物界，须眉之俊，从来不逊巾帼。

老人之美，论证了美学不仅是生理学和心理学，更是社会学、文化学和哲学。让我们再一次赞美无限好的晚霞，赐以诗情，送给画意，不亚于对晓霞之欢迎！

（原载《百家湖》2006 年第 9 期）

简略的鉴定

过去写自传，最后是鉴定。遵照这个格式，也不妨说几句。

我是一个什么样的人？过了古稀之年，应当是基本上定型了，毋需再待涅槃之后。

从总的看，我是一个共产主义者。当然，共产主义者也有多样，并在发展和变化。过去，曾以《联共（布）党史简明教程》为经典，信仰斯大林主义，实际上是一种异化。从马克思、恩格斯、列宁到毛泽东、邓小平，塑造着我的灵魂和主心骨，但也不无有所取舍。江泽民在党的十五大论述富强、民主、文明的现代化和有中国特色的经济、政治、文化，我是接受并奉行的。只是作为目标，还不等于现实。"三个代表"的提法很好，而联系实际，同样感到，我们的党员中，有相当部分并不是在为广大人民的根本利益服务。我坚信，共产主义是人类最美好的理想，世界在进步，最后会实现，比我们现在的理想更完善。

作为共产主义者，我曾经是一个激进主义者。无论对经济发展、经济改革和社会进步，都希望推进得快些，更快些。所以对大跃进一度也有狂热。经过毕生实践，才认识到这是脱离实际的空想，应当坚持实事求是，付出永续努力。

作为共产主义者，我曾经是一个理想主义者。无论对事对人，都希望尽善尽美，容纳不下丝毫丑恶。因此，常对现实采取批判态度。也是现实教育了我，理想主义往往不切实际。只是对自己，必须坚持高标准，力争"取法乎上，仅得其中"。

作为共产主义者，最关心的是基本群众，从占人口绝大多数的农民、不断增加的工人和越来越多的知识分子。但在当前，他们似乎成了弱势人群，使我困惑，使我伤心。在这个问题上，我强调公平甚于效率，自觉地与“新左派”有共同语言。

作为共产主义者，不能否定自己也是(革命的)人道主义者、人权主义者和民主主义者甚至自由主义者。毛泽东过去描述新中国，目标是独立、民主、自由、富强和统一。独立和统一已经实现，富强有待进一步努力。民主有所进步，还很不够；不能过急，总要渐进(与经济改革一样)。自由作为人权，写入宪法，不该视为洪水猛兽。

在社会分工和职业上，我搞经济，自命属于宽松学派、渐进学派和重农学派。在这方面，我信奉传统理论，也借鉴西方学说，并正视实践发展，总的是坚持改革，向往创新。面临的矛盾是老同志说我离经叛道，中青年朋友说我保守落后。我自己也怀疑，是否调和折衷，成了不左不右、不前不后的中庸主义者？

生也有涯，学无止境。面临世纪之交，我深深感到自己的知识结构和思维方式都已陈旧，但是始终不愿停下沉重的步伐，仍想努力学习新知、学习新人，并超越自己，继续前进，不管前面是地雷还是万丈深渊——这就是我的生活和生命的底线！

(原载《短笛催春》中《自传》末段，2000年8月18日写毕)

妄说来生

来生之说，源自佛教的轮回论，讲的是人生并非一次即了，而是循环往复，生生不已。生前有上世，生后有来世，形成一条无穷的生命链，并且相互之间存在因果关系，所谓“善有善报、恶有恶报”或“若问前生事，今生受的是；若问来生事，今生作的是”。来生之说意在劝人为善，以图来生得福，戒人切莫为恶，以免来生得祸。

来生之说，从未得到实践验证，不是科学，只是神学或玄学。但是在不少人却宁信其真，不揭其假，因为此说给人以期望、憧憬和安慰，给人以鼓励、补偿和遐思。人生总难免有不幸和遗憾，如有来生，就有可能实现公平和正义了。

来生之说，给人以心理平衡。今生受苦，只怪前生作了孽；今生作了好事，没有得到好报，相信来生会有收获。这样一来，人人心安气顺，无怨无悔，一切委之于命运了。

来生之说，延续着今生的满意度和幸福感。本来人生苦短，任何荣华富贵和亲情友爱都是稍纵即逝、转眼成空，长不过百年，都要撒手而去，归于缥缈。有了来生，如得不死药，“20 年后又是一条好汉”。有人常言，“今生是你的儿子，来生还要做你的儿子”，煽情至此，无以复加。

来生之说，常流露着感恩。今生得到优遇或救助，无以回报，有人常言，“来生做牛做马，都要答谢”。言重于山，莫此为甚。来生之说，也有表示复仇。今生受压受欺，无法抵抗，有人常言，“来生一定要报仇，此仇不报，非为人也”。切齿之恨，也到极顶。

来生之说，作为一种承诺、一种相约，更多传递在男女之间。此生婚姻美满，承诺来生重作夫妻；此生恋爱未遂，相约有情人终成眷属。还有异想天开，男对女言，“如果来生再结合，你作夫来我作妻”，十分浪漫，十分潇洒。

然而事实表明，只有今生，既无前生，又无来生。来生之说，只是一种虚拟，只是一种乌托邦幻想，只是说说，骗人骗己。来生之说，都是妄说。但是，揭穿此说，将使多少人失望和失语，将使多少人感到社会不公、世道不平。

所以，宁信其真，勿认其伪。你可赞同和支持？

（原载《百家湖》2007 年第 3 期）

沈立人论著要目(2001—2010)

我的著编书目，2000年以前出版的，已经发表在《短笛催春——经济学家沈立人》，共有专著和合著18种，主编和合编13种，参著和参编(都有部分撰稿)25种，不包括挂名顾问而不撰稿的以及各类会议和征稿的论文集(可能在100本以上)。现将2001年以后的补列于下。

一、专著

1.《中国弱势群体》，民主与建设出版社2005年出版。

2.《中国农民工》，民主与建设出版社2005年出版。

3.《中国失业者》，民主与建设出版社2006年出版。

4.《百感交集》(香港)，中国文化出版社2009年出版。

附:《经济千字文》，《江苏经济》杂志社编印，2004年出版。

二、主编

1.《人文科学10万个为什么·经济学分卷》，南京大学出版社2002年出版。

三、参著(包括参与课题研究，分担专题报告;不包括省社科院和信息中心的年度蓝皮书和其他“论文集”和会议文稿)

1.《高新技术:江苏经济发展的增长报》(王霞林主编)，中国编译出版社2000年出版。

2.《中国经济大转变——经济增长方式转变的综合研究》(刘国光、李京义主编)，广东人民出版社2001年出版。

3.《构建面向21世纪的中国经济学》(刘诗白主编)，西南财大出版社2001年出版。

4.《富民强省在江苏》(朱同广主编),江苏人民出版社 2002 年出版。

5.《新世纪文化产业发展》(周直主编),东南大学出版社 2002 年出版。

6.《诚信与社会发展》(廖进主编),西南财大出版社 2004 年出版。

7.《新扬州现象》(赵昌智主编),光明日报出版社 2004 年出版。

8.《小城镇　新世纪》(朱通华主编),江苏人民出版社 2004 年出版。

9.《苏南小康之路调查》(王霞林主编),江苏人民出版社 2004 年出版。

10.《城乡统筹与新农村建设》(王霞林主编),江苏人民出版社 2008 年出版。

11.《加快发展方式转变　推进经济转型升级》(王霞林主编),江苏人民出版社 2010 年出版。

12.《江苏经济 60 年探索》(顾介康、宋林飞主编),南京大学出版社 2010 年出版。

四、文章

1986－1992 年离休,已列入省社科院的成果目录。1993 年后,每年仍有几十篇未补录。2000 年以来,每年发表短文几十篇到上百篇,三五千字以上到万字左右的论文在几篇上,从略。

近文择例(2001—2010 年 7 月)

新世纪以来,前期每年发表短文(一两千字)100 篇左右。有人问起:还写长文章吗？答仍写些,从三五千字到万字上下的,每年约有 10 篇左右。写些什么？现在择若干例,反映我所关注(少数选入本书)。

(一) 2001 年

1.《关于全面建设小康社会的若干思考》,《江海学刊》第 1 期。

2.《历史地、辩证地、前瞻地审视苏南模式》,《现代经济探讨》第 1 期。

3.《树立全面的可持续发展观》,《扬州大学学报》第 2 期。

4.《全面理解和总体推进城镇化》,《财经问题研究》第3期。

5.《私营经济大发展后的政府行为》,《领导理论与实践》第3期。

6.《民富:一个古老、现实和未来的课题》,《学海》第5期。

7.《要像西部大开发那样推进苏北大开发》,《江苏通讯》第7期。

8.《从劳动价值论的新发展谈起》,《社科研究动态清样》7月30日。

9.《数字化:国际贸易别无选择》,《经贸导报》8月14日。

10.《培育和发展江苏的资本市场》,《现代金融》第11期。

(二) 2002年

1.《培育和发展城市圈——以徐州为例》,《江苏社会科学》第1期。

2.《劳动价值论的理念创新和政策整合》,《经济学家》第2期。

3.《培育和提高企业的竞争力》,《现代管理科学》第3期。

4.《泛论制造业》,《江海学刊》第3期。

5.《泛论全球化》,《特区经济》第4期。

6.《积极和稳步地推进农村社会保障体系建设》,《江苏经济学通讯》第7—8期。

7.《改革企业经营者报酬机制的若干障碍及其试解》,《厂长经理日报》8月2日。

8.《当前中国社会阶层的演进及其整合前景的对策思考》,《党建导刊》第18期。

9.《城市圈的理念探索》,《宏观经济观察》第11—12期。

10.《建立低成本的教育体系》,《江苏改革》第12期。

(三) 2003年

1.《打造诚信经济和诚信经济学》,《金融纵横》第1期。

2.《中国大陆的新富人》,《彼岸(美国)》第1期。

3.《走中国特色的城镇化道路》,《名镇世界》第2期。

4.《说说全面小康》,《特区经济》第2期。

5.《劳动价值理论的发展与中国的基本经济制度》,《财经问题研究》第2期。

6.《为什么和怎样走新型工业化道路》,《江苏工业经济》第2期。

7.《理顺分配关系》,《经济学家》第3期。

8.《昆山的富民之路》,《江苏经济学通讯》第5—6期。

9.《推进农村劳动力的合理有序流动》,《财经论坛》第7期。

10.《混合经济:产权的人格化、多元化和社会化》,《中国改革报》12月8日。

(四) 2004年

1.《培养中等收入阶层的意义、目标和途径》,《南京审计学院学报》第1期。

2.《融入长三角,整合区域经济》,《南京财经大学学报》第1期。

3.《两岸制造业的转型与合作》,《苏南科技开发》第1期。

4.《企业家的社会责任》,《财经论坛》第1期。

5.《冷眼看待当前经济热点》,《干部学习与培训》第3期。

6.《弘扬文化、面向现代,构造良好的人居环境》,《房地产经济》第4期。

7.《透视人均GDP和人均收入》,《唯实》第5期。

8.《国际制造业基地:我们还缺什么,还要补什么?》,《现代经济探讨》第5期。

9.《自杀:中国大陆的社会之痛》,《彼岸(美国)》第10期。

10.《对弱势群体的救助和展望》,《省社科院资询要报》第17期。

(五) 2005年

1.《不宜多搞重化工的十点理由》,《经济日报》1月17日。

2.《关于经济增长与发展的几点看法》,《现代经济探索》第1期。

3.《扫描中国的学术腐败》,《彼岸(美国)》第1期。

4.《理顺人际关系,构建和谐社会》,《中国改革报》4月25日。

5.《理解和掌握分配中的效率与公平关系》,《领导理论与实践》第4期。

6.《"十一五"规划要有十一项转变》,《太湖论丛》第4期。

7.《发扬苏南创业精神，推动全省走向创优》，《苏南发展》第 5 期。

8.《经济增长应依托消费拉动为主》，《开放导报》第 5 期。

9.《吴韵常在、风范永存——记忆费孝通同志》，《名镇世界》第 6 期。

10.《协调三个文明与构建和谐社会和三点看法》，《南京社会科学增刊》。

（六）2006 年

1.《真理不辩不明，真理越辩越明》，《经济学动态》第 2 期。

2.《扩大消费，拉动和促进永续增长》，《南京理工大学学期》第 2 期。

3.《坚持经济学的马克思主义》，《苏州经济论坛》第 3 期。

4.《建设生态城市的若干思考》，《江苏建设》第 3 期。

5.《更加关注民生和社会公平》，《群众》第 3 期。

6.《试议新旧苏南模式的传承和开拓》，《苏南发展》第 4 期。

7.《评介陆剑杰的《广义经济结构论》》，《江海学刊》第 5 期。

8.《关于收入分配的效率与公平唯则的再审视》，《中国改革报》7 月 13 日。

9.《关于构建和谐社会的若干思考》，《中国改革报》9 月 18 日。

10.《装备制造业：南京建设创新型城市的重头戏》，《南京社会科学增刊》。

（七）2007 年

1.《构建和谐社会的若干经济学思考》，《现代经济探讨》第 1 期。

2.《坚持和发展马克思主义经济学的中国化》，《经济研究》第 2 期。

3.《在“好”字上狠下功夫的几点对策》，《领导理论与实践》第 2 期。

4.《中国的宏观调控：背景、广涵和手段》，《中国改革报》6 月 25 日。

5.《城市化过热的因、果和调控》，《名镇世界》第 6 期。

6.《泛论和谐企业的社会责任》,《东方企业家》第6期。

7.《当前物价态势的窥测》,《现代经济探讨》第11期。

8.《改善民生:全民共享发展成果的重点工程》,《中国改革报》12月11日。

9.《教育公平:和谐社会的重要砝码》,《改革与开放》第12期。

10.《苏南板块在长三角的位势冉冉上升》,《江苏信息中心蓝皮书》。

(八) 2008年

1.《国之四维:经济、政治、文化、社会》,《唯实(执政能力)》第1期。

2.《私有企业在不断争论中迅速成长》,《东方企业家》第4期。

3.《宏观调控面面观(与刘国光合写)》,《开放导报》第4期。

4.《尽力构建强盛的现代农业体系》,《苏南发展》第6期。

5.《摸着石头过了河》,《开放导报》第6期。

6.《转变经济发展方式:理念转变和机制转变》,《唯实》第8期。

7.《宏观调控与地方政府的博弈》,《现代经济探索》第8期。

8.《努力构造长三角一体化的长效机制》,《城市发展论坛》第12期。

9.《统筹协调以扩大内需为中心的十大关系》,《中国改革报》12月9日。

10.《文化立市:宁镇扬三角的集中选择》,《扬州社会科学专刊》。

(九) 2009年

1.《重读〈小城市　大问题〉》,《名镇世界》第1期。

2.《乡镇企业和苏南模式的一块丰碑》,《江苏地方志》第3期。

3.《南社文化小识》,《吴江哲学社会科学通讯》第3期。

4.《应对经济危机的几项注意》,《中国改革报》4月27日。

5.《城镇现代化进程中名镇保护与发展的若干思考》,《名镇世界》第4期。

6.《怎样检测经济冷暖?》,《东方企业家》第4—5期。

7.《努力构造扩内需、保增长与改善民生的良性循环》,《现代经济探索》第5期。

8.《面对新形势,要有新思路》,《创业、就业》第5期。

9.《警惕过度的农田非农化和农业非粮化》,《苏南发展》第5期。

10.《经济科学面临考验和开拓、创新》,《江苏经济学通讯》第5—6期。

(十) 2010年7月

1.《制止重复建设,防治产能过剩》,《社科应用研究》第2期。

2.《转变经济发展方式的两点思考》,《太湖论丛》第2期。

3.《评价刘国光著〈经济学新论〉》,《财贸经济》第3期。

4.《转变经济发展方式:回顾与展望》,《开放导报》第3期。

5.《住有所居能否列入广义社保系统》,《中国改革报》4月12日。

6.《再话住房问题》,《江苏建设》第5期。

7.《顺势改革农民工体制》,《苏南发展》第5期。

8.《制度变迁的江苏样本》序,江苏人民出版社7月出版。

(以上文章,仅小部分编入此文集,多数存题,反映近几年来的研学领域和轨迹)